歴史的書物の名場面

現代語訳・解説付で読む日本史教科書掲載の一一三の名著

阿部 泉

前書き

　歴史という図書館には、実に多くの書物が収められています。ただ「歴史図書館」の書物は古い文体で書かれているため、注釈書があっても、気楽に読むことは難しいものです。まして一冊の書物を読み通すことは、余程の強い意志がないとできることではありません。そこでよく知られる歴史的日本の書物を選び、その中の重要な場面や面白そうな場面を選び出し、原文に現代語訳と解説を添えてみたわけです。本書を読むことが契機となって、多くの人が「歴史図書館」に遊ぶ楽しみを発見して下さるなら、著者としては何より嬉しいことです。

　また本書には一つの狙いがあります。著者が高校の日本史の教師であったこともあり、高校の日本史の授業で学習する書物をたくさん選んでいます。授業をするに当たり、「よく知りもしないで、如何にも知っているかのように話したくはない。授業で教える以上は、少しは読んで内容まで理解しておかなければ」ということは、教える者の最低限度の良心として常に意識していました。しかし実際には、授業で学習する全ての書物について、始めから終わりまで読み通すことなど不可能でした。薄く短い書物ならば、読み通したものはかなりありますが、『源氏物語』級の書物となると、読み通すことは教材研究のレベルを超越してしまいます。それでどうしても、面白そうな部分や逸話、授業で学習することの裏付けとなる部分を、選び出して読まざるを得ませんでした。それでも一部分とはいえ実際に読んでいるということが、どれだけ授業をする上で力になったことか、言うまでもありません。

　そういうわけで、「歴史的書物」とは言っても、私の長年の教材研究の成果として興味がわいた部分を、「独断と偏見」で選んでいます。それらは、高校日本史の授業で学習する基本的な書物、また書物名は学習しなくても、有名な逸話の典拠となっていて、学校における歴史学習の役に立つ書物、さらに若い世代を鼓舞するような内容の書物などです。また日本人の著作ではなくても、日本史学習に役立つものもいくつか選びました。ただし余りに多くなるので、大正期以後のものは選びませんでした。

ただ一つ心配なことがあります。私は古典文芸の専門家ではなく、まして学者・研究者でもなく、高等学校の日本史の元教師に過ぎません。膨大な量の原典を読みながら、果たして正しく現代語に直せたかどうか、解説に誤りがあるのではないかと心配が残ります。実際、訳しきれずに、やり過ごしてしまった部分も少なくありません。可能な限り関係する学術論文や専門書を読み、また注釈書や公表されている現代語訳を参考にして正確を期したつもりではありますが、誤解や未熟なことが必ずあると思います。そういう意味で不十分なことがあるとは思いますが、高校教師の教材研究のレベルということで、お許し下さいますようお願い致します。

二〇二三年七月二四日

阿部　泉

目次

明治時代

【お断り】

一、本書に収められた各文献の原文は、凡例でも触れていますように、著者が「わかりやすさ」を優先して、原本が国立国会図書館や各地の大学図書館などに収蔵されている場合は、そのデジタル写真版から直接に転載したり、各種写本や版本を参考にしたりして再構成したものです。したがいまして、「出典」とすべき原典はありません。しかし、より詳しく原典に触れたいと希望する読者のために「主なテキスト」として各種書籍を表示しました。表示のない場合は、「手頃に入手可能なテキストがない」ことを示しております。

二、「主なテキスト」に掲げた、全集本などの概略は以下の通りです。「岩波文庫」などの社名を冠したものは省きます。

「日本思想大系」全六七巻、岩波書店、一九七〇～八二年。「日本近代思想大系」全二五巻、一九八八～九二年、岩波書店。「日本古典文学大系」全一〇〇巻、一九五七～六七年、岩波書店。「新日本古典文学大系」全一〇〇巻、一九八九～二〇〇五年。岩波書店。「日本の名著」全五〇巻、一九六九～七〇年代半ば、中央公論新社。「東洋文庫」二〇二〇年までに九〇〇巻、刊行中、一九六三年～、平凡社。「新潮日本古典集成」全八二巻、一九七六～八九年、新潮社。「新撰日本古典文庫」全八二巻、一九七六～八二年、現代思潮社。「日本農書全集」全七二巻、一九七七年～、農山漁村文化協会。「明治文化全集」全二四巻、一九二七～三二年、「同増補版」全三二巻、一九六七～七四年、日本評論社。以上の全集の中には、判型を変えたり新装版を出すなどしていくつかのバージョンで販売されているものもあります。

凡例

○各項は、原則として原文と現代語訳と解説から成っていますが、原文が平易で、現代語訳が必要ない場合は、これを省略した場合もあります。

○本書は本格的な古典文芸学習や歴史研究を目的としたものではありません。現代語訳については、文法的に厳密に逐語訳をしているわけではなく、大胆に意訳していることもあります。また現代語訳で出版されているテキストと訳し方が異なる場合もありますが、解釈には諸説があることを御了解下さい。あくまでもわかりやすさを優先しています。

○原著は写本として伝えられたものが多いのですが、写本により文言にかなり差違があります。また原文が漢文の場合は、どのように書き下すかにより文言が異なり、その結果として現代語訳も大きく異なってしまいます。これは写本で伝えられた書物や、漢文の書物には避けられないことですから、御了解下さい。

○わかりやすさを最優先しているため、漢文は全て書き下し文にしました。漢字と片仮名交じりの文は、読みやすくするために片仮名を平仮名に、漢字の旧字体は新字体に改めました。仮名が多い場合は、かえって意味を理解しにくいため、適宜漢字表記に直しました。

○原著者の仮名遣いが間違っている場合、わかりやすさを優先して、本来の仮名遣いに直した箇所もあります。

○古文の読み仮名は、一般には旧仮名遣いにするものですが、これもわかりやすさを優先して、すべて現代仮名遣いとしました。送り仮名がない場合は、補っている場合もあります。

○古い文章では、句読点や濁音・半濁音を意味する記号を書かないことがあります。そのような場合は適宜補いました。また「っ」「ゃ」「ゅ」「ょ」などのように、現代では小さく表記される字は、古典的書物では、大きな字のままのことが普通です。そのため現代の仮名表記になるように直しました。

○以上のようにわかりやすい表記に直した部分がありますが、文そのものを直すことはありません。

○採り上げた書物の並ぶ順は、概ね教科書や用語集に載っている順にならいましたが、記述されている内容の時期と、成立した時期とが一致しないものもありますので、必ずしも成立順に並んでいるとは限りません。

奈良時代

古事記——こじき

（主要テキスト：「日本思想体系」『古事記』）

原文

八十神《やそかみ》、各《おのおの》稲羽《いなば》の八上比売《やがみひめ》を婚《よば》はむと欲《ねが》ふ心有りて、共に稲羽に行かむとせし時、大穴牟遅神《おおなむちのかみ》に帒《ふくろ》を負はせ、従者《ともびと》と為《な》して、率《い》て往《ゆ》きゝ。是《ここ》に気多《けた》の前《さき》に到りし時、裸《あかはだか》なる菟《うさぎ》伏せりき。爾《ここ》に八十神、其の菟に謂《い》ひて云はく、「汝《いまし》の将《まさ》に為《せ》まくは、此《こ》の海鹽《うしお》を浴《あ》み、風の吹くに当りて、高山の尾の上《え》に伏せよ」と云ひき。故《かれ》、其の菟、八十神の教《おしえ》に従ひて伏しき。

爾《ここ》に其の鹽《しお》の乾《かわ》く随《まにま》に、其の身の皮悉《ことごと》に風に吹かれ見て拆《さ》かえき。故《かれ》、痛み苦しみて泣き伏せれば、最後《いやはて》に来ませる大穴牟遅神《おおなむちのかみ》、其の菟を見て、「何由《なぞ》も汝《いまし》は泣き伏せる」と言ひしに、菟答へて言《もう》さく、「僕《あれ》、淤岐嶋《おきのしま》に在《あ》りて、

現代語訳

（大穴牟遅神《おおなむちのかみ》の兄神の）八十神《やそがみ》（大勢の神）達は、各々稲羽《いなば》の八上比売《やがみひめ》に求婚しようとして共に稲羽に行く時に、（弟の）大穴牟遅神に袋を背負わせ、従者として連れて行った。気多《けた》の岬に来ると、そこに赤裸の兎《うさぎ》が横たわっていた。そこで八十神達は兎に、「今お前がその身体を治すには、この海水を浴びて風に吹かれ、高い山の尾根で横になっておれ」と教えた。それでその兎は、教えられたようにして横になっていた。

ところが海水が乾くにつれて、風に吹かれて身体中の皮がみなひび割れてしまった。それで痛み苦しんで泣き伏していると、最後に来た大穴牟遅神がその兎を見て、「お前はなぜ泣き伏していているのか」と尋ねた。兎は答えて、「私は沖の島に棲《す》んでいて、ここに渡ろうとしたが、渡る

此地《ここ》に度《わた》らまく欲《ねが》へども、度らむ因《よし》無かりき。故《かれ》、海の和邇《わに》を欺《あざむ》きて言はく、『吾《あれ》と汝《いまし》と競《きそ》ひて、族《うから》の多き小《すく》なきを計《かぞ》へむと欲《おも》ふ。故《かれ》、汝《いまし》は其の族の在りの随《まにま》に、悉《ことごと》に率《い》来たりて、此の嶋より気多《けた》の前《さき》まで、皆列《な》み伏し度《わた》れ。爾《ここ》に、吾《あれ》其の上を踏みて、走り乍《つつ》読み度《わた》らむ。是《ここ》に吾《あ》が族と孰《いず》れか多きを知らむ』と。如此《かく》言ひしかば、欺《あざむ》かえて列《な》み伏せる時に、吾《あれ》其の上を踏みて、読み度《わた》り来て、今将《まさ》に地《つち》に下りむとする時に、吾《あれ》云はく、『汝《いまし》は我《あれ》に欺《あざむ》かえつ』と。言ひ竟《おわ》れば即ち、最端《いやはし》に伏せる和邇《わに》、我《あれ》を捕へて悉《ことごと》に我《あ》が衣服《きもの》を剥《は》ぎゝ。此れに因《よ》りて泣き患《うれ》へしかば、先に行きし八十神の命以《みこともち》て、『海鹽《うしお》を浴《あ》み、風に当りて伏せよ』と誨《おし》へ告《の》りき。故《かれ》、教《おしえ》の如く爲《せ》しかば、我が身悉《ことごと》に傷《そこな》はえぬ」と。

是《ここ》に大穴牟遅神、其の菟に教へ告《の》たまはく。「今急《と》く此の水門《みなと》に往《ゆ》き、水を以て汝《いまし》が身を洗へ。即ち其の水門の蒲黄（かまのはな）を取り、敷き散らして、其の上に輾《めぐ》り転《まろ》べば、汝《いまし》が身は本の膚《はだ》の如く必ず差《い》えむ」と。故《かれ》、教の如く為《せ》しかば、その身本の如くになりき。此《これ》稲羽の素菟《しろうさぎ》なり。

術《すべ》がない。そこで鰐鮫《わにざめ》を欺《だま》して、『私とお前達と競って、一族の数のどちらが多いか比べてみよう。だから一族をいるだけ皆連れて来て、この島から気多の岬まで、横に伏せて並べ。そして私がその上を踏み、走りながら数えて渡ろう。そうすれば私の一族とどちらが多いかわかるであろう』と言った。そして鰐鮫達が欺《だま》されて横並びに伏せた時、私はその上を踏み、数えながら渡って来て、今にも地面に降りるという時、『お前さん達は欺されたのさ』と言ってしまった。その途端、最後に伏せていた鰐鮫が、私を捕えてすっかり毛を剥《は》いでしまった。それで苦しみ泣いていたところ、先に行った八十神達が、『海水を浴び、風に当たって横になっておれ』と教えてくれた。それで教えられたようにしたところ、この身はみな傷だらけになってしまった」と言った。

そこで大穴牟遅神は兎に教えて、「今すぐ河口へ行き、真水でお前の身体を洗え。そして直《す》ぐにその河口近くの蒲の花（蒲《がま》の穂の花粉）を採って敷き散らし、その上を寝転《ころ》がれば、お前の膚《はだ》は必ずもとの如く癒えるだろう」と言った。それでその通りにすると、その身体は本の如くになった。これが稲羽の素兎《しろうさぎ》である。

『古事記《こじき》』は、天武天皇に舎人《とねり》として仕えていた稗田阿礼《ひえだのあれ》(?~?)が、天武天皇の命により誦《よ》み習っていた古記録を、元明《げんめい》天皇の命により太安万侶《おおのやすまろ》が筆録して編纂し、翌和銅五年(七一二)に元明天皇に捧呈した、現存最古の歴史書です。叙述されているのは、天地開闢《かいびゃく》の神話から始まり、女帝である推古天皇の代に及んでいます。因みに『日本書紀』も、同じく女帝の持統天皇の代に及んでいます。

序文によれば、天武天皇の頃、天皇の系譜を記述した『帝《てい》紀《き》』(帝皇日継《ていおうひつぎ》)と、諸氏族に伝承された神話や伝承などを記述した『旧辞《きゅうじ》』(本辞)という書物があったのですが、誤り伝えられることがあり、天武天皇が「偽《いつわり》を削り実《まこと》を定め、後葉《のちのよ》に流《つた》」えるために、記憶力が優れた稗田阿礼にそれらを「誦習《よみなら》」うことを命じました。序文には「諸家の賷《も》てる帝紀及び本辞、既に正実に違《たが》ひ、多く虚偽を加ふ」と記されていますから、諸豪族がその出自にかかわる伝承を、都合よく粉飾することがあったのでしょう。稗田阿礼の性別は不明ですが、「為人《ひととなり》聡明にして、目に度《わた》れば口に誦《よ》み、耳に払《ふ》るれば心に勒《しる》す」と記されていますから、一度見聞きしたことは、全て記憶してしまったというのです。しかし稗田阿礼も老齢となったので、元明天皇の命により、稗田阿礼が語ることを太安万侶が筆録して編纂したというわけです。『古事記』は四〇〇字詰めの原稿用紙なら、約六〇枚になるそうですから、稗田阿礼の記憶力は、驚嘆すべきものでした。

当然のことながら漢字だけで表記されていますが、漢文ではなく、漢字の音や訓を巧みに活かしながら、日本語で記されています。例えば、ほぼ冒頭部に、「国稚如浮脂而久羅下那州多陀用幣流」という記述がありますが、前半の「国稚《わか》く浮く脂《あぶら》の如くして」の部分は、漢字の意味を活かして漢文風に記されています。しかし後半部分は万葉仮名で記され、「水母《くらげ》なす漂《ただよ》へる」(くらげのように漂う)と訓《よ》めます。

ここに載せたのは、いわゆる「稲葉の素兎《しろうさぎ》」の話です。出雲系神話が多いのは、『日本書紀』にはない『古事記』の特徴の一つですから、この場面を選びました。主人公の大穴牟遅神《おおなむちのかみ》とは大国主神《おおくにぬしのかみ》のことで、兎を助けた優しい神として描かれ、「いなばの白うさぎ」という童話に仕立てられることがありますが、「素兎」がもともとの表記です。膚《はだ》が痛んだ素兎は、蒲《がま》の穂の花粉を敷き散らした上に寝転んで癒やされるのですが、「蒲黄《ほおう》」と呼ばれる蒲の花粉には、実際に消炎止血の薬効があるそうです。

この後、大穴牟遅神は兄神達により二度も殺されるのですが、その度《たび》に蘇生します。また須佐之男命《すさのおのみこと》の娘を娶《めと》ろうとして、数々の厳しい試練を課されます。草原で火攻めにされ逃げ場を失った時は、鼠《ねずみ》の穴にかくまわれて難を逃れました。そして終《つい》には「葦原《あしはら》の中国《なかつくに》」と称される、地上の国の支配者となります。しかし天照大神《あまてらすおおみかみ》の孫の邇邇芸命《ににぎのみこと》が高《たかま》天原《のはら》から下る「天孫降臨」に先立ち、国土の支配権の譲渡を求められ、移り住む宮殿の建築を交換条件にこれを承諾します。その宮殿が出雲大社（杵築《きづき》大社）となるわけで、この支配権の譲渡は、「国譲り」と呼ばれます。

なお大穴牟遅神の義父の須佐之男命が、出雲の神々の祖であることから、「稲羽」は「因幡《いなば》」、「淤岐嶋《おきのしま》」は「隠岐島《おきのしま》」であるとする説があり、観光的にはそのように説明されています。しかし話としては面白いのですが、『出雲風土記』にはそれを裏付ける記述はありません。

大穴牟遅神の別名である大国主命《おおくにぬしのみこと》を音読みすると、七福神の一人である大黒天《だいこくてん》に音が似ています。そのため江戸時代には、大国主命と大黒天が習合し、打出《うちで》の小槌《こづち》を手に持ち、財宝の入った袋を担ぎ、俵の上に乗る姿で表され、俵の側には必ず鼠がチョコンと控えているようになりました。この袋を担ぐ姿と鼠とは、『古事記』の神話に由来しています。また「大国《たいこく》」「大黒《だいこく》」の音が「大根《だいこん》」に通じるため、大根と鼠の取り合わせが好まれ、大根と鼠を描いた皿は、江戸時代には「大国鼠《だいこくねずみ》」と称して、大いに流行していました。

なお奈良時代ならではの独特の古い言い回しがあり、読み仮名も訓点もない白文ですから、読み方には諸説があることを御了解下さい。

日本書紀——にほんしょき

（主要テキスト：「日本古典文学大系新装版」『日本書紀』）

原文

　戊申《つちのえさるのひ》、天皇《すめらみこと》大極殿《おおあんどの》に御《おわしま》す。古人大兄《ふるひとのおおえ》侍《はべ》り。中臣鎌子連《なかとみのかまこのむらじ》、蘇我入鹿臣《そがのいるかのおみ》の人為《ひととなり》疑《うたがい》多くして、昼夜剣《たち》持《は》けることを知りて、俳優《わざひと》に教へて、方便《たばか》りて解《ぬ》かしむ。入鹿臣《いるかのおみ》、咲《わら》ひて剣《たち》を解《ぬ》く。入りて座《しきい》に侍《はべ》り。倉山田麻呂臣《くらやまだのまろのおみ》、進みて三韓《みつのからひと》の表文《ふみ》を読み唱《あ》ぐ。是《ここ》に中大兄《なかのおおえ》、衛門府《ゆけいのつかさ》に戒《いまし》めて、一時《もろとも》に倶《とも》に十二《よも》の通門《みかど》を鏁《さしかた》めて、往来《かよ》はしめず。衛門府を一所《ひとところ》に召し聚《あつ》めて、将《まさ》に給禄《ものさず》けむとす。

　時に中大兄、即ち自ら長き槍《ほこ》を執《と》りて、殿《との》の側《かたわら》に隠れたり。中臣鎌子連等《ら》、弓矢を持ちて為助衛《いまも》る。海犬養連《あまのいぬかいのむらじ》勝麻呂《かつまろ》をして、箱の中《うち》の両《ふたつ》の剣《たち》を佐伯連子麻呂《さえきのむらじこまろ》と葛城稚犬養連網田《かつらぎのわかいぬかいのむらじあみた》とに授けしめて曰はく、「努力努力《ゆめゆめ》、急須《あからさまに》に斬るべし」といふ。……

　倉山田麻呂臣、表文《ふみ》を唱《よみあ》ぐること将《まさ》に尽きなむとすれども、子麻呂等の来《こ》ざることを恐りて、流《い》づる汗身に浹《あまね》くして、声乱れ手動《わなな》く。鞍作臣《くらつくりのおみ》、怪《あやし》びて問ひて曰は

現代語訳

（皇極天皇四年六月）十二日、皇極天皇が大極殿《だいごくでん》にお出ましになり、古人大兄皇子《ふるひとおおえのみこ》（入鹿の従兄弟）がお側《そば》に侍った。中臣鎌足は、蘇我入鹿の性格が疑い深く、昼も夜も帯剣していることを知り、俳優（滑稽な仕ぐさで歌舞などする役者）に智恵を付けて入鹿を欺《だま》し、剣を外《はず》させた。（何も知らない）入鹿は笑って剣をぬき、中に入って座に着いた。倉山田麻呂は御座の前に進み出て、三韓（高句麗・百済・新羅）の上表文を読み上げる。（その間に）中大兄は門衛に命じ、一斉に皇居の全ての門を堅く閉め、誰も通らせないようにした。そして門衛を一カ所に召し集め、褒美《ほうび》を授けようとした。

　そして中大兄は、自ら長い鉾《ほこ》を執《と》って大極殿の陰に隠れ、中臣鎌足らは弓矢を持ってこれを護衛した。そして海犬養連勝麻呂に命じ、箱の中から二本の剣を、佐伯連子麻呂と葛城稚犬養連網田に授け、「必ず素早く斬れ」と言った。……

　倉山田麻呂は、上表文を読み終わりそうになるのだが、子麻呂達が出て来ないことを心配して、全身に汗が流れ、声が乱れ手も震えている。それを鞍作（入鹿）が怪しみ、

く、「何故か掉《ふる》ひ戦《わなな》く」といふ。山田麻呂《やまだのまろ》、対《こた》へて曰はく、「天皇《すめらみこと》に近つける恐《かしこ》みに、不覚《おろか》にして汗流《い》づる」といふ。

中大兄、子麻呂等の、入鹿が威《いきおい》に畏《おそ》りて、便旋《めぐら》ひて進まざるを見て曰《のたま》はく、「咄嗟《やあ》」とのたまふ。即ち子麻呂等と共に、出其不意《ゆくりもな》く、剣《たち》を以て入鹿が頭肩を傷《やぶ》り割《そこな》ふ。入鹿驚きて起《た》つ。子麻呂、手を運《めぐら》し剣を揮《ふ》きて、其の一つの脚《あし》を傷《やぶ》りつ。入鹿、御座《おもと》に転《まろ》び就《つ》きて、叩頭《の》みて曰《もう》さく、「当《まさ》に嗣位《ひつぎのくらい》に居《ましま》すべきは天子《あめのみこ》なり。臣《やつこ》罪を知らず。乞ふ、垂審察《あきらめたま》へ」とまうす。天皇大《おお》きに驚きて、中大兄に詔《みことのり》して曰《のたま》はく、「知らず、作《す》る所、何事有りつるや」とのたまふ。中大兄、地《つち》に伏して奏《もう》して曰《もう》さく、「鞍作《くらつくり》、天宗《きみたち》を尽し滅して、日位《ひつぎのくらい》を傾《かたぶ》けむとす。豈《あに》天孫《あめみま》を以て鞍作に代《か》へむや」とまうす。天皇、即ち起《た》ちて殿の中《うち》に入りたまふ。佐伯連子麻呂・稚犬養連網田、入鹿臣を斬りつ。

「何故震えているのか」と言うと、山田麻呂は「畏れ多くも御前に近付き、不覚にも汗が流れてしまいます」と言った。

中大兄は、子麻呂達が入鹿の威勢に恐れたじろぐのを見て、「やあ」と掛け声諸共《もろとも》、たちまち子麻呂達と共に不意に跳び出し、剣で入鹿の頭や肩に斬り付けると、入鹿は驚いて立ち上がったが、子麻呂が剣を振るって片方の脚に斬りつけた。入鹿は御座の前に転げ落ち、「日嗣の御位におなりになるのは、天《あめ》の皇子《みこ》でございます。私にいったい何の罪がありましょう。何卒《なにとぞ》お取り調べを」と哀願して言った。天皇は大いに驚き、中大兄に「どうしたのだ。いったい何事であるか」と言われた。中大兄は平伏して奏上し、「鞍作（入鹿）は皇子たちを全て滅ぼし、御位を侵そうとしております。どうして天孫を以て鞍作に代えることができましょうか」と言った。天皇は直《す》ぐに立って御殿の中に入ってしまわれ、佐伯連子麻呂と稚犬養連網田は入鹿を斬った。

解説

『日本書紀《にほんしょき》』は『古事記』に遅れること八年、養老四年（七二〇）に完成した日本最初の本格的な歴史書です。編纂したのは天武天皇の子である舎人《とねり》親王らで、天武天皇十年（六八一）の歴史書編纂の勅命以来、三九年を要した大事業でした。『日本書紀』は、その叙述方法が『古事記』とは全く異なっています。『古事記』の材料ともなった『帝紀《ていき》』

『旧辞《きゅうじ》』をはじめとして、諸豪族や地方に伝えられた記録、政府の公的記録、寺院の縁起、百済系渡来人の記録など、様々な資料が集められて参照され、曲がりなりにも歴史書としての体裁を整えているからです。

ただ『日本書紀』という書名には、早くから疑義がありました。中国の歴史書には「○○書」や「○○紀」はあっても、「○○書紀」という例はありません。『続日本紀』の養老四年（七二〇）の記事には、「日本紀《にほんぎ》を修す」と記され、続く歴史書が『続《しょく》日本紀』『日本後紀《こうき》』『続日本後紀』であることからすれば、「日本紀」が本来の書名であったという説には、説得力があります。しかし弘仁三年（八一二）に行われた『日本書紀』の講読会である「日本紀講筵」の講義記録『弘仁私記』には、「日本書紀」という呼称があり、他にもいくつか史料があります。

『日本書紀』の原文には、大和言葉独特の訓が付けられています。これらは七二一年から九六五年までの間に宮中で七回も行われた日本紀講筵の講義記録や、『古事記』に比べてはるかに多い『日本書紀』の古写本に記された訓読史料などを参考にして、当時の訓《よ》み方が推定再現されているからです。もちろん編纂当時の訓そのものである確証はありませんが、奈良時代の古い訓も残存しています。録音はあり得ませんから、古い日本語の読み方がわかる史料として、言語学的に大変に貴重なものなのです。ただ現代人が意味を理解するなら、音読みの方がかえってわかりやすい場合もあります。例えば、「天皇大極殿《すめらみことおおあんどの》に御《おわしま》す」なら、「天皇《てんのう》、大極殿《だいごくでん》に御《ぎょ》す」と読んだ方が理解できるでしょう。

ここに載せたのは、大化の改新に先立つ乙巳《いっし》の変（六四五）の場面です。皇極天皇は中大兄皇子の母に当たる女帝で、あくまでも次の天皇が即位するまで、つなぎとして即位していました。次の天皇候補者としては、蘇我入鹿の従兄弟《いとこ》に当たる古人大兄皇子《ふるひとおおえのみこ》と、同じく従兄弟で聖徳太子（厩戸王）の子である山背大兄王《やましろおおえのみこ》、そして蘇我氏とは血縁がなく、古人大兄皇子の異母弟に当たる中大兄皇子の三人がいました。蘇我氏としては中大兄皇子は論外であり、山背大兄王は血縁があっても、蘇我氏にとり聖徳太子は何かと煙い存在でしたから、古人大兄皇子を即位させたいと考えていました。

そのために皇極天皇二年（六四三）、入鹿はまず山背大兄王の館を襲撃し、終《つい》には自殺に追い込みます。中大兄皇子は、次は自分が狙われると危機感を持ったに違いありません。そして折しも長期留学から帰国していた遣隋・遣唐留学生等の新知識人らと結びつきます。『日本書紀』には、中大兄皇子と中臣鎌足が、「周孔の教《のり》（儒教）を南淵先生《みなぶちのせんじょう》の所《もと》に学ぶ。遂に路上《みちのあいだ》、往還《かよ》ふ間《ころおい》、肩を並べて潜《ひそか》に図《はか》る」と記されています。怪しまれないように、儒教を学ぶと称して南淵請安のもとに通い、実際には唐の律令制について学んだに違いありません。そしてそれは後に大化の改新の詔に反映されます。また途次《みちすがら》、蘇我氏打倒の秘策を練ったのでしょう。

続日本紀――しょくにほんぎ

（主要テキスト：「新日本古典文学大系」『続日本紀』）

原文

和銅元年春正月乙巳《いつし》。武蔵《むさし》国秩父《ちちぶ》郡、和銅を献《たてまつ》る。詔《みことのり》して曰《のたま》はく。「現神《あきつみかみ》と御宇《あめのしたしろしめす》倭《やまと》根《ね》子《こ》天皇《すめら》が、詔旨《おおみこと》らまと勅《の》りたまふ命《おおみこと》を、親王《みこたち》、諸王《おおきみたち》、諸臣《おみたち》、百官人《もものつかさのひとども》等・天下《あめのした》の公民《おおみたから》、衆《もろもろ》聞きたまへと宣《の》る。

……如是《かく》治め賜《たま》ひ慈《めぐ》み賜ひ来る天《あま》つ日嗣《ひつぎ》の業《わざ》と、今皇朕《すめらわ》が御世《みよ》に当りて坐《ま》せば、天地《あめつち》の心を労《いとおし》み重《いかし》み辱《かたじけな》み恐《かしこ》み坐《ま》すに、聞《きこ》し看《め》す食国《おすくに》の中《うち》の東《ひむがし》の方《かた》武蔵国に、自然《おのずから》に作成《な》れる和銅《にぎあかがね》出《い》で在《た》りと奏《もう》して献《たてまつ》れり。此の物は、天《あめ》に坐《ま》す神、地《くに》に坐す祇《かみ》の相《あい》うづなひ奉《まつ》り福《さきわ》へ奉る事に依りて、顕《うつ》しく出《い》でたる宝に在るらしとなも、随神《かむながら》所念《おもほ》し行《め》す。是《ここ》を以《もち》て、天地《あめつち》の神の顕《あらわ》し奉《まつ》れる瑞宝《しるしのたから》に依りて、御世《みよ》の年号《としのな》を改め賜ひ換《か》へ賜はくと詔《の》りたまふ命《おおみこと》を衆《もろもろ》聞きたまへと宣《の》る」。故《かれ》、慶雲五年《けいうんのいつとせ》を改めて、和銅《わどうの》元年《はじめのとし》と為《し》て、御世の年号《としのな》と定め賜ふ。

現代語訳

和銅元年（七〇八）春の正月十一日、武蔵国の秩父郡が和銅を献じた。（元明天皇が）詔を宣べて言うには、「現《あき》つ御神として天下を治められる天皇が、詔として宣べ聞かせられる御言葉を、親王達・諸王達・多くの重臣達・多くの官僚達・全国の公民は皆謹んで承るようにと申し述べる。

……このように治め慈《いつく》しんできた皇位継承者の務《つとめ》として、今はこの我が世で皇位に就《つ》いているのであるが、天地の心を大切にして重く受け止め、恐れ畏《かしこ》んでいたところ、治めているこの国の東方にある武蔵の国に、自然に生じた熟銅が現れたと、奏上し献上してきた。この物は、天にまします神々と地にまします祇《かみ》々が、（徳のある政治を）共に愛《め》でられ祝福されることにより、現出した宝物であるらしいと、神として思うのである。そこで、天地の神々が顕わされためでたい宝により、御世の年号を新しく改め換えられると宣べられる御言葉を、皆の者は謹んで承れと申し述べるものである」。これにより、慶雲五年を改めて和銅元年とし、御世の年号としてお定めになられる。

『続日本紀《しょくにほんぎ》』は、桓武《かんむ》朝の延暦十六年（七九七）、『日本書紀』に続く正史として撰進された歴史書で、文武天皇の元年（六九七）から桓武天皇の延暦十年（七九一）までの天皇九代九五年間、奈良時代がほぼ全て含まれています。和同開珎鋳造・三世一身法・国分寺造営・東大寺大仏造立・墾田永年私財法などの史料は、高校の日本史の授業でも学習しますから、部分的にならも多くの人が『続日本紀』を読んだことがあるはずです。

ここに載せたのは、和銅献上に関する女帝元明《げんめい》天皇の宣命《せんみょう》や詔勅で、独特の文体は「宣命体《せんみょうたい》」と呼ばれます。これは天皇の言葉を大和言葉で表したもので、天皇の言葉が漢文体の場合は、一般には「詔勅《しょうちょく》」と呼ばれます。宣命体では、名詞・動詞・形容詞などの語幹は大きな漢字で、助詞・助動詞・活用語尾などは、万葉仮名で小さく書きます。例えば「天下《あめのした》の業《わざ》となも、随神《かむながら》念《おもほ》し行《め》さくと」の部分ならば、「天下業止奈母、随神念行佐久止」と書き表します。宣命が用いられるのは、元日の朝賀・即位・改元・立后などの、天皇や国家に直接に関わる重大なことに限られました。それだけ重々しい荘重なものと理解されていたわけです。宣命は『続日本紀』に特に多く、六二編も収録されています。宣命体は、現在では神主の祝詞《のりと》に痕跡を留めているのですが、現在の祝詞の奏上には独特の節回しがあるように、当時も荘重さを増幅させる、独特の読まれ方をしたことでしょう。

この宣命は朝廷に参集した諸官僚の前で実際に読み上げられたもので、助語や活用語尾が一音一音記されていますから、当時の日本語を録音して筆記したのと同じであり、古代語の言語学的研究の貴重な史料でもあるわけです。

ここでは省略しましたが、改元の宣命に続いて、最後に「無位の金上元に従五位《じゅごい》の下」の位を授けたことが記されています。「金」という姓から見て、渡来系の人物でしょう。従五位は国司級の位階ですから、極端な比喩ですが、無名の外国人がいきなり県知事級に抜擢されたような立身出世で、鉱物や冶金についての知識と技術があり、銅の採掘に関わったことへの褒賞と考えられます。武蔵国を初めとして、東国には千人単位の新羅・高句麗・百済系渡来人達が集団で入植していましたから、その中の一人であるかもしれません。

和銅が発見されたのは、埼玉県秩父市黒谷であるとされ、「露天掘りの跡」と称する遺跡があります。しかし規模は極めて小さく、実際には広く秩父の荒川沿いの山麓各地で採掘されたはずです。江戸時代文化文政年間の『新編武蔵風土記稿』の秩父郡井戸村には、採銅坑跡が四箇所記されていますし、明治時代には広範囲で採掘されていたそうです。著者自身も五〇余年前、黒谷付近で銅鉱石を採集したことがありますし、地質学者の調査により、わずかながら自然銅も採集されているそうです。

和銅の献上は、当時としては大事件でした。何しろこれを契機に改元されただけでなく、和同開珎が鋳造され、遷都の詔まで出されたのですから。『続日本紀』により日付を見ると、一月十一日に和銅献上・改元・天下に大赦、二月十一日に催鋳銭司《さいちゅうせんし》（貨幣鋳造の官吏）設置、二月十五日に天下に遷都布告、五月十一日に初めて銀銭（和同開珎の銀銭か）を行うとして、立て続けに関連記事が見られます。

改元理由には色々あるのですが、平安時代初期までの改元は、瑞祥出現による場合が多いものでした。瑞祥とは、徳のある善政が行われると、天がそれに感応して、地上に出現させると考えられた珍しい現象のことで、白雉・大宝・慶雲・和銅・霊亀・養老・神亀・天平・宝亀などの年号は、全て瑞祥の出現が契機となっています。

ここでは、慶雲五年を改て和銅元年とし、御世の年号と定めたと記されていますが、「年号」という言葉が正式に使用された最初の例として重要です。現在では一般には「年号」と「元号」は、曖昧に混用されていますが、歴史的にははっきりとした違いがあります。和銅改元以後、国家の正式な歴史書である六国史に、しばしば「年号」と記されていますから、「年号」が正式な呼称でした。その後明治改元の際、「一世一元の制」により「元号」という呼称が用いられるようになったと説かれることが多いのですが、これは明かに誤りです。明治改元の詔の正式な呼称は、「今後年号ハ御一代一号ニ定メ慶応四年ヲ改テ明治元年ト為ス及詔書」で、はっきり「年号」と記されています。「元号」が正式に使われるのは、大日本帝国憲法と同時に公布された「皇室典範」以後のことです。戦後は皇室典範は無効となり、法律的根拠のないまま、慣習的に「元号」が用いられていましたが、現在では「元号法」という法律がありますから、「元号」が正式な呼称です。そういうわけで、和銅改元から明治憲法より前までは、「年号」が正式な呼称だったのです。

風土記——ふどき

（主要テキスト：「日本古典文学大系新装版」『風土記』）

原文

以《その》南に童子女《うない》の松原あり。古《いにしえ》、年少《としわか》き僮子《うない》ありき。〔俗《くにひと》、「加味乃乎止古《かみのおとこ》」、「加味乃乎止売《かみのおとめ》」と云ふ。〕男を「那賀《なか》の寒田《さむた》の郎子《いらつこ》」と称《い》ひ、女《おみな》を「海上《うなかみ》の安是《あぜ》の嬢子《いらつめ》」と号《なづ》く。並《とも》に形容端正《かたちきらきら》しく、郷里《むらざと》に光華《かがや》けり。名声《な》を相《あい》聞きて、望念《ねがい》を同存《おなじ》くし、自愛《つつし》む心滅《うせ》ぬ。月を経《へ》、日を累《かさ》ねて、耀歌《ちょうか》の会《つどい》、〔俗《くにひと》、「宇太我岐《うたがき》」と云ひ、又「加我毘《かがひ》」と云ふ也。〕に邂逅《たまさか》に相遇《あいあ》へり。

時に、郎子《いらつこ》歌ひて曰《い》ひけらく、「伊夜是留乃《いやぜるの》　阿是《あぜ》の小松に　木綿垂《ゆうし》でゝ　吾《わ》を振り見ゆも　阿是小島《あぜこしま》はも」。嬢子《いらつめ》、報《こた》へ歌ひて曰ひけらく、「潮《うしお》には　立たむと言へど　汝夫《なせ》の子が　八十島隠《やそしまかく》り　吾《わ》を見さ走り」。

便《すなわ》ち、相語《あいかた》らまく欲《おも》ひ、人の知らむことを恐《おそ》りて、遊《うたがき》の場《にわ》より避《さ》け、松の下に蔭《かく》り、手を携《たずさ》へ、膝を役《つら》ね、懐《おもい》を陳《の》べ、憤《いきどおり》を吐く。既に故《ふる》き恋の積れる疹《やまい》を釈《と》き、還《また》新しき歓《よろこび》の頻《しきり》なる咲《えまい》を起こす。……

茲宵茲《こよいここ》に、楽しみこれより楽しきは莫《な》し。偏《ひとえ》に語《かたらい》の

現代語訳

その（香島郡軽野の浜辺の）南に、童子女《うない》の松原がある。昔、ある若い僮子《うない》がいた。その土地の言葉で、「神の男《おとこ》」、「神の女《おとめ》」（神に奉仕する少年・少女）という。男は「那賀《なか》の寒田《さむた》の郎子《いらつこ》」、女は「海上《うなかみ》の安是《あぜ》の嬢子《いらつめ》」という。共に見目《みめ》麗しく、村里でも光り輝いていた。互いにその評判を聞き、二人は同じく会ってみたいと思い、その心を抑えきれなくなった。そして月日がたち、耀歌《ちょうか》の集いで二人は偶然出会った。その土地の言葉で、耀歌を「うたがき」とも「かがい」ともいう。

その時男は、「いやぜるの（阿是にかかる枕詞）阿是《あぜ》（安是）の小松に（目印として）木綿《ゆう》（神事に用いる楮《こうぞ》の皮から採った繊維）を垂らしかけ、私に振っているのが見える。阿是の小島の乙女よ」と歌って言った。女はそれに応え、「潮の寄せる浜辺に立っていようと約束したが、あなたは、多くの島々（のような歌垣の庭の多くの人々）に隠れている私を見つけて、走って来る」と歌った。

そして共に語り合いたいと思い、人に知られることを恐れて、歌垣の場から離れ、松の木の下に隠れ、手をとりあい膝を近づけて、胸の思いを吐露すると、積もり積もった

甘き味に沈《おぼ》れ、頓《ひたぶる》に夜の開《あ》けむことを忘る。俄《にわか》にして鶏《とり》鳴き、狗吠《いぬほ》え、天暁《そらあ》けて日明《あきら》かなり。爰《ここ》に僮子等《うないたち》、為《せ》むすべを知らず。遂《つい》に人に見らるゝを愧《は》ぢて、松の樹《き》と化成《な》れり。郎子《いらつこ》を「奈美松《なみまつ》」と謂《い》ひ、嬢子《いらつめ》を「古津松《こつまつ》」と称《い》ふ。古より名着《なづ》けて、今に至るまで改めず。

恋の思い悩みも消え、新たな恋の歓びに、頻りに笑みがこぼれる。……

今宵、これにまさる楽しみはなく、語らいのうましさに、夜の更けるのも忘れていた。すると突然、鶏が鳴き犬が吠《ほ》え、夜が明けて、日が明るいではないか。僮子《うない》達はどうしてよいかわからず、見られることを恥じて、松の木になってしまった。男の松を「奈美松《なみまつ》」といい、女の松を「古津松《こつまつ》」という。昔からそのように名付け、今に至るまでその名を改めていない。

解説

『風土記《ふどき》』は、和銅六年（七一三）、元明天皇の詔により、国ごとに編纂が命じられた地誌のことで、『続日本紀』には、次のように記されています。「畿内七道諸国、郡郷名は好《よ》き字を着《つ》けよ。其の郡内に生ずる所の銀・銅・彩色（絵の具の顔料か？）・草木・禽獣《きんじゅう》・魚虫等の物は、具《つぶさ》に色目《しきもく》（品目）を録せしむ。及び土地の沃塉《よくせき》（肥沃かやせているか）、山川原野の名号の所由《いわれ》（由来）、又古老の相伝ふる旧聞異事（伝承）は、史籍（史書）に載せて亦宜しく言上すべし」。

地名には意味の「好い字」を用いよと命じられていますが、『出雲国風土記』の総記には、「其の郷の名の字は、神亀三年（七二六）の民部省の口宣《くせん》（勅命）を被りて改めぬ」と記されていて、郷名が実際に改められたことを確認できます。同風土記では郡郷名は二字に統一されていますから、編纂を命じた詔書に「二字」の文言がなくても、「二字の好字」が意図されていたわけです。また十世紀初めに集大成された法令集の『延喜式』の民部省式には、「凡《およそ》諸国部内郡里等名は並《なら》びに二字を用いよ。必ず嘉名《よきな》を取れ」と規定されています。

そもそも国名の二字表記は、戸籍の編制進展に伴い、早くから始まっていました。例えば「上毛野《かみつけぬ》」から「上野《かみつけ》」、「無邪志」から「武蔵」、「嶋」から「志摩」、「木」から「紀伊」へのように、無理に二字へと改めています。風土記における郡郷名などの二字表記は、このような国名の漢字二字表記の延長と理解できます。そういうわけで、現在の漢字二字表記の地名の中には、律令制や風土記編纂の名残が見られるわけです。

「風土記」という呼称は、「地方の事を記述した書物」という程度の意味ですから、固有名詞ではありません。「風土記」という呼称の初見は、延喜十四年（九一四）に醍醐天皇に捧呈された政治改革意見書「三善清行《きよつら》意見封事」ですから、編纂された当時、「〇〇国風土記」と呼ばれていたわけではありません。『常陸国風土記』の冒頭には、「常陸の国の司《つかさ》、解《げ》す」と記されていますが、「解《げ》」とは下級官庁から上級官庁へ上申することですから、風土記は、形式的には国司から太政官への報告書でした。当時の六〇余国中、ある程度まとまって現存するのは出雲・常陸・播磨・肥前・豊後だけで、中でも完全な形で現存するのは出雲風土記だけです。その他には引用されて部分的に伝えられた風土記逸文《いつぶん》が三〇余国あります。

ここに載せたのは、『常陸国風土記』の香島《かしま》郡の「童子《うない》の松原」にまつわる恋の物語です。歌垣とは、特定の時期と場所に若い男女が集団で集い、互いに求愛の歌を交わしあったり飲食をする風習です。この松原に比定されるのは、茨城県の東南の端にある神栖《かみす》市波崎海岸で、現在は松林の中に「童子女《おとめ》の松原公園」があり、二人の像が立てられています。

余りに高度で難解なため、ここでは省略しましたが、二人が語り明かす場面の情景描写は、「四六駢儷体《しろくべんれいたい》」と呼ばれる華麗な文体で、主に四字・六字の句を基本として対句を用いるところに特徴があります。奈良時代の片田舎に、これだけの文章を書ける官吏がいたということは、実に驚くべきことです。執筆したのは地方へ下った官吏や地方豪族でしょう。高橋虫麻呂という官吏は、常陸国に赴任していたことがあり、彼が筑波山を詠んだ歌が『万葉集』に収められていますから、執筆者の一人と考えられています。また『常陸国風土記』編纂当時に常陸国司だったのは、藤原不比等の子である宇合《うまかい》ですから、監修責任者として序文を書いた可能性があり、全体に目を通しているでしょう。最初の漢詩集である『懐風藻』にも宇合の詩が六首も収められていたり、遣唐副使として入唐したことも考え合わせれば、宇合は相当に高い漢学教養の持ち主であり、父（藤原不比等）や祖父（中臣鎌足）の七光りだけで高官となったわけではなさそうです。

「風土記」は、もともと読み仮名も訓点もない白文ですから、どのように読み、どこで文を区切り、どのように訓点を付けるかにより、解釈も異なります。そういうわけで、テキストにより解釈や読み方がかなり異なることは御了解下さい。

懐風藻——かいふうそう

（主要テキスト：「日本古典文学大系」『懐風藻』）

原文

五言　臨終　一絶　　　大津皇子《おおつのみこ》

金烏臨西舎（金烏《きんう》　西舎《せいしゃ》に臨み）
鼓声催短命（鼓声《こせい》　短命を催《うなが》す）
泉路無賓主（泉路《せんろ》　賓主《ひんしゅ》無く）
此夕離家向（此夕《このゆうべ》　家を離《さか》りて向ふ）

現代語訳

五言詩　辞世の詩　一首　　　大津皇子

夕日は西の方にある家々を照らし
（夕刻を告げる）太鼓の音は、私が命を縮めること（自害すること）を急《せ》きたてている
（死後に辿るという）黄泉《よみ》への路では、（誰もが皆同じで）客も主人もなく（ただ独りである）
今日の夕暮れには、この世の家を離れて、（寂しく黄泉への旅へ）向かわなければならない

解説

『懐風藻《かいふうそう》』は日本最古の漢詩集で、天平勝宝三年（七五一）に成立しました。編者は自ら序文で「薄官」（下級官吏）と謙遜していますが、「文人之首《おびと》」と賞賛された淡海三船である可能性が高いとされています。漢詩には平仄《ひょうそく》や押韻《おういん》などの約束事があり、中国語に精通していない日本人には、取り付きにくいものです。ですからまだ稚拙なものが多く、模倣や盗作まがいのものもあります。しかしそれは要求する方が無理というもの。それよりも唐文化に対するいじらしいまでの憧憬を感じ取りたいものです。そのため『万葉集』に比べれば、作者の階層が限られるのはやむを得ず、「淡海《おうみ》」（天智朝）から「平都」（奈良朝）までの六四人の一一六首（序文では一二〇首と記されている）の詩が収められています。よく知られている人には、大友皇子・大津皇子・文武天皇・藤原不比等《ふひと》・長屋王・藤原房前《ふささき》・藤原宇合《うまかい》等がいます。書名については序文には、「先哲（昔の賢人）の遺風（遺された教え・詩風）を忘れざらむ」ために、「遺風を懐《おも》う藻（詩文の

言葉）」と命名したと記されています。

　ここに載せたのは、大津皇子（六六三〜六八六）の辞世の詩です。『懐風藻』には大津皇子の為人《ひととなり》について、身体容貌《ようぼう》ともに優れて逞《たくま》しく、度量が大きく、幼年にして学問を好み、詩文に優れていた。武を好んで剣術も巧みである。自由気ままで規則に縛られず、（高貴な身分であるのに）謙虚に人を篤《あつ》くもてなす。そのため多くの人から信頼されていたと記され、『日本書紀』でも同様に賞賛されています。また『日本書紀』には、大津皇子の自死の記述に続いて、「文筆《ふみつくること》を愛《この》みたまふ。詩賦《しふ》の興《おこり》、大津より始れり」と記され、その詩才が高く評価されていました。

　このように大津皇子が人望を集めると、皇位継承問題が表面化します。鵜野讃良《うののさらら》皇后（後の持統天皇）には、大津皇子より一歳年長の草壁《くさかべ》皇子という息子がいました。皇后にしてみれば、草壁皇子の将来に不安を覚え、大津皇子の人望を疎《うと》ましく思っていたに違いありません。それでも草壁皇子が天武天皇十年（六八一）に皇太子となり、既に序列は定まっていました。

　ところが朱鳥元年（六八六）九月九日に天武天皇が崩御すると、皇后が皇位につかずにそのまま政務を執ります。そして同年十月二日、親友であったはずの川島皇子（天智天皇の子）の密告により、大津皇子が謀叛《むほん》の疑いにより捕えられてしまいました。『懐風藻』の編者は、謀叛の計画を知った川島皇子が、忠告して押し止めることもせずに密告したことを、厳しい言葉で非難しています。

　この事件に対する鵜野讃良《うののさらら》皇后の処断は迅速でした。大津皇子は弁明すら許されず、翌三日には自邸で自害に追い込まれたのでした。享年は二四歳です。『日本書紀』には「死を賜ふ」と記され、その死の直前に詠まれたのが、ここに載せた「臨終」の詩なのです。

　一般論として第一受益者が黒幕だとすると、草壁皇子の皇位継承を確実にするために、鵜野讃良《うののさらら》皇后が仕組んだと考えるのが自然です。連座した者は一人が伊豆に流罪となっただけで、密告した川島皇子が褒賞された形跡がなく、また皇后が処断を急いだことなどは、陰謀説を補強するものでしょう。

　しかし事件の三年後、草壁皇子が二八歳で亡くなってしまいます。草壁皇子の子である軽皇子《かるのみこ》（後の文武天皇）はまだ七歳ですから、孫が成長して即位するまではと、祖母である皇后が自ら正式に即位して、持統天皇となったのです。

　「金烏《きんう》」とは太陽のことですが、これは古代中国で、日本サッカー協会のシンボルマークともなっている三本脚の烏が、太陽に棲《す》んでいるとされていたことによっています。詩全体に「西」の方角が意識されていますが、それは日没が死を連想させ、また西方極楽浄土に往生することを踏まえているからでしょう。「泉」は死後の世界を意味する「黄泉」のことです。

　ただしこの詩は、大津皇子の真作でない可能性が極めて高いのです。隋に滅ぼされた陳《ちん》の最後の皇帝である陳後主《こうしゅ》

（五五三〜六〇四）に、「鼓声推命役（鼓声催命短?·）、日光向西斜、黄泉無客主、今夜向誰家」というそっくりの詩があります。それを飛鳥時代に呉から渡来した智蔵が日本に伝え、さらにその弟子である智光が撰述した、『浄名玄論略述』（七五〇年頃成立）という書物に、陳後主の詩として収録されているそうです。すると『懐風藻』が編纂された頃には、日本にこの詩と大津皇子の「臨終」の詩が並立していたことになります。そして第一句で鼓の音、第二句で斜光、第三句で黄泉、第四句で今夜の宿のない不安を詠むという、ほぼ同様な詩は「臨刑詩」と呼ばれ、処刑される直前に詠む辞世の詩として、十世紀から二〇世紀に至るまで、中国や朝鮮で類型化して詠まれ続けました。考えられるのは、大津皇子が陳後主の詩を、智蔵あたりから学んでいて改作したか、後世の人が大津皇子の名前で改作したかのどちらかしかありません。しかしこれ以上のことになると、専門家に任せるよりほかはありません。

『万葉集』には、「もゝづたふ磐余《いわれ》の池に鳴く鴨《かも》を今日のみ見てや雲隠《くもがく》りなむ」（四一六番歌）という、大津皇子の辞世の歌も収められています。これは自死が宣告され、自邸に赴く途中で「磐余《いわれ》の池に鳴く鴨」を見て、詠んだものとされています。しかし「雲隠る」という言葉は、『万葉集』では貴人の死ぬことを表す言葉であり、しかも自分の死に対して自分で使う言葉ではありませんから、いくら貴人とはいえ、大津皇子が自ら使うはずはありません。このように問題はありますが、取り敢えずここでは大津皇子の辞世と理解しておきましょう。

万葉集——まんようしゅう

（主要テキスト：「新日本古典文学大系」『万葉集』）

原文

東野炎立所見而反見為者月西渡

現代語訳

東の方を望むと、野原には「炎」が立っていて、振り返って西の方を望むと、月がまさに沈もうとしている

解説

『万葉集《まんようしゅう》』は、現存最古の和歌集で、年代の明らかな最も新しい歌は、天平宝字三年（七五九）正月に詠まれた巻末の大伴家持《おおとものやかもち》の歌ですから、それ以後の成立です。天皇や貴族から下級官人、防人・東国の庶民など様々な身分の人の歌が、四五三〇余首も収められていますから、その編纂には多くの人が関わったはずです。中でも大伴家持が主体的に関わったとされていますが、末尾が大伴家持の歌であることは、それを物語っています。特に防人の歌が注目されますが、ヤマト政権以来の武門の名族ある大伴氏の家持は、兵部省の高級官僚であったことがあり、直に防人に接することができましたから、防人情報を得やすい立場であったことによっているのでしょう。

　万葉仮名で記されていることは、もう説明の必要もないでしょう。一字一音が基本で、例えば、以（い）、呂（ろ）、波（は）は漢字の音で、蚊（か）、女（め）、毛（け）、は訓で読んでいます。覧（らむ）、鴨（かも）のように一字で二音を表すこともあります。鳴呼（あ）、五十（い）のように、二字で一音を表すこともありますが、その名残で、現在でも「五十嵐」と書いて「いがらし」と読みます。

　万葉仮名で書き取られた歌は、詠んだ本人や書き取った官僚は読めたでしょうが、年月が経つにつれて、次第に読めなくなりました。平仮名や片仮名が普及して、万葉仮名が使われなくなるのですから無理もありません。そこで村上天皇の天暦年間（九四七〜九五七）に、『後撰和歌集』の撰者でもあった源　順《みなもとのしたごう》ら五人の歌人（「梨壺《なしつぼ》の五人」）が、『万葉集』の歌約四〇〇〇首に読み仮名をふりました。その後幾人かの歌人が、何代にもわたり読み仮名を付け、鎌倉時代の中頃、天台僧仙覚《せんがく》は本格的な註釈本として、『萬葉集註釈』と

いう書物を著しました。彼はそれまでに断片的に伝えられていた『万葉集』の古写本を回収校合して定本を作り、読み仮名を付けたのです。これは江戸時代の国学者である契沖《けいちゅう》や賀茂真淵から現代に至るまで、万葉集研究の最も基礎となるテキストとなっています。つまりもし仙覚の業績がなかったら、私達は、『万葉集』の全容を知ることはできないのです。

　ここに載せたのは柿本人麻呂の歌で、『万葉集』の解読がいかに難しいかをよく理解できる歌です。三一音節の短歌をたった十四字で表記していますから、一字を数音節で読んだり、音を補いながら読まなければなりません。一般には「ひむがしの野にかぎろひの立つ見えてかへり見すれば月かたぶきぬ」と読まれていますが、これはあくまでも江戸時代の国学者である賀茂真淵の説に過ぎません。仙覚は、「あづまのゝけぶりの立てるところ見てかへりみすれば月かたぶきぬ」と読んでいて、かなり異なっています。

　原文では東と西が対であると考えれば、「あづまの」(東野)ではなく、「ひむがしのの」(東の野)と読めます。また仙覚は「炎」を「けぶり」と読み、「煙」と理解しています。一方真淵は「かぎろひ」と読み、「陽炎《かげろう》」と理解していて、『万葉集』で他に詠まれている「かぎろい」も、みな「陽炎」の意味です。しかし未明に陽炎は絶対に見えません。そのため古語辞典では、「かぎろひ」を「日の出前の東の空が赤く染まっている様子、曙光のことと」と苦しい説明をしていますが、これは真淵説を根拠にしていますから、断定できません。

　そこで「炎」が「けぶり」と「かぎろい」のどちらであるかを、「炎」が導く動詞により検証してみました。すると、動詞を導く「かぎろひ」が詠まれた歌は、私の数え漏れの可能性もありますが、四首あり、みな「燃ゆ」を導いています。一方「煙」を詠む四首は、みな「立つ」を導いています。すると「炎」は「煙」と理解するのが自然であると考えました。しかし「炎《かぎろい》乃《の》春《はる》尓《に》之《し》有者《あれば》」(一〇四七番歌)のように、「炎」を「かぎろい」と読みたくなる歌もありました。また月が西に行くことを、「渡る」とも「傾く」とも表現する歌がありますが、「渡る」の方が用例は多く、素直に「月西に渡る」と読みたくなります。また仮に「傾く」と読むとしても、「かたぶきぬ」と読むとは限りません。

　以上の結果、とり敢えず「ひむがしの野にけぶり立つ所見てかへり見すれば月西に渡る」と読んでみましたが、これも仮説に過ぎません。いずれにせよ、『万葉集』の訓読の難しさと、たとえ定説でも、疑問をもって考えることが大切であるということを理解できればよいと思います。

鑑真和上東征伝――がんじんわじょうとうせいでん

（主要テキスト：「日本の名著」『聖徳太子』）

原文

是の歳《とし》、唐の天宝元載《がんさい》冬十月、日本の天平十四年、歳次《さいじ》は壬午也《じんご》。時に大和尚《だいわじよう》、揚州《ようしゆう》の大明寺に在りて、衆の為に律を講ず。栄叡《ようえい》・普照《ふしよう》、大明寺に至り、大和尚《だいわじよう》の足下《あしもと》に頂礼《ちようらい》し、具《つぶ》さに本意《ほい》を述べて曰く、「仏法東流して日本国に至る。其の法有りと雖《いえど》も、伝法の人無し。日本国に昔、聖徳太子有りて曰く、『二百年の後、聖教日本に興《おこ》らん』と。今此の運に鍾《あた》る。願はくは大和尚、東遊して化《け》を興《おこ》したまへ」と。

大和尚答へて曰く、「昔聞く。南岳の慧思《えし》禅師、遷化《せんげ》の後、生を倭国の王子に託し、仏法を興隆して衆生《しゆじよう》を済度《さいど》すと。又聞く、日本国の長屋王、仏法を崇敬して千の袈裟《けさ》を造り、此の国の大徳・衆僧に棄施《きせ》す。其の袈裟の縁上に四句を繍著《しゆうちやく》して曰く、『山川《さんせん》、域《いき》を異《こと》にすれども、風月は天を同うす。諸《もろもろ》の仏子に寄せて、共に来縁を結ばん』と。此を以て思量するに、誠に是《これ》仏法興隆有縁《うえん》の国なり。今我が同法の衆中、誰か此の遠請《えんせい》に応《こた》へて、日本国に向ひ

現代語訳

年は唐の天宝元年冬十月、日本の天平十四年（七四二）、干支は壬午《みずのえうま》のことであった。時に鑑真は揚州の大明寺で、多くの僧のために律を講義していた。栄叡《ようえい》と普照《ふしよう》は大明寺を訪れ、鑑真の足下にひれ伏し、（唐まで来た）本来の目的を細かに申し述べて言った。「仏法は東へと伝わり、日本に至りました。しかし仏の教えを説いた法《のり》（戒律）はあっても、それを説き伝える師がいません。日本には昔、聖徳太子という人がいて、『二百年の後、聖なる仏の教が日本で盛んになるであろう』と言われました。今こそその時に当たります。どうか大和尚、日本へお渡りになり、我等を教化して下さいますよう」と。

すると鑑真が答えて言った。「昔、南岳の慧思《えし》禅師は亡くなられた後、日本の王子（聖徳太子）に生まれ変わり、仏法を盛んにして人々を救済されたと聞いている。また日本の長屋王は仏法を崇敬して千枚の袈裟《けさ》を作り、この国の多くの僧に贈られた。その袈裟の縁《ふち》には、『山川は遠く離れているが、同じ天の下の風が吹き、同じ月を見ている。これを多くの仏弟子に贈り、共に良い仏縁を結びたい』という句が刺繍《ししゆう》されていたという。これらのことを考えると、

て、法を伝ふる者有らんや」と。

時に衆黙然《もくねん》として一《ひとり》も対《こた》ふる者無し。良久《やや》くして、僧祥彦《しょうげん》有り。進みて曰く、「彼の国太《はなは》だ遠くして性（生）命存し難し。滄海淼漫《そうかいびょうまん》として、百に一つも至ること無し。人身は得難《えがた》く、中国には生れ難《がた》し。進修未だ備はらず。道果未だ剋《きざ》まず。是故に、衆僧緘黙《かんもく》して対《こた》ふること無きのみ」と。大和尚曰く、「是法事の為なり。何ぞ身命《しんめい》を惜まん。諸人去《ゆ》かずんば、我即ち去《ゆ》くのみ」と。祥彦曰く、「大和尚若し去《ゆ》かば、彦《げん》も亦随《したが》ひて去かむ」と。……

宝字七年癸卯《きぼう》の春、弟子の僧忍基《にんき》、夢に講堂の棟梁《とうりよう》、摧折《さいせつ》するを見る。寤《さめ》て驚懼《きょうく》す。大和尚遷化《せんげ》せんと欲するの相《そう》也と。仍《より》て諸《もろもろ》の弟子を率《い》て、大和尚の影を摸《うつ》す。是の歳五月六日、結跏趺坐《けつかふざ》し、西に面して化《け》す。春秋七十七。

実に日本は仏法興隆に縁のある国である。今、法を同じくする者達（弟子達）の中で、誰かこの遠国の要請に応じ、日本に行き法（戒律）を伝える者はいるだろうか」と。

その時、弟子達は皆押し黙ったまま、誰一人答える者がいない。ややしばらくして、僧祥彦《しょうげん》が進み出て言った。「その国は大層遠く、生命の危険があります。海は果てしなく、百に一つもたどり着けません。人の身は掛け替えがなく、ましてこの中国に生まれることは難しいことでございます。私達はまだ修行途上であり、その成果をまだ得ておりません。そのため誰もが押し黙ったまま、お答えできないのでございます」と。すると鑑真が言った。「これは仏法の為である。なぜ身命を惜しむのか。お前達が行かないなら、私が行くだけのことである」と。すると祥彦が「大和尚が行かれるなら、祥彦もお供致します」と言った。

……

天平宝字七年（七六三）癸卯《みずのとう》の春、弟子の僧忍基《にんき》が夢に唐招提寺講堂の棟《むね》や梁《はり》が折れる夢を見た。そして夢から覚めて、これは鑑真が遷化《せんげ》（僧が亡くなること）しようとしている徴《しるし》であるとして、驚き懼《おそ》れた。それで多くの弟子を引き連れて、鑑真の姿を像に写しとった。そしてその年の五月六日、西を向いて結跏趺坐《けつかふざ》（坐禅の姿勢）したままの姿で亡くなった。享年《きょうねん》は七七歳である。

『鑑真和上東征伝《がんじんわじょうとうせいでん》』（唐大和上東征伝）は、宝亀十年（七七九）、「文人之首《おびと》」と賞賛されていた淡海三船《おうみのみふね》（七二二～七八五）が、鑑真（六八八～七六三）渡来の経緯を叙述した記録です。共に来日した弟子の思託《したく》が、鑑真が亡くなった直後に伝記を著していたのですが、難解であったため、思託の依頼で淡海三船が日本人向けに書いたダイジェスト版なのです。なお「和上《わじょう》」（和尚）は僧侶への敬称、「征」はこの場合は「旅立つ」という意味です。

当時、僧となるには国家の承認が必要なのですが、僧侶は非課税とされたため、課役《かえき》から逃れるために、勝手に僧を自称する私度僧《しどそう》が横行していました。また正式に僧と認められたとしても、その教育は不十分なものでした。唐では僧を志す者は、十人の高僧の前で、「戒」と「律」の遵守を誓う、「授戒」を行わなければなりませんでした。「戒」とは、悟りに至るため心に誓う自律的な生活規範のこと、「律」とは、悟りに導くための他律的な教団の集団生活規範のことです。聖武天皇はそのような正式な授戒制度を日本にも採り入れて、僧侶の質を向上させるため、その指導者（伝戒師）を招こうとしたわけです。伝戒師となれるのは、仏法に通じ、徳のある僧でなければなりません。そのような高僧を前にして仏に誓うからこそ、その誓いは確かなものとなり、信仰は純化されるわけです。

伝戒の師となれる高僧を日本に招聘《しょうへい》する使命を帯び、天平五年（七三三）に栄叡《ようえい》と普照《ふしょう》という若い僧が唐に渡りました。ここに載せたのは、入唐十年後の天平十四年（七四二）、栄叡と普照が鑑真に渡日を懇願し、鑑真がそれを決意した場面です。その後、鑑真は弟子による妨害や遭難のために五回も失敗し、天平勝宝五年（七五三）、六六歳の時に六回目の試みでようやく日本に渡ることができました。それは日本に渡航する決意をしてから、十二年目のことでした。ただし栄叡はその間に病死し、帰国はできませんでした。

渡日を決意させた要因は、まずは栄叡と普照の熱意だったでしょうが、中国の天台宗の開祖の一人である慧思《えし》に転生願望があり、「倭国の王家」に転生したという伝承があったことも影響しています。聖徳太子に転生したという記述は中国にはありませんが、聖徳太子の慧思《えし》転生説が、渡来した鑑真の弟子たちにより信じられていました。慧思の没年（五七七年）と聖徳太子の生年（五七四年）が近接していたことが背景となり、渡来した鑑真の弟子たちが聖徳太子の事績を知るに及び、そのような説が日本で形成された可能性があります。

また渡日を決意させたもう一つの要因は、長屋王（天武天皇の孫）が唐の僧侶に贈った千枚の袈裟《けさ》でした。その袈裟に刺繍《ししゅう》されていた詩句が、鑑真の心を揺り動かしたのです。

平安時代

文華秀麗集——ぶんかしゅうれいしゅう

（主要テキスト：「日本古典文学大系」『文華秀麗集』）

原文

河陽《かよう》十詠　四首　　御製

河陽の花

三春二月河陽県　河陽は従来《もとより》花に富む
花は落つ能《よ》く紅《くれない》に　復《また》能《よ》く白に
山嵐頻《さんらんしき》りに下《おろ》し　万条斜《ばんじょうななめ》なり

河陽十詠に和し奉る　二首　　藤冬嗣

河陽の花

河陽の風土春色饒《ゆたか》に　一県千家《せんか》花ならざるは無し
江中《こうちゅう》に吹き入りては　錦を濯《あら》ふが如く
機上に乱れ飛びては　文紗《ぶんさ》を奪ふ

現代語訳

河陽を詠む詩十首のうち四首　　嵯峨天皇

河陽の花

春もなかばの河陽県　もとより花の多くして
唐紅《からくれない》にまた白に　色こもごもに花は散る
山風頻《しき》りに吹き下ろし　上枝《ほつえ》下枝《しづえ》を靡《なび》かせる

河陽十詠に唱和し奉る詩二首　　藤原冬嗣

河陽の花

河陽の里の野辺の春　色にも香にも賑《にぎ》わいて
見放《みさく》る百千《ももち》の家々に　花の咲かざることやある
水面《みなも》彩《いろど》る花いかだ　濯《すす》ぐ錦の衣《きぬ》に似て
機《はた》の上にも乱れ飛び　綾《あや》なす領巾《ひれ》に優《まさ》りけり

※領巾とは、女性が首や肩に巻いて垂らす長い布

『文華秀麗集《ぶんかしゅうれいしゅう》』は、弘仁九年（八一八）に嵯峨天皇（七八六～八四二）の命により編纂された勅撰漢詩集です。平安時代初期には、『凌雲集《りょううんしゅう》』（嵯峨天皇、八一四年）、『文華秀麗集』（嵯峨天皇、八一八年）、『経国集《けいこくしゅう》』（淳和天皇、八二七年）という勅撰漢詩集が続けて編纂され、「勅撰三集」と呼ばれています。最初の勅撰和歌集である『古今和歌集』が編纂されるのは延喜五年（九〇五）ですから、『万葉集』以後、和歌が振るわなかった時期に、漢詩は大いに隆盛したわけです。最初の漢詩集である『懐風藻』では五言詩《ごごんし》が多く、『文華秀麗集』では七言詩が多いのですが、それは「勅撰三集」の頃になると、模倣を脱し自在に詠める程に、文人の漢詩文理解が深まった結果と言えます。

平安時代初期に漢詩文が隆盛となったのは、奈良時代末期から平安時代初期にかけて、遣唐使の派遣が三回（七七七、七七九、八〇四年）もあったことや、桓武天皇や嵯峨天皇の個人的資質によるところが大きいと考えられます。特に嵯峨天皇は、唐風文化に造詣が深く、歴代天皇の中でも他の追随を許しません。何しろ書跡や詩文で唐の文人を驚嘆させた空海と、対等に詠んだり書いたりできたのですから。

編者は藤原冬嗣（七七五～八二六）や菅原清公《きよきみ》（道真の祖父）らで、嵯峨天皇を初めとして、二八人の一四八首が収められていました。現在はそのうち一四三首が伝えられています。勅撰であることから、天子の命に応じて詠進する応制の詩や、天子の詩文に唱和する奉和の詩が多くなっています。ですから勅撰三集、わけても『文華秀麗集』には、ここに載せたような河陽離宮に関する詩が圧倒的に多く（二〇首）、嵯峨天皇とその側近達による「嵯峨サロン」を呈しています。また弘仁五年（八一四）に出雲に来航した、渤海使節との交歓の詩がたくさん収められています。たとえ話し言葉は互いに理解できなくても、筆談で意思の疎通は自由にできました。

ここに載せたのは、その河陽離宮で詠まれた嵯峨天皇の詩と、それに藤原冬嗣が奉和した詩です。藤原冬嗣の名前が「藤」一字の単姓表記となっているのは、唐風に倣《なら》ったからで、他に菅原清公《すがわらのきよきみ》を菅清公、小野岑守《おののみねもり》を野岑守、良岑安世《よしみねのやすよ》を良安世などの例があります。

主題の「河陽」の「河」とは本来は黄河のこと、「陽」とはこの場合は、日当たりがよいことから河川の北側という意味ですから、「河陽」とは、中国河南省の黄河沿いにあった孟県あたりのことです。紀元三世紀に三国時代を終わらせて中国を一時的に統一した晋朝の時代に、潘岳《はんがく》が県令となって赴任し、至る所に桃や李《すもも》の木を植えて、花で埋め尽くしたという故事があり、花の名所として知られていました。

嵯峨天皇の離宮のあった山城国乙訓《おとくに》郡の大山崎は、桂川・宇治川・木《き》津《づ》川が合流して淀川となる辺りの北岸にある水陸交通の要衝で、春には花が咲き乱れ、男山と淀川を望む風光明媚な景勝地でした。それで唐に憧れていた嵯峨天皇は、淀川を黄河に、大山崎あたりを河陽に擬《なぞら》え、離宮を「河陽宮」と名付けて、しばしば行幸しました。『日本後紀』『続日本後紀』には、嵯峨天皇（嵯峨上皇）が毎年のように二月中・下旬、年によっては十・十一月に、大山崎に近い水無瀬（水生瀬）や交野《かたの》に遊猟し、山崎離宮（河陽離宮）で宴を催したことが三三回も記され、『凌雲集』『文華秀麗集』『経国集』の勅撰三集には、河陽離宮を詠んだ漢詩が三一首も載せられています。そして現在では、大山崎離宮八幡宮南門の側に、「河陽宮古址」の碑が立てられています。漢詩に詠まれている花木は、日本人好みの桜ではなく、桃・李・梨・柳・楊など、いずれも唐人好みのものばかりです。

　唐に憧れた嵯峨天皇は、河陽以外にも都の周辺の景勝を唐の歌枕に擬え、詩想を湧かせました。嵯峨野に離宮を造営し、洞庭湖《どうていこ》に擬えて大沢池を修築したことはよく知られていて、その嵯峨離宮は、後に大覚寺となり今に伝えられています。

　それにしても嵯峨天皇と当時の官人達の漢学の素養には、脱帽するばかりです。当時は貴族の子弟が任官するためには、官吏養成機関である大学で学ばなければなりませんでした。有力氏族は一族の子弟のために、予備校のような私的な教育機関である大学別曹を経営していて、藤原氏の大学別曹は冬嗣により創設され、「勧学院」と呼ばれていました。

　藤原冬嗣は平城太上天皇の変に際して、嵯峨天皇に蔵人《くろうどの》頭《とう》（天皇に近侍する秘書長官のような役職）に任命され、それ以後、藤原北家が繁栄することになります。嵯峨天皇に信任されたのは、平城上皇と繋《つな》がりのあった、藤原式家に対抗できる藤原北家であったことが理由の一つなのですが、唐風文化の高度な教養を共有していたことも、背景として考えることができるでしょう。

日本霊異記——にほんりょういき

（主要テキスト：「日本古典文学大系」『日本霊異記』）

原文

禅師弘済《ぐさい》は百済国の人なり。百済の乱るゝ時に当りて、備後国三谷《みたに》郡の大領《だいりよう》の先祖《おや》、百済を救はむが為に軍旅《いくさ》に遣《つか》はさる。時に誓願を発《おこ》して言ふ。「若《も》し、平《たいらか》に還来《かえ》らば、諸《もろもろ》の神祇《かみ》の為に伽藍《がらん》を造立し、多諸《おお》くの寺を起《つく》らむ」と。遂《つい》に災難《わざわい》を免《まぬか》れ、即ち禅師に請ひて、相共に還来《かえ》り、三谷寺を造る。其の禅師の、伽藍と諸《もろもろ》の寺を造立する所以《ゆえん》なり。道俗《どうぞく》観《み》て、共に欽敬《きんきよう》を為《な》す。

禅師、尊像を造らむが為、京《みやこ》に上《のぼ》り財《たから》を売る。既に金と丹《に》等の物を買ひ得て、難破《なにわ》の津に還《かえ》り到る。時に海の辺《ほとり》の人、大《おおき》なる亀四口《よつ》を売る。禅師、人に勧めて買ひて放たしむ。即ち人の舟を借り、童子《わらわ》二人を将《い》て、共に乗りて海を度《わた》る。

日晩《く》れ夜深《ふ》けて、舟人欲を起し、備前の骨嶋《かばねじま》の辺《あたり》に行き到りて、童子等を取りて海の中に擲《な》げ入る。然《しか》る後に、禅師に告げて云はく、「速《すみやか》に海に入るべし」と。師、教化《おし》ふといへども、賊猶《なお》許さず。茲《ここ》に願を発《おこ》して海の中に

現代語訳

弘済《ぐさい》法師は百済国の人である。百済が（唐と新羅に攻められて）乱れた時、備後国三谷《みたに》郡の郡司の祖先である人が、百済救援のため戦に派遣された。その時、「もし無事に帰還できるならば、諸神諸仏のために堂塔を建て、多くの寺を造営しよう」と誓願した。そして遂に災難に遭わなかったので、弘済法師に請い願って共に帰り、三谷寺を造営した。これが弘済法師が堂塔と諸寺を建立した理由である。僧侶も一般庶民もこれを拝観し、共に謹《つつし》んで礼拝している。

（ある時）法師は仏像を造るために、都に上り財物を売った。そして金や丹（赤色の塗料）などを買い求め、難波の港まで戻って来た。その時、海辺の人が四匹の大きな亀を売っていた。（亀を憐れに思った）法師は人に勧めて買い取らせ、海に放してやった。そして舟を雇い、童子を二人連れて、一緒に舟に乗って海に乗り出した。

日が暮れて夜更け頃、舟人達が欲を起こし、備前国の骨嶋《かばねじま》の辺りで、童子達を捕まえて海に放り込んでしまった。そして法師に、「さっさとお前も海に入れ」と言った。法師は教え諭したが、賊達は聞き容《い》れない。そこで願を立

入る。水、腰に及ぶ時、石の脚《あし》に当たるを以て、其の暁《あかとき》に見れば、亀の負へり。其の備中の浦にして海の辺《あたり》に、其の亀、三《みたび》領《うなづ》きて去る。疑はくは、是《これ》放てる亀の恩に報《むく》ゆるかと。

時に賊等六人《むたり》、其の寺に金と丹を売る。檀越《だんおち》先《ま》づ量《はか》るに価《あたい》を過《こ》ゆ。禅師、後に出でゝ見れば、賊等忙然として退進を知らず。禅師、憐愍《あわれ》びて刑罰《つみ》を加へず。仏を造り塔を厳《かざ》りて、供養し已《おわ》りぬ。

後に海辺に住みて、往《ゆ》き来《きた》る人を化《おし》ふ。春秋《はるあき》八十有余《あまり》にして卒《し》ぬ。畜生すら猶《なお》恩を忘れず、返りて恩を報《むく》ゆ。何《いか》に況《いわん》や人にして恩を忘れむや。

てて海に入った。そして水が腰の辺りまでになった時、石が脚に当たっている。それで夜が明けてきたのでよく見れば、亀が法師を背に乗せているではないか。そして備中国の海辺で、その亀は三回も礼をして去って往った。これは放してやった亀が恩に報いたのであろうか。

ところで六人の賊共が、その三谷寺に金や丹を売りに来た。（寺の支援者である）檀越《だんおち》がまず計量すると、値段が高過ぎる。そこへ法師が後から姿を現すと、賊共は茫然として進退が窮まってしまった。しかし法師は彼等を憐れんで罰しなかった。そして仏像を造り、塔を荘厳に飾り、落成の法会を終えた。

その後法師は海辺に住み、往来する人々を教化し、八〇余歳で亡くなった。動物でさえ恩を忘れずにそれに報いるなら、まして人たるものが、恩を忘れてよいであろうか。

解説

『日本霊異記《にほんりょういき》』は、正しくは『日本国現報善悪霊異記』といい、弘仁年間（八一〇～八二四年）に、薬師寺僧景戒《けいかい》が編纂した説話集です。説話の数は一一六話で多くはないのですが、日本最初の説話集として、後世の説話集に大きな影響を与えました。例えば平安時代末期の『今昔物語集』には、『日本霊異記』から七二話も採り入れられています。上巻序文に「善と悪との報《むくい》は影の形に随ふが如し。……因果の報を示すにあらずは、何に由りてか、悪心を改めて善道を修《おこな》はむ」と記されているように、勧善懲悪《かんぜんちょうあく》が主題になっています。その他には奇怪な話もあり、書名がそのまま内容を表しています。また同じく序文には、「何すれぞたゞし他国《ひとくに》の伝録に慎みて、自《わ》が土《くに》の奇《あや》しき事（不思議な事）を信《うやま》い恐《おそ》りざらむや」と記されていて、わざわざ「日本」を書名に冠していることには、日本版の霊異譚《れいいたん》集という意図が反映されています。

話の内容としては、兎の皮を生きたまま剥《は》いだために病死した男、僧の入浴用の薪を他人に与えたために、牛に生まれ変わってしまった僧、亡夫供養のために妻が描かせた阿弥陀像が火事でも焼けなかったこと、蟹《かに》を買い取って放してやり、現世で蟹に助けられた女、常に読経をしていたため、賊に手足を縛られて海に投げ込まれても溺れなかった僧など、勧善懲悪的な話がたくさんあります。これらの話は、薬師寺周辺の僧達が、布教の方便として語ったことなのでしょう。

話は荒唐無稽でも、社会や世相が無意識に描写され、歴史研究に役に立つこともあります。例えばここに載せた話では、白鳳時代に百済から僧が渡来していたこと、その頃には都に市《いち》があったこと、難波から備中まで舟が就航していたこと、七世紀半ばには、地方豪族が寺を造営する程に仏教を受け容れていたこと、百済救援に西国の郡司級の豪族が派遣されていたことなどを、読み取ることができます。

ここに載せたのは、上巻の第七話「亀の命を贖《あが》ひて放生《ほうじよう》し、現報を得て亀に助けらるゝ縁」という話です。百済僧弘済の渡来は、唐と新羅に滅ぼされた百済再興のため、百済の要請で派遣されたヤマト王権の軍が、六六三年の白村江の戦で敗退したことが背景となっています。その際に多くの百済人が日本に亡命しました。『日本書紀』には、六六六年に二〇〇〇余人の百済人を東国に入植させたと記されていますが、彼等は白村江の敗戦後に逃れて来ていた百済人と考えられます。庶民はともかくとして、支配者階級や知識人は粛清される可能性が高かったからです。弘済法師もその一人かもしれません。

生殺戒は、在家信者でも厳守しなければならない基本的な戒律でした。現代人なら生き物は愛護すべきものと考えるのですが、仏教の輪廻転生《りんねてんせい》の思想によれば、生き物は未来世の自分の姿であるかもしれず、前世では身近な人であったかもしれないと考えます。ですから生き物を野に放って功徳を積むことは、単なる動物愛護ではなかったのです。そのような仏事は「放生会《ほうじようえ》」と呼ばれ、文献上は早くも天武天皇の六七七年に確認できます。放生会で放つ生き物の中では、亀は取り扱いやすいので、「放ち亀」と称してよく用いられました。今でも寺社の池に亀が多いのは、放生会の名残なのです。

この話からは、誰もが浦島太郎の物語を連想することでしょう。『日本書紀』『万葉集』「丹後国風土記逸文」などにその原形となった説話があり、「浦島子伝説」と呼ばれています。亀が報恩するという話は、その後『今昔物語集』『十訓抄』『沙石集』『源平盛衰記』などにも受け継がれ、特に『今昔物語集』には五話も収録されています。また広島県の三次《みよし》市の向江田《むこうえた》町には古い廃寺跡から百済様式の瓦が発見されていて、説話の三谷寺《みたにでら》である可能性が高く、歴史的背景があったと考えられます。

山家学生式——さんけがくしょうしき

（主要テキスト：「日本思想体系」『最澄』）

原文

国宝とは何物ぞ。宝とは道心也。道心有る人を名づけて国宝と為《な》す。故に古人言はく、「径寸十枚、是《これ》国宝に非ず。一隅千を照らす、此《これ》則ち国宝」と。古哲又云はく、「能《よ》く言ひて行ふこと能《あた》はざるは国の師也。能く行ひて言ふこと能はざるは国の用也。能く行ひ能く言ふは（最澄の直筆では「能く言ひて行ひ能く言ふは」となっている）国の宝也。三品《さんぼん》の内、唯《ただ》言ふこと能はず、行ふこと能はざるを国の賊と為《な》す」と。

乃《すなわ》ち道心有る仏子を、西には菩薩と称し、東には君子と号す。悪事を己《おのれ》に向け、好事を他に与《あた》へ、己《おのれ》を忘れて他を利するは、慈悲の極《きわみ》。

釈教《しゃつきょう》の中、出家に二類あり。一は小乗の類、二は大乗の類。道心の仏子は即ち此の類。斯《ここ》に今我が東州、但《ただ》小像有りて、未だ大類あらず。大道未だ弘《ひろ》まらざれば、大人《だいにん》興《おこ》り難し。誠に願はくは、先帝の御願《ぎょがん》、天台の年分、永く大類と為《な》し、菩薩僧と為さんことを。

現代語訳

国宝とは如何なるものか。宝とは仏の道を求める心である。この心（道心）のある人を、名づけて国宝とする。故に古《いにしえ》の人が言うには、「直径一寸の十個の玉《ぎょく》が国宝ではない。片隅にいても千里を照らす者、これこそが国宝である」と。また古の哲人が言うには、「（仏の悟りを）よく説くことができるならば、（土木や福祉などの菩薩行を）よく実践できなくても、国師（国を導く人）である。（その反対に）それをよく実践できるならば、よく説くことができなくても、国用（国の役に立つ人）である。よく実践するだけでなく、よく説くことができるならば、国宝である。これら三種類の人がいるが、説くこともできず、実践もできなければ国賊である」と。

すなわち道を求める心のある仏弟子を、西方のインドでは菩薩と称し、東方の中国では君子と呼ぶ。悪い事は自己に向け、好い事は他の人に与え、自己を忘れて人のために働くのは、究極の慈悲である。

釈迦の教えでは、出家者には二種類がある。一つは小乗の教えの出家者、二つは大乗の教えの出家者である。道を求める仏弟子はこの大乗の出家者である。今、我が国では、ただ小乗のみがあり、いまだ大乗の出家者はいない。大乗の道はまだ弘《ひろ》められていないので、大乗の修行者はなかなか現れない。誠に願うところは、先帝（桓武天皇）の勅願により定められた、天台宗の年ごとの出家者を、今後は永く大乗の僧とし、その修行僧とすることである。

解説

『山家学生式《さんげがくしょうしき》』は、弘仁九年（八一八）から翌年にかけて、最澄（七六七～八二二）が、奈良の寺院とは別に、比叡山で独自に僧を養成するため、その制度の確立許可を三回にわたり嵯峨天皇に奏請した文書の総称で、六条式・八条式・四条式の三つから成っています。そして「学生式」とは、正式な僧侶を目指す「学生」の守るべき生活・修行の規律のことですから、「山家」とは、この場合は天台宗や延暦寺を意味すると理解できます。

最澄の悲願は、大乗戒壇の設立でした。得度《とくど》（正式に僧となること）するためには、受戒（授戒）が必須でしたが、十人の高僧の前で二五〇戒に及ぶ具足戒《ぐそくかい》を守ることを、誠実に誓約しなければなりませんでした。それに対して大乗仏典の『梵網経《ぼんもうきょう》』に基づく戒は、在家と出家の区別なく、五八戒が説かれていました。これを大乗戒（菩薩戒）と言います。

延暦二五年（八〇六）、最澄の奏請に応えて、桓武天皇の勅により、毎年得度する僧の人数が南都六宗と同様に、天台宗にも二名が割り当てられました。これを「年分度者《ねんぶんどしゃ》」といいます。これは天台宗が宗派として公認されたことであり、最澄にとっては大きな成果でした。しかし期待に反し、東大寺で受戒する弟子の多くが延暦寺に戻らず、南都六宗へ移ってしまったのです。ですから比叡山に独自に大乗戒を授ける戒壇を設立し、自らの手で僧を養成したいと考えたわけです。ただし六条式の第二条に、「大戒を受け已《おわ》らば、叡山に住せしめ、一十二年、山門を出《いで》ず、両業《りょうごう》（天台の諸経典を修学する止観《しかん》業と、密教を修学する遮那《しゃな》業）を修学せしめん」と記されているように、大乗戒を受けた後、比叡山で十二年間の厳しい修行を定めていますから、戒の数が少ないからといって、決して安易なものではありません。

しかし南都寺院が猛烈に反対し、朝廷の許可は得られません。それに対して弘仁十一年（八二〇）、最澄は南都仏教の批判に反論する、『顕戒論《けんかいろん》』を著して朝廷に奏上したのですが、結局、弘仁十三年（八二二）、最澄は五六歳で亡くなってしまいます。しかしその七日後、嵯峨天皇の勅により大乗戒壇の設立が認められました。そして延暦寺に戒壇院が設立されたのは、天長四年（八二七）のことでした。

ここに載せたのは、『山家学生式』の六条式の前書きの部分です。「国師」とは、教理に精通して仏法の奥義をよく語れる僧のことです。また六条式の第六条には「国用」の任務などについて、「池を修し、溝（用水路）を修し、荒れたるを耕し、崩れたるを埋め、橋を造り、船を造り、樹を殖《う》ゑ、苧《からむし》（麻の一種）を植ゑ、麻を蒔《ま》き、草を蒔き、井を穿《うが》ち水を引き、国を利し人を利する」ことと説明されています。要するに奈良時代の行基のように、社会福祉的菩薩行をする実践的な僧のことです。そして「国宝」とは、国師と国用のどちらにも優れた僧というわけです。ですから六条式の第五条に、「能く行ひ能く云ふは、常に山中に住して衆の首となし、国宝となす」と記されているように、「国宝」とは、「衆」（延暦寺の諸僧）の首長となれる程の、傑出した僧のことなのです。そして最澄は国家のための「国師」と「国用」となる僧、さらには「国宝」とも言うべき特に秀でた大乗僧を養成したいと考えていました。『山家学生式』は、あくまでも延暦寺における大乗僧養成に関する文書であり、断じて一般庶民を対象としたものではありません。

ところが、原文では「照千一隅、此則国宝」となっている句を、「照于一隅」と理解して「一隅を照らす」と読み（「于」は場所を示す語）、「求道心を持ち、社会の片隅にいながら、社会を照らす人こそが国の宝である」という解釈が、広く行われています。しかし「天台法華宗年分縁起」とインターネットで検索すれば、最澄の直筆を見られますが、それには「照千一隅」と書かれていて、「千」を「于」と読むことは、一目瞭然、絶対に不可能です。つまり「一隅千を照らす」が本来の読み方であり、「一隅にあっても遠く千里まで照らす有為な人材こそ国宝である」という意味なのです。

この句は本来は、『史記』の故事に拠っています。「魏の恵王が斉《せい》の威王に、『我は馬車十二乗を照らす玉《ぎょく》の宝を十個も持っているが、威王はどの様な宝を持っているか』と尋ねた。すると威王は『玉の宝はないが、優れた家臣がいて、この者が千里を照らす宝である』と答えると、恵王は恥じて立ち去った」というのです。また原文の「古哲又云はく」の部分の出典『摩訶止観輔行伝弘決《まかしかんぶぎょうでんぐけつ》』には、斉の威王の故事も引用されていて、最澄は直接『史記』から引用したのではなく、ここからほぼそのまま孫引きしています。そしてそこにははっきりと、「守一隅……照千里」と記されているのです。

社会の「一隅を照らす」こと自体は結構なことです。しかし最澄の筆跡、「国師」と「国用」を兼ねた「国宝」となる傑出した僧を養成したいという六条式全体の趣旨、斉の威王の故事、『摩訶止観輔行伝弘決』の記述などを総合すれば、最澄の言う「国宝」とは、千里を照らす人物であることは明白なのです。

三教指帰——さんごうしいき

（主要テキスト：「日本古典文学大系」『三教指帰』）

原文

こゝに亀毛《きぼう》等……良久《やや》しくして二目《じぼく》に涙《なんだ》を流し、五体《ごてい》を地に投げて、稽顙《けいそう》再拝して曰く、「吾等久しく瓦礫《がれき》を翫《もてあそ》び、常に微楽《びらく》に耽《ふけ》る。譬《たと》へば辛《から》きことを蓼葉《りようよう》に習ひ、臭きことを厠屎《しし》に忘れ、盲目を覆《おお》ひ以て険《けわ》しき道に進み、蹇駑《けんど》を騖《は》せて冥《くら》き途《みち》に向ふが如し。投《いた》らむ所を知らず。陥《おちい》らむ所を知らず。今、偶《たまたま》高論の慈誨《じかい》に頼《よ》りて、乃《すなわ》ち吾《わ》が道の浅膚《せんぷ》なることを知りぬ。臍《ほぞ》を噬《く》ひて以て昨《きのう》の非を悔《く》い、脳《なずき》を砕《くだ》きて明《あす》の是《ぜ》を行はむ。仰ぎ願はくは、慈悲の大和上《だいわじよう》、重ねて指南を加へ、察《あきら》かに北極を示せ」と。

仮名《かめい》が曰く、「愈なり。咨咨《ああ》、善《よ》き哉《かな》。汝等遠からずして還《かえ》れり。吾、今重ねて生死《しようじ》の苦源を述べ、涅槃《ねはん》の楽果《らくか》を示さむ。其《そ》の旨《むね》は則ち、姫《き》・孔《こう》の未だ談ぜざる所、老・荘《そう》の未だ演《の》べざる所なり。……諦《あきら》かに聴き、能《よ》く持《たも》て。要を挙《あ》げ綱《こう》を撮《と》りて、略《ほぼ》汝等に示さむ」と。亀毛等並《なら》びに席を避け、称して曰く、「唯々《いい》として、心を静め耳を傾けて、恭《つつし》むで専ら説を仰がむ」。……

現代語訳

そして亀毛《きぼう》達は……やや暫《しばら》くしてから両目に涙を流し、身体を地面に投げ出し、平伏礼拝して言った。「我等は長い間、瓦礫《がれき》の如きつまらぬ物を信じ、いつもささやかな楽しみに満足していた。それは譬えてみれば、蓼《たで》喰う虫が辛《から》さに慣れ、厠《かわや》の蛆《うじ》が糞尿の臭さを忘れ、盲者が目を覆い隠して険しい道を歩き、びっこの鈍間《のろま》な馬を走らせて、夜道を行く如きものであった。それではどこへ行き着くか、どこで落ちるか、知れたものではない。

今たまたま素晴らしく慈悲深い教えを聞いたおかげで、我等の説いていた道が浅はかなものであることに気付いた。これからは臍《ほぞ》を噛む思いで、これまでの過ちを悔い、頭を振り絞って考え（粉骨砕身）、これからは正しい道に進もうと思う。仰ぎ願わくは、慈悲深い大師よ、さらに教え導き、明らかに究極の道をお示し下され」と。

すると仮名《かめい》が言った。「その通り。ああ、結構なことである。そなた達は遠くまでは行かずに、よくもまあ戻って来たものよ。我は今、重ねて生死の世界の苦しみの根源を述べ、解脱《げだつ》する仏の悟りの賜物について話そう。そのことについては、（儒教の聖人である）周公や孔子もまだ語った是《ここ》に亀毛公等《こうら》一たびは懼《おそ》れ、一たびは辱《は》ぢ、且《また》は哀しみ、且《また》は笑ふ。舌に任せて俯仰《ふぎょう》し、音《こえ》に逐《したが》ひて方円なり。喜歓踊躍《きかんようやく》し称して曰く、「我等幸《さいわい》に優曇《うどん》の大阿闍梨《あじゃり》に遇《あ》ひ、厚く出世の最訓《さいくん》に沐《ぼく》す。誰昔《むかし》にも未だ聞かず。後葉《こうよう》にも豈《あに》有らむや。

ことはなく、（道教の）老子や荘子もまだ説いたことはない。……よく我が話を聴き、しかと守り行え。要点を挙げ、大筋をかいつまみ、仏の教えの概略をそなた達に示そう」と。亀毛達はみな椅子から降り、賛嘆して言った。「はい、承知いたしました。心を静め耳を傾け、お話を拝聴いたそう」。……

（仮名の話を聞いた）亀毛達は、或いはおののき、或いは恥じ入り、不明を悔いつつも、喜び微笑《ほほえ》んだ。そして仮名の語るままに俯《うつむ》き或いは仰ぎ、仮名の声のままに、水が器の形に従うように、教えに従った。そして喜び躍《おど》り上がり、賛嘆して言った。「我等は幸いなことに、稀有《けう》な大師に会うことができ、懇ろに最も優れた仏の教えに潤された。このようなことはかつて聞いたことはなく、今後もないであろう」と。

解説

『三教指帰《さんごうしいき》』は、延暦十六年（七九七）、空海（七七四～八三五）が著した、戯曲的な宗教小説です。初めは『聾瞽指帰《ろうこしいき》』という題名でしたが、後に一部を改訂して、改題されました。『聾瞽指帰』の実物は高野山に秘蔵され、国宝となっています。唐風の円熟した『風信帖』に比べると、線が堅い印象を受けますが、若々しい力強さは、かえって勝《まさ》っています。「三教」は儒教・道教・仏教のこと、「指帰《しいき》」は「教えの最終的に帰着する所」という意味で、仏教の優位を論証しています。空海は十八歳で上洛し、官吏養成機関である大学で明経道（儒学専攻科）を学んでいましたが、二～三年で辞めてしまいます。そしてある修行者との出会を契機に、私度僧として仏道に入りますが、その経験が執筆の背景となっています。

執筆の動機は、出家に反対する親族へ、出家の決意を表明することでしたが、もう一つ隠れた動機がありました。序文によれば、空海の母方には、放蕩《ほうとう》する甥がいました。それで彼を戒めるために、儒教・道教・仏教を代表する架空の役者を揃えて戯曲とし、「唯、憤懣《ふんまん》の逸気を写せり」（憤りをぶちまけるようにして書いた）と告白していますから、若い空海の甥に対する愛情表現でもあるのです。

三教それぞれの理解が不十分であるとか、三教を比較すること自体無理があるという学者の批判がありますが、二四歳の空海の思想の出発点なのですから、批判する方が無理というもの。それより、日本史上屈指の名文家でもある空海の文章を、篤《とく》と味わいたいものです。「四六駢儷体《しろくべんれいたい》」と称して、四字または六字の句を基本とし、対句を用いたり、語尾を同じ音でそろえる脚韻《きゃくいん》を踏むなどして、華麗な文章になっています。また各種の経典から多くの故事が、それと知らなければ読み過ごしてしまう程、散りばめられています。

登場人物は、儒家の亀毛《きぼう》、屋敷の主人の兎角《とかく》、主人の甥で不良青年の蛭牙《しつが》、道家の虚亡《きょぼう》、空海の投影でもある修行僧の仮名《かめい》の五人です。「亀の毛」と「兎の角」は共に「存在しない物」の比喩。「虚亡」は如何にも道教の隠士らしく、不良青年を「蛭の牙」で表すなど、人を喰った空海らしいユーモアです。

ある日、亀毛が兎角を訪ねると、兎角は蛭牙を教誨《きょうかい》するよう依頼します。亀毛が忠孝仁義礼信の徳を説き、学問を修めて官僚として栄達することを、徳と利の両面から説くと、彼は素直に悔い改め、儒教の教えに従うことを誓います。次に話を聞いていた虚亡が、儒教と亀毛を批判し、不老不死の仙薬の調剤法を語り、無為無欲で悠久に生きることこそが、物欲と愛情に一喜一憂する儒教に優ると説くと、三人は儒教の教えを棄て、道教の教えに帰依することを誓うのです。

そこへ托鉢に来て立ち聞きしていた仮名が、亀毛と虚亡の議論を、「利欲の談を競ふ」俗世の弁舌であると切って捨てます。そこで改めて仮名の話を聞こうということになり、仮名が釈尊の教えを説くと、皆がその教えに感心して前非を悔い改め、仏の教えに帰依するという筋書きです。ここに載せたのは、亀毛達がいよいよ仮名の説く仏の教えの本説を聞き、改心するクライマックスの場面です。

古今和歌集——こきんわかしゅう

（主要テキスト：「新日本古典文学大系」『古今和歌集』）

原文

やまと歌は、人の心を種として、万《よろず》の言《こと》の葉とぞなれりける。世の中にある人、事《こと》、業《わざ》、繁《しげ》きものなれば、心に思ふことを、見るもの聞くものにつけて、言ひ出せるなり。花に鳴く鴬、水にすむ蛙《かわず》の声を聞けば、生きとし生けるもの、いづれか歌を詠まざりける。力をも入れずして天地《あめつち》を動かし、目に見えぬ鬼神《おにかみ》をも哀れと思はせ、男女《おむな》の仲をも和らげ、猛《たけ》き武士《もののふ》の心をも慰むるは歌なり。……

かくてぞ花をめで、鳥をうらやみ、霞をあはれび、露をかなしぶ心、言葉多く、さま〴〵になりにける。遠き所も、出で立つ足下《あしもと》より始まりて、年月を渡り、高き山も麓の塵泥《ちりひぢ》よりなりて、天雲たなびくまで、生ひ昇《のぼ》れるごとくに、この歌もかくの如くなるべし。

現代語訳

和歌というものは、人の心を「種」として、（それから芽生えて）さまざまな「言の葉」になったものである。この世に住む人というものは、実に様々な事や業《わざ》を行うので、心に思い浮かぶことを、見るにつけ聞くにつけ、（それにこと寄せて）歌に詠むのである。花に来て鳴く鴬や、清流に棲《す》む河鹿《かじか》蛙の鳴く声を聞いてみるがよい。生きているもので、歌わないものがいるであろうか。力をも入れることなく天地を動かし、目にも見えない神霊ですら感動させ、男と女の仲をも恋しく思わせ、猛々しい武者の心さえも穏やかに慰めることができるもの、それが歌である。……

そういうわけで、花を愛で、鳥にあこがれ、霞をしみじみ眺め、露をはかなく思うというように、多くの言葉でその情趣を言い分けるようになった。遠くにあるものでも、初めは足下《あしもと》から始まり、年月を経れば、高い山も、麓の塵が積もり積もって、ついには天雲がたなびく程まで高くなるように、この歌の道もその如くなるであろう。

『古今和歌集《こきんわかしゅう》』は、延喜五年（九〇五）の醍醐《だいご》天皇の勅命により、延喜十三年（九一三）～延喜十七年（九一七）の間に撰進された勅撰和歌集です。『万葉集』は勅撰ではありませんから、『古今和歌集』が最初の勅撰和歌集ということになります。そしてそのことは、平安時代初期には漢詩に押されていた和歌が、公的な文芸と認定され、公的な場では使用されなかった平仮名が、公認されたことを意味しています。

収められている歌は約一一〇〇首で、春・夏・秋・冬・賀・離別・羇旅《きりょ》・物名《ぶつみょう》・恋・哀傷《あいしょう》・雑・大歌所御歌・神遊びの歌・東歌などの部に分けられています。中でも四季の歌は合計三四二首、恋の歌は三六〇首もあり、この二つが中心となっています。そしてこの後に続く勅撰和歌集は、この部立てに倣《なら》って編纂されますから、後世の和歌集の規範となる、画期的な和歌集となりました。撰者は紀友則《きのとものり》、紀貫之《きのつらゆき》、凡河内躬恒《おおしこうちのみつね》、壬生忠岑《みぶのただみね》の四人ですが、紀友則は途中で亡くなり、紀貫之が中心となって編纂が進められました。

『古今和歌集』の歌風は、当時の貴族階級の趣味を反映して、繊細優美であり、掛詞《かけことば》・縁語《えんご》・序詞《じょことば》・見立てなどの技巧的修辞法が多用されています。そしてそれ以後の貴族階級にとっては、『古今和歌集』が歌の手本であり続け、また諳《そら》んじていることが必須の教養となっていました。例えば『枕草子』には、一条天皇の中宮定子が上句を言い、女房達に下句を言わせる場面があります。また同じく、村上天皇が女御の藤原芳子に抜き打ち暗誦テストをしたところ、一晩かかって二〇巻全ての歌を正解したという逸話も記されています。

『古今和歌集』には、露を涙に見立てたり、虫が「鳴く」ことを「泣く」と理解したりするように、表面では自然の「景」を詠みながらも、裏では人の心の「情」を詠む歌がたくさんあります。この仮名の序文でも、鶯や蛙《かわず》を擬人的に見ています。中には風になびく薄《すすき》の穂を手招きする姿と見るように、現代人には説明されないと理解できないものもあります。一方、現代短歌では、自然の物を何かに擬《なぞら》えたり見立てたりすることはあまりありません。しかしそうは言うものの、現代人とて鶯の初音に春を感じ、散る桜を惜しみ、中秋の名月に見とれ、四季の移ろいをしみじみと愛でる繊細な感覚は持っています。このような季節理解は『古今和歌集』以来の和歌集によるところが大きく、『古今和歌集』の好き嫌いや、和歌を嗜《たしな》むかどうかに関係なく、現代人も無意識のうちに、大きな影響を受けています。『古今和歌集』は、現在でもなお日本人の繊細な自然理解の原点の一つなのです。

ここに載せたのは、『古今和歌集』の仮名の序文で、編纂の中心となった紀貫之による和歌論です。貫之は、「歌は心という種から芽生えた命が、言葉という葉、即ち『言《こと》の葉』となって茂ったもので、天地《あめつち》や人の心をも動かす力を持っている」、と説いています。後に江戸時代に、宿屋飯盛《やどやのめしもり》の「歌詠みは下手《へた》こそよけれ天地《あめつち》の動き出してはたまるものかは」という狂歌で茶化されますが、まあそれはそれとして、心の種がなければ芽は出ません。いくら言《こと》の葉が一時は茂ったとしても、心の種がなければすぐに萎《しお》れてしまいます。種と葉がそろって初めて歌になるのですが、種と葉のどちらが本質的存在であるかと問われれば、それは種に決まっています。

　歌人は見栄えのする「言《こと》の葉」を如何にして茂らせようかと苦心します。現代短歌は多くの場合、歌誌や新聞などに投稿し、よい評価を得ようとするものです。しかし贈り物や手紙に歌を添えたり、喜ぶ人を歌で祝福したり、悲しむ人を歌で慰めたりして、歌で心を通わせる人は極めて稀でしょう。

しかし本来の和歌は、恋心を表したり、美しいものに接したり、別れに臨んだり、悲しいことに出会ったり、武士《もののふ》の決死の覚悟を表すなど、事あるごとに、事に臨んで、心の種から自ずから芽生えて来る命を、言の葉に表すものでした。そのような歌には瑞々しい命があり、「鬼神をも哀れと思わせ、男女の仲をも和らげ、猛き武士《もののふ》の心をも慰め」、人の心を揺さぶるのです。まず問われるべきは、歌の上手下手《じょうずへた》よりも、その歌に命の根原となる種があるかということなのでしょう。紀貫之の言葉は、「お前の詠む歌には言の葉が茂ってはいるが、命の種はあるのか」と、今もなお問い続けているのです。なお原文はほとんど仮名ばかりですので、適宜漢字に直しました。

竹取物語――たけとりものがたり

（主要テキスト：「新日本古典文学大系」『竹取物語』）

原文

「汝、をさなき人、いさゝかなる功徳《くどく》を、翁《おきな》つくりけるによりて、汝が助けにとて、片時の程とて下しゝを、そこらの年ごろ、そこらの黄金《こがね》賜ひて、身を換《か》へたるが如なりにたり。かぐや姫は罪をつくり給へりければ、かく賤《いや》しきおのれが許《もと》に、しばしおはしつるなり。罪の限り果てぬれば、かく迎ふるを、翁は泣き嘆く。能《あた》はぬことなり。はや出だしたてまつれ」と言ふ。……

（天人は）屋《や》の上に飛ぶ車を寄せて、「いざ、かぐや姫、穢《きたな》き所にいかでか久しくおはせむ」と言ふ。立て籠《こ》めたる所の戸、即《すなわ》ちたゞ開《あ》きに開きぬ。格子《こうし》どもゝ、人はなくして開きぬ。嫗《おうな》抱きて居《い》たるかぐや姫、外《と》に出でぬ。え止《とど》むまじければ、たゞさし仰ぎて泣きをり。

竹取こゝろ惑ひて泣き伏せる所に寄りて、かぐや姫言ふ、「こゝにも、心にもあらでかくまかるに、昇らむをだに見送り給へ」と言へども、「何しに悲しきに、見送りたてまつらむ。我をいかにせよとて、棄てゝは昇り給ふぞ。具《ぐ》し

現代語訳

（天人が言うことには）「お前は何と愚か者よ。少しばかりの善行を積んだというので、お前の助けにしてやろうと、しばらくの間ということで、（かぐや姫をお前のもとに）下してやったのだ。（そのおかげで）あれだけの長い間に、あれだけ多くの黄金を賜り、生まれ変わったように裕福になったではないか。かぐや姫は罪を犯されたので、このように賤しいお前の手許《てもと》に、しばらくの間いらっしゃったのだ。罪をつぐなう期間が終わったので、このようにお迎えするのに、お前は泣き嘆いている。（しかしいくら嘆いても、お前の願いは）かなわないことである。早くお返し申し上げよ」と言う。……

（天人は）屋根の上に空を飛ぶ車を呼び寄せて、「さあ、かぐや姫よ、穢《けが》れた所に、どうしていつまでもいらっしゃるのですか」と言う。すると姫を閉じ籠めてあった所の戸が、たちまちにして全て開き、蔀戸《しとみど》（格子戸）なども、人がいないのにひとりでに開いた。そして嫗《おうな》が抱きしめていたかぐや姫は、外に出てしまった。とても姫を引き留めることなどできないので、（嫗は）かぐや姫を仰ぎ見て泣くばかりである。

て率《い》ておはせね」と、泣きて伏せれば、御心惑ひぬ。「文《ふみ》を書き置きてまからむ。恋しからむ折々、取り出でゝ見給へ」とて、うち泣きて書く言葉は、「この国に生れぬるとならば、嘆かせたてまつらぬほどまで侍らで、過ぎ別れぬること、返す〴〵本意《ほい》なくこそ侍れ。脱ぎおく衣《きぬ》を形見と見給へ。月の出でたらむ夜は、見おこせ給へ。見捨てたてまつりて、まかる空よりも落ちぬべき心地する」と、書き置く。

竹取の翁が心乱れて泣き伏していると、かぐや姫が側に寄り、「私も心ならずも、このようにお別れするのですから、せめて天に昇るのだけでもお見送り下さい」と言うが、（翁は）「お見送りしたところで悲しいだけですのに、何になりましょう。私にどうせよと言って、見捨てて天に昇られるのですか。どうぞ私も一緒に連れて行って下され」と、泣き伏してしまうので、（かぐや姫の）心も乱れてしまった。

（かぐや姫は）「それではお手紙を書き置いてまいりましょう。私のことを恋しく思われる時には、取り出して御覧下さい」と言って書く言葉は、「もしこの国に生まれたというならば、（お二人の）お嘆きを見ないですむ時まで、お側におりますのに、（私は月の国で生まれましたので）お別れすることは、返す返す心残りでございます。せめて脱ぎ残す私の衣を、形見として御覧下さい。そして月の出ていますような夜には、（私のいる月を）御覧になって下さい。（お二人を）お見捨て申し上げて昇って行く空から、落ちてしまうのではと思われるくらいでございます」と書き置いた。

解説

『竹取物語《たけとりものがたり》』は、仮名で書かれた最初の物語文芸で、『源氏物語』の「絵合《えあわせ》の巻」には、「物語の出で来はじめの祖《おや》なる竹取の翁」と記され、同じく「蓬生《よもぎう》の巻」には、「かぐや姫の物語」と記されています。粗筋は今さら説明する必要もないでしょう。成立時期は九世紀後半とされています。物語の末尾には、かぐや姫が帝に捧呈した不死《ふし》の仙薬を、富士山頂で燃やす煙が立ち上る場面がありますが、延喜五年（九〇五）に撰進された『古今和歌集』の仮名序には、「富士山《ふじのやま》も煙立たずなり」と記されています。また都良香《みやこのよしか》の『富士山記』（『本朝文粋』巻十二所収）には「其の遠きに在りて望めば、常に煙火を見る」と記され、貞観十七年（八七五）という年紀も併記されています。このような富士山の火山活動を手掛かりにすれば、九世紀後半の成立と考えられます。

『竹取物語』には多くの要素が混在しています。まず『万葉集』巻十六には、「竹取の翁」と乙女達の説話があります。話の内容は全く異なりますが、「竹取の翁」という呼称は注目できます。また巻十三には、月にあるとされる「変若水《おちみず》」という若返りの水が詠まれていて、月は不老不死の世界として理解されていました。聖徳太子の死を悼んで作られた天寿国繍帳《てんじゅこくしゅうちょう》にも、月には月桂樹と兎と、恐らくは不老不死の仙薬を容れた壷が描かれています。竹取の翁は別名「讃岐《さぬきの》造麻呂《みやつこまろ》」というのですが、『古事記』に記された垂仁天皇の妃の名前が「迦具夜比売《かぐやひめ》」、その叔父の名前が「讃岐垂根王《さぬきのたるねのみこ》」ですので、かぐや姫に何らかの関係がありそうです。丹後国風土記には、水浴中に羽衣を盗まれて天に帰れなくなってしまった天女が、それを盗んだ老夫婦の娘となって共に暮らすという説話が伝えられています。また唐から伝えられた中秋の名月を愛でる風習が始まったのは、九世紀後半、文徳天皇の貞観年間以前のことで、その新知識がいち早く採り入れられています。これらの伝承や中国渡来の新風習、さらには富士山の噴火を構成要素として取り込み、多くの和歌を織り交ぜながら、物語を演劇の場面のように展開させるには、余程に和歌や唐の文化に造詣が深く、奈良時代の文芸にも精通した作者でなければなりません。しかし残念ながら、作者名はわからないのです。

『竹取物語』は、平安王朝の世界では広く愛読され、その後の文芸に大きな影響を与えました。『源氏物語』「絵合《えあわせ》の巻」には、「かぐや姫の物語の絵に画きたる」ものがあり、その絵は宮廷絵師の巨勢相覧《こせのおうみ》が描き、紀貫之が詞を書いた美しい絵巻物であったと記されています。その絵合の場面では、「かぐや姫の此世のにごりにもけがれず、はるかに思ひ上《のぼ》れる契りたかく」と評価されています。『竹取物語』は、天人の言う「穢《きたな》き所」と、濁りも穢れもない月の世界との、相克の物語ということができるでしょう。

伊勢物語——いせものがたり

（主要テキスト：「新日本古典文学大系」『伊勢物語』）

原文

昔、男ありけり。宮仕へ忙しく、心もまめならざりけるほどの家刀自《いえとじ》、まめに思はむといふ人につきて、人の国へ往《い》にけり。この男、宇佐《うさ》の使にて行きけるに、ある国の祗承《しぞう》の官人の妻にてなむあると聞きて、「女あるじにかはらけとらせよ。さらずは飲まじ」と言ひければ、かはらけとりて出《い》だしたりけるに、肴《さかな》なりける橘をとりて、

五月待つ花橘の香をかげば昔の人の袖の香ぞする

と言ひけるにぞ思ひ出でゝ、尼になりて山に入りてぞありける。

現代語訳

その昔、一人の男がいた。（その男は）宮中での勤務が忙しく、懇ろに愛されることのなかった妻は、「あなたを大切にしよう」と言い寄ってきた別の男について、その人の国へと行ってしまった。（その後）この男は、宇佐八幡宮への勅使として出かけて行ったところ、（元の妻が）ある国の勅使饗応役の妻となっていると聞き、（接待された時に）「女主人（この家の奥方）に酌をさせよ。そうでなければ飲まぬ」と言ったところ、（元の妻は）盃を取って差し出した。それでその男は、酒の肴の橘を手にとり、「五月を待って咲く花橘の香をかぐと、昔の恋しい人の袖の香がすることだ」と詠んだので、女は昔のことを思い出し、（いたたまれなくなったのか）尼となって山の寺に入って暮らしたのであった。

解説

『伊勢物語《いせものがたり》』は、十世紀の半ば頃に成立した、歌を軸に恋の話が展開する、最初の歌物語集です。成立時期や作者、書名の由来については諸説があり、確定できません。一二五段から成り、多くの段が「むかし、男……」という書き出しで始まります。そしてその「男」の元服から始まり、死を予感した「つひにゆく道とはかねて聞きしかどきのふけふとは思

はざりしを」という歌を詠む話で終わりますから、「ある男」の一代記のように、順を追って叙述する意図があったのでしょう。また『古今和歌集』と共に、心ある人の必須教養と見做《みな》されていました。後に『好色一代男』の構成のヒントになっていることは、すぐにわかります。

　するとこの「男」とはいったい誰なのかということが問題となります。収録されている歌は全部で二〇九首あるのですが、その中に在原業平《ありわらのなりひら》（八二五〜八八〇）の歌が三十余首あります。また業平が女性との浮き名を流した貴公子であったことから、この「男」は在原業平であると、古くから理解されてきました。実際には、業平に関わる伝承を中心とした原形が早い時期に作られ、その後長い間に増補されたと考えられています。実在する在原業平は、『三代実録』によれば父が平城《へいぜい》天皇の皇子である阿保《あぼ》親王、母は桓武《かんむ》天皇の皇女である伊都《いと》内親王で、父方をたどれば平城天皇の孫、母方ならば桓武天皇の孫ですから、絵に描いたような貴公子です。しかし天長三年（八二六）に臣籍《しんせき》に降下し、在原《ありわら》の姓を名乗っていました。ただし業平の出生については謎が多く、平城上皇の子であるという説もあります。

　ここに載せたのは、『伊勢物語』の第六〇段です。多忙な夫に顧みられなかった妻が、懇ろに愛してくれるという別な男と出奔《しゅっぽん》し、後に元の夫が宇佐八幡宮への勅使として赴く途中、たまたま饗応担当者の妻が自分の元の妻であることを知り、杯を交わして和歌を詠んだところ、元の妻はかつての夫であったと知って「山に入った」、という話です。当時「山」と言えば、比叡山のことでもありますから、「山に入る」ことは出家することを意味していました。

　宇佐八幡宮は、伊勢神宮に次いで皇室の宗廟《そうびょう》として重視され、天平十二年（七四〇）の藤原広嗣の乱では戦勝が祈願されたり、神護景雲三年（七六九）の宇佐八幡宮神託事件では、道鏡を皇位に即《つ》けよとの託宣の真偽確認のため、和気清麻呂が派遣されたことで知られています。毎年数回も勅使が派遣される伊勢神宮にはとても及びませんが、天皇の即位や、天災・争乱・変事などに際しては、勅使が派遣されていました。天平三年（七三一）から鎌倉時代末期の元亨元年（一三二一）に中断されるまでの五九〇年間に、約二〇〇回も派遣されています。宇佐八幡宮に派遣される勅使は「宇佐使《うさのつかい》」と称され、昇殿が許されました。そして従五位下の和気清麻呂が派遣されたことに倣い、勅使には五位の者が選ばれることになっていましたから、都でこそ中級貴族ですが、国司級の位ですから、地方の饗応係にとっては、懇ろにもてなすべき賓客でした。因みに昇殿が許されるのは、原則として三位以上の公卿です。

　橘が酒の肴《さかな》になっていますが、橘は現在の小蜜柑《こみかん》のようなもので、『古事記』『日本書紀』には、垂仁天皇が常世《とこよ》の霊果として求めさせた故事があり、当時の教養ある人なら、橘が長寿の象徴であることは誰もが知っていました。『続日本紀』には「橘は果子（果実のこと）の長上にして、人の好むところなり」と記されています（天平八年十一月十一日）。

歌には五月《さつき》に咲く花橘が詠まれ、同時に橘が肴となっています。柑橘《かんきつ》類は前年の実を採らずにおくと、翌年の花の頃まで実が残ることがあり、橘の花と実が同時に添えられることは十分あり得ます。『枕草子』にも、「木の花は……橘の葉の濃く青きに、花のいと白う咲きたるが、……花の中より黄金の玉かと見えて、いみじうあざやかに見えたるなど」と記されていて、花と前年の実を同時に見ています。もっとも前年以来の実では、とても肴《さかな》にはならなかったかもしれません。また花橘は歌の中だけで、その場にはなかったかもしれませんし、物語中の「橘」は実ではなく、花かもしれません。

この時に詠まれた歌は『古今和歌集』にも収められていて、よく知られていました。それで花橘は懐旧の心を起こさせるものと理解され、以来この歌を本歌として、多くの花橘の歌が詠まれることになりました。終戦の翌年に発表された童謡「みかんの花咲く丘」には、「やさしい母さん思われる」という歌詞があります。作詞者はわずか二〇分の即興で作ったとのことですから、偶然なのでしょうが、みかんの花が香る丘で、海を眺めながら母を懐かしく偲んだ場面になっています。

元夫と、元妻と、連れ出した男のそれぞれの心情については、意見の分かれるところでしょう。家庭や妻を顧みずに仕事に専念する夫の行動が、家庭不和の原因となるのは、今も変わらぬことですし、既婚の女性を夫に無断で連れ出すのも許されません。三者にそれぞれの言い分と事情があります。それより後に与えた影響の大きさからすれば、花橘に視点を当てて鑑賞した方がよいと思います。

源氏物語——げんじものがたり

（主要テキスト：「新日本古典文学大系」『源氏物語』）

原文

宵《よい》過ぐるほど、少し寝入り給へるに、御枕上《まくらがみ》にいとをかしげなる女居《い》て、「己《おの》がいとめでたしと見たてまつるをば尋ね思《おも》ほさで、かく殊《こと》なることなき人を率《い》ておはして、時めかし給ふこそ、いとめざましく辛《つら》けれ」とて、この御かたはらの人をかき起さむとす、と見給ふ。

物に襲はるゝ心地して、驚き給へれば、火も消えにけり。うたて思《おぼ》さるれば、太刀を引き抜きて、うち置き給ひて、右近《うこん》を起し給ふ。これも恐ろしと思ひたるさまにて参り寄れり。「渡殿《わたどの》なる宿直人《とのいびと》起こして、『紙燭《しそく》さして参れ』と言へ」とのたまへば、「いかでかまからむ。暗うて」と言へば、「あな、若々し」とうち笑ひ給ひて、手をたゝき給へば、山彦の答ふる声いとうとまし。人、え聞きつけで参らぬに、この女君いみじくわなゝき惑ひて、いかさまにせむと思へり。汗もしとゞになりて、我かの気色《けしき》なり。……

「いとうたて乱り心地の悪《あ》しう侍れば、うつぶし臥《ふ》して侍るや。御前《おんまえ》にこそわりなく思《おぼ》さるらめ」と言へば、「そ

現代語訳

（光君《ひかりのきみ》は）宵を過ぎる頃に、少しお眠りになられたのですが、（夢の中で）枕元に大層美しい女がいるのを御覧になりました。その女は「私があなた様を、大層素晴らしいとお慕いいたしておりますのに、（その私を）訪ねようともなさらず、このように格別なこともない女を、連れ込んでかわいがっていらっしゃるとは、あまりに心外で恨めしいことでございます」と言って、すぐ横に伏せっている女（夕顔）をかき起こそうとしているように見えました。

物の怪《け》に襲われる心地がして驚いて目が覚めると、灯《ひ》も消えています。不気味に思われるので、（魔除けの）太刀を引き抜いて側に置き、右近《うこん》（夕顔に仕える女房）を起こされると、右近も怖がっているようで、お側に参りました。「渡り廊下にいる警備の者を起こし、紙燭《しそく》（照明用松明）を点《とも》して持って来るように言いなさい」とおっしゃったのですが、右近は「暗いので、どうして参れましょうか」と言う。光君が「ああ、まるで子供のような」とお笑いになり、手を叩かれると、山彦のように応える音がとても不気味なのです。聞きつけて参る者とてありません。ここにいる女君（夕顔）はひどく震え脅《おび》えて、どうしてよいかわからな

よ、などかうは」とて、かい探り給ふに、息もせず。引き動かし給へど、なよ〳〵として、我にもあらぬさまなれば、「いといたく若びたる人にて、物にけどられぬるなめり」と、せむ方《かた》なき心地し給ふ。

紙燭《しそく》持て参れり。……召し寄せて見給へば、たゞこの枕上《まくらがみ》に、夢に見えつる容貌《かたち》したる女、面影に見えて、ふと消え失《う》せぬ。昔の物語などにこそ、かゝることは聞けと、いとめづらかにむくつけゝれど、まづこの人いかになりぬるぞと思ほす心騒ぎに、身の上も知られ給はず添ひ臥《ふ》して、「やゝ」とおどろかし給へど、たゞ冷えに冷え入りて、息は疾《と》く絶え果てにけり。言はむ方《かた》なし。

い様子です。そして冷汗もびっしょりとかいて、正気を失っている様子です。……

（光君が寝所に戻って右近を引き起こすと、）右近が「どうにも気味が悪く、うつ伏していらっしゃることでございました。それより姫君こそ、ひどく怖がっていらっしゃることでございましょう」と言うので、光君は「そうだ。どうしたというのか」と、夕顔をお探りになると、息もしていません。揺すって御覧になるのですが、ぐったりとして気を失っている様子です。とても幼げな人ですから、物の怪《け》に憑《つ》かれたのかもしれないと思い、光君はどうしたものかと、途方に暮れるばかりでございました。

そしてようやく紙燭を持って参りました。……紙燭を受け取って夕顔を御覧になると、枕元に光君が夢で見たのと同じ姿の女が、幻の如くに見えるや否や、ふっと消え失せてしまったのです。このようなことは昔話には聞くことはありますが、実際にあると思うと、光君は薄気味悪く思われました。しかしそれよりも夕顔がどうなってしまったのかと不安になり、自分のことなどさて置いて寄り添われ、「おいおい」と目覚めさせようとなさるのですが、身体はますます冷たくなり、息はとっくに絶えてしまっていたのです。光君は言葉もありません。

『源氏物語《げんじものがたり》』は、紫式部（?〜?）が著した平安時代中期の長編小説です。成立時期については、それを推測させる記事が『紫式部日記』の寛弘五年（一〇〇八年）十一月一日にあります。『和漢朗詠集』の撰者である藤原公任《きんとう》が紫式部に、「あなかしこ、このわたりにわが紫やさぶらふ」と声をかけたというのです。「恐れ多いことですが、我が紫さんはおいでかな」とおどけて呼んだというのですから、『源氏物語』は既に公卿達の間で評判になっていたようです。

『源氏物語』は局部的には、単なる好色貴族の女性遍歴物語に見えます。しかし俯瞰《ふかん》するならば、光源氏を中心として、その周辺の個性的な人物らによって織りなされる、壮大な人生ドラマの集積なのです。そして七九五首もの秀歌が散りばめられていますが、『古今和歌集』が一一〇〇余首であることを考えれば、これがどれ程のものであるか理解できます。『千載和歌集』の撰者である藤原俊成は、『六百番歌合』の判詞において、「源氏見ざる歌詠みは遺恨（残念）の事なり」と語っています。一条兼良は、『源氏物語』の注釈書である『花鳥余情』を著し、その冒頭部で「我国の至宝は源氏物語にすぎたるはなかるべし」と賞賛しています。

式部は藤原宣孝《のぶたか》と結婚し、娘の賢子を出産。夫没後の寛弘三年（一〇〇六）頃に、藤原道長の娘彰子に仕えます。高貴な女性に近侍する女房は、いわば家庭教育係でした。これだけの著述がありながら、当時の慣《なら》いとして本名はわかりません。「紫式部」という女房名については、「式部」は父為時が式部省の官僚であったことによること、「紫」は光源氏の理想の女性であった紫の上に由来するとされています。

ここに載せた「夕顔」の巻は、光源氏十七歳の夏から立冬にかけての物語です。その頃光源氏は、亡くなった先の皇太子の妃であった六条御息所《ろくじょうのみやすどころ》のもとに、こっそりと通っていたのですが、年上で気位が高く、嫉妬深い彼女に気疲れしていました。ある時、藤原惟光《これみつ》という従者の母で、光源氏の乳母でもあった女性の見舞いに行くのですが、隣家の垣根に夕顔の花が咲いていました。光源氏がその花を採らせようとしたところ、隣家の女（夕顔）が香を焚きしめ歌を書き添えた扇に、夕顔の花をのせてよこします。その洗練された対応に驚いた光源氏が興味を持ち、こっそりと通うようになりました。夕顔は三位中将の娘で、光源氏の義兄である頭中将《とうのちゅうじょう》のかつての側室だったのですが、互いに素性を明かさないまま逢瀬を続けていました。そして八月十五日、中秋の名月の夜、光源氏は夕顔とその侍女の右近を、近くの荒れ果てた館に連れて行き、そこで初めて顔を見ることになりました。ここに載せたのはその晩の場面です。

栄華物語——えいがものがたり

（主要テキスト：「日本古典文学大系新装版」『栄華物語』）

原文

たゞ今は、すべてこの世に心とまるべく見えさせ給はず。この立てたる御屏風の、西面《にしおもて》をあけさせ給ひて、九体の阿弥陀仏をまもらへさせ奉らせ給へり。いみじき智者も死ぬる折は、三つの愛をこそ起すなれ。まして殿の御有様は、さま〴〵めでたき御事どもを思《おぼ》し放ちたるさま、後《のち》の世はた著《しる》く見えさせ給ふ。女院・中宮をだに、今はあひ見奉らせ給ふ事なし。朧気《おぼろげ》に申させ給ひてぞ、「さば」とて、たゞはつかなる程にて、「はや帰らせ給ね〳〵」と申させ給ふ。

すべて、臨終の念仏のみ思《おぼ》し続けさせ給ふ。仏の相好《そうごう》にあらずより外《ほか》の色を見むと思し召さず、仏法の声にあらずより外《ほか》の余《よ》の声を聞かむと思し召さず、後生《ごしょう》の事より外の事を思し召さず。御目には弥陀如来の相好を見奉らせ給ひ、御耳にはかう尊き念仏を聞こし召し、御心には極楽を思し召しやりて、御手には弥陀如来の御手の絲をひかへさせ給ひて、北枕に西向《にしむき》に臥《ふ》させ給へり。……ついたち四日巳時《みのとき》

現代語訳

（道長様は）今となっては、総じてもうこの世に未練があるとも見えません。（床の周囲に）立て廻した屏風の、西向きの方だけをお開けになり、九体の阿弥陀如来を見つめられます。どれ程優れた智者であっても、臨終には、境界愛《きょうがいあい》（妻子や家財に対する執着心）、自体愛（自分の身体に対する執着心）、当生愛《とうしょうあい》（未来に生まれる処に対する執着心）という三つの執着心を起こすと聞いております。しかし道長様の御臨終の様子は、様々な素晴しいことをも御放念され、極楽に往生されることがはっきりとわかる程でした。上東門院《じょうとうもんいん》（長女彰子）や中宮（三女威子）とさえ、今はお会いになることはありません。一通りならず（お会いするように）お勧めすると、「それなら」と、ほんのわずかの間お会いになるだけで、「早くお帰りなさい、早くお帰り」とだけ言われます。

総じて臨終の御念仏を称え続けられ、御仏の素晴しい御姿以外には、何を見ようともされず、御仏の声以外の声を聞こうともされず、極楽に往生すること以外は何も思われず、御目は阿弥陀如来の御姿だけを見つめられ、御耳は有り難い念仏だけに傾けられ、御心は極楽だけに思いを馳せ

ばかりにぞ、失《う》せさせ給ひぬるやうなる。されど御胸より上《かみ》は、まだ同じ様に温かにおはします。猶御口動かせ給ふは、御念仏せさせ給ふと見えたり。そこらの僧涙を流して、御念仏の声惜まず仕うまつり給ふ。

られ、御手には阿弥陀如来の御手から引いた（五色の）糸を握られ、（釈迦入滅の如く）枕を北に、御顔を（極楽浄土のある）西に向けて横たわっていらっしゃいました。……（十二月）月はじめの四日の巳の刻（午前十時）頃に、亡くなられたようです。しかし御胸より上半身は、まだ温かくていらっしゃいます。まだ御口を動かされたように見えたのは、御念仏を称えられたように見えました。あたりに控えていた僧達は、涙を流し声を惜しまずに、御念仏を称え申し上げました。

解説

『栄華物語《えいがものがたり》』は、一条天皇中宮彰子に仕えた女房の、赤染《あかぞめ》衛門《えもん》により書かれ、その死後さらに他の女房によって書き継がれたと考えられている、物語風の歴史書です。宇多天皇から堀河天皇まで十五代、約二一〇年間の歴史が、編年体で叙述されています。六国史の最後の『日本三代実録』が宇多天皇の前代の光孝天皇まで記述されていますから、それに続くという意図があったのかもしれません。それまで歴史書は漢文で書かれるものでしたから、仮名で歴史書を叙述したり、歴史と文芸を融合させるなど、新たな形式が生まれたという点で、画期的なものです。『栄華物語』は藤原道長（九六六〜一〇二七）とその一族の栄華に焦点を当てていますが、ほぼ同時代が叙述されている『大鏡』が、男性の目から見て道長に批判的に叙述されているのとは対照的です。

ここに載せたのは、『栄華物語』「鶴の林」の巻の道長臨終の場面です。『栄華物語』では、道長は阿弥陀如来像を前にして、念仏を聞きながら理想的な最期を迎えたと叙述されています。しかし実際には病に苦しみながら死を迎えたことが、藤原実資《さねすけ》の日記である『小右記《しょうゆうき》』に具体的に記されています。有名な「この世をば我が世とぞ思ふ望月の……」という歌を詠んだのは、寛仁《かんにん》二年（一〇一八）十月十六日ですが、その約半年前の閏四月十七日には、「去夜悩給ふの間、叫び給ふ声甚だ高く、邪気に似たり」と記されていて、翌年にかけて同様の発作が続きました。「望月の歌」の印象が余りにも強く、「我が世の栄華」を謳歌して得意絶頂であったと理解されがちですが、現実には一晩中呻き叫ぶほどの苦しみの中にいたのです。また道長の日記『御堂関白記』の寛仁三年（一〇一九）二月六日には、「心神常の如し。而して目尚見えず。二三尺相去る人の顔見えず。只手に取る物許《ばかり》これを見る」と記されています。

道長をさらに苦しめたのが、次々に息子や娘に先立たれる悲しみでした。六十歳の万寿二年（一〇二五）には娘の寛子が二七歳で死に、その後一カ月もたたないうちに、六女の嬉子が十九歳で皇子（後の後冷泉天皇）を生んで二日後に死にます。『栄華物語』の「楚王の夢」の巻にはこの時の様子が、「我を捨てゝはいづち〳〵（どこへ行くのか）と、泣き転《まろ》ばせ給こと限りなし」と記されています。そして万寿四年（一〇二七）には三四歳の三男顕信、三四歳の次女妍子と続きました。「玉のかざり」の巻には、「あな悲しや、老たる父母を置きて、いづちとておはしますぞや。御供に率《い》ておはしませ（一緒に連れて行って）と、声を立てゝ泣かせ給ふ」と記されています。そして同年十一月には失禁と下痢を繰り返して衣を汚すようになり、背中に乳房大の悪性腫瘍ができます。十二月には針で膿血を絞りだそうとしたのですが、余りの痛さに悶絶する程でした。

余命短いことを悟った道長は、法成寺《ほうじょうじ》阿弥陀堂の阿弥陀如来像の目の前に伏し、周囲を屏風で囲ませます。また阿弥陀如来像の指と自分の指を糸で結び、その二日後の万寿四年（一〇二七）十二月四日、念仏を聞きながら六二歳で亡くなります。医学的な見立てでは、糖尿病であるとされています。

法成寺は、寛仁四年（一〇二〇）、道長の病平癒を祈願して建立され、阿弥陀如来像が九体並んでいました。九体であることは、極楽浄土が九段階に分かれ、往生者の信心の程度により、そのいずれかに往生するとされた九品《くほん》往生の思想によるもので、九品の阿弥陀如来像は、現在では東京都世田谷区の浄真寺で見ることができます。

枕草子——まくらのそうし

（主要テキスト：「新日本古典文学大系」『枕草子』）

原文

例ならず仰せ言などもなくて、日比《ひごろ》になれば、心細くてうちながむる程に、長女《おさめ》、文《ふみ》を持て来たり。「御前《おまえ》より、宰相《さいしょう》の君して、忍びて給はせたりつる」と言ひて、こゝにてさへひき忍ぶるもあまりなり。人づての仰せ書きにはあらぬなめりと、胸つぶれて疾《と》く開《あ》けたれば、紙にはものも書かせ給はず、山吹の花びらたゞ一重を包ませ給へり。

それに、「言はで思ふぞ」と書かせ給へる、いみじう、日比の絶間《たえま》嘆かれつる、みな慰めてうれしきに、長女《おさめ》もうちまもりて、「御前には、いかゞ、ものゝをりごとに、おぼし出できこえさせ給ふなるものを。誰もあやしき御長居《ながい》とこそ侍るめれ。などかは参らせ給はぬ」と言ひて、「こゝなる所に、あからさまにまかりて、参らむ」と言ひて往《い》ぬる後、御返事《おんかえりごと》書きて参らせむとするに、この歌の本《もと》さらに忘れたり。

「いとあやし。同じ故事《ふるごと》と言ひながら、知らぬ人やはある。たゞこゝもとにおぼえながら、言ひ出でられぬはい

現代語訳

いつもと異なり、（「参れ」という）仰せのお言葉もないままに、何日も経ちますので、心細く物思いにふけっておりますと、長女《おさめ》（下級女官の長）が手紙を持って来ました。「中宮様から宰相の君（中宮の女房の一人？）を通して、こっそりと下されたお手紙でございます」と言って、ここ（私の家）に来てさえも人目を避けようとしているのは、あまりのことです。人伝《ひとづて》の御言葉ではない（代筆ではない）ように思われ、胸をどきどきさせながらすぐに開けたところ、紙には何もお書きにならず、山吹の花びらただ一枚をお包みになられています。

それには「言はで思ふぞ」（言葉に出さなくても、あなたのことを思っています）とお書きになられているのを見ると、本当にまあ、しばらくの間御無沙汰して寂しかったことも、全て慰められて喜んでいると、長女も私を見つめて、「中宮様には、どれ程か何かにつけて、（あなた様のことを）思い出していらっしゃるそうですのに。（女官達）誰もが、あなた様の里居《さとい》が長いのを、訝しく思っております。どうして（中宮様のもとに）参上なさらないのですか」と言って、「（お返事を書くのに時間がかかるでしょうから）その辺にし

かにぞや」など言ふを聞きて、前に居たるが（能因本では「小さき童が」）、「『下ゆく水』とこそ申せ」と言ひたる、などかく忘れつるならむ。これに教へらるゝもをかし。

ばらく寄ってから戻って参りましょう」と言って立ち去った後、御返事を書いて差し上げようとしたのですが、この歌の上の句をすっかり忘れてしまいました。

「何ともおかしなことです。古い歌とはいえ、この歌を知らない人がいるでしょうか。ただ口もとまで思い出していながら、言い出せないのはどうしたことでしょう」と私が言うのを聞いて、私の前にいる幼い女の子が、「それは『下行く水の』と申します」と言いました。どうしてこれ程までに忘れてしまったのでしょうか。（こういうことを）小さな子に教えられるというのも、（我ながら）おかしなことです。

解説

『枕草子《まくらのそうし》』は、一条天皇が寵愛するの中宮定子（後に皇后、九七七〜一〇〇〇）に仕えた、清少納言（?〜?）の随筆です。書名の「草子」とは、巻子《かんす》（巻物）に対する「冊子《さっし》」が訛った言葉ですから、鍵は「枕」にあります。そのヒントは、伝本により多少文言が違いますが、『枕草子』の巻末にあります。定子が兄の内大臣伊周《これちか》から美しい紙をもらったのですが、定子が「これに何を書きましょうか。お上（一条天皇）は『史記』を書写しておられますが」と言うと、少納言は「枕にこそは侍らめ」（「枕でございましょう」）と答えました。そして「さは、得てよ」（「それなら、そなたにつかわそう」）と、定子は少納言に紙を与えます。そしてそれがきっかけで書いたということになっているのですが、「枕」の解釈については、寝具、枕元、季節、歌枕、枕元に置く備忘録など、諸説があります。

清少納言が宮仕えを始めたのは正暦四年（九九三）で、定子は十七歳、清少納言は二八歳前後のことです。明朗快活で賢い定子は、才智にあふれ、打てば響く対応のできる清少納言が大のお気に入り。しかし長徳元年（九九五）、定子の父である藤原道隆《みちたか》が四三歳で亡くなってしまいます。すると翌年正月、定子の兄伊周《これちか》と弟の隆家の従者が、花山法皇を弓で射て、従者の童二人を殺してしまうという不祥事を起こしてしまいます。そして四月には大宰権帥《だざいのごんのそち》として左遷されることになり、失意の定子は妊娠中にもかかわらず、即日宮中を出て実家の二条の宮に移り、自ら落飾（出家）してしまいます。そしてさらに六月には、定子の住む二条の宮が全焼してしまうのです。この頃、清少納言は、伊周と対立していた道長に近い立場であるという風評により、中宮の女房達から嫌われて、一時期宮仕えを中断したことがありました。そして同年十二月、定子は第一皇女を出産します。

　後盾となる父と兄弟と家を失った定子は、朝廷内に居場所がなくなりました。しかし長徳三年（九九七）、一条天皇は周囲の反対を押し切って再び定子を宮中に迎え、長保元年（九九九）に定子は一条天皇の第一皇子を出産します。これに危機感を覚えたのが道隆の弟の道長でした。何と同日に道長は娘の彰子を女御《にょうご》とし、翌年二月にはさらに彰子を中宮としたので、定子は横滑りして皇后ということになったのです。「中宮」は本来は皇后の宮殿のことですから、この場合は両者は事実上同格となります。しかし同年十二月十五日、定子は第二皇女を出産し、翌日には二四歳の若さで亡くなってしまったのです。清少納言が宮仕えを辞去したのは、その翌年のことでした。

　ここに載せたのは一三六段（新日本文学大系）です。清少納言は一時期、前記のような理由で出仕を中断し、里居《さとい》をしていたのですが、定子にとってはそれが寂しくてなりません。それで再出仕を促すために、その心を伝えようと、「心には（地下水のように）下ゆく水のわきかへり言はで思ふぞ言ふにまされる」（『古今和歌六帖』）というよく知られた歌の一句を、微細な文字で認《したた》めた山吹の花びらを包んでよこしたのです。「口にこそ出しませんが、あなたを思う心は口に出すよりまさっているのです」という、定子の優しく機知にあふれた愛情を、清少納言は一瞬にして悟り、思わず涙があふれたという場面です。

　山吹には隠された意味がありました。いわゆる山吹色は梔子《くちなし》の実で染められる色で、梔子はその音から「口無し」と理解されていました。つまり「言葉には出して言わない」ことを色で表しているのです。『古今和歌集』（一〇一二番歌）には、梔子を返事のない恋人と理解する歌があり、当時の和歌を詠む程の人なら、誰もが知っていることでした。それでも咄嗟に梔子色の山吹の花を思い付いた定子の機知と、それを即座に理解する清少納言だからこそ成り立つことなのです。

「まづ知るさま」は、『古今和歌集』（九四一番歌）の「世の中に憂きもつらきも告げなくにまず知るものは涙なりけり」という歌によるもので、「涙を流して泣く」ことを表しています。このように『枕草子』の魅力の一つは、定子と清少納言の愛情と信頼に結ばれた主従関係と、そこに、綺羅《きら》、星の如く散りばめられた機知なのです。

土佐日記——とさにっき

（主要テキスト：「新日本古典文学大系」『土佐日記』）

原文

よふけてくれば、ところ〳〵もみえず。京にいりたちてうれし。いへにいたりて、かどにいるに、つきあかければ、いとよくありさまみゆ。きゝしよりもまして、いふかひなくぞこぼれやぶれたる。いへに、あづけたりつるひとのこゝろも、あれたるなりけり。「なかゞきこそあれ、ひとついへのやうなれば、のぞみてあづかれるなり」。「さるは。たよりごとに、ものもたえずえさせたり」。「こよひ、かゝること」と、こわだかにものもいはせず。いとはつらくみゆれど、こゝろざしはせむとす。

さて、いけめいてくぼまり、みづゝけるところあり。ほとりにまつもありき。いつとせむとせのうちに、千とせやすぎにけむ。かたへはなくなりにけり。いまおひたるぞまじれる。おほかたの、みなあれにたれば、「あはれ」とぞ、ひと〴〵いふ。おもひいでぬことなく、おもひこひしきがうちに、このいへにてうまれしをむなごの、もろともにかへらねば、いかゞはかなしき。ふなびとも、みなこたかり

現代語訳

夜も更けてきたので、あちこちの場所もよく見えない。それでも京に入るので、嬉しいことである。家に着いて門をくぐると、月が明るいので様子がとてもよく見える。かねて伝え聞いていた以上に、言葉にならない程ひどく壊れ傷んでいる。家を預けておいた人の心も、荒れすさんでいるのだ。「隔てる中垣はあるとはいえ、一つ屋敷のようなものだからと、お隣が望んで預かったのだ」。「そうだとも。ことあるごとに、お礼の品をいつも差し上げていたのに」。「(それなのに) 今夜のこの有様は何ということだ」とは、(従者には) 大声で言わせることはしない。お隣は大層薄情とは思うが、謝礼はしようと思う。

さて (庭には) 池のようにくぼんで、水がたまっている所がある。その側には松もあった。(留守にしていた) 五、六年のうちに、千年も過ぎてしまったのだろうか。半分はなくなっているかと思えば、新しく生えた松も混じっている。あたりは一面にすっかり荒れ果ててしまっているので、「ああ、何ということだ」と人々は言う。思い出さないことなどなく、恋しく思うのは、この家で生まれた娘が、(土佐で死んでしまったために) 一緒に帰らなかったことだ。

てのゝしる。
かゝるうちに、なほかなしきにたへずして、ひそかにこゝろしれるひとゝいへりけるうた、

むまれしもかへらぬものをわがやどにこまつのあるをみるがゝなしさ

とぞいへる。なほあかずやあらむ、またかくなむ、

みしひとのまつのちとせにみましかばとほくかなしきわかれせましや

わすれがたく、くちをしきことおほかれど、えつくさず。とまれかうまれ、とくやりてむ。

何と悲しいことであろう。（それに比べて）同じ船の人たち（同じ船で一緒に帰京した人々）の周りには、子供が集まってはしゃいでいる。
そのような騒ぎの中では、なおさら悲しさに堪えられず、気心の知れた人と、「この家で生まれた娘でさえも帰ってこないというのに、留守中に我が家に生えた小さな松を見ると、かえって悲しいことだ」と、密かに歌を詠み交わした。しかしそれでも思いを尽くせず、「亡くなった娘が、千代の松のように生き長らえていてくれたならば、遠く土佐で悲しい別れをすることもなかったのに」と詠んだ。忘れられない心残りなことが多いが、書き尽くすことなどとてもできはしない。何はともあれ、（このような日記は）早く破り棄ててしまおう。

解説

『土佐日記《とさにっき》』は、紀貫之《きのつらゆき》（八七二?〜九四五?）が土佐国司の任期を終えて、十二月二一日に任地を出発し（実際の船出は二六日）、翌年二月十六日に帰京するまでの五五日間の船旅を、一日も欠かさず記した紀行文で、和文による最初の日記文芸です。ただし、かなり虚構が混じっています。実際に土佐国司であったのは延長八年（九三〇）から承平五年（九三五）までで、帰京時の年齢は六〇余歳ですから、国司としてはかなり高齢です。

女性に仮託されていることについて、作者が貫之であることを隠蔽するためという説がありましたが、貫之が作者であることは早くから知れ渡っていました。また男性官僚が和文で書くのは相応しくないとされていたためという説もありましたが、貫之は既に『古今和歌集』の仮名序を書いていました。読者を笑わせる諧謔であったという説もあります。そもそも冒頭部が「日記は男が書くものと聞いているが、女も書いてみようと思って」という意味ならば、「男のすなる」

となるはずであるのに、なぜ「男も」なのかという問題もあります。しかし結局は、男性官人が日記には書けない内面的心情を書くためというあたりに落ち着くのではと思います。

　微妙な心情を漢文で表現することは、日本人には難しいものです。しかし仮名ならば話すことと書くことが一致しますから、容易にできます。現代でも、助詞の使い方次第で、性別や年齢や微妙な情況を言い分けられるように、微妙な心情の描写には、今も昔も仮名文字の使用が不可欠なのです。貫之は歌人でもありますから、仮名表記による大和言葉こそ、「こころ」を表せる媒体であることをよくよく知っていました。だからこそ、仮名で和歌以外の文芸を書くために、書き手を女性に設定して書き始めたのではないでしょうか。

　漢文と和文による感情表現の例を上げてみましょう。大層悲しいことを、「紅涙《こうるい》（血涙）に沈む」と漢文調に表現しても、日本人にはどこか余所余所《よそよそ》しいものです。一方、土佐で娘と死別した悲しみを、「世の中に思ひやれども子を恋ふる思ひにまさる思ひなきかな」（正月十一日）と詠んでいます。どちらが日本人の心に訴えるかは、明々白々ではありませんか。

　『土佐日記』には、土佐で亡くなった娘を悼む歌が十首あり、京に近付くにつれて頻繁に詠まれているところに、親の悲しみがよく表れています。地方官が在任中に家族を失い、帰洛途中でその悲しみを詠んだ歌と言えば、大宰帥《だざいのそち》（大宰府の長官）であった大伴旅人（家持の父）が妻に先立たれ、任を終えて帰京する船旅の途中に五首、帰宅してから三首も妻を悼む歌を詠んだことを連想します（『万葉集』四四六～四五三番歌）。

　ここに載せたのは、『土佐日記』最後の「帰京」の部分です。隣家に言いたいことは山程あったでしょうが、じっと堪えている様子に、貫之の性格が表れています。池のそばに植えられている松は、「子《ね》の日の小松」でしょう。当時は正月初子《はつね》の日に、野辺に出て小松を引き抜き、長寿を祈念して庭に植える風習がありました。だからこそ娘の死が松の哀れな姿に重なったのでしょう。隣に誰かが植えたか、自然に生い伸びたかわからない若松があれば、なおさらです。

　愛する我が子を失う悲しみ、わけても晩年に授かった幼子に先立たれる悲しみは、「ものには順序という道理があるのに、代われるものなら」と、堪えがたかったことでしょう。これればかりは今も昔も経験した人にしかわからないことであり、何を以てしても慰められるものではありません。『土佐日記』には、亡児哀傷が終始一貫しているのです。

　写本しか残っていませんが、全部で約一万二五〇〇字のうち漢字は約六〇字しかないそうです。仮名が多いと意味を理解しづらいのですが、それが特徴ですから、ここでは敢えて漢字に直していません。

蜻蛉日記——かげろうにっき

（主要テキスト：「新日本古典文学大系」『蜻蛉日記』）

原文

さて、九月《ながつき》ばかりになりて、出《い》でにたるほどに、箱のあるを手まさぐりに開けてみれば、人のもとに遣《や》らむとしける文《ふみ》あり。あさましさに、見てけりとだに知られむと思ひて、書きつく。

　疑はしほかに渡せるふみ見ればこゝやとだえにならむとすらむ

など思ふほどに、むべなう、十月《かんなづき》つごもり方《がた》に、三夜《みよ》しきりて見えぬ時あり。つれなうて、「しばし試みるほどに」など気色《けしき》あり。

これより、夕さりつ方《かた》、「内裏《うち》の方《かた》ふたがりけり」とて出づるに、心得《こころえ》で、人をつけて見すれば、「町の小路《こうじ》なるそこ〳〵になむ、止まり給ひぬる」とて来たり。さればよと、いみじう心憂《う》しと思へども、言はむやうも知らであるほどに、二日三日《ふつかみか》ばかりありて、暁方《あかつきがた》に門《かど》をたゝく時あり。

さなめりと思ふに、憂《う》くて開けさせねば、例の家とおぼ

現代語訳

そうして九月頃になり、（夫の兼家が私の家から）出て行ってしまったあとに、文箱《ふばこ》があるので何気なく開けてみたところ、よその女に遣《や》ろうとしている手紙がありました。驚きあきれて、せめて私が見てしまったということだけでも（兼家に）わからせようと思い、書きつけます。「疑わしいことです。よその女に届ける手紙を見ると、ここへ（あなたが訪れること）は途絶えてしまうのでしょうか」、などと思ううちに、案の定、十月の末頃、三晩続けて姿を見せないことがありました。（それにもかかわらず）素知らぬ顔で、「しばらく（あなたの気持ちを）試しているうちに（三日もたってしまった）」などと、思わせぶりな（言い訳をする）のです。

ここ（私の家）から、夕方ごろ、「（宮中に用があるのに）宮中の方角が禁忌で塞《ふさ》がっていて（直接には行けない）」と言って（兼家が方違《かたたがえ》に）出かけるので、不審に思い、人を遣《や》って見届けさせたところ、「町の小路にあるどこそこに、（車を）お停めになりました」と、帰って来て言うのです。思った通りだ。大層嘆かわしいと思いましたが、言いようもわからないでいるうちに、二、三日ほどして、夜明け方

しきところにものしたり。つとめて、なほもあらじと思ひて、

嘆きつゝひとり寝《ぬ》る夜のあくる間はいかに久しきものとかは知る

と、例よりはひき繕《つくろ》ひて書きて、移ろひたる菊に挿《さ》したり。

返り言、「あくるまでも試みむとしつれど、頓《とみ》なる召使の来合《きあ》ひたりつればなむ。いと理《ことわり》なりつるは。

げにやげに冬の夜ならぬ真木《まき》の戸もおそくあくるはわびしかりけり」

さても、いとあやしかりつるほどに、事なしびたり。しばしは忍びたるさまに、「内裏《うち》に」など言ひつゝぞあるべきを、いとゞしう心づきなく思ふことぞ、限りなきや。

に門をたたくことがありました。

そのようだ（兼家が来たようだ）と思うにつけても、切なくて開けさせないでおいたところ、例の家（町小路の女の家）と思われるところに行ってしまいました。早朝、そのままにはしてはおけないと思い、「嘆きながら一人で寝る夜は、明けるまでの間がどれ程長いものか、おわかりにはならないでしょう」と、いつもよりは改まって書き、色変わりした菊に挿して持たせてやりました。

返事には、「夜が明けて、門が開くまで待ってみようとしたが、急用の召使が来合わせたので（戻ってしまった）。まことにまことに、（あなたのお怒りも）実にもっともであるが。冬の夜ならぬ真木の戸が遅く開くのは、つらいことだ」とありました。

それにしても、あきれ果てる程に、（兼家は）素知らぬふりをしています。せめてしばらくの間は人目を避けるようにして、「宮中に（用があるので）」などと言いわけをするのが普通ですのに、ますますやりきれなく思うのは、この上ないことであります。

解説

『蜻蛉日記《かげろうにつき》』は、藤原兼家《ふじわらのかねいえ》（道長の父）の妻（九三六？〜九九五）の日記文芸で、彼女は「道綱母」と呼ばれています。書名は、上巻末尾に「猶ものはかなきを思へば、あるかなきかの心ちするかげろふの日記といふべし」と記されていることによるのですが、この「かげろふ」は一般には虫の「蜻蛉《かげろう》」とされています。しかし『後撰和歌集』（一一九一番歌）に

は「かげろふ（陽炎）のあるかなきか」と詠まれていて、共に儚いものですから、兼ねていると理解したほうがよいでしょう。

　兼家は摂政・関白・太政大臣となる程の貴公子であり、片や国司を歴任した藤原倫寧《ともやす》の娘ですから、家柄は釣り合いません。しかし室町時代初期の系図集である『尊卑分脈《そんぴぶんみゃく》』には、「本朝第一美人三人内也」と記されていますから、色好みの兼家が、その美貌に惚れ込んだのでしょう。結婚したのは天暦八年（九五四）で、兼家二六歳、道綱母十九歳の頃であり、翌年に道綱が生まれます。しかし兼家にはすでに、正妻がいましたし、兼家と関係のあった女性は十人程いましたから、兼家の色好みは事実のようです。

　夫婦関係は初めは順調で、兼家は毎晩のように通って来ました。なぜなら十月末に三日も通ってこないことがあったと記されているからです。たまに来るなら、三日間来なくても何も不自然ではありません。それより三日間来なかったことには、特別な意味がありました。男が女の許《もと》に忍んで三日連続して通い、三日目に三日夜餅《みかよのもち》を食べると結婚が成立したとする風習があったからです。ですから三日来なかったことに、嫉妬しているわけです。このように『蜻蛉日記』には、夫の愛情の回復を願う妻の複雑な心情が軸となり、後半からは息子の道綱の成長に心を砕く母の姿も加わり展開してゆきます。

「嘆きつゝひとり寝《ぬ》る夜のあくる間は……」の歌は、百人一首に収められてよく知られています。それに「移ろひたる菊」を添えたのですが、この場合の「移ろう」とは、色変わりを意味しています。当時の菊はわずかに黄菊の存在は確認できるものの、ほとんど白菊であり、霜が降りる頃の菊は白色から赤紫色に変色します。それは衰えゆく姿なのですが、それはそれで美しい物として賞美する歌もあります。旧暦十月末のことですから、白菊は赤く色変わりしていたはずです。

「移ろひたる菊」の寓意は、一般的には兼家の心変わりを責めていると説かれ、定説となっています。しかし王朝和歌では色が表に出るということは、心に秘めた恋心が表に現れることを意味していました。『伊勢物語』第十八段には、「菊の花のうつろへるを折りて男のもとへやる」女が、菊の花を「くれなゐ（紅）にほふ」と詠んでいます。ですからこの場合も、夫の心変わり（移り気）を嘆きつつも、なお恋慕の心を色に表していると理解した方がよいと思うのですが。

　兼家が町小路の女の家に行くために、内裏の方角が塞《ふさ》がっていることを口実とした場面があります。これは方違《かたたがえ》という陰陽道の風習で、ある目的地へゆく際、その方角がたまたま禁忌の方角とされた場合、前日に別の場所に行って一晩泊まり、翌日改めて禁忌でない方角により目的地に行くわけです。「内裏」を口実に持ち出されれば、誰もが引っ込まざるを得ませんから、それを理由にしたのでしょうが、後をつけられて、浮気が発覚したというわけです。

和泉式部日記——いずみしきぶにっき

（主要テキスト：「日本古典文学大系」『和泉式部日記』）

原文

夢よりもはかなき世の中を、嘆きわびつゝ明かし暮らすほどに、四月《うづき》十余日にもなりぬれば、木の下暗がりもてゆく。築地《ついひじ》の上の草青やかなるも、人はことに目もとゞめぬを、あはれと眺むるほどに、近き透垣《すいがい》のもとに人の気配すれば、誰ならむと思ふほどに、故宮《こみや》に候ひし小舎人《こどねり》童《わらわ》なりけり。

あはれにものゝおぼゆるほどに来たれば、「などか久しく見えざりつる。遠ざかる昔の名残にも思ふを」など言はすれば、「そのことゝ候はでは、なれ〳〵しきさまにやと、つゝましう候ふうちに、日ごろは山寺にまかり歩《あり》きてなむ。いと頼りなく、つれ〴〵に思ひ給うらるれば、御代《おおんか》はりにも見奉らむとてなむ、帥宮《そちのみや》に参りて候ふ」と語る。「いとよきことにこそあなれ。その宮は、いとあてにけゝしうおはしますなるは。昔のやうにはえしもあらじ」など言へば、「しかおはしませど、いと気近《けぢか》くおはしまして、『常に参るや』と問はせおはしまして、『参り侍り』と申し候ひつれ

現代語訳

夢よりも儚《はかな》い男女の仲（為尊《ためたか》親王との恋）を、嘆き悲しみつつ日々を暮らしておりますうちに、四月も十日過ぎになりましたので、（葉が繁ってきて）木陰も次第に暗くなってまいります。築地土塀の上の草が青々としているのを、誰も特に目にもとめませんが、しみじみと眺めておりますと、そばの垣根のあたりに人の気配がいたしましたので、誰だろうと思っておりますと、亡き宮様（為尊《ためたか》親王）にお仕えしていた小舎人《こどねり》童《わらわ》（雑用係の少年）でございました。

しみじみと物思いをしている時に来ましたので、「なぜ久しく姿を見せなかったのですか。あなたのことを、遠ざかってゆく宮様の思い出のよすがとも思っておりますのに」などと、（取り次ぎの侍女に）言わせたところ、「これという用事もないのにお伺いするのは、馴れ馴れしいのではと御遠慮申し上げ、近頃では山寺詣でに出歩いておりました。（宮様がお亡くなりになられて以来）頼れるものがなく、所在なく思っておりましたので、（今は兄宮様の）御身代わりにお仕え申し上げようと、帥宮《そちのみや》様のもとに参っております」と言うのです。「それはとても結構なことでございますね。帥宮様は大層上品で近づきがたいと承っておりま

ば、『これ持て参りて、いかゞ見給ふとて奉らせよ』とのたまはせつる」とて、橘の花をとり出でたれば、「昔の人の」と言はれて、「さらば参りなむ。いかゞ聞こえさすべき」と言へば、言葉にて聞こえさせむもかたはらいたくて、何かは、あだ〳〵しくもまだ聞こえ給はぬを、はかなきことをもと思ひて、「薫る香によそふるよりはほとゝぎす聞かばや同じ声やしたると」と聞こえさせたり。

まだ端におはしましけるに、この童隠れの方《かた》に気色ばみけるけはひを、御覧じつけて、「いかに」と問はせ給ふに、御《おおん》文《ふみ》をさし出でたれば、御覧じて、「同じ枝に鳴きつゝをりしほとゝぎす声は変はらぬものと知らずや」と書かせ給ひて、賜ふとて、「かゝること、ゆめ人に言ふな。好きがましきやうなり」とて、入らせ給ひぬ。

すが、以前（お仕えしていた兄宮様）のようではないのでございましょう」と言うと、童は「（評判では）左様ではございますが、（私には）大層親しみやすくていらっしゃいます。『いつも（和泉式部のもとへ）参るのか』とお尋ねになられますので、『参ります』と申しましたところ、『これを持って参り、どのように御覧になられますかと尋ねて、差し上げよ』とおっしゃいましたので」と言って、童が橘の花を取り出しましたので、「昔の人の（袖の）香ぞする……」と言ってしまいました。「それでは、もどりますが、どのように御返事申し上げたらよろしいでしょうか」と童が言うので、何か言葉にして申し上げるのも気がひけるので、「どうしたものでしょう。うわついた評判は立っていらっしゃいませんから、とりとめもないこと（歌くらい）なら」と思い、「花橘の香に亡くなった御方を偲ぶよりは、あなたのお声をお聞きしたいものです。兄宮様と同じお声なのかどうか」と、（歌で）お返事を申し上げました。

（童がもどると帥宮様は）まだ縁先にいらっしゃいましたが、童が物陰で何かありげにしているのを御覧になり、「どうであったか」とお尋ねになります。お手紙を差し出しましたところ、帥宮様は御覧になり、「兄と同じ枝に鳴いていたほととぎすですから、兄と声は変わらないと御存知ではないのですか」と返歌をお書きになりました。そして童にお与えになり、「このことを他言してはならぬ。いかにも色好みと思われるから」とおっしゃり、奥にお入りになりました。

解説

『和泉式部日記《いずみしきぶにっき》』は、和泉式部《いずみしきぶ》（九七八？～？）と、冷泉天皇の皇子で三条天皇の弟である、敦道《あつみち》親王（九八一～一〇〇七）との恋愛を綴《つづ》った歌物語です。「和泉式部」という女房名は、和泉国司である夫の官職によっています。しかし夫とは疎遠になり、敦道《あつみち》親王の兄の為尊《ためたか》親王（九七七～一〇〇二）と、熱愛の関係になりました。しかし親王が二六歳で亡くなると、その十カ月後、弟の敦道親王から求愛されます。敦道親王にはもちろん正妻がいるのですが、式部はその邸宅に迎えられ、正妻は嫉妬して家を出てしまいます。そしてその敦道親王も二七歳で亡くなってしまいます。『和泉式部日記』はその服喪中に述懐されたもので、敦道親王との出逢い（一〇〇三年四月）から、正妻が邸宅を出るまで（一〇〇四年一月）のわずか十カ月間に、一四七首にも及ぶ敦道親王との歌の贈答や、和泉式部の心情が綴られています。

　和泉式部の恋愛遍歴については、在世中から批判されていました。和泉式部は藤原道長の娘彰子に仕えていた時期があるのですが、同じく彰子に仕えた先輩格の紫式部は『紫式部日記』の中で、「和泉はけしからぬかたこそあれ」、つまりあまり感心できないと書いています。奔放な遍歴を暗に批判しているのでしょう。「百人一首」には、和泉式部が詠んだ「あらざらむこの世のほかの思ひ出に今ひとたびのあふこともがな」という歌が採られているのですが、死を予感した病床で、なお恋人に逢いたいというのですから、情熱的な恋に生きた生涯でした。しかし紫式部は和泉式部の歌については、「いとをかしきこと」と高く評価しています。

　ここに載せたのは『和泉式部日記』の冒頭部です。和泉式部が橘の花を見せられた時に、思わず口をついて出た歌は、『古今和歌集』に収められた、「五月待つ花橘の香をかげば昔の人の袖の香ぞする」（一三九番歌）という歌です。花橘の香を嗅《か》ぐと、その香は昔馴染《むかしなじみ》であった恋人の袖に焚《た》きしめられていた香に似ていて、その人が思い出される、というのです。この歌は『伊勢物語』の六〇段の主題となっていて、花橘は昔の恋人を思い出させるものという理解が共有されていました。ですから敦道親王は、和泉式部がどのような対応をするか、期待をして謎を掛けたわけです。これに対して和泉式部は、郭公《ほととぎす》の歌を詠んで返します。「梅に鴬」と同様に、橘と郭公は相性がよく、どちらも昔を懐かしく思い起こさせるものと理解されていたからです。すると敦道親王も絶妙に歌を返しています。このような情熱的な歌の贈答こそが、『和泉式部日記』の面白さなのです。

更級日記——さらしなにっき

（主要テキスト：「新日本古典文学大系」『更級日記』）

原文

あづま路の道の果《は》てよりも、なほ奥つ方《かた》に生《お》ひ出でたる人、いかばかりかはあやしかりけむを、いかに思ひはじめけることにか、世の中に物語といふ物のあんなるを、いかで見ばやと思ひつゝ、つれ〴〵なる昼間、宵居《よいい》などに、姉継母《ままはは》などやうの人々の、その物語、かの物語、光源氏のあるやうなど、所々語るを聞くに、いとゞゆかしさまされど、わが思ふまゝに、そらにいかでかおぼえ語らむ。

いみじく心もとなきまゝに、等身に薬師仏を造りて、手洗ひなどして、人まに密《みそ》かに入りつゝ、「京《みやこ》にとく上げ給ひて、物語の多く候ふなる、ある限り見せ給へ」と、身を捨てゝ額《ぬか》をつき祈り申すほどに、十三になる年、上《のぼ》らむとて、九月《ながつき》三日門出して、いまたちといふ所に移る。

年ごろ遊び馴《な》れつる所を、あらはに毀《こほ》ち散らして、立ち騒ぎて、日の入り際《ぎわ》の、いとすごく霧渡りたるに、車に乗るとてうち見やりたれば、人まには参りつゝ、額《ぬか》をつきし薬師仏の立ち給へるを、見捨てたてまつる悲しくて、人知

現代語訳

「東路《あずまじ》（東海道）の道のはて」（と紀友則の歌に詠まれた常陸の国）より、さらにもっと遠くの方に育った人である私は、（今思えば）どれほどか田舎じみていたでしょう。それなのにいったい何を思い始めたのか、世の中には物語というものがあるそうで、どうにかして読んでみたいと思い続け、手持ち無沙汰の昼間や、夜更かししている時などに、姉や継母といった人達が、その物語、あの物語、光源氏の様子などについて、あれこれと語るのを聞いていると、ますます読みたい思いがつのるのです。しかし私が満足する程には、諳《そらん》じて語ることができましょうか。

とてももどかしいので、身の丈程の薬師仏を造り、手を洗い清めるなどして、人目のないときにこっそりと入っては、「私を早く京に上らせて、たくさんあると聞く物語を、ある限りお見せ下さい」と、ひれ伏し額づいてお祈り申し上げていました。すると十三歳になる年、（父の国司としての任期が終わり）上洛しようということで、九月三日に門出（の儀式）をして、「いまたち」という所へ移りました。

ここ数年遊びなれた家の、内部が丸見えになるほどに

れずうち泣かれぬ。

（調度を）乱雑にとり払い、（旅立ちの準備のために）大騒ぎして、今にも日の沈む時、ひどく物寂しげな霧が一面にたちこめたのですが、牛車に乗るというので（我が家の方を）振り返って見ると、人目をしのんでお参りしては、額づいてお祈りしていた薬師仏が立っていらっしゃるのを、お見捨て申し上げることの悲しさに、人知れず泣けてくるのでした。

解説

『更級日記《さらしなにっき》』は、菅原道真を含めて五代目にあたる菅原孝《たか》標《すえ》の、次女（一〇〇八〜一〇五九以後）により書かれた回想録です。母の異母姉は『蜻蛉《かげろう》日記』の作者である藤原道綱の母ですから、文芸に優れた遺伝子を、両親から受け継いだのかもしれません。また三蹟の一人である藤原行成の娘の書蹟を、手本として大切にしていたり、姉や継母が物語を語ってくれていたというのですから、文芸が身近にある生活環境でした。父の菅原孝標は国司として上総に赴任していました。国司は都でこそ中級貴族ですが、任国では最高位の官職ですから、都から遠いとはいえ、作者はそれなりの生活環境で成長したはずであり、決して「田舎娘」ではありません。

『更級日記』には、十三歳（満年齢なら十一〜十二歳）の寛仁四年（一〇二〇）から、夫の橘俊通《たちばなのとしみち》に先立たれた翌年、五二歳の康平二年（一〇五九年）までの約四〇年間が綴られています。物語への憧れと耽溺《たんでき》を主題としながら、次々に続く家族や身近な人との悲しい別れ、姉が夢で藤原行成の娘の生まれ変わりと示されたという不思議な猫のこと、また十一もの不思議な夢が語られています。

ここに載せたのは冒頭部です。「あづま路」とは東海道のことで、その終点は常陸国ですから、上総国は「東路のさらに奥」ではないのですが、あくまでも著者の印象なのでしょう。父の国司の任期が満了したため、一家で上洛するのですが、実際に出発したのは九月十五日（太陽暦十月十日）、京に着いたのは七五日後の十二月二日（太陽暦十二月二四日）です。九月三日に門出の儀式を終えてからまた新たに出立の準備をしているのは、当時の風習として、実際の出立とは別に前もって吉日を選んで門出の儀式を行ったからです。家族・使用人・護衛・現地雇いの人夫・駄馬などを引き連れての旅ですから、一日に進める距離はいくらもなかったことでしょう。

　京の新たな住居となったのは、荒れていたとはいえ、一町四方もある三条院（三条上皇御所）跡ですから、それを買い取るだけの財力を、国司の任期中に蓄えていたはずです。作者は京に着いてから、憧れの物語を手に入れています。田舎から上洛してきた叔母が、姪のためにと、『源氏物語』全巻や『伊勢物語』などを贈ってくれたのです。そして時を忘れて読み耽けり、その時の気持ちを、「引き出でつゝ見る心地、后《きさき》の位も何にかはせむ」、つまり『源氏物語』を読むことは、皇后になるよりも比べものにならない程嬉しいと表現しています。そして年頃になれば、髪も伸び、夕顔や浮舟のようになれるかもしれないと思う、「夢見る乙女」でした。

　しかし物語に耽溺《たんでき》しつつも、作者の深層心理には微妙な陰翳《いんえい》が認められます。『源氏物語』に熱中した後、夢の中に僧が現れ、女人成仏を説く「法華経五の巻をとく習へ」と諭されたとか、清水寺に参籠した際に、「ゆくさきのあはれならむも知らず、さもよしなし事（とりとめもない事）をのみ」と、たしなめられたと書いています。夢に見たというのは、どこかに後ろめたさを感じていたからなのでしょう。

　それでも成人して憧れの宮仕え（後朱雀天皇の娘で、藤原頼通の孫に当たるまだ幼児の祐子内親王に仕えた）をしたり、親に勧められた結婚をすると、現実と向き合わざるを得なくなります。三三歳での結婚は、当時としては大層な晩婚です。ついに「光の君」は現れず、夫の栄達と我が子と我が身の幸福を願う、平凡な結婚生活が続くばかり。そのうち子は独立し、五一歳の時には信濃国司として単身赴任していた夫に先立たれて、孤独になります。そして最後は仏に救いを求めるようになるのです。

　そして漸くこの陰翳ははっきりと自覚され、「昔より、よしなき物語歌のことをのみ心に占めで、夜昼思ひて行ひ（修行）をせましかば、いとかゝる夢の世をば見ずもやあらまし」と述懐します。若い時から役にも立たない物語や歌などにうつつをぬかさず、しっかり仏道に励んでいたら、このような儚い人生を送ることはなかったでしょうにと、溜息をついているのです。夫の死の三年前に、阿弥陀如来が来迎する夢を見たことが記されているのですが、日付まで記されています。『更級日記』で年月日まで記されているのはこの時だけですから、余程に心に刻まれたのでしょう。こうして「この夢ばかりぞ後（来世）の頼み」と願うようになるのでした。

　夫に後れた翌年、ひょっこりと甥が訪ねてきました。その時「月も出でゞ闇にくれたる姨捨《うばすて》になにとて今宵たづね来つらむ」と詠みます。これは、『古今和歌集』の「我が心慰めかねつ更級《さらしな》や姨捨山に照る月をみて」という歌を本歌としています。更科は名月と姨捨山で知られる信濃国の歌枕ですが、信濃は夫橘俊通の国司としての最後の任国ですから、亡き夫のことも脳裏をかすめたことでしょう。「姨捨」は自分自身の晩年の境遇を、自虐的に象徴しています。

日本往生極楽記——にほんおうじょうごくらくき

（主要テキスト：「日本思想体系」『往生伝』）

原文

沙門《しゃもん》弘也（空也、こうや・くうや）、父母を言はず、亡命して世に在り。或《あるい》は云ふ、潢流《こうりゅう》より出《い》でたりと。口に常に弥陀仏を唱《とな》ふ。故に阿弥陀聖《あみだひじり》と号《なづ》く。或は市中に住みて仏事を作《な》し、又市聖《いちのひじり》と号く。嶮《けわ》しき路に遇《あ》ひては即ち之《これ》を鏠《けず》り、橋無きに当りては亦之を造り、井無きを見ては則《すなわ》ち之を掘る。号《なづ》けて阿弥陀の井と曰ふ。……

一鍛冶《かじ》の工《たくみ》、上人に遇《あ》ふ。金を懐《いだ》きて帰り、陳《の》べて曰く。「日暮れ路遠くして、怖畏《いふ》無《な》きに非《あら》ず」と。上人教へて曰く。「阿弥陀仏を念ずべし」と。工人、中途、果して盗人に遇《あ》ふ。心竊《ひそか》に念仏して、上人の言の如くす。盗人来り見て、市聖《いちのひじり》と称して去る。……

上人遷化《せんげ》の日、浄衣《じょうえ》を著《き》、香爐《こうろ》を擎《ささ》げ、西方に向ひ、以て端坐し、門弟子に語りて曰く。「多くの仏・菩薩、来迎《らいごう》引摂《いんじょう》し給ふ」と。気絶《た》えて後、猶《なお》香爐を擎《ささ》ぐ。此の時、音楽空に聞こえ、香気室に満てり。嗚呼《ああ》、上人、化縁《けえん》已《すで》に尽きて極楽に帰り去る。

現代語訳

修行者空也は、その出生について何も語らず、本籍を離れていた。或いは皇族の流れを汲むとも言われた。常に念仏を唱えていたため、世の人は「阿弥陀聖《ひじり》」と呼んでいた。あるいは都の市《いち》に住み仏に仕えていたため、「市《いち》の聖」とも呼んでいた。険しい道があればこれを削って平らかにし、橋のない所に行き当たれば橋を架け、井戸のないのを見れば井戸を掘ったので、人々はそれを「阿弥陀の井戸」と呼んだ。……

（ある時）一人の鍛冶屋が空也上人に出会った。大金を懐《ふところ》に抱えて帰るところで、空也上人に「もう日が暮れましたが、帰路はまだ遠く、心配でございます」と申し上げた。すると空也上人は「（恐ろしい時には）阿弥陀如来を念じなされ」と教えた。そして案の定、鍛冶屋は途中で盗賊に出遭ってしまった。それで鍛冶屋は空也上人に教えられた如く、心密かに阿弥陀如来を念じたところ、盗賊は「これは市の聖であったか」と言って、どこかへ行ってしまった。……

空也上人が亡くなる日、上人は浄衣《じょうえ》を身に着け、香炉を捧げ持ち、西の方角に向いて正坐し、弟子達に「諸仏諸菩天慶《てんぎよう》以往、道場聚落《しゆうらく》に念仏三昧《ざんまい》を修すること希有《けう》なりき。何《いか》に況《いわん》や、小人愚女多くこれを忌《い》むをや。上人来りて後は、自ら唱《とな》へ、他をして之を唱へしむ。爾後《じご》世を挙げて念仏を事と為《な》す。誠に是《これ》上人の衆生を化度《けど》するの力也。

薩が、極楽から迎えに来られる」と言われた。そして意識がなくなった後も、なお香炉を捧げ持ったままであった。その時、空には音楽が聞こえ、部屋には芳香が満ちていた。ああ、空也上人は人々を仏に結縁《けちえん》し、極楽にお帰りになられたのであった。

天慶の頃より前は、念仏道場に来てひたすら念仏を修する人は、大変少なかった。まして子供や女達は、念仏を唱えようとはしなかった。しかし空也上人が来てからというもの、自ずから念仏を唱え、また人にも勧めて念仏を唱えるようになった。それ以来、世の中の人がみな念仏を唱えるようになったのは、実に空也上人が人々を感化する徳によるのである。

解説

『日本往生極楽記《にほんおうじようごくらくき》』は、中級の文人官僚である慶滋保胤《よししげのやすたね》(?~一〇〇二)が著した、日本最初の往生伝《おうじようでん》です。往生伝とは、極楽浄土に往生したとして敬慕された人々の伝記を集めた書物で、『日本往生極楽記《にほんおうじようごくらくき》』には、聖徳太子・行基・円仁や空也《くうや》から「一老婦」「一婦女」に至るまで、四五人の話が収められています。

往生伝には一つの型があります。日頃から往生極楽を願い、いよいよ臨終となると、不思議な徴《しるし》が現れて入滅する。その徴には、衣の如く軽い身体、部屋に満ちる香気、天女の姿、空から聞こえる音楽、紫色の瑞雲、諸仏の来迎などがあり、その徴こそが極楽往生の証拠である、というわけです。

ここに載せたのは空也伝の一部です。空也(九〇三?~九七二)は出生について一切語らず、在世中から皇族出身であると伝えられました。二〇歳頃に自分で剃髪して空也と称します。そして諸国を巡った後、三六歳の頃に京に戻り、社会福祉的菩薩行をしながら、人々が群集する市で念仏を勧め、「市《いち》の聖《ひじり》」と呼ばれました。正式に得度したのは四六歳頃で、それまでは「沙門《しやもん》」「沙弥《しやみ》」と呼ばれる、半僧半俗の民間修行者に過ぎませんでした。漢学者として当代一流の文人官僚である源為憲《ためのり》が、空也の一周忌に書いた追悼文である『空也上人誄《るい》』には、得度して正式な僧となり、得度を証明する文書には「光勝」と署名したが、沙弥の頃に名乗っていた「空也」を名乗り続けたことが記されています。空也は、庶民と共に生きることこそ、己の使命と思っていたからなのでしょう。

その頃庶民に念仏を勧める民間修行者は、「阿弥陀聖《あみだひじり》」とも呼ばれ、貧民の救済や、野原に累々と遺棄された遺体の埋葬を、厭うことなく行っていました。前掲の「空也上人誄《るい》」には、空也が広野に遺棄されている遺骸を集め、油を灌《そそ》いで焼き、念仏を称えて供養したことも記されています。

空也が京市中で活動したのは、末法元年（一〇五二）よりまだ百年以上前のことです。空也の教化の影響は大きく、貴族から庶民、盗賊・囚人にまで及びました。『日本往生極楽記』には、盗賊が職人を空也と錯覚したと記されていますから、空也の教化は、そのような無法者階層にも及んでいたわけです。事実、平安末期の仏教説話集である『打聞集』（一一三四年）には、空也が囚人教化のために、獄舎の門に尊像を刻んだ八尺の石塔を立てると、囚人達はその尊像を拝し、「抜苦《ばっく》の因を得たり」と喜んだと記されています。そして空也は天禄三年（九七二）、賀茂河原に近い西光寺（後に六波羅蜜寺）において、七〇歳（？）で入滅しました。

空也の念仏はあくまでも諸修行の中の一つで、専修念仏とはなっていません。それでも多くの行の中から念仏を特に重視していることが覗えます。そしてこの延長線上に、専修念仏を説いて浄土宗の宗祖となる法然が現れ、空也を「我が先達」と敬慕し、時宗の宗祖となる一遍が現れることになります。鴨長明著『発心集』（第七第二話）に、「わが国の念仏の祖師と申すべし」と記されているように、空也こそは日本の浄土信仰の原点の一つだったのです。

最後に「市の聖」空也が市の門に書き付け、『拾遺和歌集』に収められた和歌を一首紹介しておきましょう。「一たびも南無阿弥陀仏といふ人の蓮《はちす》の上にのぼらぬはなし」

梁塵秘抄——りょうじんひしょう

（主要テキスト：「新日本古典文学大系」『梁塵秘抄』）

原文

①仏は常にいませども　現《うつつ》ならぬぞあはれなる　人の音せぬ暁に　仄《ほの》かに夢に見え給ふ

②極楽浄土の東門は　難波《なにわ》の海にぞ対《むか》へたる　転法輪所《てんぼうりんしょ》の西門《さいもん》に　念仏する人参れとて

③我が子は二十に成りぬらむ　博打《ばくち》してこそ歩《あり》くなれ　国々の博党《ばくとう》に　さすがに子なれば憎う無し　負《まか》い給ふな　王子の住吉西の宮

④女の盛りなるは　十四五六歳　廿三四とか　三十四五にし成りぬれば　紅葉《もみじ》の下葉に異ならず

⑤舞ゑ〱蝸牛《かたつぶり》　舞はぬものならば　馬《むま》の子や牛の子に蹴《く》ゑさせてむ　踏み破らせてむ　実《まこと》に愛《うつく》しく舞うたらば　華の園まで遊ばせむ

現代語訳

①極楽浄土の御仏《みほとけ》は　常にいますと言うけれど　見えないゆえの尊さよ　それでも静かな明け方に　微《かす》かに夢に現れる

②極楽浄土の東門は　難波の海の向岸《むこうぎし》　四天王寺の西門に　念仏する人参るべし

③我が子は二〇歳《はたち》になるという　流れ流れて行くうちに　母を泣かせる博打うち　それでも可愛い我が子ゆえ　憎くみきれない親心　負けてはならじと神頼み

④女盛りは十四、五、六よ　二三、四はまだよいが　三四、五にもなったなら　散るもみぢ葉のようなもの

⑤舞ってごらんよかたつむり　舞ってくれなきゃ馬の子や牛の子たちに蹴らせるよ　踏んづけられたら割れちゃうよ　上手にかわいく舞ったなら　お花畑で遊ぼうよ

⑥白髪に遊ぶ髪虱《かみしらみ》　うなじの窪に食らいつく　櫛《くし》でけず

⑥頭《こうべ》に遊ぶは頭虱《かしらじらみ》　項《うなじ》の窪《くぼ》をぞ極《き》めて食《く》ふ　櫛《くし》の歯より天降《あまくだ》る　麻小笥《おごけ》の蓋《ふた》にて　命《めい》終はる

れば桶の蓋に　落ちては遂に潰《つぶ》される

解説

『梁塵秘抄《りょうじんひしょう》』は、「当世風」を意味する「今様《いまよう》」と呼ばれた流行歌の歌詞集で、平安時代末期の治承年間（一一八〇年前後）、後白河法皇（一一二七〜一一九二）により編纂されました。「梁塵《りょうじん》」とは「梁《はり》の上の塵《ちり》」という意味で、中国の漢代に声の美しい魯《ろ》の虞公《ぐこう》が歌うと、梁《はり》の上の塵までもが呼応して動いたという故事から、美しい歌や音楽を表しています。『梁塵秘抄』は今様を解説した口伝集《くでんしゅう》と、歌詞集の合計二〇巻から成っていたのですが、口伝集は一部が『群書類従』に収められ、歌詞集は長い間行方不明でした。ところが明治四四年（一九一一）に第一巻の二一首と第二巻の写本が発見されました。それだけでも約五〇〇首もありますから、全て伝えられていたら、量的には『万葉集』に匹敵するものとなっていたことでしょう。

今様は主に民間女性芸能者により歌われ、平安時代中期から鎌倉時代に流行しました。中でも後白河法皇の今様好きは際立っていて、『梁塵秘抄口伝集』には、「十余歳の時より今に至るまで、今様を好みて怠る事無し。……昼は終日《ひねもす》に謡《うた》ひ暮し、夜は通夜《よもすがら》謡ひ明《あか》さぬ夜は無かりき。……声を破《わ》る（喉《のど》を潰《つぶ》す）事三ケ度なり。……喉《のど》腫《は》れて湯水通《かよ》ひしも術《すべ》無かりしかど、構えて（何とか工夫して）謡《うた》ひ出しにき。……斯《か》くの如く好みて、六十の春秋（年月）を過《すぐ》しにき」と記されています。また御所に女芸人を呼び寄せては歌を習うのですが、七三歳になる乙前《おとまえ》の今様を正統とし、十余年も習っています。また乙前のために家を建ててやり、八四歳の乙前の容態が悪くなると、連日見舞いに行き、娘にかき起こされている乙前のために、法華経を誦み聞かせたり、乙前に歌をせがまれると、薬師如来の功徳を詠んだ歌を聞かせて慰めていたことが、日記風に記されています。

ただ後白河法皇には心配事がありました。「習ふ輩《ともがら》有れど、これを継《つ》ぎ続ぐべき弟子の無きこそ遺恨《いこん》（残念）の事にてあれ」と記して、後継者がいないのが残念であるというのです。そこで年来習い覚えてきた今様を、後世に遺し伝えようと、『梁塵秘抄』を編纂したわけです。

当時は浄土信仰が流行《はや》っていて、仏教的な歌が多いのですが、庶民の生活や恋愛まで幅広いことに特徴があります。

①は、仏に出逢いたいと寺に籠り、明け方の夢の中で仄《ほの》かに仏を感得した場面で、夢に阿弥陀仏が現れる話は、『更級日記』にも記述があります。

②は、難波の浜に面した四天王寺の西門が、極楽浄土の東門に対面していると信じられていたため、参詣人が絶えなかったことを詠んでいます。西門前には十三世紀末の石鳥居があり、今も「釈迦如来転法輪処《てんぽうりんしょ》」（「釈迦の説法所」）の額が掛けられています。今は海岸線が遠ざかってしまいましたが、四天王寺は、現在でも春秋の彼岸には参詣者で賑わいます。

③は、女性の結婚適齢期と、その後のことを歌っていて、「三十四五にし」の「し」は強調です。酒の席では、男達の笑いを誘ったことでしょう。律令制では、男は十五歳、女は十三歳から結婚が認められていました。ただし満年齢になおすならば、さらに一～二歳減らさなければなりません。

④は、放蕩息子《ほうとうむすこ》をもつ母親の歌で、やくざ稼業に身をやつしている「我が子」を嘆きながらも、出来の悪い子ほど可愛いもので、賭け事に勝たせてほしいと、神頼みをする場面です。

⑤は、子供が蝸牛《かたつむり》と戯れている場面で、触覚や目をゆっくりと動かしているのを、「舞う」と見ているわけです。この歌などは、「華の園で遊ぶ」白拍子が、蝸牛を真似て舞いながら歌ったのでしょう。因みに蝸牛のことを「まいまい」と言いますが、「舞う」と何か関係があるのかもしれません。現在でも童謡に「角出せ槍出せ頭出せ」と歌われていて、昔も今も子供の遊び相手になっています。

⑥は、たわいもない笑いを誘う歌で、説明は不要でしょう。因みに江戸時代初期（一六七六年）の『日次紀事《ひなみきじ》』という歳時記の「四月」の末尾に、子供達が「出て来ないと殻を割ってしまうぞ」と、でんでん虫をはやしたてると記されています。「でんでん虫」という呼称は、「出々虫」に由来するわけです。

今昔物語集——こんじゃくものがたりしゅう

（主要テキスト：「新日本古典文学大系」『今昔物語集』）

原文

今は昔、摂津の国辺《わたり》より、盗《ぬすみ》せむが為《ため》に京に上《のぼり》ける男の、日の未だ明《あか》かりければ、羅城門《らせいもん》の下に立隠れて立てりけるに、朱雀の方に人重《しげ》く行ければ、人の静まるまでと思て、門の下に待立てけるに、山城の方より、人共の数《あまた》来たる音のしければ、其れに見えじと思て、門の上層《うわこし》に和《やわ》ら掻《かか》づり登りたりけるに、見れば、火髴《ほのか》に燃《とも》したり。

盗人、怪《あやし》と思て、連子《れんじ》より臨《のぞき》ければ、若き女の死て臥《ふし》たる有り。其の枕上《まくらがみ》に火を燃して、年極《いみじ》く老たる嫗《おうな》の白髪《しらが》白きが、其の死人の枕上に居て、死人の髪をかなぐり抜き取る也《なり》けり。盗人、此れを見るに、心も得《え》ねば、此れは若《も》し、鬼にや有《あ》らむと思て、怖《おそろし》けれども、若し、死人にてもぞ有る。恐《おど》して試《こころみ》むと思て、和《やわ》ら戸を開《あけ》て、刀を抜て、「己《おのれ》は己は」と云て走寄ければ、嫗、手迷ひをして、手を摺《すり》て迷へば、盗人、「此は何ぞの嫗の、此《かく》はし居たるぞ」と問ければ、嫗、「己が主にて御《おわし》ましつる人の失給《うせたま》へるを、繚《あつか》ふ人の無ければ、此《かく》て置奉《おきたてまつり》たる也。其の御髪《みぐし》

現代語訳

今となっては昔のことだが、摂津の国のあたりから盗みをしようと京へ上って来た男が、まだ日がまだ明るかったので、羅城門の下に隠れて立っていたが、朱雀大路の方には人の往来が多いので、人通りが静まるまでと思い、門の下で待っていた。（南の）山城の方から人が大勢来る音がしたので、見つからないようにと、門の二階へこっそりと登ったところ、かすかに火が点されている。

盗人はおかしいなと思って、連子窓から覗くと、若い女が死んで横たわっている。その枕元に火を点し、とても年老いた白髪の老婆が、死人の枕元に坐り、死人の髪をむしって引き抜いているではないか。盗人はこの様子を見てわけがわからず、これはもしや「鬼」ではないかと思い、恐ろしくなったが、ひょっとして死人（死霊）かもしれない。脅かして正体を確かめてやろうと思い、そっと戸を開け、刀を抜き、「こいつめ、お前は」と言って走り寄ると、老婆はおろおろと掌を摺り合わせてうろたえるので、盗人が、「こいつは何という婆《ばばあ》だ。いったい何をしているのだ」と問い詰めると、老婆は「私の御主人でいらっしゃった方が亡くなったのですが、（弔いの）御世話をする者がおり

の長《たけ》に余て長ければ、其れを抜取て鬘《かづら》にせむとて抜く也。助け給へ」と云ければ、盗人、死人の着たる衣《きぬ》と、嫗の着たる衣と、抜取てある髪とを奪取て、下《おり》走て、逃て去にけり。

然《さ》て、其の上の層《こし》には、死人の骸《かばね》ぞ多かりける。死たる人の葬《ほうむり》など否為《えせ》ぬをば、此の門の上にぞ置ける。此の事は、其の盗人の人に語けるを聞継て、此く語り伝へたるとや。

ませんので、ここに置かせていただきました。御髪が背丈より長かったので、鬘《かつら》にしようと抜いておりました。お見逃し下さい」と言ったので、盗人は死人の着ている衣と、老婆の着ている衣と、抜き取った髪を奪い取り、下に降りて走って逃げ去った。

ところで、その二階には死人の骸骨がたくさんころがっていた。葬ることができなかった死人を、この門の上に捨て置いたものである。このことは、その盗人が人に語るのを聞き、このように語り伝えているということである。

解説

『今昔物語集《こんじやくものがたりしゆう》』は、平安時代末期の十二世紀に成立した説話集で、編者はわかりません。約一〇〇〇余の話が、天竺《てんじく》（インド）・震旦《しんたん》（中国）・本朝（日本）の三部に分けて収録されています。庶民が主人公となっている話が多く、庶民の生々しく、時にはえげつない程の生活感覚が特色の一つです。

例えばここに載せた、羅城門《らじようもん》に放置された女の死体から髪の毛を抜き取る老婆の話。高貴な女を恋い慕っても会えないため、その排泄物を見れば恋も冷めるだろうと、侍女が運んできた漆塗りの便器を奪い取って中身を食べてしまい、ついには懊悩《おうのう》のあまり病死する男の話。鮎の熟鮨《なれずし》を売る女が、酔い潰《つぶ》れて鮨の容器に嘔吐《おうと》し、そのままかき混ぜて売っていた話などが知られています。熟鮨は魚肉などを飯に漬けて発酵させたもので、臭いといい形状といい、吐瀉物《としやぶつ》と混ぜても区別が付かないものでした。

芥川龍之介はその生々しさに共感し、随筆『今昔物語鑑賞』において、「この生々しさは『今昔物語』の芸術的生命であると言っても差し支へない」、「『今昔物語』は前にも書いたやうに野性の美しさに充ち満ちてゐる。其又美しさに輝いた世界は宮廷の中にばかりある訣《わけ》ではない。……民だの盗人だの乞食だのにも及んでゐる」と評し、ここに載せた『羅生門』の他に、『鼻』『芋粥《いもがゆ》』『六の宮の姫君』『運』『偸盗《ちゆうとう》』『往生絵巻』『好色』『藪の中』など、『今昔物語集』に取材した短編小説をいくつも書いています。

他には、兎《うさぎ》と猿と狐《きつね》が行き倒れの老人を介抱し、ついには兎が月に住むことになった話は、月に兎が見えることの起原説話として童話に仕立てられ、また谷底に落ちたついでに、茸《きのこ》をたくさん採って引き上げられた、貪欲な受領国司の話は、高校の日本史の授業で必ず学習します。

ここに載せたのは、巻二九の第十八「羅城門ノ上層ニ登リ死人ヲ見《みた》ル盗人ノ語」です。羅城門は、都城の南辺中央に位置する都の正門で、そこから北に延びる朱雀大路により、大内裏正門の朱雀門と相対していました。平安京の羅城門は、現在の東寺のやや南西に位置していました。「羅城」とは、外敵の侵入を防ぐための城壁のことで、本来ならば唐の長安城のように、都の外周を囲むものです。しかし日本では門の左右に続く、短い築地垣《ついじがき》に過ぎませんでした。『日本紀略』の弘仁七年（八一六）八月十六日に、「夜大風、羅城門倒る」と記されているのが文献上の初見です。その後に再建されましたが、天元三年（九八〇）にはまたもや暴風で倒壊し、その後は再建されませんでした。ですからここに載せた話は、羅城門倒壊前の話ということになります。

鎌倉時代中期の百科事典である『拾芥抄《しゅうかいしょう》』には「羅城門二重閣七間」と記されていますから、『今昔物語集』が成立した時には既に建物はなくなっていても、立派な重層建築であったと伝えられていたのでしょう。またその訓み方については、『拾芥抄』では「らせいもん」と訓まれていて、中世には「羅生門」の表記に転じたとされています。

なお、京都駅北口広場には、十分の一サイズとはいえ、立派な羅城門が復元されています。

将門記——しょうもんき

（主要テキスト：「東洋文庫」『将門記』）

原文

時に武蔵権守興世王《ごんのかみおきよおう》、窃《ひそか》に将門に議《たばか》りて云く、「案内《あない》を検ずるに、一国を討つと雖《いえど》も、公《おおやけ》の責《せ》め軽からじ。同じくは坂東《ばんどう》を虜掠《りよりやく》して、暫《しばら》く気色《けしき》を聞かむ」者《てへり》。将門報答して云く、「将門が念《おも》ふ所も啻《ただ》これ而已《のみ》。其《そ》の由《よし》何となれば、……苟《いやしく》も将門、刹帝《せつたい》の苗裔《びようえい》、三世の末葉《ばちよう》なり。同じくは八国より始めて、兼ねて王城を虜領《りよりよう》せむと欲す。今須《すべから》く先《ま》づ諸国の印鎰《いんやく》を奪ひ、一向《いつこう》に受領《ずりよう》の限《かぎり》を官堵《かんと》に追ひ上ぐべし。然れば則ち、且《か》つは掌《たなごころ》に八国を入れ、且《か》つは腰に万民を附けむ」者《てへり》。大議已《すで》に訖《おわ》んぬ。

又数千の兵《つわもの》を帯び、天慶二年十二月十一日を以て、先づ下野国に渡る。……時に新司《しんし》藤原公雅《きみまさ》、前司大中臣全行《ぜんじおおなかとみまたゆき》朝臣《あそん》等、兼ねて国を奪はむと欲するの気色《けしき》を見て、先づ将門を再拝し、便《すなわ》ち印鎰《いんやく》を擎《ささ》げて、地に跪《ひざまづ》きて授け奉る。……

将門、同月十五日を以て上毛野《かみつけぬ》に遷《うつ》るの次《ついで》に、上毛野介《かみつけぬのすけ》藤原尚範朝臣《ひさのりのあそん》、印鎰《いんやく》を奪はれ、十九日を以て、

現代語訳

その時、武蔵国司の興世王が、こっそりと将門をそそのかして言った。「いろいろ記録を調べてみると、たとえ一国を討ったとしても、朝廷のお咎《とが》めは軽くはあるまい。同じことなら、いっそのこと坂東諸国を掠《かす》め取り、しばらく様子を見ようではないか」と。将門はこれに答えて、「将門が考えていることも、ただその事だけである。なぜならば、……いやしくもこの将門は皇族の末裔《まつえい》であり、（桓武天皇から）三代目（桓武天皇を入れると四代目）の高望王《たかもち》の子孫である。同じことなら、まず坂東八カ国を手始めに、併せて京を奪い取ってしまいたい。先ずは今すぐに諸国の国印と（正倉の）鍵《かぎ》を奪い取り、全ての国司どもを（京の）官庁に追いやってしまおう。そうすれば坂東八カ国を手中に収め、併せて万民を支配できるであろう」、と言った。そしてこれで重大な協議は終了した。

また将門は数千人の軍兵を率いて、天慶二年（九三九）十二月十一日を期して、先ず下野国に侵入した。……その時、新任国司の藤原公雅《きみまさ》や前任国司の大中臣全行《おおなかとみまたゆき》らは、（将門が）国を奪い取ろうとする気配を察し、先ず将門の前に何度も平伏し、直ちに国印と（正倉の）鍵を捧げ持ち、

兼ねて使を付けて官堵《かんと》に追ふ。其《そ》の後、府を領して庁に入り、四門の陣を固め、且つ諸国の除目《じもく》を放つ。
時に一《ひとり》の昌伎《かんなぎ》ありて云へらく、「八幡大菩薩の使」と懴《くちばし》り、「朕の位を蔭子《おんし》平将門に授け奉る。……」。爰《ここ》に将門、頂《いただき》に捧げて再拝す。況《いわん》や四の陣挙《こぞ》りて立ち歓《よろこ》び、数千併《あわ》せて伏し拝む。又武蔵権守《ごんのかみ》并《ならび》に常陸掾《ひたちのじょう》藤原玄茂《はるもち》等、其《そ》の時の宰人《さいじん》として、喜悦すること、譬《たと》へば貧人の富を得たるがごとし。美咲《びしょう》すること、宛《さなが》ら蓮華の開き敷くが如し。斯《ここ》に自ら製して諡号《いみな》を奏す。将門を名づけて新皇《しんのう》と曰ふ。

跪《ひざまず》いて恭しく差し出した。……

将門は同月の十五日を期して上野国に侵入すると、上野の国司の藤原尚範《ひさのり》は、国印と鍵を奪い取られた。そして将門は十九日に、これに使者をつき添わせて京に追いやった。その後国府を占領して国府の建物に入り、四方の門を警備させ、（将門が占領した諸国の）官人の人事を発令した。

その時、一人の巫女《みこ》が現れて、「我は八幡大菩薩《はちまんだいぼさつ》の御使なるぞ」と口走り、さらに「我が位を貴子将門にお授けいたす」と（八幡神の託宣を）述べた。……ここに至り将門は（位階授与を記した）位記を頭上に捧げ持ち、再度礼拝した。門を警備していた軍兵達が、一斉に立って歓声をあげたのは言うまでもなく、数千の者達が一斉に伏し拝んだ。また武蔵の国司興世王や常陸の国司藤原玄茂《はるもち》らは、その時の主催者として大いに喜んだが、それは貧者が富を得たかの如く、笑う様子はさながら蓮華が開く如くであった。そして彼等は自ら将門の諡号《しごう》（贈り名）を作って奏上し、将門を「新皇《しんのう》」と称した。

解説

『将門記《しょうもんき》』は、承平五年（九三五）から天慶三年（九四〇）にかけて起きた、平将門《たいらのまさかど》（?~九四〇）の乱の経緯を叙述した軍記物語です。成立したのは乱後それ程経過していない頃で、信憑性については、当時の公文書などの記録がそのまま含まれていることから、比較的信頼できると考えられています。著者は不明で、変則的でわかりにくい漢文により叙述されています。

平将門は、桓武天皇自身を入れて六代目の子孫で、父平良将《よしまさ》（高望の子）の死後、所領をめぐり伯父の常陸国司平国《くに》香《か》や上総国司良兼《よしかね》（高望の子）と対立し、また国香の妻の父である前常陸国司源 護《まもる》とも対立していました。そして源護の三人の息子が将門を襲撃したため、逆に将門がその三人と国香を討ち取ったことから、本格的な戦乱が始まります。また具体的なことは不明ですが、『将門記』は「女論」（女性をめぐる対立）も内紛の理由であるとしています。要するに将門の乱は、一族の内紛から始まったのでした。

ところが将門は武蔵国の国司である興世王《おきよおう》と郡司の対立を仲裁したり、常陸の国司と対立して将門を頼ってきた、藤原玄明《はるあき》という常陸の有力者を庇《ひ》護したりするなど、親分肌的な義侠心により、結局は常陸の国府を焼き討ちし、国印と国府の正倉《しょうそう》（財源となる米などを保管する国府の倉庫）の鍵《かぎ》を奪取してしまいます。国印は国司が発する全ての公文書に捺印する公権力の象徴であり、正倉の鍵は地方財源の象徴ですから、ここに至り一族の内紛は、国家に対する反乱という新たな段階になってしまったのです。

ここに載せた部分は、常陸の国府を襲撃した直後から始まります。将門は公然と朝廷に反旗を翻し、常陸から下野・上野の国府を占領してしまいました。そして坂東諸国の国司達はみな京に逃げ帰り、将門の勢力は一時期坂東一帯に及びます。そこで将門をそそのかした興世王らは、将門の勢力範囲となった坂東諸国の国司の人事を発表しました。さらに「王城」を将門の根拠地の下総に建設することを定め、律令官制そのままに人事を決定しました。将門は「新皇《しんのう》」と称されたのですが、日本の歴史上、朝廷とは別に公然と王朝樹立を企てた人物は、平将門の他にはいません。

将門謀叛の報は直ちに朝廷に伝えられ、大騒ぎとなりました。『将門記』には、朱雀天皇は神に「十日の命を仏天に請ひ」（十日間の命乞い）、七大寺に僧を集めて八大明神を祀《まつ》り、「此の邪悪……彼の賊難」が祓《はら》われるように諸寺諸社に祈らせました。この要請に応えて、真言僧寛朝は神護寺にあった空海作と伝えられる不動明王像を奉じて下総国へ下り、将門調伏《ちょうぶく》のために不動明王を祀りました。寺伝によれば、程なく将門が討たれ、「神護新勝寺」の寺号を下賜されたとされています。これがいわゆる「成田不動」の成田山新勝寺の起原です。この寺が将門の根拠地の下総国にあること、不動明王が祀られていること、また「新勝寺」という寺名に、将門の乱の歴史が隠れているわけです。そして後に将門は江戸の総鎮守である神田明神に祭神の一柱として祀られたため、神田明神の氏子は成田山新勝寺には参拝しないとか、両方を参拝してはいけないなどの俗信が生まれることになります。

将門は結局は、天慶三年（九四〇）二月十四日、将門追討を命じられた押領使《おうりようし》（地方の暴徒を鎮圧する武官）藤原秀《ひで》郷《さと》と、将門に討たれた国香の子平貞盛によって討たれ、さしもの平将門の乱も収束しました。新皇を名乗ってわずか二カ月後のことです。そして貞盛から数えて七代目の子孫に、平清盛が出現することになります。

大鏡——おおかがみ

（主要テキスト：「日本古典文学大系新装版」『大鏡』）

原文

醍醐《だいご》の帝《みかど》の御時、このおとゞ（藤原時平）左大臣の位にて、年いと若《わか》うておはします。菅原のおとゞ（菅原道真）右大臣の位にておはします。その折、帝《みかど》御年いと若くおはします。左右の大臣に、世の政《まつりごと》をおこなふべきよし、宣旨下さしめ給へりしに、その折、左大臣御年廿八九ばかりなり。右大臣の御年五十七八ばかりにやおはしけむ。

共に世の政《まつりごと》をせしめ給ひし間、右大臣は才《ざえ》世に優《すぐ》れ、めでたくおはしまし、御心掟《おきて》も殊の外《ほか》に賢くおはします。左大臣は御年も若く、才も殊の外《ほか》に劣り給へるにより、右大臣の御覚え、殊の外におはしましたるに、左大臣安からず思《おぼ》したる程に、さるべきにやおはしけむ。右大臣の御為によからぬ事出《いで》きて、昌泰四年正月廿五日、大宰権帥《だざいごんのそち》になし奉りて、流され給ふ。

このおとゞ（菅原道真）、子共数多《こどもあまた》おはせしに、女君達《おんなぎみ》は婿取《むこど》り、男君達は、みなほど〳〵につけて位どもおはせしを、それもみな方々《かたがた》に流され給ひて悲しきに、幼くお

現代語訳

醍醐《だいご》天皇の御代、この殿（藤原時平）は左大臣の位で、大層若くていらっしゃいました。菅原道真公は右大臣の位でいらっしゃいました。その頃、帝《みかど》（醍醐天皇）は大層若くていらっしゃいますので、左右の大臣に政治を執り行うように、宣旨を下されましたが、その時、左大臣は御年二八、九歳程、右大臣は御年五七、八歳でいらっしゃいましたでしょうか。

御一緒に天下の政治をお執りになっていらっしゃいましたが、右大臣は学才が殊の外優れ、御立派でいらっしゃいますし、為人《ひととなり》も格別に優れていらっしゃいました。左大臣はお年も若く、学才も格段に引けを取っていらっしゃいましたので、右大臣に対する帝の御信頼も格別で、左大臣は心穏やかでなくお思いになられるうちに、これもそうなるような宿命でいらっしゃったのでしょうか。右大臣にとってよからぬ事が起こり、昌泰四年（九〇一年）正月二五日、大宰権帥《だざいのごんのそち》に任命なさり、お流しになられました。

この大臣（道真）には、御子が多くいらっしゃいましたが、女君達は聟《むこ》を迎え、男君達は皆それなりの官位についていらっしゃいましたのを、それも皆離ればなれに流され

はしける男君女君達、慕ひ泣きておはしければ、「小さきはあへなむ」と、公《おおやけ》も許させ給ひしぞかし。帝の御掟《おんおきて》、極めてあやにくにおはしませば、此御子《このみこ》どもを、同じ方《かた》に遣《つかわ》さゞりけり。

方々《かたがた》にいと悲しく思し召して、御前《おんまえ》の梅の花を御覧じて、

「こち吹かば匂ひおこせよ梅の花あるじなしとて春を忘るな」

また亭子《ていじ》の帝に聞こえさせ給ふ、「流れゆく我は水屑《みくず》となり果てぬ君しがらみとなりてとゞめよ」。なき事によりて、かく罪せられ給ふを、かしこく思《おぼ》し嘆きて、やがて山崎にて出家せしめ給ひて、都遠くなるまゝに、あはれに心細く思されて、「君が住む宿の梢をゆく〳〵と隠るゝまでも返り見しはや」。

て悲しいことですのに、まだ幼くていらっしゃる男君や女君達は、（父を）お慕いになり泣いていらっしゃるので、「幼い者は（大宰府に連れて行っても）仕方がない」と、朝廷もお許しになられたのですよ。帝の御処置はとても厳しくていらっしゃいましたので、この男君達を同じ方面にさえお遣《や》りになりませんでした。

道真公はあれこれ大層悲しくお思いになられ、庭先の梅の花をご覧になり、「春風が吹いたなら、花の香をよこしてくれよ、梅の花よ。主人がいないからといって、春を忘れてくれるなよ」とお詠みになりました。

また宇多法皇には、「流されてゆく私は、水中の藻屑《もくず》のような身になり果ててしまいました。わが君よ、どうか柵《しがらみ》となって、私を引き留めて下さい」と詠んで申し上げなさいました。無実の罪によりこのように罰せられなさるのを、大層嘆き悲しまれ、程なく（途中の）山崎で出家なさり、都が遠くなるにつれて、しみじみと心細くお思いになられ、（京に残された妻へ）「あなたのお住まいになられる家の梢を、（大宰府へ行く）道すがら、隠れて見えなくなるまで、振り返り見たことです」（とお詠みになりました）。

解説

『大鏡《おおかがみ》』は、文徳天皇から後一条天皇、藤原冬嗣から藤原道長に至るまでの、十四代一七六年間の宮廷の歴史を、物語

風に叙述した歴史物語です。『栄華物語』には女性の視点による後宮の逸話が多く、摂関家の栄華賛美一色であるのに対して、『大鏡』には、作者不明とはいうものの、藤原氏の政権抗争の裏面を批判的に叙述する場面もあり、内部情報に精通した男性の著作と考えられます。

『大鏡』は、道長が有名な「望月の歌」を詠んだ万寿二年（一〇二五）、雲林院の法会で、一九〇歳の大宅世継《おおやけのよつぎ》と一八〇歳の夏山繁樹《なつやまのしげき》という老人が、繁樹の妻を交えて昔を思い出して語り合い、それを聞く三〇歳程の若侍が批判を加え、もう一人の聞き手がいて書き留めたという設定で話が展開します。

ここに載せたのは、菅原道真《すがわらのみちざね》（八四五～九〇三）の大宰府左遷の場面です。道真は宇多天皇に重用されていましたが、次の醍醐天皇の代には、左大臣の藤原時平（八七一～九〇九）にとっては妬《ねた》ましい存在でした。折しも時平に不都合な皇位後継候補を巡る風説が流れたことを口実に、突然、醍醐天皇の命により、道真は「大宰員外帥《だざいのいんがいのそち》」に降格されてしまいます。「員外」は「定員外」という意味で、「大宰員外帥」は大宰府に左遷される人に与えられる形式上の役職名であり、何の権限もありません。

また道真は子沢山で、十数人の子供がいました。幼少の子供達は連れて行くとしても、別々に流される子達との今生最後の別れは、大層悲しかったことでしょう。大宰府左遷後の道真の詩文集である『菅家後集《かんけこうしゅう》』には、この悲しい別れを詠んだ「小《おさな》き男女を慰む」という詩が収められています。「上の娘は都に留まり、上の息子はあちこちに流されてしまうが、幼い息子娘達は父と共に語り共に食べ、また寝ることができるではないか」と、慰めています。

道真が梅の花に呼びかけた歌の「こち」は「東風」と表記され、東から吹く風と説明されることがあります。しかし当時そのような理解や用例はなく、十三世紀の百科事典である『塵袋』には、「春は東より来れば、東風は春風也」とはっきり記されています。陰陽五行説では春は東に配され、「東」は「春」を意味していて、皇太子を意味する「東宮《とうぐう》」は、「はるのみや」とも訓読されます。また春は東の方角から来るということは、当時の共通理解でした。

この梅は後に主を慕って大宰府に飛んでいったとされ、一般には「飛梅伝説」と呼ばれています。しかしこの逸話は鎌倉時代中期の『十訓抄』『源平盛衰記』、室町時代初期の『太平記』などに明記されていて、口承伝説ではありません。確かな典拠があるのですから、それをはっきりと示せばよいのです。

選択本願念仏集——せんちゃくほんがんねんぶつしゅう

（主要テキスト：「日本思想体系」『法然』）

原文

『安楽集』の上に云く、「問ふて曰く、一切衆生は皆仏性《ぶっしょう》あり。遠劫《おんごう》以来、まさに多仏に値《あ》ふべし。何に因《よ》りてか、今に至るまで仍《なお》自《みずか》ら生死《しょうじ》に輪廻《りんね》して火宅《かたく》を出《い》でざるや。答へて曰く、大乗の聖教《しょうぎょう》に依《よ》らば、良《まこと》に二種の勝法《しょうぼう》を得て、以て生死を排《はら》はざるに由《よ》る。是《ここ》を以て火宅を出でず。何者をか二と為《な》す。一に謂《い》はく聖道《しょうどう》、二に謂はく往生浄土なり。其《その》聖道の一種は、今の時、証し難《がた》し。一には、大聖《だいしょう》を去ること遥遠《ようおん》なるに由《よ》る。二には、理は深く解《さとり》は微《び》なるに由《よ》る」と。

是故《このゆえ》に『大集月蔵経《だいしゅうがつぞうきょう》』に云く、「我が末法の時の中の億々《おくおく》の衆生、行《ぎょう》を起し道を修せむに、いまだ一人として

現代語訳

（唐の道綽《どうしゃく》が著した）『安楽集』の上巻には、次のように記されている。「問うて言う。全ての生きとし生けるものには、（成仏する本性である）仏性がある。（それならば）遠い昔以来、多くの仏が出現しているはずである。それなのになぜ現在に至るまで、自ら生と死の輪廻《りんね》を繰り返し、煩悩に苦しむ世界（火宅《かたく》）から抜け出せないのか。答えて言う。（多くの衆生を救済する）大乗の尊い教えによれば、実に二つのすぐれた教法があり、それにより生死の根本的な迷いを払い除かないからである。そのためいつまでも火宅の苦しみから抜け出すことができない。（それなら）その二つのすぐれた教法とは何か。まず一つは聖道門《しょうどうもん》であり、もう一つは往生浄土門である。ただ聖道門によるのでは、この末法の時代には、いくら修行をしても悟りに至る

得る者あらず」と。当今《とうこん》は末法、現に是五濁悪世《これごじょくあくせ》なり。唯《ただ》浄土の一門有りて通入すべき路なり。

計《はかりみ》れば、夫速《それすみ》やかに生死《しょうじ》を離れむと欲《おも》はゞ、二種の勝法《しょうぼう》の中に、且《しばらく》聖道門《しょうどうもん》を閣《さしお》き、選びて浄土門に入るべし。浄土門に入らむと欲《おも》はゞ、正雑二行《しょうぞうにぎょう》の中に、且《しばらく》諸《もろもろ》の雑行《ぞうぎょう》を抛《なげう》ちて、選びてまさに正行《しょうぎょう》に帰すべし。正行を修せむと欲《おも》はゞ、正助二業《しょうじょにごう》の中に、猶《なお》助業を傍《かたわら》にして、選びてまさに正定《しょうじょう》を専らにすべし。正定の業とは、即ち是仏名《これぶつみょう》を称するなり。称名すれば、必ず生ずることを得《う》。仏の本願に依《よ》るが故なり。

ことが難しい。それは一つには釈尊（大聖）入滅以来、時が遠く過ぎているからであり、また二つにはその教理は深いのに、理解する能力が衆生には余りにも乏しいからである」と。

そのため『大集経《だいじゅうきょう》』の「月蔵分《がつぞうぶん》」には、「末法の時代には夥《おびただ》しい衆生が聖道の修行をしても、一人も成仏する者がいないであろう」と説かれているのである。今はまさにその末法の時代であり、（飢饉・疫病・戦乱が続き、邪悪な思想がはびこり、煩悩はいよいよ盛んになり、衆生は悪行に走り、寿命が次第に短くなるという）多くの汚れに満ちた五濁悪世《ごじょくあくせ》の時代である。それで（聖道門ではなく）浄土の一門こそが、成仏に至るために入るべき道なのである。

よくよく考えるに、生死の迷い苦しみから速やかに解放されたいと願うならば、（聖道門と浄土門という）二つのすぐれた教法の中でも、（様々な修行により自力で戒を厳持して成仏する）聖道門はしばらくさて置いて、（阿弥陀如来の本願にすがる他力の救いの道である）浄土門を選んで入らなければならない。その浄土門に入りたいと願うならば、正行と雑行の二行があるが、しばらくは（阿弥陀如来以外の諸仏を礼拝供養し心に念じたりするなどの）様々な雑行《ぞうぎょう》を投げ捨て、（阿弥陀如来のみに帰依する）正行を選んで専念するべきである。その正行を実践しようと願うならば、正定業《しょうじょうごう》と助業《じょごう》の二業があるが、（浄土の経典を読む読誦《どくじゅ》や阿弥陀仏や浄土を心に念ずる観察《かんざつ》や、阿弥陀仏の礼拝《らいはい》や、阿弥陀仏の功徳をほめたたえて衣食香華《こうげ》などを供養する讃嘆《さんたん》供養などの）様々な助業を傍らに置き、（必ず往生することの要因となる）正定業《しょうじょうごう》に専念するべきである。その正定の業とは、とりもなおさず阿弥陀如来の御名を唱えることである。仏の御名を称えるならば、必ず極楽浄土に往生することができる。何故ならば、それこそが（衆生の救済を誓われた）阿弥陀如来の本願にかなうことだからである。

解説

『選択本願念仏集《せんちゃくほんがんねんぶつしゅう》』は、法然《ほうねん》（一一三三～一二一二）が建久九年（一一九八）に、極楽往生のためには、「専修念仏《せんじゅねんぶつ》」、つまり称名念仏だけを選ぶべきであるという理由を叙述した書物で、その意図は書名に端的に表されています。『法然上人行状絵図』には、口述筆記する場面が描かれていますが、京都の廬山寺《ろざんじ》に伝えられた草稿の真筆には、法然は巻頭に自筆で、「選択本願念仏集　南無阿弥陀仏　往生之業念仏為先（往生の業は念仏を先と為《な》す）」と書いています。せめてこれくらいは口述ではなく、自筆でと思ったのでしょう。

執筆の動機は、元摂政・関白・太政大臣九条兼実《かねざね》から要請されたことで、巻末には、「今図《はか》らざるに（九条兼実の）仰せを蒙《こうむ》る。辞謝するに地《ところ》無し。仍《よ》て今憖《なまじい》に念仏の要文を集め、剰《あまつさ》へ念仏の要義を述ぶ」（予期せず依頼されて辞退もできず、何とか念仏を説いた要文を集め、さらに要点を述べる）と記されています。これは浄土宗では立宗の宣言書でもあり、信頼できる数人の弟子にしか、書写が許されませんでした。親鸞はもちろんその一人です。親鸞は法然から拝借した『選択本願念仏集』と師の姿を写し取った感動について、その著書『教行信証』の後序に、「悲喜の涙を抑《おさ》へて由来の縁を註《ときあか》す」と記しています。

そして法然はこの書物が念仏誹謗を招くことを心配し、巻末に「一たび高覧を経るの後は、壁底に埋めて窓前《そうぜん》に遺《のこ》すことなかれ」（御覧になられた後は、壁の中に隠すようにして、人目につかないようにしていただきたい）と記して、九条兼実に『選択本願念仏集』を公にしないように懇願しています。

案の定、聖道門《しょうどうもん》（自力による成仏を説く浄土宗以外の宗派）を貶《おとし》めるものとして、激しい非難が浴びせられました。法然自身は持戒堅固であっても、実際、非難されるのも道理と誤解される状況も出現していました。九条兼実の弟で天台座主の慈円は、その著書『愚管抄』巻六に、「『この行者に成《なり》ぬれば、女犯《にょぼん》を好むも魚鳥を食《くう》も、阿弥陀仏は少しもとがめ玉はず。一向専修に入りて念仏ばかりを信じつれば、一定《いちじょう》（確実に）最後に迎へ玉ふぞ』と云て、京田舎さながらこの様になりける程に」と述べています。念仏さえ称えるならば、最後には極楽に迎えられると言って、破戒を行う者が多いというのです。法然は「女人往生」を強調していますから、「女犯云々」と捻《ね》じ曲げて非難されることもあったことでしょう。慈円は、法然に帰依している兄兼実の立場を考慮し、一方では弁護しつつも、聖道門の頂点の一人である天台座主としては苦しい立場でした。

他には高山寺で華厳宗を復興した高弁（明恵《みょうえ》）が、『摧邪輪《さいじゃりん》』（「邪見を摧《くだ》く法輪」という意味）を著して批判し、興福寺の貞慶は『興福寺奏上』を朝廷に提出して、専修念仏の停止を求めています。このように『選択本願念仏集』は、法然を中心とした浄土宗教団を、窮地に追い込んでしまうのです。

結局、承元元年（一二〇七）二月、七五歳の法然は土佐国に流されることになりました。しかし実際には九条兼実の領地が讃岐国にあったため、兼実に庇護されて讃岐に赴きました。兼実にしてみれば、法然が処罰されたことに対して、責任を感じていたのでしょう。そして同年十二月に赦免され、建暦元年（一二一一）に京にもどり、翌年には八〇歳で入滅します。

ここに載せたのは、冒頭部分と巻末に近い部分で、なぜ念仏を選択するのかという問と、それに対する答を端的に表す、最も重要な部分です。

歎異抄——たんにしょう

（主要テキスト：「新潮日本古典集成」『歎異抄』）

原文

親鸞におきては、「たゞ念仏して、弥陀に助けられ参らすべし」と、よき人の仰せを被《かぶ》りて信ずる外《ほか》に、別の子細なきなり。念仏は、まことに浄土に生るゝ種子《たね》にてや侍らん。また地獄に堕《お》つべき業《ごう》にてや侍るらん。惣《そう》じて以て存知せざるなり。たとひ法然聖人に賺《すか》され参らせて、念仏して地獄に堕ちたりとも、さらに後悔すべからず候ふ。その故は、自余《じよ》の行《ぎょう》も励みて仏に成るべかりける身が、念仏を申して地獄にも堕ちて候はゞこそ、賺《すか》され奉りてといふ後悔も候はめ。いづれの行《ぎょう》も及び難《がた》き身なれば、とても地獄は一定住処《いちじょうすみか》ぞかし。

善人なほもちて往生を遂《と》ぐ。況《いわ》んや悪人をや。しかるを世の人常に言はく、「悪人なほ往生す。いかに況んや善人をや」と。この条、一旦その言はれあるに似たれども、本願他力の意趣《いしゅ》に背《そむ》けり。その故は、自力作善《じりきさぜん》の人は、偏《ひと》へに他力を頼む心欠けたる間、弥陀の本願にあらず。しかれ

現代語訳

「この親鸞としては、『ひたすら念仏を唱《とな》えて、阿弥陀如来に救われなさい』という立派なお方（法然上人）の仰せをいただき、それを信じているだけで、他に何か特別なことがあるわけではない。念仏は本当に浄土に往生する縁因（理由）なのか、あるいは地獄に堕ちるはずの業《ごう》（行為）なのか、全く私の知るところではない。たとえ法然上人にだまされて、念仏を称えたため地獄へ堕たとしても、今さら後悔するはずはない。そのわけは、念仏以外の修行に励んで成仏できる者が、念仏を申したために地獄に堕ちるのであれば、だまされたと後悔もしよう。しかし私はどのような修行をしても、成仏には及び難い身であるから、もともと地獄は確かに私の居るべき所なのである。」

善人でさえ往生を遂げる。まして悪人は言うまでもない。それなのに世の人々は常に、「悪人でさえ往生するのだから、まして善人はいうまでもない」と言う。これは一応もっともに聞こえるが、阿弥陀如来が本願をお立てになった御意《みこころ》に反している。なぜなら、自分の力を信じて善事を行える人は、ひたすらに阿弥陀如来にすがる心が欠けている

ども、自力の心をひるがへして、他力を頼み奉れば、真実報土《ほうど》の往生を遂《と》ぐるなり。煩悩具足《ぼんのうぐそく》のわれらは、いづれの行《ぎょう》にても、生死《しょうじ》を離るゝことあるべからざるを憐み給ひて、願《がん》を起し給ふ本意、悪人成仏のためなれば、他力を頼み奉る悪人、もっとも往生の正因《しょういん》なり。よりて「善人だにこそ往生すれ、まして悪人は」と、仰せ候ひき。

ので、阿弥陀仏の本願に外《はず》れているからである。しかし自分に頼る心を棄て去り、他力本願の御誓いにおすがりするなら、まことの浄土に往生することができる。煩悩から離れられない我等は、いかなる修行によっても、生と死という迷いの世界から逃れられないことを憐《あわ》れに思われ、本願をお立てになった阿弥陀如来の御意《みこころ》は、悪人をこそ成仏させるためであるから、阿弥陀如来の本願におすがりする悪人こそ、本来最も浄土に往生するに相応しい縁因を持っている。それで、「善人でさえも往生するのだから、まして悪人はいうまでもない」と、親鸞聖人は仰せられたのである。

解説

『歎異抄《たんにしょう》』は、親鸞《しんらん》（一一七三〜一二六二）の弟子唯円（?〜一二八八?）が著した宗教書です。唯円著の確証はないのですが、様々な状況証拠からそう考えられています。書名は、著者が師である親鸞の説と異なる教えがはびこっていることを歎《なげ》き、「泣く〳〵筆を染めてこれを記す。名付けて歎異抄と言ふべし」と後序に記したことによります。『歎異抄』は、室町時代に衰微していた本願寺を再興させた蓮如が注目するまでは、知られていませんでした。そして明治時代以後に多くの知識人がその価値を認め、今も多くの解説書が出版されています。

「師説と異なる歎き」が、具体的に何を指すのかはわかりません。ただ親鸞が直に布教した関東地方に、後に異説を説く者があり、親鸞は息子の善鸞《ぜんらん》を派遣しそれを正そうとしたのですが、肝腎の善鸞の説くところが変容してしまい、親鸞が親子の縁を絶つ義絶状を送る事態となったことがありました。ただしその義絶状は、後に書き写されたものが伝えられているだけであり、宗門ではともかく、文献学的には信憑性に疑義を呈する説もあります。

　ここに載せたのは、前半が親鸞の法然に対する、絶対的な信頼を述べた第二章、後半が有名な悪人正機を説いた第三章です。「正機」とは、この場合は「仏に救済される直接の対象となる人やその資質」という意味ですから、「悪人正機」は「悪人こそが阿弥陀仏の救いの主要な対象である」という意味です。ただし法然の弟子が著した法然の伝記（醍醐本『法然上人伝記』）にも、「善人尚《なお》以て往生す、況や悪人をや の事」という文言がありますから、親鸞独自の表現ではありません。

浄土真宗に限らず、常識的には、悪人とは倫理に反する行為をする人であり、善人は救済されるが、悪人は救済されないと考えるのが普通です。しかし親鸞の説くところはその正反対で、悪人こそ往生すると理解されることがあります。悪人を自覚する人にとって、これ程有り難い救済はありません。

しかし原文をよくよく読めば、悪人も善人も往生すると、はっきり書かれているではありませんか。また親鸞は「悪人」のことを、「いづれの行にても生死をはなるゝこと」ができない「煩悩具足のわれら」と言い換えていますから、親鸞自身も悪人ということになってしまいますが、親鸞は「地獄は一定すみかぞかし」というのですから、それでよいのです。親鸞でさえ悪人ならば、本人の自覚は別として、阿弥陀如来から見れば、誰が善人であり得ましょう。

それなら往生（救済）の決定的要因は、何であるというのでしょう。「自力のこころをひるがへして、他力をたのみたてまつれば、真実報土の往生をとぐるなり」。つまり自力で往生しようという心を棄て去り、全面的に阿弥陀如来の本願にすがる心があることと説かれていて、それ以外は無条件なのです。ただ善人を自覚する者は、他力を頼む心が稀薄となる傾向があるのに対して、悪人を自覚する者は、全面的に他力を頼まざるを得ないだけに、阿弥陀如来の救いの「正機」、つまり救いに与《あずか》る優先的対象となりやすいというのです。

善人と悪人とは、人の側から見れば大きな相違ですが、絶対者である阿弥陀如来の側から見れば、同じようなもの。親鸞は、人が常識にとらわれて、善人の方が往生できると思い込んでいるが、それは「本願他力の意趣にそむく」と説いているのであって、阿弥陀如来の本願にすがる、絶対的な他力の心の有無を問題にしています。ですからあまり「悪人正機」にとらわれ過ぎると、親鸞の説く本意を理解できません。

このことは、イエス・キリストが十字架に架《か》けられる際、共に架けられた二人の強盗の話を連想させます。一人は「お前が救世主であるなら、自分自身と我等を救ってみよ」と罵《ののし》りました。しかしもう一人は罪を自覚しつつ、「イエスよ、あなたが御国に入る時に、私を思い出して下さい」と息も絶え絶えに言いました。するとイエスは、「あなたは今日私と一緒に天国にいるであろう」と応えました。強盗ですから、二人とも極悪人です。しかしここでも、善悪は全く問題とされず、一途に依り頼む信仰だけが問われています。宗教を越えて相通じるものがあるのでしょう。

一遍上人語録——いっぺんしょうにんごろく

（主要テキスト：「日本思想体系」『一遍』）

原文

夫(それ)、念仏の行者用心《ぎょうじゃようじん》のこと、示すべきよし承り候。南無阿弥陀仏と申す外《ほか》、さらに用心もなく、此外《このほか》にまた示すべき安心《あんじん》もなし。諸《もろもろ》の智者達の様々に立おかるゝ法要どもの侍るも、皆諸惑《しょわく》に対したる仮初《かりそめ》の要文《ようもん》なり。されば念仏の行者は、かやうの事をも打捨《うちすて》て念仏すべし。

昔、空也上人《くうやしょうにん》へ、ある人、「念仏はいかゞ申すべきや」と問ひければ、「捨《すて》てこそ」とばかりにて、何とも仰《おおせ》られずと、西行法師の撰集抄《せんじじゅうしょう》に載《のせ》られたり。是《これ》誠に金言なり。念仏の行者は智恵をも愚痴《ぐち》をも捨《すて》、善悪《ぜんなく》の境界《きょうがい》をも捨《すて》、貴賤高下の道理をも捨《すて》、地獄を恐るゝ心をも捨《すて》、極楽を願ふ心をも捨《すて》、また諸宗の悟《さとり》をも捨《すて》、一切の事を捨《すて》て申《もうす》念仏こそ、弥陀超世の本願に尤《もっとも》かなひ候へ。

かやうに打あげ打あげとなふれば、仏もなく我もなく、まして此内《このうち》に兎《と》角《かく》の道理もなし。善悪の境界《きょうがい》、皆浄土なり。外に求むべからず。厭《いとう》べからず。よろづ生《いき》としいけるもの、山河草木、吹く風、立つ浪の音までも、念仏な

現代語訳

ところで、念仏の行者の心得を示してほしいとのこと、承知いたしました。南無阿弥陀仏と申すこと以外には、特に心得ることはなく、その他にまた示すべき安心《あんじん》（確信を得て動かないこと）もありません。多くの先達の僧達が様々に説いた教えなどがありますが、どれもみな諸々の迷いに対する一時的な教えなのです。ですから念仏を行ずる者は、このような教えをも打ち捨てて、念仏を称えなければなりません。

昔、ある人が空也上人に、「念仏はどのように心得て称えるべきなのか」と問うたところ、「一切を捨ててこそ」と言うばかりで、他には何ともおっしゃらなかったと、西行法師の『撰集抄《せんじじゅうしょう》』に記されています。これは本当に素晴しいお言葉です。念仏を行ずる者は、智恵をも愚痴をも捨て、善悪の分別心をも捨て、貴賤上下という社会の道理を捨て、地獄を恐れる心を捨て、極楽往生を願う心すらをも捨て、また諸々の宗派の悟りをも捨て、一切の事を捨てて称える念仏こそが、阿弥陀如来の無上の本願（諸仏の誓願より優れた誓願）に、最もかなうものなのです。

このようにして声高《こわだか》に念仏を称えれば、仏もなく我もな

らずといふことなし。人ばかり超世の願に預《あずかる》にあらず。……此外《このほか》にさのみ何事をか用心して申すべき。たゞ愚なる者の心に立返りて念仏し給ふべし。

くて一つになり、そこには何の理屈もありません。善だの悪だのという分別もなく、みな浄土となるのです。それ以外に浄土を求めてはなりませんし、（仏我一如が浄土そのものなのですから）現世を厭うてはなりません。あらゆる生きとし生けるもの、山や河や草や木、吹く風や立つ波の音までも、念仏でないというものはありません。人だけが阿弥陀如来の無上の本願により、救われるわけではないのです。……これ以外に何か特に心得て念仏を申すべきことがありましょうか。ただ愚か者の心に立ち帰って念仏なさいませ。

解説

『一遍上人語録《いっぺんしょうにんごろく》』は、江戸時代の宝暦十三年（一七六三）、伝えられていた一遍（一二三九〜一二八九）の言葉や書簡や和歌などを集めて編纂された、一遍の言行録です。一遍は臨終に所持していた一切の著作物を焼き捨てたため、『一遍上人絵伝』という国宝の絵巻物が伝えられてはいますが、一遍の思想を表す文献史料は、他の祖師達に比較して少ないのです。

『一遍上人絵伝』によれば、念仏を摺《す》った小さな紙の札を配りながら念仏を勧めて遊行していた時、ある僧に出会って、「一念の信をおこして南無阿弥陀仏とゝなえて、この札を受け給ふべし」と札を差し出したのですが、「いま一念の信心起こり侍らず。受けば妄語《もうご》（うそ）なるべし」と断られてしまいました。「信心がないのにその札を受け取れば、心を偽ることになるので受け取れない」というのです。

これは衝撃的な経験でした。これにより信心のない人の救済という問題に直面したのです。そこで阿弥陀如来の垂迹《すいじゃく》とされていた熊野神社に参籠《さんろう》して、答えを求めました。そして夢に「御房《ごぼう》（お前）の勧めによりて、一切衆生初めて往生すべきにあらず。阿弥陀仏の十劫正覚《じっこうしょうがく》（遠い昔に正しく悟りに至ったこと）に、一切衆生の往生は、南無阿弥陀仏と決定《けつじょう》するところなり。信不信を選ばず、浄不浄を嫌はず、その札を配るべし」と示されたのでした。「一遍の勧めにより往生するわけではない。一切衆生の往生は既に定まっているのだから、信心の有無にかかわらず、念仏札を配るべし」、というわけです。

ですから一遍にしてみれば、「信じるという心や、ひたすら念仏を称えること自体に、既に自力が介在している。衆生の往生は既に十劫《じっこう》の昔（途方もない大昔）から既に決定しているのだから、往生の主体となるのは人ではなく、南無阿弥陀仏という名号である」というのです。法然も親鸞も他力本願を説いていますが、一遍はその「他力」を更に徹底し、法然の説いた「専修念仏《せんじゅ》」さえ自力というわけです。

ここに載せたのは、ある僧から念仏の心得を問われ、それに対する返事の手紙です。一遍は空也を「我が先達」と称して敬慕していましたが、この手紙の主題の「捨てる」ということは、空也から学んだことでした。「極楽を願ふ心をも捨て」というのですから徹底しています。「願う」ということ

自体に、まだ自力が残っているというのでしょう。「仏もなく我もなく」念仏を称える仏我一如の境地を、一遍は「念仏が念仏を申すなり」（『播州法語集』）と表現していて、時宗の信者に「〇阿弥」という阿弥号を持つ者がいることは、これに由っています。

このような宗教的法悦を、空也は踊念仏で表現しました。『一遍上人絵伝』によれば、一遍一行が長野の善光寺に行く途中、小田切という所で念仏札を配ったところ、民衆が念仏を称えて踊り出したと記されています。「この穢身《えしん》はしばらく穢土《えど》にありといへども、心はすでに往生をとげて浄土にあり」（『播州法語集』）というのですから、民衆は喜びの余り狂うように踊り出したのでした。踊念仏は布教の方便ではなく、救われた確信を得た歓喜の舞なのです。ただし一遍は空也が踊念仏を始めたと考えていましたが、空也が踊念仏をしていたことを示す確かな文献史料は何一つありません。

立正安国論——りっしょうあんこくろん

（主要テキスト：「日本古典文学体系『日蓮集』）

原文

若《も》し先《ま》づ国土を安《やすん》じて、現当《げんとう》を祈らんと欲せば、速《すみやか》に情慮《じょうりょ》を廻《めぐ》らし、悤《いそい》で対治《たいじ》を加へよ。所以《ゆえん》は何《いか》ん。薬師経の七難の内、五難忽《たちま》ちに起り、二難猶《なお》残れり。所以《いわゆる》「他国侵逼《しんぴつ》の難、自界叛逆《ほんぎゃく》の難」なり。大集経の三災の内、二災早く顕《あら》はれ、一災未だ起らず。所以、「兵革《へいかく》の災《わざわい》」なり。金光明経《こんこうみょうきょう》の内、種々の災禍一々起ると雖も、「他方の怨賊《えんぞく》国内を侵掠《しんりゃく》する」、此の災未だ露《あら》はれず、此の難未だ来らず。仁王経《にんのうきょう》の七難の内、六難今盛にして、一難未だ現はれず。所以、「四方の賊来りて国を侵すの難」なり。……

而るに他方の賊来りて其の国を侵逼《しんぴつ》し、自界叛逆して其の地を掠領《りゃくりょう》せば、豈《あに》驚かざらんや。豈騒がざらんや。国を失ひ家を滅せば、何《いず》れの所にか世を遁《のが》れん。汝須《すべか》らく一身の安堵を思はゞ、先づ四表の静謐を祈るべきものか。

……

汝、早く信仰の寸心を改めて、速かに実乗《じつじょう》の一善に帰

現代語訳

（主《あるじ》が言うには、）もし、先ずは国土を安泰にして、現世と来世（の安楽）を祈りたいならば、すぐに心を翻して、速やかに煩悩を断ち切られよ。そのわけは、『薬師経』に説かれた七難のうち、既に五難が相次いで起き、なお二難が残っている。いわゆる「異国が侵攻してくる難」と、「国内で反逆の乱が起きる難」である。また『大集経』に説かれた三災のうち、二災が早くも起こり、一災が起きていない。いわゆる「戦乱の災」である。また『金光明最勝王経』に説かれた様々な災禍も次々に起きたが、「異国の賊兵が国内を侵掠《しんりゃく》する」という災は、まだ現れていない。この難はまだ起きていない。『仁王経《にんのうきょう》』に説かれた七難のうち、六難は今盛んに起きているが、まだ一難が現れていない。それは、いわゆる「周囲の逆賊が侵攻して来る難」である。……

ところが異国の賊が襲来して国を侵掠し、国内で反乱が起きて土地を略奪したら、どうして驚かずにいられようか。どうして騒がずにいられようか。国が失われ、家が滅ぼされたら、どこに逃げればよいのか。そなたが身の安堵を願うならば、まず天下の平穏を祈るべきではないか。……

せよ。然れば則ち三界は皆仏国也。仏国其れ衰へんや。十方は悉《ことごと》く宝土なり。宝土何ぞ壊《やぶ》れんや。国に衰微なく土《ど》に破壊《はえ》なくんば、身は是《こ》れ安全にして、心は是れ禅定《ぜんじょう》ならん。此の詞《ことば》此の言《こと》信ずべく崇《あが》むべし。

そなたは一刻も早く心を改めて、速かに真の仏法（法華経）に帰依せよ。そうすれば、三界（生死に苦しむ欲界・色界・無色界）のこの世も、そのまま仏国となる。仏国ならばどうして衰えることがあろうか。あらゆる方角の国土は、全て仏の宝土となる。宝土ならばどうして滅びることがあろうか。国が衰えず、破壊されないならば、その身は安全であり、心は真理を悟って平安となるであろう。この文、この言葉を信じて、尊び敬われよ。

解説

『立正安国論《りっしょうあんこくろん》』は、文応元年（一二六〇）、日蓮《にちれん》（一二二二～一二八二）が著した宗教問答書で、念仏信仰を持つ旅人の客と、法華経に帰依する宿の主人の問答から成っています。災難が頻発するのは仏法が廃れたからかと客が嘆くと、主人が多くの経典に予言されている災難の記述を引用し、人々が法華経に帰依していないことに起因すると説きます。そして九つの問答の末に、客が法華経に帰依するという筋書きになっています。

日蓮は正嘉《しょうか》二年（一二五八）頃、富士山麓の岩本にある実相寺に籠って多くの経典を読破し、法華経こそ釈迦の「出世の本懐」、つまり釈迦がこの世に生まれた真の目的を説いたものと確信しました。そして三年がかりで『立正安国論』を著します。その論旨は明快で、多くの経典から災難を予告する典拠を引用し、既にいくつか災難が現れたのは、「邪法」を信じるからであり、速やかに「正法」である法華経に帰依しないと、まだ現れていない災難が起きると警告します。

まず『薬師経』からは、疫病・「他国侵逼《しんぴつ》」（異国の侵略）・「自界叛逆《ほんぎゃく》」（内部対立の謀叛）・星の運行異変・日食や月食・季節はずれの暴風雨・干魃《かんばつ》の七つの災難など。『大集経《だいじっきょう》』からは、穀物価格高騰・戦乱・疫病の三つの災難を。『金光明最勝王経』からは、犯罪頻発・疫病・天変地異・異常気象・飢饉・賊の侵入など。『仁王経《にんのうきょう》』からは、日月の怪異現象・諸星の怪異現象・大火・洪水・暴風・干魃《かんばつ》による凶作・賊の侵攻などの七つの災難を上げています。そして数々の災難のうち、「他国侵逼の難」と「自界叛逆の難」がまだ現れていないと説いています。

奈良時代には、『妙法蓮華経』は『金光明最勝王経』『仁王経』と共に「護国三部経」と呼ばれ、聖武天皇の命により、国分寺と国分尼寺に具《そな》えられていました。ですから仏法により国家が鎮護されるということは、為政者には理解されていました。ただ法華経への帰依に特化されているところに、日蓮の主張の特色があるわけです。

日蓮は文応元年（一二六〇）、得宗《とくそう》（北条氏嫡流の当主）の地位にある前執権の北条時頼に『立正安国論』を捧呈します。時頼は建長寺を創建する程の禅の信仰をもっていたくらいですから、それを黙殺するのですが、内容が漏れ伝わり、日蓮に対する激しい迫害が始まりました。捧呈直後に鎌倉の草庵を襲撃された松葉ケ谷《まつばがやつ》法難、翌年の伊豆配流、文永八年（一二七一）の竜ノ口の法難と佐渡配流と続きました。しかし「法華経の行者」を自認する日蓮の意志を挫《くじ》くことはできませんでした。

それより早い文永五年（一二六八）、既に元と高麗の使者が威圧的な元の国書をもたらしていました。そして文永十一年（一二七四）二月、佐渡配流からの赦免が決まり、四月には鎌倉で元の襲来時期について尋問され、「よも今年はすごし候はじ」（「撰時抄」）と答え、年内の襲来を予言します。そして五月には身延山に入り、十月、ついに元・高麗連合軍が襲来しました。文永の役です。その情報は日蓮の耳にも入り、同年十一月十一日の書翰には、「ゆき（壱岐）対馬のやうにならせ給はん事、思ひやり候へば涙も止まらず」（「上野殿御返事」）と心配しています。しかし賊が敗退したことには言及していません。

その翌年、元の使者が再び来朝しますが、執権北条時宗は使者を処刑して、断固たる決意を表します。その直前、日蓮は次のような書翰（「異体同心事」）を書いています。「蒙古襲来が近付いているだろうか。我が国が滅びることは浅ましいが、蒙古襲来の予言が虚言《そらごと》になるなら、日本人は益々法華経を誹るであろうから、蒙古の強襲によりたとえ国が滅んでも、誹謗は薄くなるであろう」というのです。その後、弘安四年（一二八一）五～七月、文永の役にも勝る大軍が襲来しました。弘安の役です。しかしまたもや元軍は退いたのでした。

二十年来の日蓮の予言と警告については、襲来自体は的中しましたが、国が滅亡することはなく、日蓮は元寇後、その評価を公言することはありませんでした。しかし書翰（「富城入道殿御返事」）には、「（日蓮を誹謗する僧侶達が）暴風で賊船が破損したではないかと言うが、蒙古の大王の首は届いたのかと尋ねてみよ。そのほかの事については、いかに言われたとしても返事をしてはならない」と書いていて、少々苦しい弁明にも聞こえます。

「自界叛逆《ほんぎやく》」については、弘安八年（一二八五）の霜月騒動か、永仁元年（一二九三）の平禅門の乱あたりなのでしょうが、日蓮自身は弘安の役の翌年には六一歳で亡くなっていますから、特定することには意味はなさそうです。

喫茶養生記——きっさようじょうき

（主要テキスト：「講談社学術文庫」『喫茶養生記』）

原文

茶は養生の仙薬也。延命の妙術也。山谷《さんや》之《これ》を生ずれば、其《その》地神霊也。人倫《じんりん》之を採《と》れば其人長命也。天竺《てんじく》・唐土同じく之を貴重す。我朝日本曾《かつ》て嗜愛《しあい》す。古今奇特の仙薬也。摘まざるべからざるか。……

『尊勝陀羅尼破地獄法秘抄《そんしょうだらにはじごくほうひしょう》』に云はく。「一に肝蔵は酸味を好む。二に肺蔵は辛味《からみ》を好む。三に心蔵は苦味《にがみ》を好む。四に脾蔵《ひぞう》は甘味を好む。五に腎蔵は鹹味《かんみ》を好む。又五蔵を以て五行［木火土金水也］に充て、又五方［東西南北中也］に充つ」と。……

此《この》五蔵、味を受けて同じからず。好味多く入れば、則ち其蔵強くして、傍《かたわら》の蔵に尅《か》ち、互に病を生ず。其辛酸甘《しんさんかん》鹹《かん》の四味は、恒《つね》に有りて之を食ふ。苦味は恒には無きが故に、之を食はず。是故に、四蔵は恒《つね》に強くして、心蔵は恒に弱し。故に病を生ず。若《もし》心蔵病む時は、一切の味皆違《たが》ふ。食へば即ち之を吐く。動《やや》もすれば又食はず。今茶を喫すれば、則ち心蔵強くして病無き也。知るべし。心蔵病有る時

現代語訳

茶は養生（健康保全）の素晴しい薬であり、寿命を延ばす優れた手立てである。山や谷で茶の木が生えていれば、そこは霊妙な場所であり、人がこれを摘んで飲むならば、その人は寿命が長くなる。インドや唐国（中国）では、みな茶を珍重している。我が日本でもかつては好んで嗜《たしな》んでいた。古今を通じて優れた薬であり、どうしてこれを摘まないということがあろうか。……

尊勝陀羅尼破地獄法秘抄《そんしょうだらにはじごくほうひしょう》には、次のように説かれている。「一に、肝臓は酸味を好む。二に、肺臓は辛味を好む。三に、心臓は苦味を好む。四に、脾臓は甘味を好む。五に、腎臓は鹹味《かんみ》（塩辛い味）を好む。また五臓を五行の木火土金水に配当し、また五方の東西南北と中央に配当する」と。……

これらの五臓は、好む味がそれぞれ異なっている。ある臓器の好む味の物を多く摂取すれば、その臓器は強くなるが、傍《かたわ》らの臓器に対して優勢になるので、（バランスが崩れ）互いに病んでしまう。辛味・酸味・甘味・鹹味の四味は普通に身近にあるので、これを摂《と》っている。しかし苦味は常にあるわけではないので、これを摂《と》ることがない。そ

は、人の皮肉色悪《あし》く、運命此に依りて減ずることを。

　日本国には苦味を食はざるか。但《ただ》し大国のみ独《ひと》り茶を喫す。故に心蔵、病無く、亦《また》長命也。我国多く痩《そう》を病む人有り。是茶を喫せざるの致す所也。若《も》し人、心神快《こころよ》からざれば、爾《その》時必ず茶を喫し、心蔵を調へて、万病を除愈《じょゆ》すべし。心蔵快き時は、諸蔵病有りと雖も、強く痛まざる也。


ういうわけで（心臓以外の）四つの臓器はいつも丈夫であるのに、心臓はいつも弱い。そのために病んでしまうのである。もし心臓が病めば、全ての味がわからなくなってしまい、食べるとすぐに吐いてしまったり、時には何も食べられなくなることもある。しかしそこで苦い茶を飲めば、心臓が丈夫になり病がなくなる。心臓に病がある時は、肌の色が悪く、そのために生命力が弱まってしまうということを、知らねばならない。

　日本では苦味のある物を食べないのだろうか。ただし（唐や天竺などの）大国だけでは茶を飲んでいる。そのため心臓を病むことがなく、また寿命も長い。我が国では痩せて病んでいる人が多いが、これは茶を飲まないことによる結果である。もし精神の具合がすぐれないことがあれば、その時は必ず茶を飲み、心臓の具合を調え、あらゆる病を除いて癒やさなければならない。心臓の具合が良ければ、その他の臓器に病があるとしても、ひどく痛むようなことはないのである。

解説

『喫茶養生記《きっさようじょうき》』は、臨済宗の禅僧である栄西《えいさい》（一一四一〜一二一五）が著した養生書で、茶の効能、茶の木の栽培方法、茶葉の摘み取り方、茶の製法や飲み方が記されています。またその他に桑の粥や、桑の枝を煎じて飲む方法や効能も詳しく記されています。朝に葉を摘んで蒸し、その日のうちに敷いた紙の上で焦げないように焙《あぶ》り、熱湯を注いで飲むと記されていますから、現在の煎茶に近い物だったようです。

　日本における茶の飲用は、平安時代には確認できます。唐から帰国した僧永忠が、嵯峨天皇に茶を献じたことが『日本後紀』（弘仁六年四月二二日）という歴史書に記されていたり、『経国集』という勅撰漢詩集に、「海公（空海）と茶を飲み、山に帰るを送る」という、嵯峨天皇の詩が収められています。栄西は仁安三年（一一六八）と文治三年（一一八七）の二回も入宋しているのですが、建久二年（一一九一）に帰国する際に、茶の種や苗を持ち帰りました。

『喫茶養生記』は源実朝に捧呈されたのですが、鎌倉幕府の歴史書である『吾妻鏡』の建保二年（一二一四）二月四日には、次のように記されています。「実朝が体調を崩し、皆が大騒ぎをしたが、大事ではなかった。前夜の深酒による二日酔いだろうか。栄西が祈禱のために来たが、この事を聞き、良薬と称して寺から茶を取り寄せ、一巻の書物を添え一杯の茶をすすめた。それは茶の効能を讃えた書物で、実朝は大層喜んだ。これは先月、坐禅の合間に書いていたものだということである」。長時間に及ぶ坐禅では眠気を催すことがあり、茶は意識を明瞭にしますから、坐禅修行をする禅僧は好んで用いたのでしょう。

ここに載せたのは冒頭部で、茶には五臓の中でも最も重要な心臓の具合を調える効能があることが、陰陽五行思想に基づいて説かれています。あらゆるものを木火土金水の五行により説明する五行思想は、この「五蔵」（五臓）の他に、五色・五味・五体・五感などに、現在もなお痕跡を留めています。

五行	五臓	五味	五方	五季	五色
木	肝	酸	東	春	青
金	肺	辛	西	秋	白
火	心	苦	南	夏	赤
土	脾	甘	中	土用	黄
水	腎	鹹	北	冬	黒

心臓は苦味を好むので、苦い茶を飲めば心臓が丈夫になるという発想は、まさに「良薬、口に苦し」で、現代人にはいささか滑稽ではあっても、薬による養生という発想は、病を癒やすのは祈祷によることが普通であった当時としては、画期的なものでした。また様々な味をバランスよく摂取すると健康によいという発想は、栄養の摂取という点から見ても、理にかなっています。

因みに栄西は七五歳で入滅していますから、当時としてはまあ長寿と言えるでしょう。

正法眼蔵——しょうぼうげんぞう

（主要テキスト：「日本思想体系」『道元』）

原文

（第一問）今この坐禅の功徳《くどく》、高大なることを聞き終りぬ。愚かならむ人、疑ふて言はむ。仏法に多くの門あり、何を以てかひとへに坐禅をすゝむるや。示して曰く。これ仏法の正門《しょうもん》なるを以てなり。

（第二問）問ふて曰く。何ぞひとり正門とする。示して曰く。大師釈尊、まさしく得道《とくどう》の妙術を正伝《しょうでん》し、又三世の如来、ともに坐禅より得道せり。この故に正門なることを相伝へたるなり。しかのみにあらず、西天東地《さいてんとうち》の諸祖、みな坐禅より得道せるなり。故に今正門を人天《にんでん》に示す。

（第三問）問ふて曰く。あるいは如来の妙術を正伝《しょうでん》し、または祖師の跡《あと》をたづぬるによらむ、実《まこと》に凡慮《ぼんりょ》の及ぶにあらず。しかはあれども、読経念仏は、自づから悟りの因縁となりぬべし。たゞ空しく坐してなすところなからむ。何によりてか悟りを得るたよりとならむ。示して曰く。汝今諸仏の三昧、無上の大法を、空しく坐してなすところ無しと思はむ。これを大乗を謗《ぼう》ずる人とす。惑《まど》ひのいと深き、

現代語訳

（第一問）今、この坐禅の功徳がいかに高大であるかを承った。しかし愚か者は疑って言うであろう。仏法には（悟りに至る）多くの門があるのに、なぜ専ら坐禅を勧めるのか。

答えを示して言う。これこそは、覚りに至る仏法の正門（正しい入口）だからである。

（第二問）問うて言う。なぜ坐禅だけを仏法の正門とするのか。答えを示して言う。大師である釈尊は、まさに悟りを得る優れた方法として坐禅を正しく伝え、また過去・現在・未来の如来（薬師・釈迦・阿弥陀）も、皆共に坐禅により悟りを得た。それ故、坐禅が悟りに到る正門であることを伝えて来たのである。それだけでなく、西国（インド）や東国（中国）の祖師達も、皆坐禅により悟りを得た。それ故今、坐禅が仏法の正門であることを、人間界・天上界に示すのである。

（第三問）問うて言う。（坐禅が正門であることは）如来が坐禅という妙術を正しく伝えたこと、又は祖師が坐禅により悟りを得た痕跡をたずねることによってわかるとしても、それは実に我々凡夫の及ぶところではない。そうは言って

大海《だいかい》の中に居ながら水無しと言はむが如し。既にかたじけなく、諸仏自受用三昧《じじゆようざんまい》に安坐せり。これ広大の功徳をなすにあらずや。憐れむべし、眼《まなこ》いまだ開けず、心なほ酔《え》ひにあることを。


も読経や念仏は、それなりに悟りの縁（手段）となるのではないか。それなのに、ただ何もしないで空しく坐禅をしていることが、なぜ悟りを得る手掛かりとなるのか。

　答えを示して言う。お前は今、諸仏の正しい生き方である三昧《さんまい》の姿、つまりこの上もなく優れた大法である坐禅を、何も得ることなく空しく坐すことと思っているが、これこそ大乗の仏法を誹《そし》る人というものである。迷いの甚だ深いことは、大海の中にいながら、水が無いと言うようなものである。（坐禅しているのは）かたじけなくも、既に諸仏がとらわれのない自由な境地（自受用三昧）に安坐している姿なのである。これこそが広大な功徳となるではないか。ああ、哀れなことよ。まだ法の眼が開かれず、心がまだ迷いに酔っているとは。

解説

『正法眼蔵《しょうぼうげんぞう》』は、曹洞宗《そうとうしゅう》の宗祖である道元《どうげん》（一二〇〇～一二五三）の法語集です。書名の『正法眼蔵』の意味について、「正法」とは正しい仏法、「眼」とは一切を照らして正法を正しく読み解く智慧《ちえ》、「蔵」とはその智慧が無尽蔵に含蔵されていることを表しています。ですから「真の智慧を以て読むならば尽きることのない仏法」と理解することができます。

　ここに載せたのは、『正法眼蔵』の序章とも言える「弁道話」の一部で、古来「弁道話」は、『正法眼蔵』の中でも特に重視されてきました。「弁道」とは、直接には「道を説き明かすこと」、あるいは「道をよく理解すること」という意味ですが、この場合は「仏道修行」と理解してよいでしょう。そしてそれは道元にとっては坐禅そのものですから、「弁道話」の主題は、「坐禅とは何か」ということになるわけです。

　「弁道話」の前半には、「参見知識《さんけんちしき》（優れた師に就いて学ぶこと）のはじめより、さらに焼香、礼拝《らいはい》、念仏、修懺《しゅさん》、看経《かんきん》をもちゐず。たゞし打坐して身心脱落《しんじんとつらく》することを得よ」と、坐禅以外の信仰的行為は一切不要であると説かれています。そしてさらに読経や念仏について、「口声《くしょう》を暇なくせる、春の田の蛙の、昼夜に鳴くが如し。つひに又益なし」とまで言い切っています。法然や日蓮が聞いたら何と言ったでしょうか。

「身心脱落《しんじんとつらく》」は、一般的には、身体と心の力を抜いてリラックスすることと理解されることがあります。しかし本来は「心も身も抜け落ちる」という意味ですから、身体も心もすべての束縛から解き放たれた、無我の境地に達することです。ですから悟りを得たいという自己すら悟りを妨げることになります。しかしここまで来ると、もう「凡慮《ぼんりょ》の及ぶ」ところではなく、理屈で理解できるものではありません。禅の悟りを言葉で理詰めに説明できたとしたら、それはもう悟りではなくなっているのでしょう。

そして「弁道話」の後半では、坐禅の他に悟りに至る門はなく、また坐禅が悟りそのものであることを、十八の問答により説いています。ここに載せた第一問では、坐禅こそ悟りに至る正門であること。第二問では、坐禅が正門である根拠が説かれています。釈迦は六年間の苦行の末、七日七夜の坐禅により悟りに至りました。達磨は「面壁《めんぺき》九歳」と称して、九年の坐禅の末に悟りに至りました。「達磨さん」に足がないのは、坐禅に専念する姿を表しています。

第三問では、坐禅は空しく坐っていることではなく、既に仏の自由な境地で安坐しているのであると説かれています。一般的に坐禅というものは、瞑想や精神統一により悟りに到るための手段であると考えられていますが、道元は、坐禅は悟りに至る「正門」であると同時に、悟りは坐禅の修行そのものの中にある、或いは坐禅は悟りそのものであるとも説いているのです。

なお一般には「坐禅」と「座禅」が混用されることがありますが、歴史的には「坐禅」と表記されてきました。また「修行」と「修業」も同様ですが、宗教的な場合は「修行」、技術習得の場合は「修業」と表記します。

新古今和歌集——しんこきんわかしゅう

（主要テキスト：「新日本古典文学大系」『新古今和歌集』）

原文

①ほの〴〵と春こそ空にきにけらし天の香久山霞たなびく
太上天皇

②心なき身にもあはれは知られけり鴫《しぎ》立つ沢の秋の夕暮
西行法師

③春の夜の夢の浮橋とだえして峰にわかるゝ横雲の空
藤原定家朝臣

④かへり来ぬ昔を今の思ひねの夢の枕ににほふ橘
式子《しょくし》内親王

⑤きり〴〵す鳴くや霜夜のさむしろに衣片敷き独りかもねむ
摂政太政大臣

現代語訳

①ほのかに夜が明けて、春はまず空にやってきたようだ。（天から降ってきたという）天の香具山に霞がたなびいている

②もののあわれなどわかる心もない私でも、わかることだ。鴫《しぎ》が飛び立つ沢辺の秋の夕暮の、しみじみとした情趣を

③春の夜の儚い夢が途切れてふと目を覚ますと、ちょうど横にたなびく雲が、峰から離れていこうとしている

④戻れるものなら昔に戻りたいと、思いつつ眠る枕辺に、昔を思い起こさせる花橘の香が漂ってくる

⑤こおろぎが鳴き、霜の降る寒い夜、狭い筵の上に衣の片袖を敷き、一人で寂しく寝るのだろうか

『新古今和歌集《しんこきんわかしゅう》』は、後鳥羽上皇（一一八〇～一二三九）の命による、第八番目の勅撰和歌集で、約二千首が収められています。後鳥羽上皇が撰進を命じたのは建仁元年（一二〇一年）で、建保四年（一二一六）末には編纂は一応終わっていました。しかし上皇は、承久の乱により隠岐に流されてからも、自ら改訂を進める程の熱の入れようでした。

『新古今和歌集《しんこきんわかしゅう》』は、後鳥羽上皇（一一八〇～一二三九）の命による、第八番目の勅撰和歌集で、約二千首が収められています。後鳥羽上皇が撰進を命じたのは建仁元年（一二〇一年）で、建保四年（一二一六）末には編纂は一応終わっていました。しかし上皇は、承久の乱により隠岐に流されてからも、自ら改訂を進める程の熱の入れようでした。
歌風は、体言止め、三句切れ、本歌取りなどの修辞法による余情のある表現が特徴で、「幽玄」や「有心《うしん》」と呼ばれる情趣が尊ばれました。そしてこの幽玄や有心の美的概念が、室町時代以後は「侘び」「さび」に発展して行くことになります。技巧的な歌が多いのは、予《あらかじ》め題が与えられて詠む題詠の歌が多いことと関係がありそうです。題詠では、何を詠むかではなく、如何に詠むかにより、他の歌人と差別化されるからでしょう。代表的歌人としては、九四首入集の西行をはじめとして、慈円・藤原俊成・藤原定家・藤原家隆・寂蓮・後鳥羽上皇・式子内親王らがよく知られています。

---

①は、最終的な撰者である後鳥羽上皇の御製で、大どかで如何にも王者の風格があります。柿本人麻呂の「ひさかたの天の香具山この夕べ霞たなびく春立つらしも」を本歌としていて、『新古今和歌集』の特徴である本歌取りの例として選びました。春霞は『古今和歌集』以来、春が立つことを最初に示す徴《しるし》と理解されていました。また「伊予国風土記逸文」と「阿波国風土記逸文」には、香具山が天から降りてきたという伝承があります。それでそれをも踏まえて、「霞がたなびき、春がまずは空に来た」と詠んだところが見せ場です。

②は、『新古今和歌集』に最も多く入集した歌人である西行の歌です。この歌の評価を依頼された、『千載和歌集』の撰者である藤原俊成は、「心幽玄に、すがた及びがたし」（『御裳濯川《みもすそがわ》歌合』）と評しました。「姿が及ばない」とは、歌の形が今一つという事なのでしょうか。どこが及ばないのか具体的にはよくわかりませんが、しかし「幽玄」という言葉には注目しておきましょう。「幽」は「かすか」とも読み、かすかで奥深いこと、「玄」は「くろ」とも読み、暗く奥深いことです。ですから「幽玄」とは、取り立てて見るべき物はなくとも、優雅で気品があり、曰く言い難い奥深い情趣や余情があることを意味しています。古くからある言葉はあるのですが、藤原俊成が和歌を評価する言葉としてしばしば用い、美的概念を表す言葉として確立されました。「心」

とは、歌人の人間的深みや自然を理解解する洗練されたセンスなのですが、「心なき身」は西行の謙遜で、もちろん西行はそのような「心」を十分に持ち合わせています。この歌は『新古今和歌集』の特徴である幽玄と、三句切れ・体言止めの例であり、西行の名歌として選びました。

『新古今和歌集』には、「秋の夕暮」を詠んだ歌がずらりと並んでいて、特にこの歌とその前後の歌は、結句が「……秋の夕暮」となっていて、「三夕の歌」と称してよく知られています。鴨長明の歌論書である『無名抄』の「近代古体事」には、「秋の夕暮のけしきは、色もなく声もなし。いづくにいかなる故あるべしとも覚えねど、すゞろに（わけもなく）涙こぼるゝがごとし」と記されています。「秋の夕暮」は幽玄を表す歌の素材として相応しく、鎌倉時代には歌言葉として定着していたことがわかります。

③は、編纂の中心となった藤原定家の歌で、彼が提唱した「有心《うしん》」をよく表しています。「有心」は「無心」の反対語で、奥深い情趣や余情があることは幽玄と同じなのですが、幽玄が枯れて静寂な印象であるのに対して、有心は妖艶《ようえん》な美しさを漂わせている印象があるところが少々異なります。目覚めた時に見えた雲がたなびく景色を詠んでいるのですが、「春の夜の夢」に恋が暗示され、「浮橋がとだえる」ことに、恋が成就しないもどかしさを感じられ、この辺に妖艶な美しさがあります。

④は、『新古今和歌集』で女性では最も多く入集している式子《しょくし》内親王（後白河天皇皇女）の歌です。花橘の香が懐旧の情、を呼び覚ますという理解、わけてもかつての恋を思い出させるという理解は、『伊勢物語』第六〇段の「五月待つ花橘の香をかげば昔の人の袖の香ぞする」以来のもので、これを本歌としています。ですからどこにも直接に「恋」を詠まなくても、本歌の情趣を重ねることにより、昔の恋を偲んで詠んだ歌と理解でき、効果的な本歌取りのよい例と言うことができるでしょう。他に式子内親王の名歌としては、百人一首に収められている「玉の緒《お》よ絶えねば絶えねながらへば忍ぶることの弱りもぞする」という情熱的な歌が知られています。

⑤は、九条兼実の子で、摂政・太政大臣となった九条良経《よしつね》の歌です。彼は『新古今和歌集』の仮名序を書いています。この歌は本歌取りの典型として知られ、いくつかの本歌が思い浮かびます。「あしびきの山鳥の尾のしだり尾の長々し夜をひとりかも寝む」（『万葉集』二八〇二番歌）、「さむしろに衣片敷き今宵もや恋しき人に逢はでのみ寝む」（『伊勢物語』）などがあるのですが、本歌取りもここまでになると、古歌の知識を試されているようなものです。

なおこの「きりぎりす」は、現在のコオロギのことです。そもそもキリギリスは夜には鳴きません。

金槐和歌集——きんかいわかしゅう

（主要テキスト：「日本古典文学大系」『金槐和歌集』）

原文

正月一日詠める

①けさ見れば山も霞みてひさかたの天の原より春は来にけり

道のほとりに、幼き童《わらわ》の母を尋ねていたく泣くを、そのあたりの人に尋ねしかば、「父母なむ身罷《みまか》りにし」と答へ侍りしを聞きて詠める

②いとほしや見るに涙もとゞまらず親もなき子の母を尋ぬる

建暦元年七月、洪水天に浸《はびこ》り、土民愁嘆《しゅうたん》せむことを思ひて、独り本尊に向ひ奉り聊《いささ》か祈念を致して曰く

③時により過ぐれば民の嘆きなり八大龍王雨やめたまへ

箱根の山をうち出でゝみれば、波の寄る小島あり。

現代語訳

正月一日に詠んだ歌

①今朝遙かに眺めると、山が霞んでいる。春は大空からやって来たのだ

道の辺に、幼児が母を求めてひどく泣いているので、その辺にいる人にわけを尋ねたところ、「父母が亡くなったので」と答えたのを聞いて詠んだ歌

②可愛そうなことだ。見ていると涙を堰《せ》くことができない。親を失った幼児が、母を捜し求めているのは

建暦元年（一二一一）七月、大雨で洪水になると、庶民が嘆き悲しむであろうと思い、一人で御仏を拝し、少しでも雨のやむことを祈って

③時によって度を過ぎては、却って民衆を嘆かせることになってしまう。（水神の）八大龍王よ、雨を降らせるのをお止め下され

箱根山を越えて（海の見わたせる所に）出て見ると、波の寄せ来る小島があった。「供のよ、この海の名

「供の者、この海の名は知るや」と尋ねしかば、「伊豆の海となむ申す」と答へ侍りしを聞きて

④箱根路をわれ越えくれば伊豆の海や沖の小島に波の寄る見ゆ

太上天皇の御書下し預りし時の歌

⑤山は裂け海は浅《あ》せなむ世なりとも君に二心わがあらめやも

を知っているか」と尋ねたところ、「伊豆の海とこそ申します」と答えたのを聞いて

④箱根の山路を越えて来ると、伊豆の海の沖の小島に、波が打ち寄せるのが見えることだ

後鳥羽上皇の御手紙を賜った時に詠んだ歌

⑤山が裂けて崩れ、海が干上がってしまう世となっても、上皇様に二心を懐くようなことは、決してございません

解説

『金槐和歌集《きんかいわかしゅう》』は、源実朝（一一九二～一二一九）の和歌集です。藤原定家が書写させた伝本の奥書によれば、建暦三年（一二一三）、実朝二二歳の時に、実朝自ら撰したとされ、六六三首が収められています。書名は一般には、「金」が「鎌倉」、「槐」が「槐門」、つまり大臣のことを表すので、「鎌倉の右大臣の家集」の意味であるとされていますが、もちろん後世の呼称です。

「槐」は「えんじゅ」と訓み、古代中国では「大臣」の象徴とされていました。エンジュは現在でも普通に街路樹となっているマメ科の樹木で、同じ仲間のハリエンジュは「ニセアカシア」とも呼ばれ、歌謡曲や童謡では「あかしあ」と歌われています。ハリエンジュは五月上旬に芳香のある真白い藤の花のような花を、枝一杯に咲かせます。「槐」が樹木であるとわかれば、「金塊和歌集」とは書かないでしょう。

鎌倉幕府の歴史書である『吾妻鏡』には、実朝と和歌の関わりについて、多くの記述があります。十四歳の年には、十二首の歌を詠み（元久二年四月）、いち早く披露前の『新古今和歌集』を贈られ（同年九月）、十七歳の年に『古今和歌集』を手に入れ（承元二年五月）、十八歳で藤原定家に自詠三十首を送って指導を受け（承元三年七月）、二二歳の年に定家から定家の著した歌論書らしき「和歌文書」や『万葉集』を贈られ（建暦三年八・十一月）、「御入興《ごじゅきょう》の外《ほか》、他無し」、

「御賞翫の他無し。重宝、之《これ》何物に過ぐる乎《か》」と大喜びしている様子が記されています。

当時の鎌倉には、実朝に和歌を指導できる程の歌人は居なかったでしょうから、実朝は『万葉集』『古今和歌集』『新古今和歌集』から直に学びました。一般に実朝の歌は万葉調であると評されるのですが、それは事実とは異なります。実際にはそれらの三歌集から、定家が苦言を呈する程に過剰な本歌取りをしていて、決して万葉調ばかりではありません。

中には三歌集の歌に酷似している歌もあり、初期の習作と考えられます。いくつか御紹介しましょう。「奥山の岩根に生《お》ふる菅の根のねもころぐに降れる白雪」は、『万葉集』の「高山の巌《いわお》に生ふる菅の根のねもころぐに降り置く白雪」の模倣です。「水鳥の鴨の浮き寝のうきながら玉藻の床に幾夜《いくよ》経ぬらむ」は、『新古今和歌集』の「水鳥の鴨の浮き寝のうきながら波の枕に幾夜経ぬらむ」の第四句以外は全く同じです。またこれ程似ていなくても、特徴のある歌言葉で、本歌が直ぐに思い浮かぶ歌はいくつもあります。これをどのように評価するかは意見の分かれるところですが、都から遠く離れ、身近に指導してくれる歌人もいない境遇で、模倣してでも三歌集から独りで学び取ろうとしている過程と考えれば、やむを得なかったでしょうし、また好感を持てます。

ここに載せたのは、いずれもよく知られているものばかりです。①は巻頭歌で、巻頭に春霞を詠むことは、『古今和歌集』の模倣です。②は両親を失った幼子を憐れむ歌ですが、その優しい心は現代人の感覚と全く同じであり、これが武家の棟梁の歌とは思えません。③は民を苦しめる長雨の止むことを仏に祈る歌ですが、為政者の立場もさることながら、②にも共通する繊細で優しい心が滲み出ています。④には具体的な詞書があり、状況がよくわかります。大らかな万葉調の歌で、『万葉集』巻十（二一八五番歌）の「大坂をわが越え来れば二上に……」を下敷きにしたものでしょう。「箱根山を出《いず》ると伊豆《いず》の海が見えた」というのは、ひょっとしたらギャグかもしれません。そうなら面白いのですが。⑤は巻末歌で、後鳥羽上皇から御書を賜り、畏敬の念を詠んでいます。この歌をわざわざ巻末に置いたのには、それなりの意図があるはずで、実朝の忠誠心の顕れでしょう。しかし実朝暗殺の翌々年、後鳥羽上皇が北条義時追討を命じた承久の乱が起きるのは、何とも皮肉と言うしかありません。

十訓抄――じっきんしょう

原文

昔、元正天皇の御時《おんとき》、美濃国に貧しく賤しき男ありけるが、老たる父を持ちたり。此《こ》の男、山の草木を取りて、其《そ》の直《あたい》を得て、父を養ひけり。此の父、朝夕あながちに酒を愛《め》で欲しがる。これによって男、生瓢《なりひさご》といふ物を腰に付けて、酒を沽《う》る家に行きて、常に是《これ》を乞ひて父を養ふ。

ある時、山に入りて薪を取らんとするに、苔深き石に滑りて、うつぶしに転《まろ》びたりけるに、酒の香しければ、思はずにあやしくて、その辺《あたり》を見るに、石の中より水の流れ出づる事あり。其の色、酒に似たり。汲みて舐《な》むるに、めでたき酒なり。嬉しく覚えて、その後、日々に是を汲みて、飽《あ》くまで父を養ふ。

時に帝《みかど》、此の事を聞こし召して、霊亀三年九月に、その所へ行幸《みゆき》ありて御覧じけり。是則《すなわ》ち至孝の故に、天神地祇《てんじんちぎ》あはれみて、其の徳を顕《あらわ》すと感ぜさせ給ひて、後に美濃守《みののかみ》になされにけり。其の酒の出づる所をば養老の滝とぞ申す。且《かつ》は之《これ》によりて、同じ十一月に、年号を養老

現代語訳

昔、元正天皇の御代に、美濃国に貧しく賤しい男がいて、年老いた父をもっていた。この男は山の草木を採っては（町で）売り、老父の世話をしていた。その父は並外れて酒を好み、朝に夕に飲みたがる。それで男は、成瓢《なりひさご》（瓢箪《ひょうたん》）という物を腰に提《さ》げて酒屋に行き、常に酒を買い求めては父に飲ませていた。

ある時、山に分け入って薪を採ろうとしたところ、苔むした石に足を滑らせ、うつ伏せに転んでしまった。ところが酒の臭いがするので、不思議に思ってその辺りを見回すと、岩の間から水が溢れ出ている。その色は酒の色に似ているので、汲んで舐《な》めてみたところ、素晴しい酒ではないか。それで大層喜び、それからは毎日これを汲んでは、父が満足するまで飲ませて孝養した。

その頃、帝はこのことをお聞きになり、霊亀三年（七一七）の九月、そこをお訪ねになり、御覧になられた。そして孝養を尽くしていることに天地の神が感応したことを、孝の徳を顕すものと帝が感心され、その男を美濃の国司に任命された。そしてその酒の溢れ出る所を、「養老の滝」と名付けられた。またこれにより同年十一月に、年号

とぞ改められける。

を（霊亀から）養老へと改元されたということである。

解説

『十訓抄《じっきんしょう》』は、鎌倉時代中期の建長四年（一二五二）に成立した教訓的説話集で、二八〇余の説話から成っています。著者は六波羅探題の北条長時に仕えた湯浅宗業《むねなり》らしいという説が有力です。序文には、「善き方《かた》をばこれを勧め、悪《あ》しき筋をばこれを誡《いまし》めつゝ、いまだ此の道を学び知らざらん少年のたぐひをして、心をつくる便《たより》となさしめんがために、試みに十段の篇を分ちて十訓抄と名づく」と記されていますから、年少者のための教訓とすることを目的として、編纂されたことがわかります。

その「十段」とは、①「人に恵を施すべき事」、②「驕慢《きょうまん》を離るべきこと」、③「人倫を侮るべからざる事」、④「人の上の多言等を誡《いまし》むべき事」、⑤「朋友を撰ぶべき事」、⑥「忠信廉直《れんちょく》を存ずべき事」、⑦「思慮を専らにすべき事」、⑧「諸事に堪忍すべき事」、⑨「怨望《えんぼう》を（妬み怨むこと）停《とど》むべき事」、⑩「才能芸業を庶幾《しょき》（こいねがう）すべき事」から成っています。

ここに載せたのは、「忠信廉直《れんちょく》を存ずべき事」の「養老孝子の事」という話なのですが、確かな典拠があります。『続日本紀』の養老元年（七一七）十一月十七日には、元正天皇の詔が次のように記されています。

「朕、今年九月を以て美濃国不破の行宮《かりみや》に到る。留連《りゅうれん》すること数日。因《より》て多耆《たぎ》郡多度《たど》山の美泉を覧《み》て、自《みずか》ら手面《おもて》を盥《あら》ひしに、皮膚滑《ぬめ》らかなるが如し。亦、痛き処を洗ひしに、除き愈《い》えずといふこと無し。朕の躬《み》に在りては、甚《はなは》だその験《しるし》有りき。或は就《つい》て之を飲み浴する者は、或《ある》は白髪黒に反《かえ》り、或は頽髪《たいはつ》（くずれた髪）更《さら》に生《お》ひ、或は闇《おぼつかな》き目明らかなるが如し。自余《そのほか》の痼疾《こしつ》（病気）、咸《ことごと》く皆平愈《へいゆ》（平癒）せり。昔聞く、『後漢の光武（光武帝）の時、醴泉《れいせん》（甘い味のする湧水）出でたり。之を飲みし者は痼疾皆愈えたり』と。符瑞書《ふずいしょ》（瑞祥について記した書物）に曰はく、『醴泉は美泉なり。以て老を養ふべし。蓋《けだ》し（思うに）水の精也』と。寔《まこと》に惟《おもんみ》るに、美泉は即ち大瑞に合《かな》へり。朕、庸虚《ようきょ》（愚かなこと）と雖も、何ぞ天の貺《たまもの》に違《たが》はん。天下に大赦し、霊亀三年を改めて養老元年とすべし」。

そして改元だけではなく、全国の八〇歳以上の老人には位一階を授け、八〇～一〇〇歳以上の老人には、年齢に応じて絁《あしぎぬ》・綿（真綿）・布・粟などを与え、身寄りのない者や病人や自活できない者を救済するようにと、まさに「養老」の実践が命じられています。

また『万葉集』には、「古従《いにしえゆ》（古来）人の言ひける老人《おいひと》の変若《お》つ（若返る）といふ水ぞ名に負ふ（その名に相応しい）瀧の瀬」（一〇三四）という歌があり、「養老の滝」の故事はよく知られていました。岐阜県には現在も多度山がありますが、もちろん元正天皇ゆかりの湧水を特定することはできません。

このような不思議な自然現象は、天が徳政に感応して地上に出現させた瑞祥と信じられ、唐の玄宗皇帝の勅命により編纂された『大唐六典《りくてん》』には、各種の瑞祥が大・上・中・下瑞の四段階に分けられていて、十世紀の初期の法令集である『延喜式』の治部省式には、ほぼ丸写しに載せられています。それによれば、「醴泉《れいせん》」は最上位の「大瑞」に分類されています。

『十訓抄』では醴泉が酒になっていますが、日付は正確に写されていますから、編纂の過程で、編者が教訓的な親孝行の話に改作したのでしょう。なお岐阜県の多度山のある町は、「養老町」が町名となっています。また「養老乃瀧」という名前の居酒屋があることはよく知られています。

奈良時代までの改元

大化	645年	最初の年号
白雉	650	長門国より白雉献上
大宝	701	対馬国より金献上
慶雲	704	備後国より神馬献上，瑞雲出現
和銅	708	武蔵国より和銅献上，和同開珎鋳造，遷都の詔
霊亀	715	左京職が瑞亀献上
養老	717	美濃国の美泉で元正天皇の病治癒
神亀	724	前年，白亀献上
天平	729	藤原麻呂が甲羅に「天王貴平知百年」の文のある亀献上
天平感宝	749	陸奥国より金献上，大仏鍍金用
天平勝宝	749	孝謙天皇即位
天平宝字	757	孝謙天皇の部屋の帳に「天下太平」の文字出現 宮中の蚕が産み付けた卵が「……天皇命百年息」の文を成す
天平神護	765	恵美押勝の乱が神護により平定
神護景雲	767	五色の瑞雲出現
宝亀	770	肥後国より白亀献上
天応	781	瑞雲出現
延暦	782	桓武天皇即位

古今著聞集——ここんちょもんじゅう

（主要テキスト：「日本古典文学大系」『古今著聞集』）

原文

嵯峨天皇と弘法大師と、つねに御手跡《ごしゅせき》を争はせ給ひけり。或る時、御手本あまた取出させ給ひて、大師に見せ参らせられけり。その中に殊勝の一巻ありけるを、天皇仰事《おおせごと》有けるは、「是《これ》は唐人の手跡なり。その名を知らず。いかにもかくは学びがたし。めでたき重宝《ちょうほう》なり」と、頻《しきり》に御秘蔵ありけるを、大師よく〳〵言はせまゐらせて後、「是は空海が仕《つこ》うまつりて候ふ物を」と、奏せさせ給ひたりければ、天皇さらに御信用なし。大きに御不審ありて、「いかでかさる事あらん。当時書かるゝ様に、甚《はなは》だ異《い》するなり。梯《はし》立てゝも及ぶべからず」と勅定《ちょくじょう》有ければ、大師、「御不審、まことに其《その》いはれ候。軸を放ちてあはせ目を御叡覧《えいらん》候べし」と申させ給ひければ、則《すなわち》放ちて御覧ずるに、「其年《そのとし》其日、青龍寺において之《これ》を書す、沙門《しゃもん》空海」と記せられたり。

天皇此時御信仰有て、「誠に我にはまさられたりけり。それにとて、いかにかく当時の勢《いきお》ひには、ふつと変はり

現代語訳

嵯峨天皇と弘法大師とは、常々書の巧みさを競っていらっしゃいました。ある時、天皇がお手本としている書跡を多数取り出され、大師にお見せになりました。その中に殊の外勝《ほかすぐ》れた一巻があり、天皇は、「これは唐人が書いた書跡である。その名は知らないが、とてもこのように書くことはできない。実に素晴しい宝物である」と仰せられて、頻りに珍重している御様子でした。大師は、存分に天皇にお話しさせておいてから、「実はこれは空海が書いたものでございますが」と申し上げたのですが、天皇は全く御信用にはなりません。そして大層御不審の様子で、「どうしてそのようなことがあるだろうか。近頃（「当時」は「今の」という意味）そなたの書いているものとは全く異なっているではないか。梯子《はしご》を掛けても及ぶものではない」と仰せられました。すると大師は「御不審はもっともなことではございますが、軸を紙から外して、紙の合わせ目を御覧下さい」と申し上げました。そこで天皇が軸を外して御覧になられると、「某年某月、青龍寺においてこれを書す、沙門（僧）空海」と書いてあるではありませんか。

さすがに天皇はようやく御信用になられ、「まことにそ

たるぞ」と尋ね仰られければ、「其事は国によりて、書替へて候也。唐土《もろこし》は大国なれば、所に相応して勢《いきおい》かくの如し。日本は小国なれば、それに従ひて、当時のやうを仕《つこ》うまつり候也」と申させ給ひければ、天皇大きに恥ぢさせ給ひて、其後は御手跡あらそひもなかりけり。

なたは我より勝《まさ》っておる。しかしそれにしても、なぜ今の筆勢とは全く違っているのか」とお尋ねになられましたので、大師は「それは国により書きかえているからでございます。唐は大国でありますので、それに相応しくこのような筆勢で書けるのでございます。日本は小国でございますので、それに合わせて今のような書き方になってしまうのでございます」と申し上げました。それで天皇は大いに恥じ入られ、その後は二度と大師と書跡のことで競うことはなくなりました。

解説

『古今著聞集《ここんちょもんじゅう》』は、鎌倉時代中期の建長六年（一二五四）、橘成季《たちばなのなりすえ》（?〜?）により編纂された説話集で、「著聞」とは「よく知られた話」という意味です。成季は、鎌倉幕府第四代将軍九条頼経の父である関白九条道家に仕えたことがあり、国司などを歴任し、文武両道に秀でた中級官僚です。編纂の目的について、跋文《ばつぶん》に「いにしへより善きことも悪しきことも記《しる》しおき侍らずば、誰か古きを慕ふ情《なさけ》を残し侍るべき」と記されています。編纂に際しては、平安時代の貴族の日記などを丹念に読んだり、多くの人から直接取材するなどして、誠実に材料を集めています。現在伝えられている二〇巻本には、七二六もの説話が収録されていて、平安時代末期の説話集である『今昔物語集』の一〇〇〇余話に次ぐ大説話集です。

『古今著聞集』は類別に巻が立てられ、また年代順に整然と並べられています。その題目の分類は、神祇《じんぎ》（神道）・釈教（仏教）・政道忠臣と公事（政治）・文学・和歌・管弦歌舞・能書（書道）と術道・孝行恩愛と好色・武勇と弓箭《きゅうせん》・馬芸と相撲強力《すまいごうりき》・図画と蹴鞠《けまり》・博奕《ばくち》と偸盗《ちゅうとう》（窃盗）・祝言《しゅうげん》（祝儀）と哀傷・遊覧・宿執（年来の確執）と闘諍《とうじょう》（争い）・興言利口（座興話）・怪異と変化《へんげ》・飲食・草木・魚虫禽獣・跋文《ばつぶん》（後書き）、等々実に幅が広いものです。登場するのは、天皇・貴族・役人・僧侶・芸術家・詐欺師・盗賊から、果ては天狗・鬼、さらには犬や猿に及び、古くから歴史的逸話の宝庫として、広く親しまれてきました。

ここに載せたのは、巻七の「嵯峨天皇、弘法大師と手跡を争ふ事」という話です。嵯峨天皇は漢詩文や唐風書道などの唐風文化に、格別に造詣が深かったのですが、空海はそれ以上に本場仕込みの唐風文化の教養を身に付けていましたから、歴然とした身分の差がありながら、共通の話題により親しく交わりました。それにしても空海には、どこか人を喰ったような性癖があり、「空海ならさもありなん」と思える逸話です。嵯峨天皇も、「初めからそう言えばよいものを、空海は人が悪い」と思ったことでしょう。

ここに載せた逸話が決してあり得ない話ではないことは、『経国集』という勅撰漢詩集に、「海公（空海）と茶を飲み、山に帰るを送る」という、嵯峨天皇の詩が収められていることでも察しが付きます。それは「道俗相分れて数年を経たり、今秋晤語《ごご》（向き合って話すこと）するも亦た良縁。香茶《こうさ》酌《く》み罷《や》みて日云《ここ》に暮れ、稽首《けいしゅ》（深々と礼をすること）して離を傷《いた》み雲煙を望む」という詩です。これは二人が喫茶歓談して夕暮となり、高野山に帰る空海を見送る時に、別れを惜しんで嵯峨天皇が詠んだものです。「雲煙を望む」というのですから、姿が見えなくなるまで嵯峨天皇が空海を見送ったのでしょうか。立場上、実際にそこまではしなくても、気持ちとしてはそうなのでしょう。天皇と僧侶という身分立場を隔ててはいても、二人はまるで茶飲み友達ではありませんか。

『古今著聞集』にはこの話に続き、空海が大内裏の門の額を書く話が載せられています。大内裏の十二の門のうち、南面の三門は弘法大師が、西面の三門は小野美材《よしき》が、北面の三門は、空海と共に入唐した橘逸勢《たちばなのはやなり》が嵯峨天皇の命によって書き、東面の三門は嵯峨天皇が親しく書きました。後に三跡（三蹟）に数えられる小野道風が空海の書いた額を見て、「美福門は田広し」（福の字の田が横広過ぎてバランスが悪い）。「朱雀門は米雀門」（朱の字が米の字のようで、米雀門に見える）と嘲《あざけ》ったので、「やがて中風して、手わなゝきて、手跡も異様に」なりました。そこで勅により額の修飾を命じられた三跡の一人藤原行成が、弘法大師像に香華《こうげ》を献げ、祭文を読んでから修理をしたという話です。

ここには期せずして、三筆の嵯峨天皇・空海・橘逸勢と、三跡（三蹟）の小野道風と藤原行成が登場しています。ただし「三筆」という言葉が当時からあったわけではありません。「三筆」「三跡」という言葉の初見は、恐らく江戸時代の元禄五年（一六九二）に出版された『和漢名数』あたりが最初でしょう。しかし「三筆」「三跡」という名数の本になる能筆家としての評価が、当時からあったということになります。

道風が中風になったとされたのは、彼の筆跡が震えているように見え、「道風の震《ふる》ひ筆」と言われたことによっています。室町時代の『鉢かづき』という御伽草子に、「御筆のすさび、道風のふるひ筆もかくやらんと、目をおどろかすばかりなり」と記されていますから、実際にはともかく、そのような伝承が鎌倉時代からあったようです。

十六夜日記——いざよいにっき

（主要テキスト：「岩波文庫」『十六夜日記』）

原文

（十月）廿八日、伊豆の国府《こう》を出でゝ、箱根路にかゝる。いまだ夜深かりければ、

玉くしげ箱根の山を急げどもなほ明けがたき横雲の空

足柄の山は道遠しとて、箱根路にかゝるなりけり。

ゆかしさよそなたの雲をそばだてゝよそになしつる足柄の山

いと険《さか》しき山を下る。人の足もとゞまりがたし。湯坂とぞいふなる。辛《かろ》うじて越え果てたれば、麓《ふもと》に早川といふ川あり。まことにいとはやし。木の多く流るゝを、「いかに」と問へば、「海人《あま》の藻塩木《もしおぎ》を、浦へ出さむとて流す也」と言ふ。

東路《あずまじ》の湯坂を越えて見渡せば塩木流るゝ早川の水

湯坂より浦に出でゝ、日暮れかゝるに、猶《なお》泊るべき所遠し。伊豆の大島まで見渡さるゝ海面《うみづら》を、「いづことか言ふ」と問へば、知りたる人もなし。海人《あま》の家のみぞある。

海人の住むその里の名も白浪のよする渚《なぎさ》に宿や借ら

現代語訳

（弘安二年十月）二八日、伊豆の国府を出発して、箱根峠越えの山路にさし掛かります。まだ夜が深いので、「箱根の山路を急いだが、まだ（箱の蓋《ふた》が開《あ》かないように）夜が明けきらず、空には横雲がたなびいている」と詠みました。（「玉くしげ」は櫛を入れる箱のことで、「箱」に掛かる枕詞、「明け」は「開け」に通じ、「箱」の縁語）。足柄越えの山路は（箱根越えより）遠回りなので、（険しくても近道の）箱根越えの路に掛るわけです。「さても心ひかれる事だ（見たいものだ）。そちらの方角の雲を聳《そび》え立たせて（足柄越えの路を隠し）、私に無縁の他所《よそ》の山にしてしまった足柄の山よ」と詠みました。

（箱根峠を越え）大層険しい山路を下ります。（急勾配で）立ち止まることすらできません。湯坂というのだそうです。やっとのことで坂を降りきったところ、麓には早川という川があります。（その名の如く）実に流れの速い川です。多くの木材が流れているので、なぜかと問うたところ、漁民が塩を採るための（塩水を煮詰める燃料の）藻塩木《もしおぎ》を、海辺まで出すために流すということです。そこで「東国に至る東路の、湯坂を越えて見渡したところ、藻塩木が流れ下

まし
鞠子《まりこ》川といふ川を、いと暗くてたどり渡る。今宵は酒匂《さかわ》といふ所にとゞまる。「あすは鎌倉へ入《いる》べし」と言ふ也。

る、その名も早川という急流である」と詠みました。

湯坂から海辺まで来ると、日が暮れかけているのに、泊まる予定の宿はまだ遠いのです。伊豆の大島まで見通せる海辺で、何という所かと（従者に）尋ねても、誰も知りません。漁民の家ばかりがあるのです。そこで「漁民の住むその名も知らない里の、白波ばかりが寄せくる海辺に、宿を借りることになるのだろうか」と詠みました。

鞠子《まりこ》川（酒匂川）という川を、とても暗いので探るようにして渡ります。今夜は酒匂《さかわ》という所に宿ります。「明日はいよいよ鎌倉に着くことになるだろう」とのことです。

解説

『十六夜日記《いざよいにっき》』は、藤原為家《ためいえ》（定家の子）の側室である阿仏尼《あぶつに》（一二二二?〜一二八三）が、弘安二年（一二七九）十月十六日に京を発ち、同月二九日に鎌倉に着くまでの十四日間の道中記と、鎌倉に着いてからの生活や、訴訟の勝訴を祈る長歌から成っています。当時の世の慣《なら》いで、女性である阿仏尼の本名はわかりません。阿仏尼は歌道の名門の藤原為家の妻というだけでなく、彼女自身も優れた歌人で、歌枕を見るごとに歌が詠まれ、また旅情が簡潔に描写されています。

「十六夜《いざよい》」とは、満月の翌日の月のことです。あくまで平均値ですが、月の出は日ごとに五十分前後遅くなります（1日24時間÷1朔望月29・5日）。「いざよふ」とは「進むことをためらう」という意味で、月が出るのをためらっていると理解して、十六日の月を「いざよひの月」と呼ぶわけです。書名は十六日に京を出立したことに因み、後世に名付けられました。

阿仏尼が旅に出た理由は、相続問題で鎌倉幕府に訴えるためでした。夫の為家は、正妻の子の為氏に播磨国細川荘を譲ったのですが、「不孝」を理由に相続を取り消し、阿仏尼との子である為相《ためすけ》に、藤原定家の日記である『明月記』などの文書と共に譲る譲状を書きました。このように親が一旦認めた相続を取消して他に譲ることは「悔返《くいかえし》」と呼ばれ、武家法である御成敗式目では、親の正当な権利として認められていました。しかし公家法では認められていません。そこで為家没後、為氏は公家法を根拠に引き渡しを拒みます。そこで阿仏尼は鎌倉幕府に直訴するべく、為家没の四年後、従者を伴って鎌倉に下ったのです。

判決は阿仏尼の没後も二転三転し、最終的には為相が勝訴するのですが、阿仏尼が鎌倉に下ってから三四年後の正和《しょうわ》二年（一三一三）の事で、時に為相は五一歳でした。しかしこのような経緯から、為相の娘が鎌倉の親王将軍である久明《ひさあき》親王の妃となったり、為相自身も鎌倉歌壇の指導者となり、鎌倉で亡くなっています。その後為相の家は「冷泉家」を称し、現在もなお京都に現存唯一の公家住宅や多くの古典籍を伝えています。『明月記』が現在まで伝えられたのは、阿仏尼の執念があったからかもしれません。

為相の墓と伝えられる宝篋印塔《ほうきょういんとう》は、今も鎌倉の浄光明寺《じょうこうみょうじ》にあります。そして横須賀線の線路を挟んで向かい合う英勝寺のそばには、相互に直接には視認できませんが、阿仏尼の供養塔があり、台座には「阿仏」と刻まれています。

ここに載せたのは、箱根越えの場面です。前日に宿泊したのは、現在の三島市にあった伊豆の国府でした。ここからは東海道最大の難所である箱根峠か、金太郎で知られた足柄峠を越えなければなりません。足柄越えは箱根越えより傾斜がやや緩いのですが、旅程が一日長くなります。箱根越えならば山中に宿駅はなく、三島から次の酒匂まで、三六kmを一気に一日で踏破しなければなりません。坂道ですから時速三kmと仮定して、半日でも足りない行程です。新暦なら十二月三日のことですから、高齢の女性では不可能です。現在の箱根峠の標高は八四六mですから、三島との標高差は約八〇〇mもあります。箱根峠で夜が明けたというのですが、その時期の日の出は六時半過ぎですから、三島からの距離を考えれば、午前三時頃には宿を出たと考えられます。

峠を越えても難所は続きます。「人の足も留どまり難」い程の急坂を下っています。上り坂では疲労はしても、まだ立ち止まって休息できるだけよいのですが、膝が笑うような下り坂は、疲労どころか、危険ですらあるでしょう。

昭和九年（一九三四）に箱根山を貫通する丹那トンネルができるまでは、東海道本線は足柄経由の御殿場線を通っていました。それも「お山の中ゆく汽車ぽっぽ……機関車と機関車が前引き後押し」と童謡に歌われているように、機関車二両が前後を挟んで越えていました。江戸時代の俗謡にも「箱根八里」と唄われ、箱根越えは昔も今も交通の難所だったのです。

やっとのことで峠を越えたのに、酒匂《さかわ》宿の手前の鞠子《まりこ》川（酒匂川）を渡らないうちに日が暮れてしまいました。雨の少ない時期ですから水量が少なく、歩いて渡れたのでしょうが、真冬の夜の川を素足で歩いて渡るのですから、どれ程か冷たかったことでしょう。『十六夜日記』は紀行文ですから、地理的な背景がわかると、より深く理解することができます。

方丈記——ほうじょうき

（主要テキスト：「新日本古典文学大系」『方丈記』）

原文

春は藤浪《ふじなみ》を見る。紫雲の如くして、西方《さいほう》に匂ふ。夏は郭公《ほととぎす》を聞く。語らふごとに死出《しで》の山路を契る。秋は　蜩《ひぐらし》の声耳に満《みて》り。空蝉《うつせみ》の世をかなしむ楽《がく》と聞こゆ。冬は雪をあはれぶ。積もり消ゆるさま、罪障にたとへつべし。

若《もし》、念仏物憂《ものう》く、読経《どきよう》まめならぬ時は、自《みずか》ら休み、身づから怠る。妨ぐる人もなく、又、恥づべき人もなし。ことさらに無言をせざれども、独《ひと》り居《お》れば、口業《くごう》を修めつべし。必ず禁戒を守るとしもなくとも、境界《きようがい》なければ、何につけてか破らん。……

若《もし》、余興あれば、しば〱松の響きに秋風楽《しゆうふうらく》をたぐへ、水の音に流泉《りゆうせん》の曲を操る。芸はこれ拙《つたな》けれども、人の耳を悦ばしめむとにはあらず。独り調《しら》べひとり詠じて、自ら情《こころ》を養ふばかりなり。

又、麓《ふもと》に一《ひとつ》の柴の庵《いおり》あり。即ちこの山守《やまもり》が居《お》る所也。彼処《かしこ》に小童《こわらわ》あり。とき〲来りて、相訪《とぶら》ふ。若《もし》、つれ〲なる時は、これを伴《とも》として遊行《ゆぎよう》す。彼は十歳、此《これ》は六十。

現代語訳

春には藤の花を見る。紫色の瑞雲の如く、（極楽浄土のある）西の方に美しく咲いている。夏には郭公《ほととぎす》の声を聞く。鳴くたびに、死出の山路を越える案内を頼む。秋には　蜩《ひぐらし》の声を耳一杯に聞く。儚《はかな》いこの世を哀しむ調べの如く聞こえる。冬には雪をしみじみと見る。積もっては消える様子は、積もった罪業が、融けてなくなるようだ。

もし念仏に気がすすまず、読経もままならぬ時は、自分から休み、怠けたりする。しかしそれを妨げる人はなく、また恥ずかしく思わせる人もいない。殊更に無言の行をしているわけではないが、独りだけなので、（よからぬ事を口に出す）口の禍《わざわい》を犯すこともないだろう。しっかりと戒律を守ろうとしなくても、（周囲には戒律を破るような）境遇もないので、どうして戒律を破ることがあろうか。……

もし気分が乗れば、しばしば松風の音を「秋風楽」の曲と思って聞き、せせらぎの音を聞いては「流泉」の曲を琵琶で奏でる。拙い芸ではあるが、人に聞かせるためではない。独り奏で、ひとり歌を詠み、私自身の心を慰めるばかりである。

また麓に一軒の粗末な小屋がある。これはこの山の番人その齢《よわい》ことのほかなれど、心を慰むること、これ同じ。或は茅花《つばな》を抜き、磐梨《いわなし》を採り、零余子《むかご》を盛り、芹を摘む。或は裾回《すそわ》の田居《たい》に到りて、落穂を拾ひて穂組をつくる。若《もし》、うらゝかなれば、峰に攀《よ》ぢのぼりて、はるかに故郷《ふるさと》の空を望み、木幡《こはた》山・伏見の里・鳥羽《とば》・羽束師《はつかし》を見る。勝地《しょうち》は主《ぬし》なければ、心を慰むるに障《さわ》りなし。……帰るさには、折につけつゝ、桜を狩り、紅葉をもとめ、蕨《わらび》を折り、木の実を拾ひて、且《か》つは仏に奉り、且つは家土産《いえづと》とす。

若《もし》、夜しづかなれば、窓の月に故人をしのび、猿の声に袖をうるほす。叢《くさむら》の蛍は遠く槇《まき》のかゞり火にまがひ、あか月の雨は、自《おの》づから木の葉吹く嵐に似たり。山鳥のほろと鳴くを聞ゝても、父か母かとうたがひ、峰の鹿《かせぎ》の近く馴れたるにつけても、世に遠ざかるほどを知る。或《あるい》は又、埋み火をかき起こして、老の寝覚めの友とす。恐ろしき山ならねば、梟《ふくろう》の声をあはれむにつけても、山中の景気《けいき》、折につけて尽くる事なし。いはむや、深く思ひ深く知らむ人のためには、これにしも限るべからず。

が住む家である。そこに男の子がいる。時々訪ねて来て顔を合わせる。もし手持ち無沙汰な時には、その子を連れてあちこちに行く。彼は十歳で、私は六〇歳。年齢は大層離れていても、心が和むのはお互い同じである。ある時は茅花《つばな》を抜いて噛《か》み、岩梨の実を採り、（山芋の）むかごを（籠に）もぎ取り、芹を摘む。またある時は山裾の田圃《たんぼ》に行き、落ち穂を拾い集めて穂組を作る。もしうららかに晴れていれば、山に登って前に住んでいた京の方を眺め、木幡《こはた》山、伏見の里、鳥羽、羽束師《はづかし》を見る。景色のよい所と言っても、主《あるじ》がいるわけではないから、眺めて心を慰めるのに何の問題もない。……帰り道では、折々に桜を愛で、紅葉を訪ね、蕨を折り採り、木の実を拾っては仏に供えたり、また家への土産にする。

静かな夜には、窓越しの月を見ては故人を懐かしく思い、猿の鳴き声を聞いては、涙で袖をぬらす。草むらの蛍は、（遠く宇治川の）槇《まき》の島の篝火《かがりび》と見紛うようであり、暁に降る雨（の音）は、自ずから木の葉に吹き付ける嵐の音に似ている。山鳥がほろほろと鳴く声を聞いても、父の声か母の声かと思い、峰の鹿が人馴れしているのにつけても、世間から遠く離れていることを知る。またある時は、灰に埋もれた炭火をかき起こしては、老いの寝覚めの友とする。恐ろしげな山でもないので、（気味の悪い）梟《ふくろう》の声をしみじみと聞くにつけても、山中の景色の風情は、四季の移ろう程に尽きることはない。まして（私より）深く思い、心ある人にとっては、それ（私が理解している風情）以上の風情があるはずである。

解説

『方丈記《ほうじょうき》』は、鴨長明《かものちょうめい》（一一五五?〜一二一六）により、建暦二年（一二一二）に著された随筆です。長明は賀茂御祖《かもみおや》神社（下鴨神社）の神官の出身で、和歌や琵琶に優れていました。特に和歌は後鳥羽上皇に注目され、和歌所の寄人《よりうど》（勅撰和歌集編纂のための職員）に抜擢される程でした。そして上皇が長明を下鴨神社境内にある河合《かわい》神社の神官に推薦したのですが、同族の反対によりかないませんでした。結局これが契機となり、失望した長明は五〇歳で出家します。そして京の東山、さらに洛北の大原から洛南の日野に移り、小庵を建てて隠棲しました。「方丈」とは一丈（十尺）四方のことですから、四畳半よりは広く、六畳よりは狭い程度です。

ここに載せた部分には、山の庵における四季の風情と、日常生活が述べられています。藤の花は、阿弥陀如来来迎時の紫色の瑞雲に見立てられました。郭公《ほととぎす》は、冥途に往く途中にある死出《しで》の山から飛んで来ると理解され、故人を偲ばせ、懐旧の情を起こさせました。蝉は短命であり、蝉の抜け殻の様子も相俟って、命の儚さを感じさせ、「日暮らし」という表記からは、寂寥感が増幅されました。雪は積もる罪業に見立てられていますが、罪業を覆い隠すものという理解もありました。松風の音は、琴の音に喩えられるのが常套でしたが、琵琶も似た様なものでしょう。茅花はチガヤの若い穂のことで、噛むとかすかに甘味があります。岩梨やむかごや芹は、現代でも採集して食べられています。穂組の詳細は不明ですが、落ち穂を集めて作ることが、子供の遊びとなっていたのでしょう。蕨を摘んでいますが、方丈内には「夜の床」として「蕨のほどろ」（延びきった蕨の葉）が敷き詰められていましたから、たくさん生えていたのでしょう。山中は人為的音はありませんから、聴覚が研ぎ澄まされ、鳥獣の鳴き声や、雨が木の葉を打つ微かな音も聞こえます。特に山鳥の声は、「山鳥のほろ〳〵と鳴く声聞けば父かとぞおもう母かとぞ思ふ」（『玉葉和歌集』二六二七番歌）という行基の歌により、親を偲ぶ心をかき立てるものと理解されていました。長明と山守り子の交わりは、後の良寛と子供達の楽しそうな情景を連想させます。

長明は神官の地位に価値を見出していましたが、それがかなわないという現実に直面したとき、彼の心の内で価値観が転換したのでした。折しも末法の世となって五〇余年、年齢も五〇歳となり、世俗の欲望を自ら削ぎ落として行くことにより、ようやく心の平安を得たのでしょう。

徒然草――つれづれぐさ

（主要テキスト：「新日本古典文学大系」『徒然草』）

原文

花は盛《さかり》に、月は隈《くま》なきをのみ、見るものかは。雨に対《むか》ひて月を恋ひ、垂れこめて春の行方《ゆくえ》も知らぬも、猶あはれに情《なさけ》深し。咲きぬべきほどの梢《こずえ》、散り萎《しお》れたる庭などこそ、見所多けれ。歌の詞書《ことばがき》（事書）にも、「花見にまかれりけるに、早く散り過ぎにければ」とも、「障《さわ》ることありて、まからで」なども書けるは、「花を見て」と言へるに劣れることかは。花の散り、月の傾《かたぶ》くを慕ふ習《なら》ひはさることなれど、殊《こと》に頑《かたくな》なる人ぞ、「この枝、かの枝散りにけり。今は見所なし」などは言ふめる。……

望月の隈なきを千里《ちさと》の外《ほか》まで眺めたるよりも、暁近くなりて待ち出でたるが、いと心深う、青みたるやうにて、深き山の杉の梢《こずえ》に見えたる、木の間の影、うちしぐれたる村雲隠れのほど、又なくあはれなり。椎柴《しいしば》・白樫《しらかし》などの、濡《ぬ》れたるやうなる葉の上にきらめきたるこそ、身に沁《し》みて、心あらむ友もがなと、都恋しう覚ゆれ。

すべて、月花をば、さのみ目にて見るものかは。春は

現代語訳

桜の花は満開の頃、月はかげりのない満月だけを愛でるものだろうか。雨の日に（見えない）月に思いを馳せ、家に閉じこもって春の移ろいを知らないでいるのも、やはりしみじみとした趣がある。今にも花が咲きそうな梢《こずえ》や、散って萎れた（花びらの敷いた）庭などには、見所が多いものである。和歌の前書きに、「花見に出かけたが、早くも散ってしまったので」とか、「わけあって花見に行けずに」などと書いてある歌は、「花を見て」と書いてある歌より劣ることがあるだろうか。花が散り、月が傾くのを惜しむということはもっともであるが、心が殊の外 頑《かたくな》な人は、「この枝もあの枝も花が散ってしまった。もう見る程のこともない」などと言うようだ。……

かげりのない満月を、遠くまで望むように眺めるよりも、夜明け近くに姿を見せる有明けの月が、大層趣深く青みを帯びて、深い山の杉の梢に掛かって見えたり、月の光が木の間から洩れて来たり、またさっと時雨《しぐれ》を降らせた叢雲《むらくも》に月が隠れている様子など、比べようもなく趣が深い。椎の枝や白樫の濡《ぬ》れた葉の滴《しずく》に、月影が宿ってきらめいている様子は、身に沁《し》みる程の美しさであり、この風情をわ

家に立ち去らでも、月の夜は閨《ねや》のうちながらも思へるこそ、いとたのもしうをかしけれ。よき人は、偏《ひと》へに好《す》けるさまにも見えず、興《きよう》ずるさまも等閑《なおざり》なり。片田舎の人こそ、色こく、万《よろず》はもて興ずれ。花の本には、ねぢ寄り立ち寄り、あからめもせずまもりて、酒飲み連歌して、はては、大きなる枝、心なく折り取りぬ。泉には手足さし浸して、雪にはおり立ちて跡つけなど、万の物、よそながら見ることもなし。

かる友がいればよいのにと（共に眺められたらよいのにと）、（そのような人がいる）都を恋しく思うのである。

およそ月や花は、ただそのように目だけで見るものだろうか。春は家に居ながら花を思い、月の夜には寝室の中からでも月に思いを馳せることこそが、心豊かな趣というものである。心ある人というものは、風情に心を寄せる様子をやたらに表に見せたりはしないし、愛でる様子も（表面上は）あっさりとしている。（それに対して）田舎者ほど、しつこく万事騒ぎ立てるものだ。花の木の下ににじり寄るようにして立ち寄り、脇目もふらずに見つめ、酒を飲んでは連歌をして、挙句には大きな枝を心なく折り取る。湧水には手足を浸したり、新雪には降りて足跡をつけるなど、あらゆる物を、よそながら見るということがない。

解説

『徒然草《つれづれぐさ》』は、鎌倉時代末期に占部兼好《うらべけんこう》（一二八〇年代？〜一三五二以後）が著した随筆です。占部氏はその名の如く、古代以来の神職の家系であり、京都の吉田神社の神職を勤めて、吉田姓を名乗ったことから、「吉田兼好」と呼ばれることもあります。若い頃は天皇に近侍する蔵人《くろうど》となったり、左兵衛佐《さひょうえのすけ》という中級武官でしたが、三〇歳前後で出家します。

『徒然草』には様々な人間像が登場します。序段を読むと隠棲文芸かと思きや、第一段では、「理想の男性像は、達筆であり、歌が上手で、酒も程よく飲めること」と言い、第三段では、「色好みでない男は、人としてどれ程立派でも、底の抜けた玉の杯のようなものである」と説き、第八段では男の色好みを諌めつつも、女の肉体の魅力に納得してしまうなど、俗な姿を曝しています。若い頃にはさもありなんと読み進めると、第三八段では、名誉や利益に心を奪われることの愚かさを説いています。年を重ねるに従い、世俗の埃《ほこり》も払われるのかと思いきや、第二三八段ではたわいもない自慢話。

第二四〇段では人目を忍んで女に逢う話になります。そしてまたまた第二四一・二四二段では、無欲に生きることを説くなど、様々に人間の赤裸々な姿を正直に曝《さら》しています。世捨て人になりきれない現代の「俗人」は、このあたりに共感するのでしょうか。その点で、『方丈記』の感性には共感しつつも、「真似できることではない」と思ってしまうのかもしれません。

ここに載せたのは第一三七段で、花や月の風情について、どこか陰翳《いんえい》があり、不完全なものに趣があると説いています。二つ目には、想像を膨らませて見る感性を説いています。雨の日や、夜の床で見えない月を思い、家の中で花や春の移ろいに思いを馳せることは、直に月や花を見ることに劣らないというのです。「思う」（想像）ことにより増幅される風情を良しとする感性を説いているのですが、有名な古歌や故実・歌枕を踏まえて和歌を詠むことは、そのよい例でしょう。

また三つ目には、風情のわかる人とわからない人が対比されています。四季の移ろいの情趣を理解し、それに相応しい振る舞いができることは、文化人必須の素養でした。そして洗練された季節の感性を持つ人こそが、「心ある人」と評価されたものでした。それに対して風情のわからない「心なき」田舎者は、目に見える表面的な美しさを騒がしく愛でるだけであると嘆いています。

ただ後に本居宣長は、その随筆『玉勝間《たまがつま》』の巻四で、花を散らす風や月を隠す雲を嘆く歌に「心深き」歌が多いのは、「みな花はさかりをのどかに見まほしく、月は隈《くま》なからむことを思ふ心の切《せち》なるからこそ、さもえあらぬを歎きたるなれ。いづこの歌にかは、花に風を待ち、月に雲を願ひたるはあらむ」と述べて、兼好法師の説くことは、人の心情に逆らい、利口ぶった偽の風流であると、厳しく批判しています。

平家物語——へいけものがたり

（主要テキスト：「新日本古典文学大系」『平家物語』）

原文

薩摩守忠教《さつまのかみただのり》（忠度《ただのり》）は、いづくよりや帰られたりけん。侍《さぶらい》五騎、童《わらわ》一人、わが身共に七騎取って返し、五条の三位俊成卿《さんみしゅんぜいきょう》の宿所におはして見給へば、門戸《もんこ》を閉ぢて開かず。「忠教」と名乗り給へば、「落人《おちうど》帰り来たり」とて、その内騒ぎあへり。薩摩守馬より降り、自ら高らかに宣《のたま》ひけるは、「別《べち》の子細候はず。三位殿《さんみどの》に申べき事あって、忠教が帰り参って候。門《かど》を開かれずとも、此の際《きわ》まで立ち寄らせ給へ」と宣《のたま》へば、俊成卿、「さる事あるらん。其人ならば苦しかるまじ。入れ申せ」とて、門を開けて対面あり。事の体《てい》、何となう哀《あわれ》なり。

薩摩守宣《のたま》ひけるは、「年来申《としごろもうし》承って後、愚《おろか》ならぬ御事に思ひ参らせ候へ共《ども》、この二三年は京都の騒《さわぎ》、国々の乱《みだれ》、併《しかし》ながら当家の身の上の事に候ふ間《あいだ》、疎略《そらく》を存ぜずといへども、常に参り寄る事も候はず。君既に都を出《いで》させ給ひぬ。一門の運命はや尽き候ひぬ。撰集《せんじゅう》のあるべき由《よし》承り候ひしかば、生涯の面目に一首なり共、御恩を蒙《こうぶ》らうと

現代語訳

薩摩守忠教は、（都落ちした後）どこからお帰りになられたのか。侍五騎、近侍《きんじ》の童一人、御自身と合わせて七騎で引き返して来られ、五条にある藤原俊成卿の屋敷においでになって御覧になると、門が閉じられて開かない。「忠教が参りました」と名乗られると、「落人が帰ってきた」と、屋敷の中では騒ぎ合っている。薩摩守は馬から下り、「特別の事でございませぬ。三位殿（藤原俊成）に申しあげたいことがあり、忠教が戻って参りました。門をお開けにならなくとも、このそばまでお寄り下さいませ」と、自ら大声でおっしゃったので、俊成卿は、「そういうこともあるかと思っておりました。その御方ならば差し支えないので、お入れ申しなさい」と言って、門を開けてお会いになられる。その様子は、何とも言いようがなく感慨深いものであった。

薩摩守がおっしゃるには、「ここ数年、（和歌を）教えていただいて以来、三位殿をなおざりに思ったことはございません。ただこの二三年の都の騒ぎや国々の争乱は、全て平家の身の上のことでございますので、三位殿を疎略に存じていたわけではございませぬが、いつもお伺いすること

存じて候ひしに、やがて世の乱《みだれ》出《い》できて、其沙汰《さた》なく候条、たゞ一身の歎《なげき》と存ずる候。世しづまり候ひなば、勅撰の御沙汰候はんずらむ。是に候巻物のうちに、さりぬべきもの候はゞ、一首なりとも御恩を蒙《こうぶ》って、草の陰にても嬉しと存じ候はゞ、遠き御守《おんまもり》でこそ候はんずれ」とて、日比《ひごろ》詠みおかれたる歌共《ども》の中に、秀歌とおぼしきを百余首書集められたる巻物を、今はとて打立《うった》たれける時、是を取って持たれたりしが、鎧《よろい》の引合せより取出《い》でゝ、俊成卿に奉る。

三位是を開けて見て、「かゝる忘形見《わすれがたみ》を給りおき候ひぬる上は、努々疎略《ゆめゆめそらく》を存ずまじう候。御疑あるべからず。さても唯今《ただいま》の御渡《おんわたり》こそ、情《なさけ》もすぐれて深う、哀《あわれ》も殊《こと》に思ひ知られて、感涙おさへがたう候へ」と宣《のたま》へば、薩摩守悦《よろこ》んで、「今は西海《さいかい》の浪の底に沈まばしづめ、山野に尸《かばね》をさら曝《さら》さばさらせ。浮世に思ひおく事候はず。さらば暇《いとま》申して」とて、馬にうち乗り、甲《かぶと》の緒《お》を締め、西を指《さ》いてぞ歩ませ給ふ。

もかないませんでした。帝《みかど》（安徳天皇）はすでに都をお出になられました。平家一門の運命はもはや尽きてしまいました。勅撰和歌集が編纂されるとのお話を承りましたので、生涯の面目のために、たとえ一首なりとも御恩により撰に入れて頂きたく思っておりましたが、そのうち世の乱れ（源平の争乱）が始まり、編纂の御指図がないことは、我が身の嘆きとするところでございます。いずれ世が静まりますならば、和歌集編纂の勅命もございましょう。ここにございます巻物の中に、勅撰集にふさわしい歌がございますならば、一首なりとも御恩により入れていただければ、草葉の陰（あの世）からも嬉しく存じ、遠くから三位殿をお守り申し上げましょう」と言って、日頃から詠まれた歌の中から、秀歌と思われる歌を百余首書き集められた巻物で、今はもうこれまでと思い都を出る時にお持ちになられたものを、鎧の引き合わせから取り出して、俊成卿に差し上げられた。

俊成卿はこれを御覧になり、「このような忘れ形見を頂きましたからには、決して疎略にはいたしませぬ。御安心下さいませ。それにしてもただ今のお越しは、風流な心も格別に深く、しみじみと心にしみて、涙を抑えることができませぬ」とおっしゃると、薩摩守は喜び、「今はもう西海の波の底に沈むのならそれもよし、山野に屍《しかばね》をさらすのならそれもまたよし。この憂き世に思い残すことはございませぬ。それではお暇《いとま》申し上げます」と、馬に跨《また》がり甲の緒を締め、西に向かって馬を歩ませなさる。

『平家物語《へいけものがたり》』は、平家の繁栄と没落を、「諸行無常」「盛者必衰」の理念により叙述した軍記物語です。『徒然草』二二六段には、信濃前司《しなののぜんじ》（信濃前国司）行長が作者であると記されていますが、成立した十三世紀よりかなり後の記述であり、確証はありません。

ここに載せたのは、「忠教（忠度）都落ち」の場面で、平忠教は平清盛の異母末弟です。忠教の和歌の師である藤原俊成は、寿永二年（一一八三）に後白河上皇から勅撰和歌集撰進の命を受けたのですが、源平の争乱により編纂はなかなかはかどらず、ようやく文治四年（一一八八）に『千載和歌集』となって撰進されました。俊成は約束に違《たが》わず、忠教から預かった巻物の中から、「詠み人知らず」として「さゞ波や志賀の都はあれにしを昔ながらのやまざくらかな」の歌を収録しています。もっとも忠教の歌は、勅撰和歌集全体では、合計十一首も入集しています。

「さざなみの」は「志賀」に掛かる枕詞で、「ながら」は地名の「長等」に「昔ながら」を掛けています。「志賀の都」とは天智天皇の近江国大津宮のことで、天武天皇の頃には、既に荒れ果てていました。忠教が参考にしたと思われる歌があります。「右衛門督《うえもんのかみ》家成歌合」（一一四九年）における藤原隆長（清輔）の「さゞ波や志賀の都は荒れにしをまたすむものは秋の夜の月」という歌なのですが、上句は一致しますから、下句で秋の歌から春の歌に仕立て直したわけです。

忠教は後に一の谷の戦いで、武蔵国の岡部忠澄《ただすみ》に四一歳で討たれます。『平家物語』には、忠澄が忠教を討ち取ったと叫ぶ名乗りを聞いて、敵も味方も「あないとほしや、武芸にも歌道にもすぐれて、よき大将軍にておはしつる人をとて、皆鎧の袖をぞぬらしける」と惜しんだと記されていますから、文武に優れていたことが、東国にも知れ渡っていました。

岡部忠澄が忠教を討ち取った時、箙《えびら》（矢を入れて背中に負う武具）に「旅宿花」と題した「行き暮れて木の下かげを宿とせば花や今宵のあるじならまし」という歌が結び付けられていました。もはや生き延びるつもりはなかったでしょうから、辞世の歌のつもりです。しかしそれにしても、死を覚悟した悲壮感は微塵もありません。死を見ること故郷に帰るが如き、憂き世の迷いを超越した境地だったのでしょう。なお、「忠教」は、「忠度」と表記されることもあります。

愚管抄——ぐかんしょう

（主要テキスト：「日本古典文学大系」『愚管抄』）

原文

抑《そもそも》この宝剣、失《う》せはてぬる事こそ、王法《おうぼう》には心憂《う》きことにて侍れ。是《これ》をも心得べき道理定めてあるらんと案をめぐらすに、是はひとへに、今は色に顕《あらわ》れて、武士の君《きみ》の御守《おほんまもり》となりたる世になれば、それに代へて失せたるにやと覚ゆる也。

その故は、太刀《たち》と云ふ剣《つるぎ》は、これ兵器の本《もと》也。これ武の方の御守《おほんまもり》也。文武の二道にて国主は世を治むるに、文は継体守文《けいていしゅぶん》とて、国王の御《おほん》身につきて、東宮には学士、主上には侍読《じとく》とて、儒家とて招《お》かれたり。

武の方をばこの御守に、宗廟《そうびょう》の神も乗りて守りまいらせらるゝ也。それに今は武士大将軍、世をひしと取て、国主、武士大将軍が心を違《たが》へては、え御座《おわ》しますまじき時運の、色に顕《あらわ》れて出《いで》きぬる世ぞと、大神宮八幡大菩薩もゆるされぬれば、今は宝剣も無役《むやく》（無益）になりぬる也。

高倉院をば平氏立まいらする君也。この陛下の兵器の御守りの、終《つい》にこの折、かく失せぬる事こそ、顕《あらわ》に心得ら

現代語訳

そもそも宝剣が（壇ノ浦で）失われてしまったこと程、朝廷の政治にとり残念なことはない。これにもよく思慮すべき道理がきっとあるに違いないと思いめぐらすと、今ははっきりと表に表れるように、武家が天皇の守護者となる世の中となったので、それに代わり宝剣が失われたのだと考えられる。

そのわけは、太刀と呼ばれる剣は、武器の本源となるものである。これは（文武による天皇の政治の）武の方の御守なのである。国主たるものは文武二道により世を治めるものであるが、文の道というものは、「継体守文《けいていしゅぶん》」といって、祖先の政道を受け継ぎ、武によらない文治が行われ、王たるものにつき従うものであり、（そのために）皇太子には（その教育に当たる）学士が、天皇には（学問を教授する）侍読《じどく》として儒者が招聘《しょうへい》されている。

一方、武の道というものは、朝廷の守護について、朝廷の祖先神までもが乗り移り、お守りすることになっている。そして現在は征夷大将軍がしかと政治を取り仕切り、国主が将軍の心に背くようでは、天皇も御位に留まることができないという時の巡り合わせが、明らかに現れる時勢とな

れて、世の様《よう》あはれに侍れ。


っている。そのことを伊勢の大神や八幡神大菩薩もお認めになられたので、今は宝剣が役立たなくなったのである。

　高倉天皇は平家がお立てした天皇である。この天皇を守護する宝剣が、このような時に失われたということこそが明確に理解でき、世の移ろいがしみじみと思われるのである。

解説

『愚管抄《ぐかんしょう》』は、天台座主《ざす》（天台宗を統轄する最高職）となった慈円（一一五五〜一二二五）が著した歴史書で、承久の乱（一二二一年）までには書き終わっていたとされています。書名は、「愚かな筆（竹管）のすさび（興にまかせて書いたもの）」という意味です。『愚管抄』の特徴は、時代の推移を「道理」という理念により理解しようとしていることです。歴史上の様々な出来事には、必然的にそのようになる理由があるというわけです。このように歴史を評論する歴史書を、「史論書」といいます。慈円は、『新古今集』には西行の九四首に次いで九一首も収められる程の歌人ですのに、『愚管抄』の文は、読む気力が失せる程読みにくい悪文ですから、口述筆記かもしれません。

　慈円は保元の乱（一一五六年）の前年に生まれ、兄は摂政・関白・太政大臣となった九条兼実《かねざね》です。『愚管抄』を著すまでに、平治の乱、平氏繁栄、源平争乱と平氏滅亡、頼朝の征夷大将軍就任、源氏嫡流断絶などの激動が続く時代を、摂関家出身で、かつ天台座主という立場で直に体験してきました。ですから慈円が、激動の真只中で自ら納得できる歴史の動因を思索したのも、「道理」のあることと言えましょう。慈円が『愚管抄』の中で保元の乱後を、「ムサ（武者）ノ世ニナリケル也」、「保元以後ノコトハミナ乱世ニテ」と評価したことは、高校の日本史の授業で学習します。

　慈円が『愚管抄』を著した動機について、従来は、後鳥羽上皇の討幕計画を察知した慈円が、それを諫止しようとして書いたと理解されていました。しかしそれならば率直に諫言を表に出し、漢文で簡潔に書かれてもよさそうなものです。慈円は巻七に、「愚癡《ぐち》（愚痴）無智ノ人」にものの道理を教えるために仮名で書いたと記していますが、後鳥羽上皇の側近が「愚癡《ぐち》無智ノ人」であるはずはありません。巻七にはさらに、「コレヲコノ人々大人《おとな》シクオハシマサン折御覧ゼヨカシ」と記されています。これは「この人達が成長したら、御覧になるように」という意味なのですが、「コノ人々」とは立太子した懐成《かねなり》親王（後の仲恭天皇）と三寅《みとら》（後の鎌倉第四代将軍九条頼経）のことで、いずれも九条兼実の曾孫《ひまご》に当たります。慈円は九条家の血を引くわずか二歳の幼児達が、いずれ天皇と将軍になるであろうことを、伊勢の大神や八幡神の神意によるものとして、歓喜していることも記されています。これらの記述をもとに考えるならば、『愚管抄』はこの二人の幼児のために書かれたと考えられるのです。『愚管抄』の叙述が始まったとされる承久元年（一二一九）に、三寅（九条頼経）が未来の将軍として鎌倉に迎えられたことも、そのことを補強しています。ただし将軍宣下は嘉禄二年（一二二六）のことです。

ここに載せたのは、巻五の末尾に近く、壇ノ浦の戦で宝剣が失われた理由について叙述されている部分です。慈円はそのことには、それ相当の道理があると言います。政治は文武の二面から行われるべきものであるが、朝廷を守護する「武」は源頼朝が担うことになったので、武の象徴である「剣」の役割がなくなったために失われた。このことは皇室の祖先神である天照大神と、源氏の守護神である八幡大菩薩の議定による、というわけです。またこの引用部の直前では、安徳天皇は平氏の守護神である厳島明神の利生により、平清盛が擁立した天皇であり、また厳島明神は竜王の娘であると伝えられているから、最後は海に帰って行かれたのであると理解しています。現代人には我田引水の理屈ですが、兄の九条兼実を通じて源頼朝に期待していた慈円には、当然の「道理」なのです。

しかしまだ安徳天皇の在位中に、三種の神器なしに即位せざるを得なかった後鳥羽天皇にしてみれば、宝剣は何が何でも身近に置かれなければならないものでした。そして本来国主が持つべき文武の権のうち、武の権を鎌倉幕府に奪われたというなら、それは取り戻さなければならないと思うのは、後鳥羽上皇にしてみれば当然の「道理」であり、それは承久の乱という形で実現してしまいます。

後鳥羽上皇は文武両道に優れた帝王で、自ら『新古今和歌集』を改訂編纂するばかりではなく、武芸を嗜《たしな》み、院の武力として西面の武士を設けています。また諸国から刀鍛冶を集めて刀を鍛造させ、好みであった十六弁の菊紋を彫り、それは「菊御作《きくごさく》の太刀」と呼ばれました。因みにこれが皇室の菊紋の起源となります。このように後鳥羽上皇が刀剣に思い入れがあったのは、その好みによるだけではなく、宝剣を含む三種の神器なしに即位したという、引け目が背景となったのかもしれません。

最後に、慈円が後鳥羽上皇と対立していたと誤解されないために、上皇に対する敬慕の心を詠んだ歌を御紹介しておきましょう。「心ざし君にふかくて年も経ぬまた生まれても又や祈らむ」（『玉葉集』二五七八番歌）

吾妻鏡・承久記——あづまかがみ・じょうきゅうき

（主要テキスト：「岩波文庫」『吾妻鏡』「新日本古典文学大系」『承久記』）

原文（吾妻鏡）

承久三年五月大十九日壬寅《じんいん》……二品《にほん》、家人等《けにんら》を簾下《れんか》に招き、秋田城介《あきたじょうのすけ》景盛を以て示し含めて曰く、「皆心を一にして奉るべし。是《これ》最期の詞《ことば》也。故右大将軍朝敵を征罰し、関東を草創してより以降、官位と云ひ俸禄と云ひ、其の恩、既に山岳よりも高く、溟渤《めいぼつ》よりも深し。報謝の志《こころざし》浅からんや。而《しか》るに今逆臣の讒《そしり》に依りて、非義の綸旨《りんじ》を下さる。名を惜しむの族《やから》は、早く秀康《ひでやす》・胤義《たねよし》等を討ち取り、三代将軍の遺跡《ゆいせき》を全うすべし。但し院中に参らんと欲する者は、只今申し切るべし」者《てへ》り。

群参の士悉《ことごと》く命に応じ、且《か》つは涙に溺《おぼ》れ、返報を申すに委《くわし》からず。只命を軽んじて、恩に酬《むく》いんことを思ふ。寔《まこと》に是、忠臣国の危きに見るとは、此《これ》を謂《い》はん歟《か》。

原文（承久記）

二位殿仰せられけるは、「殿原《とのばら》、聞きたまへ。尼、加様《かよう》

現代語訳（吾妻鏡）

承久三年（一二二一）五月十九日、二位の尼（北条政子）は、家人達を御簾《みす》の下に招き寄せ、安達景盛の口を通して言われた。「皆の者、心を一つにして聞かれよ。これは最後の言葉である。故右近衛大将殿（源頼朝）が朝敵（平家）を征伐し、鎌倉幕府を草創して以来、官位といい、俸禄（報酬）といい、その御恩はすでに山よりも高く、海よりも深い。御恩に報いようという志が浅いということがあろうか。しかるに今、逆臣の讒言《ざんげん》により、道義に反する義時追討の綸旨《りんじ》（天子の命令）が下された。名を惜しむ者は、速やかに（院方に付いた）藤原秀康・三浦胤義《たねよし》らを討ち取り、三代将軍の遺領を守られよ。ただし院方に参ろうとする者は、ただ今申し出よ」と。参集していた家人達は、皆その言葉に応《こた》え、かつ涙を流し、返事を申し上げようにも言葉にならない。ただ命をなげうってでも、御恩に報いようと思うのであった。まさに「忠臣は国の危機に出現する」とはこのことであるか。

現代語訳（承久記）

二位の尼（北条政子）が仰せられるには、「皆の者、よ

に若《わかき》より物思ふ者候はじ。一番には姫御前《ひめごぜ》に後《おく》れ参らせ、二番には大将殿に後れ奉り、其後、又打ちつゞき左衛門督《さえもんのかみ》殿に後れ申し、又程無く右大臣殿に後れ奉る。四度の思は已《すで》に過ぎたり。今度、権太夫《ごんのだいぶ》打たれなば、五《いつ》の思に成ぬべし。女人五障《にょにんごしょう》とは、是を申すべきやらん。

殿原は都に召上げられて、内裏大番つとめ、降《ふる》にも照《てる》にも大庭に鋪皮《しきがわ》布《し》き、三年《みとせ》が間、住む所を思ひ遣《や》り、妻子を恋《こいし》と思ひて有しをば、我子の大臣殿《おとどの》こそ、一々、次第に申止《もうしとどめ》てまし〳〵し。去《さら》ば、殿原は京方に付き、鎌倉を責《せめ》給ふ、大将殿、大臣殿二所の御墓所を馬の蹄《ひづめ》にけさせ玉ふ者ならば、御恩蒙《こうぶり》てまします殿原、弓矢の冥加《みょうが》はまし〳〵なんや。かく申《もうす》尼などが深山《みやま》に遁世《とんせい》して、流さん涙をば、不便《ふびん》と思食《おぼしめ》すまじきか。殿原。尼は若《わかき》より物をきぶく申す者にて候ぞ。京方に付て鎌倉を責《せめ》ん共《とも》、鎌倉方に付て京方を責んとも、有のままに仰せられよ、殿原」とこそ、宣玉《のたま》ひけれ。

く聞かれよ。この尼、若い頃よりこれ程までに辛い思いをした者はありませぬ。まず初めには姫御前《ひめごぜ》（長女大姫、「大姫」は長女という意味）に後れ（先立たれ）、次いで大将殿（夫頼朝）に後れ、また程なくして右大臣殿（次男実朝）に後れた。四度の悲哀を過ぎ越してきたのだ。この度《たび》、権大納言（弟義時）が討たれれば、五度目の辛い思いをすることになるだろう。（法華経に説かれる）女人五障（女性の往生はなかなか難しいこと）とは、まさにこのことを言うのであろうか。その後続いて左衛門督殿《さえもんのかみ》（長男頼家）に後れてしまった。

そなた達は都に召し出されて、内裏警護の大番役を務め、雨の日も照る日も清涼殿の庭に露営し、三年もの間、故郷に思いを馳せ、妻子を恋しく思っておったのを、我が子の大臣殿（実朝）がとりなして、一つ一つ徐々に、免除されるようにして下さったのである。そうであれば、そなた達が京方に付いて鎌倉を攻め、大将殿（頼朝）、大臣殿（実朝）、御二人の御墓所を馬の蹄《ひづめ》に掛けるならば、御恩を被った者達よ、その武芸に神仏の御加護などあるはずもない。かく申すこの尼が、山奥に隠れ住んで流す涙を、不憫《ふびん》とは思わぬのか。皆の者よ、この尼は若い頃より物言いがきつい者ではあるが、京方について鎌倉を攻めるのか、鎌倉方について京方を攻めるのか、ありのままに申されよ。皆の者よ」と仰せられた。

『吾妻鏡《あづまかがみ》』は、鎌倉幕府が編纂した幕府の歴史書で、鎌倉時代末期の正安二年（一三〇〇）頃に成立しました。収められているのは、治承四年（一一八〇）、以仁王の平氏追討の令旨が伊豆に届けられた時から、北条時宗が執権となる直前の文永三年（一二六六）に、第六代将軍の宗尊《むねたか》親王が京に送還されるまでに及んでいます。編纂の材料となったのは、幕府の公式記録のほか、幕府の実務を担当した家の記録、御家人から提出させた文書、公家の日記、寺社の記録など、玉石混淆で雑多であり、しかも北条氏の政権を正当化する意図により編纂されているため、史料としての利用には個々に吟味が必要です。しかしこれだけまとまっている鎌倉時代史の文献は他になく、鎌倉時代史研究の基本的文献であることにかわりはありません。

『承久記《じょうきゅうき》』は、その名の如く承久の乱の経緯を叙述した軍記物語です。ただ異本が多く、最も早い時期の慈光寺本が、承久の乱後間もない延応二年（一二四〇）頃までには成立したとされています。もちろん作者はわかりません。

「尼将軍政子」の演説について、『吾妻鏡』と『承久記』の記述は、将軍の御恩の大きさを説いたということについては共通していますが、相違点もあります。『吾妻鏡』では政子は側近の安達景盛に語らせています。しかし『承久記』では、政子が直に語りかけています。しかも将軍の御恩を説くだけでなく、次々に肉親に先立たれた悲哀を赤裸々に訴えています。実際どちらが本当なのか興味の湧くところですが、決定的な証拠はなく、不明としか言いようがありません。ただ一般論としては、高貴な立場の人が大勢の人に直に語りかけることは、極めて稀であると言えます。しかし一方では気性の激しかった政子なら、感極まって直に訴えた可能性も捨てきれません。まあ事実はともかくとして、歴史ドラマにするならば、「これが最期の言葉である。将軍の御恩は山よりも高く、海よりも深い」という名台詞を政子に直に語らせ、御家人達の涙を絞らせるようにした方が絵になるでしょう。

ここでは安達景盛が政子の側近として、重要な役を務めています。頼家が将軍の時のこと、景盛の愛妾に横恋慕した頼家が、渋る景盛を三河国に使節として派遣し、その留守中に側近に命じてその愛妾を拉致させ、帰任した景盛が頼家を恨んでいるとして、側近に景盛を誅殺させせようとしたことがありました。その時は察知した政子が景盛の館に駆けつけ、頼家に使者を派遣して、無実の景盛を誅殺するというのならば、「我先づその箭《や》に中《あた》るべし」と言上させて、寸前に回避しました（『吾妻鏡』正治元年八月）。景盛にとって、政子はまさに命の恩人であり、景盛は「今こそ報恩の時」とばかりに、政子の言葉を篤く語ったことでしょう。なお大番役の期間は、頼朝の頃は半年、後に三カ月となりました。

室町時代

増鏡——ますかがみ

（主要テキスト：「日本古典文学大系」『増鏡』）

原文

泰時を前に据《す》ゑて言ふやう、「己《おのれ》をこの度《たび》都に参らする事は、思ふ所多し。本意《ほい》の如くきよき死をすべし。人に後《うしろ》見えなんには、親の顔又見るべからず。今を限りと思へ。賤《いや》しけれども、義時、君の御為《おんため》に後めたき心やはある。されば、横ざまの死をせん事はあるべからず。心を猛《たけ》く思へ。己うち勝つならば、再びこの足柄《あしがら》・箱根山は越ゆべし」など、泣く〳〵言ひ聞かす。「まことに然《しか》なり。又親の顔拝まむ事もいと危《あやう》し」と思ひて、泰時も鎧《よろい》の袖をしぼる。互《かたみ》に今や限りとあはれに心細げなり。

かくてうち出でぬる又の日、思ひかけぬ程に、泰時たゞ一人、鞭《むち》をあげて馳せ来たり。父、胸うち騒ぎて、「いか

現代語訳

（父義時が嫡男の）泰時を前にして言うには、「そなたをこの度《たび》上洛させるに当たり、色々思うことが多い。予《かね》て覚悟しているとは思うが、（討死するなら）潔く死なねばならぬ。敵に背を見せて逃げ戻るようでは、再び親の顔見てはならぬ。今が最後と思え。この義時、賤しい臣下の身とはいえ、帝《みかど》の御為には、後ろ暗い心などあるはずがない。されば、無様《ぶざま》な死を遂げることがあってはならぬ。心を強く持て。そなたが勝つならば、また足柄の関・箱根の関を越えられるであろう」などと、泣く泣く言い聞かせたことであった。（泰時も）「実に仰せの通り。再び親の顔を拝することもおぼつかない」と思い、鎧の袖で涙を拭った。そして（義時も泰時も）互いにこれが今生の別れかもと、つくづく心細く思ったことであった。

に」と問ふに、「戦《いくさ》のあるべきやう、大方の掟《おきて》などは、仰《おおせ》の如くその心を得侍《はべり》ぬ。もし道のほとりにも、はからざるに、忝《かたじけな》く鳳輦《ほうれん》を先立てゝ、御旗《みはた》をあげられ、臨幸《りんこう》の厳重なる事も侍らむに参りあへらば、その時の進退《しんだい》はいかゞ侍《はべる》べからむ。この一事《ひとこと》を尋ね申さむとて、一人馳せ侍き」と言ふ。

義時、とばかりうち案じて、「かしこくも問へる男《おのこ》かな。其の事なり。まさに君の御輿《みこし》に向ひて弓を引く事は、如何《いかが》あらむ。さばかりの時は、兜《かぶと》を脱ぎ、弓の弦《つる》を切りて、偏《ひとえ》にかしこまりを申《もうし》て、身をまかせ奉るべし。然《さ》はあらで、君は都におはしましながら、軍兵《ぐんぴょう》を給《たまわ》せば、命を捨てゝ、千人が一人になるまでも戦ふべし」と言ひも果てぬに、急ぎ立ちにけり。

こうして出発した翌日、思いがけなく泰時がただ一騎、馬に鞭を上げて、急いで馳せもどって来た。父の義時は驚き心配して、「いかがしたか」と尋ねると、泰時は、「戦のやり方や事態の処置の概要は、父上の仰せの通り心得てございますが、もし途中で思いもかけず、畏れ多くも鳳輦《ほうれん》を先頭に、錦の御旗を押し立てられ、上皇様御自らお出ましになられることでもございましたら、その時の身の処し方は如何いたすべきでございましょう。この一事をお尋ねいたしたく、一人馳せ戻りました」と言う。

義時は暫く考えてから、「よくぞお前は尋ねてくれた。いかにもその通りである。まさしく君の御輿《みこし》に弓を引き奉ることは、是非もない。左様な時には、兜《かぶと》を脱ぎ、弓の弦《つる》を切り、ひたすら畏まり申し上げ、身の御処置をお任せ申し上げるがよい。しかしそうではなく、上皇様は都に在らせられて、ただ軍兵だけをお遣わしになられたというならば、命を捨て、一〇〇〇人の者が皆討ち死にして、ただ一人になるまでも戦うがよい」と諭すと、その言葉の言いも終わらぬうちに、泰時は急いで出発して行ったことである。

解説

『増鏡《ますかがみ》』は、南北朝期に成立した歴史書で、嵯峨の清凉寺《せいりょうじ》に詣でた百歳の老尼が、昔を回想して語るという設定で書き始められています。このような歴史書は、「歴史物語」と呼ばれ、平安時代の『大鏡』『今鏡』、鎌倉時代の『水鏡』、そしてこの『増鏡』を合わせて「四鏡《しきょう》」と呼ばれています。作者は不明ですが、朝廷の内部事情に詳しくなければ書けない内容であり、関白の二条良基《よしもと》という説が有力です。内容は、後鳥羽天皇の誕生・即位から、隠岐に流された後醍醐天皇が京に戻るまでの約一五〇年のでき事や宮廷の生活が、公家の立場から叙述されています。「増」とは「真澄《ますみ》」のこと、「鏡」はこの場合は「過去を映し見る物」を意味しています。

ここに載せたのは、第二巻「新島守《にいじまもり》」の承久の乱の場面です。この故事は『増鏡』にしか記述がなく、朝廷や公家の立場で書かれた歴史物語ですから、朝廷の威光には武家もひれ伏したというこの話は、史実ではない可能性があります。また乱後に後鳥羽上皇を隠岐に、順徳上皇を佐渡に配流するという厳しい処分を下した北条義時が、上皇には恭順せよと諭したというのは理解しがたいものです。しかしその様に伝えられていたこと自体は歴史事実ですから、条件付きで理解すればよいでしょう。

「御旗《みはた》」については、『太平記』巻三の「笠置軍事《かさぎいくさのこと》」に、「城の中を屹《きつ》と見上げければ、錦の御旗に日月を金銀にて打て着けたるが、白日に輝きて光り渡りたる」と記されていますから、鎌倉時代に既に天皇在陣を表す「錦の御旗」があったことを確認できます。ですから『増鏡』の「御旗」は、『太平記』に記された「錦の御旗」に近いものであったと推定することは許されるでしょう。太陽と月を象《かたど》った「御旗」は、大宝元年（七〇一）の文武天皇朝賀の儀式以来用いられ、現在の天皇即位式にも飾られています。

『吾妻鏡』には幕府軍の進発について、政所と問注所の長官であった大江広元と三善康信は、日時がたつと異論が出るので、「大将軍一人は先ず進発さるべきか」と主張したため、承久三年（一二二一）五月二二日、「武州（武蔵守泰時）、京都へ進発す。従軍十八騎也」、つまり泰時主従十九騎が鎌倉を出発したと記されています。しかし泰時が鎌倉を発《た》ったと聞き、他の御家人達は遅れてならじと追いかけ、最終的には十九万人の大軍となったと記されています。十九万人は誇張ですが、大軍勢に膨れあがってからでは、総大将が一時的に姿を消すことはできません。しかし初日ならまた戻れたのでしょう。

神皇正統記——じんのうしょうとうき

（主要テキスト：「日本古典文学大系新装版」『神皇正統記』）

原文

先《まず》あらかじめ、皇孫《すめみま》に勅《みことのり》して曰《のたま》はく、「葦原の千五百秋《ちいほあき》の瑞穂《みずほ》の国は、是《これ》、吾《わ》が子孫《うみのこ》の主《きみ》たるべき地《くに》なり。宜《よろ》しく爾皇孫《いましすめみま》、就《い》でまして治《しら》せ。行給矣《さきくませ》。宝祚《あまつひつぎ》の隆《さかえ》まさむこと、当《まさ》に天壌《あめつち》と窮《きわまり》無かるべし」と。又大神、御手に宝の鏡をもち給ひ、皇孫《すめみま》にさづけ祝《ほき》て、「吾児《わがこ》、此の宝の鏡を視《み》ること、当《まさ》に吾《われ》を視るが如くすべし。与《とも》に床《ゆか》を同じくし、殿《おおとの》を共《ひとつ》にして、以て斎《いわい》の鏡とすべし」との給ふ。八坂瓊《やさかに》の曲玉《まがたま》・天《あめ》の叢雲《むらくも》の剣《つるぎ》を加《くわ》へて三種とす。又「此《この》鏡の如くに分明《ふんみよう》なるをもて、天下《あめのした》に照臨《しようりん》し給へ。八坂瓊《やさかに》のひろがれるが如く、曲妙《たくみなるわざ》をもて天下《あめのした》をしろしめせ。神の剣《つるぎ》をひきさげては、不順《まつろわざる》ものを平らげ給へ」と勅《みことのり》しましくけるとぞ。

此国の神霊として、皇統一種たゞしくましします事、まことにこれらの勅《みことのり》に見えたり。三種の神器世に伝《つたうる》こと、日月星の天《あめ》にあるに同じ。鏡は日の体《たい》也。玉は月の精也。剣は星の気也。深き習《ならい》あるべきにや。

現代語訳

（天照大神《あまてらすおおみかみ》が）まず予《あらかじ》め皇孫である邇邇芸命《ににぎのみこと》に詔して言われるには、「葦原《あしはら》の千五百秋《ちいほあき》の瑞穂《みずほ》の国は、我が子孫が主《きみ》となって治めるべき国である。天孫邇邇芸命《ににぎのみこと》よ、行ってその国を治めよ。幸《さき》くあれよ。皇位は天地と共に永久に栄えるであろう」と。また大神は手に宝の鏡をお持ちになり、天孫に授け祝福して言われるには、「我が子（孫）よ、この鏡を見る時は、我を見るが如くにせよ。常に同じ床、同じ屋根の下に安置し、神聖な鏡とせよ」と。この鏡と八坂瓊《やさかに》の曲玉《まがたま》と天《あめ》の叢雲《むらくも》の剣《つるぎ》と合わせて、三種の神器とする。また「この鏡のように、明《あきら》かに天の下を普《あまね》く照らせよ。八坂瓊《やさかに》の勾玉が広がっているように、優れた業により天の下を治めよ。神剣を帯びては、従わない者を平らげよ」と、御神勅を下されたとのことである。

この国の神聖な霊統として、この皇統一つだけが正しく続くことは、実にこれらの御神勅に明らかである。三種の神器が代々伝えられるということは、日と月と星が天にあるのと同じである。鏡は日（太陽）そのものを表し、玉は月の本質を表し、剣は星の力を表している。このことには深いいわれがあるのであろう。

抑《そもそも》、彼の宝の鏡は、さきにしるし侍《はべる》、石凝姥《いしこりどめ》の命《みこと》の作《つくり》給へりし八咫《やた》の御鏡、……玉は八坂瓊《やさかに》の曲玉《まがたま》、玉屋の命《みこと》作給へるなり。剣は須佐之男命《すさのおのみこと》の得《え》給て、大神にたてまつられし叢雲《むらくも》の剣也。此三種につきたる神勅は、正《まさし》く国をたもちますべき道なるべし。

鏡は一物をたくはへず。私《わたくし》の心なくして、万象《ばんしょう》を照らすに、是非善悪のすがた顕《あらわ》れずと云ことなし。其《その》すがたにしたがひて感応するを徳とす。これ正直の本源也。玉は柔和善順《にゅうわぜんじゅん》を徳とす。慈悲の本源也。剣は剛利決断を徳とす。智恵の本源也。此《この》三徳を翕《あわ》せ受ずしては、天下《あめのした》の治まらんこと、まことに難《かた》かるべし。神勅明らかにして、詞《ことば》つゞまやかに、旨《むね》ひろし。

そもそもその宝の鏡は、前にも記した石凝姥《いしこりどめ》の命《みこと》がお作りになられた八咫《やた》の鏡であり、……玉は八坂瓊《やさかに》の勾玉で、玉屋の命《みこと》がお作りになられた。剣は須佐之男《すさのお》の命《みこと》が手に入れられ、大神に献上された天の叢雲《むらくも》の剣である。これらの三種の神器についての天照大神の御神勅は、この国を正しく保つべき道と言わなければならない。

鏡は（自分自身のために）何一つ貯えることがない。私心なく全ての事を照らし映すので、正邪・善悪（物事の本当の姿）が現れないということはない。（映るもの）そのものの姿にそのまま感応することが鏡の徳であり、これが正直の根原である。玉は柔和で善に順《したが》う心を表すことがその徳であり、慈悲の心の根原である。剣は強さと鋭さにより即断することがその徳であり（物事の本質を見抜く）、智恵の根原である。（天皇が）この三つの徳を兼ね具《そな》えていなかったら、天下を治めることは実に難しいであろう。神勅は明白であり、言葉そのものは簡潔であるが、そこに含まれる意義は深遠である。

解説

『神皇正統記《じんのうしょうとうき》』は、後醍醐天皇と後村上天皇に仕えた南朝の重臣である北畠親房《きたばたけちかふさ》（一二九三〜一三五四）が著した歴史書で、神代から後村上天皇即位までの歴代天皇の事績が、歴史評論を交えながら叙述されています。親房は常陸国の小田城（茨城県つくば市）でこれを書き始めるのですが、奥書には「最略の皇代記」が一冊あっただけと記されています。しかし歴代天皇の事績を、概略とはいえ矛盾なく書き上げた親房の博識には、ただ感服するほかはありません。

最古の写本の奥書によれば、「此《この》記は延元四年（一三三九）秋、或童蒙《あるどうもう》に示さんが為に老筆を馳する所也」と記されています。従来はこの「或童蒙」は、当時十二歳の義良《のりよし》親王（後に後村上天皇）であり、帝王教育のために書かれたと考えられていました。しかし現在では、南朝方に引き入れようとした東国の有力武士である奥州白河の結城親朝《ちかとも》や、その周辺の東国武士であるという説が有力です。そして『神皇正統記』の執筆中に後醍醐天皇崩御の悲報に接し、「こゝにてとゞまりたく侍れど、神皇正統のよこしまなるまじき理《ことわり》を申《もうし》のべて、素意の末をもあらはさまほしくて、強《しい》てしるしつけ侍るなり」と記し、悲しみを乗り越えて書き上げました。しかし引き入れ工作は失敗し、吉野に還っています。そして当然のことながら補訂もしているでしょうから、結果としては、後村上天皇のための帝王学テキストとなったということになります。

『神皇正統記』の最大の眼目は、南朝の大覚寺統こそが、天照大神以来の正統な皇統であるということです。そしてその根拠は三種の神器の継承であり、それぞれの神器に象徴される徳目を説いています。そしてさらに天子たる者は、それに象徴される徳を具えるべきことも説いています。

為政者にはその地位に相応《ふさわ》しい徳が不可欠であるという主張は、「後嵯峨院」の項で、執権政治全盛期の北条泰時の私心のない公平な政治を、高く評価していることによく表れています。「心たゞしく政《まつりごと》すなほにして、人をはぐゝみ物におごらず……天の下則《すなわち》しづまりき」と絶賛し、鎌倉幕府が衰えて遂には滅んだのは天命ではあるが、七代も続いたのは北条泰時の余徳であるから、不満に思うことではないとまで言っています。反対に「廃帝」（仲恭天皇）の項では、承久の乱について、「王者の軍《いくさ》と云ふは、咎《とが》あるを討じて、傷なきをばほろぼさず」とまで言い切っています。さらに承久の乱の義時追討について、「義時久く彼が権をとりて人望に背《そむ》かざりしかば、下にはいまだきず有といふべからず。一往のいはればかりにて追討せられんは、上（後鳥羽上皇）の御咎《ごとが》とや申すべき。謀叛おこしたる朝敵の利を得たるには、比量せられがたし」と鋭く批判しています。このように親房は、歴史を見通す冷徹な視線と、烈々とした気迫を保持しています。

ここに載せたのは、三種の神器が象徴する君徳について説いた、巻頭に近い部分です。親房は『神皇正統記』のほぼ巻末に近く、「およそ政道と云ふことは所々にしるし侍れど、正直・慈悲を本として決断の力あるべきなり。これ天照太神《あまてらすおおみかみ》の明らかなる御教へなり」と結論のように記して、三種の神器に象徴される徳による政治の理想を述べています。ですから『神皇正統記』では三種の神器とそれに象徴される君徳、そしてそれを継承する皇統の正統性が、一貫して重要な主題なのです。

太平記——たいへいき

（主要テキスト：「日本古典文学大系新装版」『太平記』）

原文

此の城、東西は谷深く切れて、人の上《のぼ》るべき様《よう》もなし。南北は金剛山に続きて、而《しか》も峰峙《そばだ》ちたり。されども高さ二町計《ばかり》にて、廻《まわり》一里に足らぬ小城なれば、何程の事か有るべきと、寄手是《これ》を見侮って、初め一両日の程は向陣《むかいじん》をも取らず、攻仕度《せめじたく》をも用意せず、我先にと城の木戸口の辺《あたり》まで、かづき連れてぞ上《のぼ》ったりける。城中の者共少しも騒がず静まり返って、高櫓《たかやぐら》の上より大石を投げ懸け投げ懸け、楯の板を微塵《みじん》に打ち砕いて、漂《ただよ》ふ処を差《さし》つめ差つめ射ける間、四方の坂よりころび落ち、落ち重なって手を負ひ、死を致す者、一日が中《うち》に五六千人に及べり。長崎四郎左衛門尉《ざえもんのじょう》、軍奉行《いくさぶぎょう》にてありければ、手負《ておい》死人の実検をしけるに、執筆《しゅひつ》十二人、夜昼三日が間、筆をも置かず記《しる》せり。……

長崎四郎左衛門尉、此の有様を見て、「此の城を力攻《ちからぜめ》にする事は、人の討たるゝ計《ばかり》にて、其の功成り難し。唯《ただ》取り巻いて食攻《じきぜめ》にせよ」と下知して、軍《いくさ》を止《や》められければ、

現代語訳

この城（千早城）は、東西が深い谷に隔てられ、人が登る術《すべ》もない。南北は金剛山に連なり、しかも峰は一際高く聳《そび》えている。とは言っても（谷底からの）高さは約二町（二〇〇m余）で、周囲は一里もない小城なので、「何程のことがあろう」と、寄せ手の軍勢はこれを甘く見て、初めの一日二日は正面の陣を構えることもなく、攻める準備も十分にせず、先を争って、城門の辺りまで楯をかざし連ねて登って行った。城中の兵は少しも騒がず、静まりかえっていたが、高い櫓《やぐら》の上から大石を次々に投げ落とし、楯の板を木端《こっぱ》微塵《みじん》に打ち砕き、浮き足だったところを次々に弓矢で射たので、寄せ手はあちこちの坂から転げ落ち、落ち重なって負傷したり死ぬ者が、一日だけで五、六〇〇〇人に及んだ。長崎四郎左衛門尉は（戦を指揮する）軍奉行《いくさぶぎょう》なので、負傷者や死者を確認して数えたところ、十二人の記録係が昼夜三日がかりで、筆を休める暇もなく書き続けた。……

長崎四郎左衛門尉はこの様子を見て、「この城を力尽くで攻めても、人が討たれるだけで、事は成りそうもない。ただ遠巻きにして兵粮攻めにせよ」と命じ、戦を一旦止め

徒然《とぜん》に皆堪《た》へ兼ねて、花下《はなのもと》の連歌師共《ども》を呼び下し、一万句の連歌をぞ始めたりける。……

少し程経《へ》て後、正成、「いでさらば、又寄手を謀《たばか》りて、居眠《いねむり》さまさん」とて、芥《あくた》を以て人長《ひとだけ》に人形を二三十作って、甲冑《かっちゅう》を着せ、兵仗《ひょうじょう》を持たせて、夜中に城の麓《ふもと》に立て置き、前に畳楯《じょうだて》をつき並べ、其の後《うしろ》にすぐりたる兵《つわもの》五百人を交《まじ》へて、夜のほの〴〵と明ける霞《かすみ》の下より、同時に鬨《とき》をどっと作る。

四方の寄手鬨《とき》の声を聞いて、「すはや、城の中より打ち出《いで》たるは。是こそ敵の運の尽くる処の死狂《しにぐるい》よ」とて、我先にとぞ攻め合はせける。城の兵かねて巧みたる事なれば、矢軍《やいくさ》ちとする様にして、大勢相近づけて、人形計《ばかり》を木隠《こがく》れに残し置いて、兵《つわもの》は皆次第〳〵に城の上へ引き上《あが》る。寄手、人形を実《まこと》の兵《つわもの》ぞと心得て、是を討たんと相集まる。正成、所存の如く、敵を謀《たばか》り寄せて、大石を四五十、一度にばっと発《はな》す。一所に集まりたる敵三百余人、矢庭《やにわ》に討ち殺され、半死半生の者五百余人に及べり。

軍《いくさ》はてゝ是を見れば、哀大剛《あわれだいごう》の者かなと覚えて、一足も引かざりつる兵、皆人にはあらで、藁《わら》にて作れる人形なり。是を討たんと相集まって、石に打たれ矢に当たって

た。そのため寄せ手は暇を持て余し、連歌師達を京から呼び寄せ、一万句の連歌の会を始めた。……

程なくして楠正成は、「それならば寄せ手を手玉にとって、居眠りから醒《さ》ましてやろう」と、藁《わら》で等身大の人形を二、三〇拵《こしら》え、甲冑を着せ武具を持たせて、夜のうちに城の麓《ふもと》に立て置き、その前には楯を立て並べ、その背後に選《よ》りすぐりの兵を五〇〇人も控えさせ、夜がしらじらと明ける霧隠れに、同時に鬨《とき》の声をどっと上げさせた。

あちこちの寄せ手はその声を聞き、「そら、城中から討って出て来たぞ。これこそ敵の運が尽きる前の死にもの狂いよ」と、我先に応戦しようとした。城兵はかねてからの計画どおり、少し矢戦をするように見せかけ、大勢を引き付けておいてから、人形だけを木蔭に残し置いたまま、次々に城に引き上げてしまった。寄手は人形を本物の兵《つわもの》と思い込み、これを討ってやろうと集まって来た。正成は狙い通りに敵を欺き引き寄せておいてから、大石を四、五〇も一度にどっと投げ落とした。そのため一カ所に集まっていた敵兵三〇〇余人が、たちまちに討ち殺され、半死半生の者も五〇〇余人に及んだ。

戦闘が一段落してよく見れば、ああ何という荒武者かと感服する程、一歩も退かなかった兵は、何と皆人ではなく藁でできた人形ではないか。これを討とうと寄せ集まり、石や矢に当たって死んだのは不名誉なことであり、かと言って藁人形に怖気《おじけ》づいて進むことができなかった者も、

死せるも高名《こうみょう》ならず。又是を危《あや》ぶみて進《すすみ》得ざりつるも、臆病《おくびょう》の程顕《あらわ》れて言ふ甲斐無し。唯兎《と》にも角《かく》にも、万人の物笑とぞ成りにける。

臆病なことが露顕して話にならない。どちらにしても多くの人の笑いものになったのである。

解説

『太平記《たいへいき》』は、後醍醐天皇が即位した文保二年（一三一八）から、貞治六・正平二二年（一三六七）までの、戦乱などを叙述した軍記物語です。著者については、『洞院公定《とういんきんさだ》日記』という公家の日記には、「小島法師」であると記されています。また他に僧玄恵《げんえ》であるという説もあり、確定できません。約五〇年に及ぶ期間が叙述されていますから、いずれにせよ著者は一人ではなく、改訂増補されつつ、最終的には義満が将軍となって間もなくの頃には成立したと考えられています。

足利一族の今川了俊《りょうしゅん》が、『太平記』の事実誤認を指摘して著した『難太平記《なんたいへいき》』には、「此記は十が八九はつくり事にや。……大かたはちがふべからず。人々の高名などの偽りおほかるべし」と書かれています。了俊は武功を評価されていないことが不満なのですが、大筋は違わないと認めています。

ここに載せたのは、巻七の「千剣破城軍事《ちはやのしろいくさのこと》」の部分です。周囲を谷に囲まれた千早城は、最も高い地点で標高が六七三mもあるそうです。「廻《まわり》一里」は誇張でしょう。現地を歩いてみると、計測起点にもよりますが、「高さ二町計《ばかり》」という記述は誇張とも思えませんでした。千早城では軍勢を広く展開できる場所は限られていますから、数万人の大軍でも、大部分は下の方から眺めるだけしかできません。

結局千早城の戦は、元弘三年・正慶二年（一三三三）二月から五月のはじめまで約一〇〇日間続きました。その前後に後醍醐天皇は隠岐を脱出、伯耆の名和長年、播磨の赤松則村、肥後の菊池武時が挙兵。五月七日には足利高氏（尊氏）が京の六波羅探題を滅ぼし、五月二二日には新田義貞が鎌倉幕府を滅ぼすなど、各地で討幕挙兵が続きました。千早城に幕府軍を引き付けている前後に討幕挙兵が相次いだことを見れば、結果的には戦略的意義は、戦術以上のものがありました。

『太平記』は湊川の戦いで討ち死にした楠正成について、「智仁勇の三徳を兼ねて、死を善道に守るは、古より今に至るまで、正成程の者は未だあらず」と記して、賛辞を惜しみません。また足利尊氏の立場で叙述された『梅松論』でさえも、「誠、賢才武略の勇士とも、かやうの者をや申すべきとて、敵も御方も惜しまぬ人ぞなかりけり」と賞賛しています。

梅松論——ばいしょうろん

（主要テキスト：「新撰日本古典文庫」『梅松論』）

原文

或時《あるとき》夢窓国師、談議の次《ついで》に、両将の御徳《おんとく》を条々褒美《ほうび》申されけるに、先《ま》づ将軍の御事《おんこと》を仰せられけるは、……「治承《じしょう》より以下、右幕下《うばくか》頼朝卿征夷大将軍の職、武家の政務を自《みずから》専《もつぱら》にして、賞罰私なしといへ共《ども》、罰の辛《から》き故に、仁《じん》の闕《か》くる所々見ゆ。今の征夷大将軍尊氏は、仁徳《じんとく》を兼ね給へる上に、尚《なお》大なる徳あるなり。

第一に、御心強《ごしんきよう》にして、合戦の間、身命を捨て給ふべきに臨む御事《おんこと》、度々《たびたび》に及ぶといへども、咲《えみ》を含みて怖畏《いふ》の色なし。第二に、慈悲天性にして、人を悪《にく》み給ふ事を知り給はず。多く怨敵《おんてき》を寛宥《かんゆう》ある事、一子《いっし》の如し。第三に、御心《みこころ》広大にして、物惜《ものおしみ》の気なし。金銀土石をも平均に思食《おぼしめ》して、武具御馬以下の物を、人々に下し給ひしに、財と人とを御覧じ合ひる事なく、御手に任せて取り給ひしなり。八月朔日《ついたち》などに、諸人の進物共《ども》数も知らずありしかども、皆人に下し給ひし程に、夕《ゆうべ》に何ありとも覚えずとぞ承りし。実《まこと》に三つの御體《おんてい》、末代に有り難き将軍なり」と、国師、

現代語訳

ある時、夢窓疎石《むそうそせき》が話のついでに、足利尊氏と（その弟の）足利直義《ただよし》の人徳を一つ一つ誉め讃えたことがあった。まず将軍（尊氏）について話されたのは、……「治承の争乱（源平の戦）以来、右近衛大将《うこのえのだいしょう》の源頼朝が、征夷大将軍ともなって武家政治を専決したが、賞罰には私心を挟むことがなかったとはいえ、余りに罰が厳し過ぎ、（思いやりの心である）仁の徳に欠けるところが所々にござった。現在の征夷大将軍尊氏様は、仁の徳ばかりか、さらに大いなる徳を具《そな》えてござる。

まず第一に、御心が勇猛で、合戦で再三命の危ういことに臨んでも、笑みを浮かべて、恐れおののくということがござらぬ。第二に、憐れみ深さは生まれながらのものにして、人を憎まれるということがござらぬ。多くの怨《うら》み深き敵を許されること、あたかも我が子の如くでござる。第三に、御心が広く、物を惜しむことがござらぬ。金や銀でさえ土や石と同じように思っておいでになる。武具や御馬などを人々に賜る時は、その財と人とを見比べられることもなく、御手づから下される。（八月一日には）多くの人からの八朔《はっさく》の御進物が数知れず献上されるが、全て人に下され

談議の度毎《たびごと》にぞ仰せ有りける。

るので、夕方には何一つ残らないとのことでござる。これら三つの徳を兼ね具《そな》えられ、まことに今後末代まで、現れることなき将軍様でござる」と、夢窓国師は話のたびごとに話された。

解説

『梅松論』は、主に鎌倉時代末期から建武の新政にかけての戦乱の時代を、歴史物語風に、かつ軍記物語風に叙述した歴史書です。叙述されている期間は、古代から皇統分裂までは概略ですが、元弘元年（一三三一）に元弘の変が始まり、後醍醐天皇が笠置山《かさぎやま》に脱出してから、建武四年（一三三七）に新田義貞が入城して金ヶ崎城が落城するまでが詳述されています。さらに、ここに載せた夢窓疎石の足利尊氏評などが付け加えられ、尊氏の為人《ひととなり》を賛美して終わっています。成立は文和《ぶんな》元年（一三五二）から嘉慶《かけい》年間（一三八七〜一三八九）の頃で、著者は不明ですが、史料としての信憑性は比較的高いとされています。

冒頭部の叙述は、『大鏡』などいわゆる「鏡物」の歴史物語に倣《なら》ったもので、北野天満宮への参詣者が、足利尊氏の栄華の経緯を尋ねると、参籠中の老僧が答えるという設定で話が始まります。書名については、尊氏の繁栄を天満宮ゆかりの梅花に、その子孫の長久を樹齢の長い松に準《なぞら》えたもので、最末尾には、「所は北野なれば、将軍（尊氏）の栄華、梅と共に開け、御子孫長久、松と徳を等しくすべし。飛梅老松《ひばいろうしょう》年旧《ふ》りて、松風吹けば梅花薫ずるを問ふと答ふとに準へて、『梅松論』とぞ申しける」と記されています。

ほぼ同時期の戦乱を叙述した『太平記』は、大覚寺統に比較的同情的な立場で、『梅松論』は持明院統寄りの立場で叙述されていると説明されることがあります。しかし『梅松論』では、持明院統からの即位は、大覚寺統の皇位継承を命じた後嵯峨上皇の遺勅に反するもので、鎌倉幕府の介入による「非義」の即位であるとしたり、また後醍醐天皇の隠岐脱出について、「君、今度隠岐国を出給ひし事は、知臣の謀《はかりごと》にもあらず。たゞ天の与《あた》へ奉るにて有ける」と記されているように、必ずしも持明院統寄り、反後醍醐天皇ではありません。将軍補任の記述がないのに、尊氏は最初から「将軍」と呼ばれているように、『梅松論』はあくまで足利尊氏賛美と、足利政権を正当化する意図のもとに叙述されています。

ここに載せたのは、禅僧夢窓疎石《むそうそせき》の尊氏評で、『梅松論』のほぼ末尾近くに記されています。尊氏の為人《ひととなり》を絶賛しているのですが、『梅松論』の著述目的からすれば、割り引かなければなりません。しかし尊氏の事績を調べてみると、全くの作り話でもなさそうです。相国寺の僧瑞渓周鳳《ずいけいしゅうほう》の日記である『臥雲日件録《がうんにっけんろく》』の享徳四年（一四五五）正月十九日には、「或時戦場に在りて飛矢雨の如し。近臣咎《とが》めて曰く、少しく之を避くべしと。尊氏咲《え》みて曰く、戦で矢を畏《おそ》るは則ち可ならんやと」と記されています。この話は尊氏没後の伝聞ですが、そのような評価が伝えられたことは事実と認められます。

降伏して来た者を、処罰せずに重用したこともありますが、南北朝の戦ではしばしば寝返りがあり、尊氏自身も一時期は南朝と和睦しているくらいですから、これも割り引かなければなりません。欲がなく、気前よく恩賞を与えた例もあります。箱根竹の下の戦では、奮戦した者に感激の余りその場で所領を恩賞として与えたので、「これを見聞く輩《やから》、命を忘れ死を争ひて、勇み戦はむ事を思はぬ者ぞなかりける」と記されています。

また建武三年（一三三六）、光明天皇擁立の二日後に、清水寺に奉納した尊氏自筆の願文には、「この世は夢の如くに候。尊氏にだう心（道心）たばたせ給候て、後生たすけさせをはしまし候べく候。猶《なお》々とく（疾く）とんせい（遁世）したく候。……今生のくわほう（果報）をば直義にたばせ給候て、直義あんおん（安穏）にまもらせ給候べく候」と記されています。「現世は儚く、自分は出家するので、来世のことを助けてほしい。現世の果報は弟の直義に譲るので、直義を守ってほしい」という意味です。もっとも前年の十二月、尊氏は鎌倉の浄光明寺で出家しようとしたことが『梅松論』に記されていて、すぐに「出家する」と言い出すのは、尊氏の癖かもしれません。またこの願文以後、尊氏が弟の直義に政権運営の実権の大半を委譲したことは事実であり、『梅松論』にも「その後は政務の事においては一塵も将軍より御口入れの義なし」と記されています。ところが一般には、尊氏は信頼していた直義を毒殺したと理解されているようです。確かに『太平記』巻三〇「慧源禅師（直義）逝去の事」には、急死したので毒殺されたのではとささやかれたとは記されています。しかし後に兄弟が抗争したことは事実でも、毒殺した確かな根拠はありません。

ここには載せていませんが、疎石の尊氏評に続き、尊氏も自ら源頼朝の政道の厳しいことを、「誅罰繁《しげ》かりし事いと不便《ふびん》（不憫）なり」と批判し、さらに「天下治まらんこと本意《ほい》たる間、今度は怨敵をもよく宥《なだ》めて本領を安堵せしめ（所領の領有を保証し）、功を致さん輩に於ては殊更《ことさら》莫大の賞を行はるべきなり」と直義らに語ったと記されています。しかし将軍職には、頼朝が弟達を処断したように、情に流されず政務を処理する冷徹さも必要なのかもしれません。

善隣国宝記——ぜんりんこくほうき

原文

彼の国、吾が国の将相を以て王と為《な》す。蓋《けだ》し推尊するの義ならん。必ずしも之《これ》を厭《いと》はず。今、表中に自ら王と称せしは、則《すなわ》ち此《こ》れ彼の国の封《ほう》を用ふる也。無乃《むしろ》不可ならんか。又臣の字を用ふるは非也。已《や》むを得ずんば、則ち「日本国」の下に、常の如く当《まさ》に官位を書くべし。其の下の氏と諱《いみな》との間に、「朝臣《あそん》」の二字を書かば可ならんか。蓋《けだ》し此の方の公卿の恒例なれば、則ち臣字は吾が皇に属する而已《のみ》。以て外国に臣たるの嫌《きらい》を避くべき也。

又近時、大明に遣はす表の末に、彼の国の年号を書くは、或は非ならんか。吾が国の年号は、多く『唐書』『玉海《ぎょくかい》』等の書に載《の》す。彼の方の博物の君子は、当《まさ》に此の国に中古より別に年号有るを知るべし。然《しか》らば則《すなわ》ち、義《ただ》しく当《まさ》に此の国の年号を用ゆべし。然《しか》らずんば、総て年号を書かず、惟甲子《ただかっし》を書かんか。此《これ》、両国の上古、年号無き時の例也。

現代語訳

その国（明）は我が国の将軍を「王」としている。思うに、敬意を表するという意味であろう。それは必ずしも厭《いと》うことではない。今、国書に「王」と自称するのは、明の冊封《さくほう》を受ける（明に朝貢する）ことであり、これこそ不可とすべきであろう。また「臣」の字を用いるのも宜しくない。やむを得ないなら、「日本国」の下に常のように官位を書くべきである。その下の氏の名と諱《いみな》（本名）の間に、「朝臣」の二字を書くのもよいであろうか。思うに、これは日本の公家の通例であり、「臣」の字は我が国の天皇に臣従することを意味するだけである。それにより、外国に臣従するという嫌忌《けんき》を避けるべきである。

また近年、明に遣わす国書の末尾に、彼の国の年号を書いているが、それは宜しくないのではないか。我が国の年号は、『唐書』（『新唐書』）『玉海《ぎょくかい》』などにも多く記されていて、明の識者は、日本には古来独自の年号があることを知っているはずである。そうであるから、正しく日本の年号を用いるべきである。そうでないというならば、一切年号を書かず、ただ干支だけを書くのはどうであろう。これは両国の古代において、年号がなかった時の通例だからである。

『善隣国宝記《ぜんりんこくほうき》』は、京都の相国寺《しょうこくじ》の僧である瑞渓周鳳《ずいけいしゅうほう》（一三九一～一四七三）が著した、日本最初の外交史書で、中巻の後書によれば、文明二年（一四七〇）の成立と考えられます。内容は国産み神話や『漢書』の倭国分立から始まり、室町時代の日朝・日明外交に及んでいます。書名の由来は、序文に「太子善隣、必ず三宝を以て国宝と為す」（聖徳太子が仏教による隣国との友好を国宝とする）と記されていることによります。

　注目されるのは、日明貿易における国書の記録です。足利義満が応永八年（一四〇一）に派遣した際の上表文には、「書を大明皇帝陛下に上《たてまつ》る」と記されていますが、外交儀礼上、この程度の文言はあり得るでしょう。それに対する明の返書には、「爾《なんじ》日本国王源道義《げんどうぎ》（源義満）、心、王室に存し、君を愛するの誠を懐き、波濤《はとう》を踰越《ゆえつ》し（越えて）、使を遣して来朝す。……朕甚《はなは》だ嘉《よみ》す（感心なことと思う）。……大統暦（明の暦）を班示し、正朔《せいさく》を奉ぜしめ……」と、尊大な文言となっています。「正朔」とは年の初めの正月と月の初めの一日（朔）のこと、つまり暦のことで、暦とは皇帝が時間をも支配することの象徴ですから、それを「奉ずる」ことは、中国を宗主国とすることを意味しています。義満の最初の国書には、「応永」という日本の年号が記され、義満自身も「某《それがし》」と自称しているのですが、その後の国書では、「日本国王臣源」と自称しています。また応永二六年（一四一九）の足利義持の文書には、義満が印を授けられたことも記されていますから、「日本国王」と刻まれていたかもしれません。

　ここに載せたのは、義満の卑屈にも見える外交文書に対する、瑞渓周鳳の批判です。朝貢により多くの頒賜《はんし》品（下賜される品）を得られ、それが義満の権威を飾り、「唐物《からもの》」と称して高価に売買され、莫大な利益を得られます。『善隣国宝記』巻下には、明の皇帝からの「頒賜《はんし》品」や、日本からの「貢献方物」（献上品）がずらりと列記されています。頒賜品には、金・銀・各種高級織物・工芸品・各種獣皮など、献上品には馬・刀剣・硫黄・屏風・扇・瑪瑙《めのう》などがあるのですが、その質と量を比較すれば、雲と泥との差がありますから、義満は卑屈になっても実利を取ったのでしょう。当時の東アジア情勢を考えれば、そのような文言になるのはある程度はやむを得ません。

　しかし義満の外交姿勢に対しては、瑞渓周鳳以外にも批判的な知識人や有力者は少なくありませんでした。義満の子の将軍足利義持は貿易を中断します。もっとも義持は父義満とは大層仲が悪く、外交だけでなく、何かにつけて反対していたということもありました。応永二六年（一四一九）の明の使者に義持が示した文書には、義満が病気となった理由を占ったところ、「諸神祟を為《な》す」ためであることがわかったこと。また神霊が「我が国は古より外邦に向て臣を称せず。比者《このごろ》前聖王（古の天皇達）の為《な》すところを変へ、暦を受け印を受けて、之を却《しりぞ》けず。是れ乃《すなわ》ち病を招きし所以なり」と告げたので、「先君（義満）大いに懼《おそ》れ、明神に誓ふ。今より後外国の使命を受くること無し」としたと記されています。外国に対して「臣」と自称したり、暦や印を受けたことが、神の怒りを招き病気になった理由であるというわけです。明の皇帝の怒りを抑えるため、苦しい言い訳をせざるをえなかったのでしょう。

その後、足利義教《よしのり》が貿易を再開して「日本国王源義教」と自称し、足利義政も「日本国王臣義成《よししげ》（義政）」と自称しています。しかし朝鮮国への国書には、二人とも「日本国源義教」「日本国源義政」と称し、「王」を称してはいません。

瑞渓周鳳の批判理由は、「王」を自称することと、明の年号を使用することでした。古代中国では、「王」とは皇帝の支配下にある諸侯を意味するもので、西洋のkingとは全く異なります。それは卑弥呼が魏に朝貢する邪馬台国の「女王」であったことでも理解できます。ですから王を自称すること自体、既に宗主国と属国の関係を認めることになるわけです。また年号は天に代わって天子が定めるものと考えられていましたから、異国の年号を用いることも、国家の独立を自ら否定するような行為と見なされたわけです。

風姿花伝——ふうしかでん

（主要テキスト：「日本思想体系」『世阿弥・禅竹』）

原文

この比《ころ》よりは、大方、せぬならでは手立《てだて》あるまじ。「麒麟《きりん》も老《おい》ては駑馬《どば》に劣る」と申事あり。去乍《さりながら》、真《まこと》に得たらん能者《のうじゃ》ならば、物数《ものかず》は皆々失《う》せて、善悪見どころは少なくとも、花は残るべし。

亡父にて候《そうらい》し者は、五十二と申《もうし》し五月十九日に死去せしが、その月の四日、駿河の国浅間《せんげん》の御前にて法楽《ほうらく》仕《つかまつ》る。その日の申楽《さるがく》、殊に花やかにて、見物の上下、一同に褒美《ほうび》せしなり。

凡《およそ》その比《ころ》、物数をば早《はや》初心に譲りて、安《やす》き所を少々《すくなすくな》と、色へてせしかども、花は弥《いや》増しに見えしなり。是《これ》、真《まこと》に得たりし花成《なる》が故に、能は枝葉も少く、老木《おいき》になるまで、花は散らで残《のこり》しなり。是、眼《ま》のあたり、老骨に残りし花の証拠なり。

現代語訳

この年頃（五〇歳代）になれば、大概、何もしないということ以外には、適当な方法はあるまい。「（一日千里を走る）麒麟《きりん》も、老いてはのろい駄馬にもかなわない」という諺《ことわざ》がある。しかしながら、真に芸の奥義を会得した能役者ならば、演目の数は（肉体が衰えて）ほとんど無くなり、善くも悪くも見せ場は少なくなってしまうが、（芸の奥深さである）「花」は残るであろう。

亡き父観阿弥は、五二歳という年（至徳元年〔一三八四〕）の五月十九日に亡くなったが、同月四日に、駿河国の浅間《せんげん》神社の御神前で申楽能《さるがくのう》を奉納した。その日の能は殊の外《ほか》華やかであり、貴賤上下の見物人は、皆一様に賞賛したものである。

およそその頃には、数々の演目を若い者に譲り、楽にできる演目を、少しずつ彩《いろど》りを添えて演じていたが、芸の奥深さはますます見とれるほどであった。これは真に体得した芸の花であるが故に、枝葉である演技の動きは少なくなったが、高齢の老木になっても、「花」は散らずに残っていたのである。これこそ私が目の当たりに見た、老の身にもなお残った「花」の証《あかし》なのである。

『風姿花伝《ふうしかでん》』は、能楽（猿楽）を大成した世阿弥《ぜあみ》（一三六三～一四四三）が著した能の芸能理論書で、序章を別にして七篇から成っています。最初の三篇は応永七年（一四〇〇）頃までに成立し、その後応永二五年（一四一八）までかかって増補改訂されました。世阿弥の子孫の能役者のために、秘伝の書物として書かれたため、公開されたのは明治の末年です。秘本であったからか保存状態がよく、第六、七篇は世阿弥の自筆本が残っています。

書名の『風姿花伝』は、何とも美しい呼称です。第五篇に、「この芸、その風を継ぐといへども、……その風を得て、心より心に伝ふる花なれば、風姿花伝と名付く」記されています。「風姿花伝」には色々な解釈が可能であるとは思いますが、この場合の「風」を「芸風」と理解するならば、「伝統の芸風により伝えられる花」と理解しました。次に鍵《かぎ》となるのは、「花」という言葉です。世阿弥には他に『花鏡』という著書もあり、「花」という言葉には思い入れがありました。第七篇「別紙口伝」には、「花と面白きとめづらしきと、これ三つは同じ心なり」と記されています。古語の「面白し」は「風情がある」、「めづらし」は「賞賛すべき」という意味ですから、花とは、「風情があり、素晴らしい演技の魅力」と理解してみました。

『風姿花伝』にはこの「花」について、若い頃の「時分の花」（一時的な花）と「真《まこと》の花」が説かれています。若い時（少年期と青年期）には、若さゆえの鮮やかな演技の魅力があります。これが「花」であり、観客を感動させます。しかしそれは長続きせず、「やがて散る時分」があります。しかし若い頃に絢爛《けんらん》と華やいだ表面の花が枯れたとしても、精進すれば密《ひそ》やかに内面に咲くようになります。この「時分の花」から「真の花」の芸境に至る精進が、芸の道であるというのでしょう。

『風姿花伝』には、能の修業法から始まり、演技や演出、能の歴史や美しさなどについて叙述されています。あくまでも能楽について述べていますが、「能」を他の芸能に置き換えれば、そのままその芸能の理論書となり、芸能を越えて「道」に置き換えれば、そのまま教育論や人生論にもなります

世阿弥の父観阿弥は、春日神社を本所とする、結崎《ゆうざき》座に属していました。そして応安七年（一三七四）に京の今熊野《いまくまの》社に奉納した演技が、第三代将軍足利義満（十七歳）に注目されました。飛び切りの美少年であった世阿弥に対する、義満の寵愛ぶりは尋常ではなく、観阿弥・世阿弥（十二歳）父子はその庇護を受けるようになりました。しかし応永十五年（一四〇八）に義満が没すると、義満を快く思わない将軍が続き、世阿弥の出番は激減します。そして永享六年

(一四三四)には、七二歳で佐渡に流されてしまいます。その後のことは不明だったのですが、近年、奈良県の曹洞宗補《ふ》巌寺《がんじ》(現田原本町《たわらもとちょう》)の禅僧竹窓智厳《ちくそうちごん》に帰依し、田畑施入帳に世阿弥夫妻の法名と忌日が確認され、後に故郷の大和国に帰っていたことが明らかになりました。

ここに載せたのは、第一篇「年来稽古《けいこ》条々」の一部で、年齢に応じた稽古の心得が説かれています。まずは七歳の幼年期から稽古を始め、「心のまゝ」に自由にやらせるべきである。十二、十三歳の少年期になると、稚児《ちご》であるというだけで、姿や声がそのまま「花」となるが、それは「時分の花」である。そしてそれに気を取られずに、基本を丁寧に稽古せよ。十七、十八歳になると声が変わり、身体が大きくなる。そのため一時的な花が失われるので、最初の壁に直面する。それで「生涯にかけて能を捨てぬ」と覚悟を決めて稽古しなければならない。ここで諦めると、そのまま芸の上達は止まってしまう。二四、二五歳の青年期になると、芸の要である声と身体が安定し、芸の品位が定まり始める時期である。褒められて舞い上がってしまうことがあるが、これは本人のためにならない。この時期の「花」はまだ「真の花」ではなく、ようやく「初心」の段階である。三四、三五歳は芸の全盛期で、この時期に一流と認められないならば、「真の花」を会得できない。芸の上達はこの頃までであり、四〇歳代には芸は衰え始める。四四、四五歳になると、演じ方が変わる。「身の花」(身体的な「花」)も「よそめの花」(観客から見た「花」)も次第に失われる。大切なことは良き助演者を得ることである。若い助演者に「花を持たせ」、身体の衰えを見せるような演技をしてはならないと説きます。そうしてここに載せた五〇歳代の、何もしないのに「花」は残っている境地に続くのです。

五〇歳代になると無駄な動きは一切なく、わずかな動きの中に風格が滲み出るような存在になるのでしょう。これは剣道に譬えるとわかりやすいと思います。激しい打撃戦となる全日本選手権大会では、四、五段の壮年の剣士が勝つことが多いのですが、七、八段級の高齢の剣士は、見かけは静かに構えているだけでも、隙がないので、そう易々《やすやす》とは打ち込めないそうです。ただし現在とは平均寿命が違いますから、年齢の数字をそのまま現代に当てはめられません。古来四〇歳から十年ごとに長寿の祝いが行われましたから、その頃の五〇歳代は、現代ならば七〇〜八〇歳代かもしれません。

室町文化には、今日の「和風」文化の起原となったものがたくさんあります。能楽・水墨画・書院造・庭園・俳諧・生け花・茶の湯・禅などは、いずれも代表的「和風」文化ですが、どれも動作・色・装飾・植栽・言葉などを極限まで削ぎ落とし、象徴的に美や奥義を表現することが共通しています。能楽ならば、役者の動作、「作り物」(大道具)や能舞台の設《しつら》えを見れば、それは一目瞭然です。

菟玖波集——つくばしゅう

（主要テキスト：「日本古典文学大系」『連歌集』）

原文

①山陰しるき雪の村消《むらぎえ》
新玉《あらたま》の年の越えける道なれや　後嵯峨院御製（春上）

②たえぬ煙と立のぼる哉《かな》
春はまだ浅間の岳《やま》の薄霞　前大納言為家（春上）

③その品々やまたかはるらむ
月霞む果《はて》は雨夜になりにけり　関白前左大臣（春上）

④鳴くにぞ虫の名をも分けたる
山陰のすゞの篠《しの》屋に機織りて　救済《ぐさい》法師（秋下）

⑤したはゞ袖の色に出《いで》なむ
時雨《しぐれ》行くやどのむら萩うら枯て　後鳥羽院御製（秋上）

⑥ひろき空にもすばる星かな

現代語訳

①山陰には、はっきりと雪がまだらに消えている
それは新年が山を越えて来た跡なのだなあ
後嵯峨上皇御製

②絶えることのない煙となって、立ち上ることであるよ
春まだ浅い浅間山には、薄霞がかかっている
藤原為家

③その色々な品は、それぞれに変わってゆくことであろう
朧月夜は、ついに春雨の降る夜になってしまった
二条良基

④鳴くからこそ、その虫の名を聞き分けられる
山陰では鈴虫が鳴き、涼しそうな笹葺《ささぶき》小屋では、きりぎりすが機《はた》を織るように鳴いている
救済《ぐさい》法師

⑤恋い慕うと涙で袖が濡れ、本心が顕《あらわ》れてしまうだろう
時雨《しぐれ》に濡れて、庭の一叢《ひとむら》の萩の下葉が黄葉《もみじ》に染まることだ
後鳥羽上皇御製

深き海にかゞまる蝦《えび》の有るからに　西行法師（俳諧）

⑥広い空なのに、身を窄《すぼ》めるすばる星があるのだなあ
深い海にも、身をかがめる海老《えび》もいるのだから　西行

解説

『菟玖波集《つくばしゅう》』は、南北朝期に関白であった二条良基《にじょうよしもと》（一三二〇～一三八八）が、連歌師の救済《ぐさい》に命じて編纂させた連歌集で、正平《しょうへい》十一年（延文元年、一三五六）に成立し、翌年には綸旨により準勅撰とされました。また当代の連歌ばかりではなく、古代からの連歌の集大成であり、和歌の余技と見做されていた連歌を、文芸として地位を確立させた、連歌史上の記念碑的連歌集です。また二条良基は、連歌の規則を定めた『応安新式《おうあんしんしき》』を著していますから、連歌を大成したのが飯尾宗祇《いいおそうぎ》とすれば、文芸としての連歌を確立したのが二条良基と言えます。

「つくば」は、倭建命《やまとたけるのみこと》（日本武尊）が常陸国の筑波を経て、甲斐国の酒折宮《さかおりのみや》に着いたとき、「新治《にいはり》筑波を過ぎて幾夜か寝《いね》つる」と歌で問いかけたのに対し、御火焼翁《みひたきのおきな》が「日々並《かがな》べて夜には九夜《ここのよ》日には十日を」と応答したという神話上の故事が、連歌の起源と理解されていたことによる呼称です。

そもそも連歌というものは、五七五の長句に、別の人が七七の短句を付けたり、またその逆の、短連歌から始まりました。鎌倉時代より前の連歌は、ほぼ短連歌と見てよいでしょう。ただし連歌集の中では短連歌に見えても、五〇句、一〇〇句も続く長連歌から、部分的に抽《ぬ》き出されたものもあります。句の下に名前が記されていないのが前句で、記されているのが作者のわかる付句です。

連歌は、二人で前句と付句を合わせ詠むとはいっても、二人で一つの和歌を合作するわけではありません。前句と付句はそれぞれ完結した内容を持っていて、前句と付句を合わせてようやく意味が通るのは、認められません。また連歌の面白さは、前句の内容を承《う》けて、如何に優雅に、あるいは機知のある付句を詠むかという付合《つけあい》にあり、付句の創意工夫に評価の観点があります。そのため連歌は人々が集って詠む「座」の文芸ですから、集う人々の歌学的教養のレベルが揃っていないと、付句の面白さを共有できず、連歌を楽しめません。そのため現代に連歌を楽しむことは、なかなか難しいのです。

連歌には、優雅や幽玄を旨とする格調高い和歌的な有心《うしん》連歌（正風連歌）と、言葉遊や機知を旨とする座興的な無心連歌（俳諧連歌）とがありました。『菟玖波集』には両者が含まれています。室町時代には有心連歌が流行《はや》り、『水無瀬三吟百韻《みなせさんぎんひゃくいん》』はその最高峰です。しかし末期になると、

滑稽で平易な語句を用いる庶民的な無心連歌が流行り、『犬筑波集』はその典型です。そのような滑稽な連歌は「俳諧連歌」とも呼ばれるのですが、「俳」も「諧」も「戯《たわむ》れ」という意味です。このような俳諧連歌の、五七五の句だけを独立させた庶民的文芸が、江戸時代の俳諧というわけです。

①は、後嵯峨上皇御製の付句で、山肌の雪が斑《まだら》に融《と》けているのを、年（春）が山を越えて来た足跡であると見ているわけです。ただ自然を擬人的に理解するのは王朝和歌以来のことですから、必ずしも俳諧連歌とは言えません。

②は、藤原為家（定家の子）の付句で、煙から浅間山を連想して春がまだ浅いことを掛け、さらに煙から連想で、春の立つ徴である春霞を詠んでいます。

③は、『菟玖波集』の編者である二条良基の付句です。長連歌の一部だけを切り取っているので、前句の背景はよくわかりませんが、良基は前句の「品々」から『源氏物語』「帚木《ははきぎ》の巻」の有名な「雨夜の品定め」の場面を連想し、「雨夜」を付合としたものです。当時の教養人なら「雨夜の品定め」を知らない人はいませんから、これで笑いをとれたわけです。

④は、二条良基と共に、『菟玖波集』を編纂した救済《ぐさい》の付句です。「すゞ」は「涼」と鈴虫（現在の松虫）を掛け、「機織」は機織虫《はたおりむし》（現在のキリギリス）を表していて、秋の虫の鳴き声を、秋の侘しい風景に転換させたところが見せ所です。機織虫は、キリギリスの「チョンギース」「ギーッチョン」という鳴き声が、機織の音に似ているため、その名で呼ばれていました。

⑤は、後鳥羽上皇御製の付句です。前句の「色に出づ」とは、恋心などの本心が表に出ることの常套表現です。付句では前句の「したはゞ」（慕はば）を「下葉は」と理解して、萩の下葉が黄葉《もみじ》することへ転換させています。付句には色変わりしたことは詠まれていませんが、時雨が木の葉を染め、特に萩は下の葉から黄葉《もみじ》するということは、当時の教養人なら知らない人はいない常識でした。恋の歌から秋の歌へ転換して見せた有心連歌です。

⑥は、西行の付句です。昴星《すばる》は古くから「六連星《むつらぼし》」とも呼ばれ、星がまとまって見えることから、「統《す》ばる」（一つにまとめること）と呼ばれていました。前句では「統《す》ばる」を「窄《すぼ》む」にこじつけて、「空は広いのに、なぜ身を窄《すぼ》めている星があるのか」という謎掛《なぞか》けに、西行が「深い海にも身を屈《かが》める海老《えび》がいるではないか」と戯《おど》けて応じたわけです。このような言葉遊びの歌を俳諧歌《はいかいか》と言い、連歌の会が歌会の余興であったことをよく表しています。

新撰菟玖波集——しんせんつくばしゅう

（主要テキスト：「日本古典文学大系」『連歌集』）

原文

①み山のかげの春のさびしさ
　鶯のひとくと告ぐる人は来《こ》で　多《た》々《た》良《ら》政弘《まさひろ》朝臣（春上）

②還《かえ》らばさくら恨みやもせむ
　故郷《ふるさと》と都をおもへ春の雁　多《た》々《た》良《ら》政弘《まさひろ》朝臣（春上）

③果ては枯れ野の露の夕暮
　下萌えの草葉にかゝる春の雨　宗砌《そうぜい》法師（春下）

④ひとりながむる春ぞさびしき
　頼めても訪《と》はれぬ花の夕露に　従一位富子（恋上）

⑤西に向かふぞ願ふ道なる
　東より春を都にともなひて　智蘊《ちうん》法師（羇旅下）

⑥ともに別れむ事ぞ悲しき

現代語訳

①深い山の陰の春は、もの寂しいものだ
　鶯が「人が来る」と告げて鳴いても、人が訪れることもないので　多々良（大内）政弘

②花を見ずに還ってしまったら、見てもらえない桜が恨むだろうか
　都を故郷と思って、帰らないでくれ、春の雁よ　多々良（大内）政弘

③ついに枯れ野となり、露置く夕暮れとなってしまった
　枯草の下に隠れて萌え出る草葉に、（生長を促す）春雨が降っている　宗砌法師

④ひとり物思いに耽る春は寂しいことだ
　私をその気にさせたあの人が来てくれない夕方、花に置く露を眺めていると　日野富子

⑤西方極楽浄土に向かうことこそ、予《かね》てから願う道である
　東国から春と共に、西方の都に向かうことだ　智蘊法師

世の中よいづれが先と言ひ〳〵て　宗祇《そうぎ》法師（哀傷）

⑦願ひ尽きせぬ心おろかさ
治まれる世にさへ憂《う》さはありつべし　御製（雑四）

⑥共に相別れるということは、悲しいものだ
この儚い世では、どちらが先に逝《ゆ》くかと言っていたのに、
（まさかその友と別れることになるとは）　宗祇法師

⑦人の心は愚かなことに、願いが尽きることがないものだ
安穏に治まる世でも、心配事はきっとあったことであろう　後土御門天皇

解説

『新撰菟玖波集《しんせんつくばしゅう》』は、明応四年（一四九五）に、連歌師の宗祇《そうぎ》（一四二一～一五〇二）と兼載《けんさい》、さらに公家の一条冬良《ふゆら》（一四六四～一五一四、兼良の子）や三条西実隆《さねたか》（一四五五～一五三七）らにより編纂された連歌集です。また応仁の乱の頃に西国の大大名であった大内（多々良）政弘（一四四六～一四九五）が、これを積極的に支援しています。政弘は古典籍を収集し、雪舟や宗祇の活動を保護し、『新撰菟玖波集』の編者達とも交遊がありました。編纂の背景には、日明貿易で繁栄した、博多・大宰府・山口の文化圏の存在があったのです。

『菟玖波集』に多かった滑稽さを旨とする俳諧連歌は収録されず、直近六〇年の格調の高い優雅な正風連歌ばかり、二〇〇〇余句が収録されています。また『菟玖波集』と並んで準勅撰の扱いを受けましたから、正風連歌絶頂期の一大連歌集と言うことができます。『菟玖波集』と同じで、句の下に名前が記されていないのが前句で、記されているのが作者のわかる付句です。

①の付句は大内政弘の句です。「大内」の本姓は「多々良《たたら》」であるため、ここでは「多々良政弘」を称しています。鶯の鳴き声の、いわゆる「谷渡り」と呼ばれる「ケキョケキョ」と聞こえる部分は、平安時代には「人来人来」（ひとくひとく）と理解されていました。『古今和歌集』には、「梅の花見にこそ来つれ鶯の人来ひとくと厭《いと》ひしもをる」（一〇一一番歌）という歌があります。せっかく花見に来たのに、鶯は人の来るのをいやがって鳴いている、という意味なのですが、①はこの歌を踏まえているわけです。

②も同じ作者の句で、前句では、桜の咲くより早く、雁が花を見ずに北方の故郷に帰ってしまうことを訝《いぶか》しんでいま

す。それに対して京の都を故郷と思って、留まってほしいと応じています。大内政弘は応仁の乱のため在京していましたが、無理に帰れば、西軍の諸将の恨みを買いますから、山口に帰るに帰れない状況でした。桜の「恨み」にはそのような背景もあったのでしょう。この句は『古今和歌集』の「春霞たつを見すてゝゆく雁は花なき里に住みやならへる」（三一番歌）を本歌にしています。桜を見ずに帰る雁は、住み慣れた故郷の方がよいのだろうか、という意味で、①と共に連歌には古歌の知識が必須であるよい例です。

③では、前句で冬枯れの野の侘しさを詠んでいます。しかし枯れ草の下には春の兆しが芽生えています。それを春雨がその生長を促しているためとして、冬の侘しさから早春の希望へ転じているところが見せ場です。古歌では「春雨は野辺のかぞいろ（父母）」と詠まれ、春雨が降るごとに野辺の緑が濃くなるという共通理解がありました。ですから特に「生長を促す」とは言わなくても、誰もがそのように理解しました。これも古歌の知識が不可欠なことを示しています。

---

④の付句は、足利義政の妻である日野富子の句です。単なる寂しさを恋の歌に転じ、優雅に詠んでいるあたりが、いかにも女性の連歌です。

⑤では、前句で西方極楽浄土に往生したいという、信仰的願いが詠まれています。ところが付句では、極楽往生の旅から、同じ西でも、春の都に上る旅へと転じているところが見せ場です。当時は、春は東から来るということが共通理解となっていて、「東」を「はる」、「東宮」（皇太子）を「はるのみや」と訓《よ》むことや、春風を「東風」と表記したのも同じ理由です。

⑥の付句は、編者である宗祇の句です。前句で旅の別れの寂しさを詠んでいますが、付句では友との永久《とわ》の別れを詠んでいて、旅の一時の別れを、永久の別れに転じたところが見せ場です。

⑦の付句は、後土御門天皇の御製で、前句では願いが無尽であることが詠まれていますが、付句では王者の歌に昇華されています。

水無瀬三吟百韻――みなせさんぎんひゃくいん

（主要テキスト：「日本古典文学大系」『連歌集』）

原文

①雪ながら山本かすむ夕《ゆふべ》かな　宗祇

②行く水遠く梅にほふ里　肖柏

③川風に一むら柳春見えて　宗長

④舟さす音もしるき明け方　祇

⑤月やなほ霧わたる夜に残るらむ　柏

⑥霜置く野原秋は暮れけり　長

⑦なく虫の心ともなく草枯れて　祇

⑧垣根を訪《と》へばあらはなる道　柏

現代語訳

①水無瀬山にはまだ雪が残っているが、麓には春霞がたなびく夕べの、何と趣のあることか、（「春はあけぼの」と言われてはいるが）　宗祇

②雪消《ゆきげ》の水は遠くまでゆったりと流れ、川辺の村里には梅の香が漂よっている　肖柏

③川風にこんもりした柳の枝がそよぎ、青柳の糸の色が春めいて見え　宗長

④川舟を操る棹をさすかすかな音が、はっきりと聞こえる、静かな明け方である　宗祇

⑤霧わたっているが、まだ月が夜空に残っているのだろう　肖柏

⑥野原には霜が置くようになり、秋も暮れてしまったことだ　宗長

⑦草むらに鳴く虫の心などつゆ知らず、虫の宿る草は無情にも枯れてしまい　宗祇

⑧人を訪ねて行けば、垣根の辺りの道も、あらわに見えるようになったことだ　肖柏

『水無瀬三吟百韻《みなせさんぎんひゃくいん》』は、長享二年（一四八八）正月二二日、連歌師の宗祇《そうぎ》（一四二一～一五〇二）、その弟子の肖柏《しょうはく》（一四四三～一五二七）と宗長《そうちょう》（一四四八～一五三二）の三人が、後鳥羽上皇（一一八〇～一二三九）の離宮があった水無瀬宮《みなせぐう》跡で一〇〇句の連歌を詠み、後鳥羽上皇慰霊のため、御影堂《みえいどう》に奉納した長連歌です。二二日は後鳥羽上皇の月命日であり、その年は二五〇年忌に当たっていました。水無瀬の御影堂は、現在では水無瀬神宮となっています。

長連歌には、実に煩雑で難しい規則があります。延々と続きますから、同じ趣向や題材が重複することは「輪廻《りんね》」と称して嫌われ、それを避けるために様々な規則が設けられていたからです。例えば、歌に詠まれるあらゆる物や事象を、動物《うごきもの》・植物《うえもの》・水辺《すいへん》（川・浜など）・山類《さんるい》（峰・谷など）、居所《きょしょ》（宿・軒など）、降物《ふりもの》（霜・雪など）、聳物《そびきもの》（霞・霧など）、光物《ひかりもの》（月・日など）、神祇（神・社など）、釈教（仏・寺など）、衣装（袖・袂など）、時分（暁・暮など）、述懐（昔・老など）、恋、旅、他などに分類します。

そして「句数《くかず》」と称して、同類の言葉が続くのは、多くの場合は原則として二から五句まで。次に同類の言葉を詠むためには、「句去《くさり》」と称して、二～五句間を空けるなどの規則が、それぞれの物にありました。また「一座□句物」（□には一～五の数）と称して、一〇〇韻の中に決められた回数しか詠んではいけない物がたくさんありました。例えば五句物には世・梅・橋など、四句物には雪など、三句物には桜などがありました。また季節についても、同じ季節の句は春秋なら連続して三～五句、夏冬なら一句から三句までと決められていました。ただし季節のはっきりしない「雑」の句もあります。そして一旦季節が途切れると、間に数句を置かなければ、同じ季節を詠めませんでした。これを「同季□句去《くさり》」（□には一～五の数）と言います。要するに同じ趣向の繰り返しが嫌われたのです。　面白いのは「花」と「月」について、「定座《じょうざ》」と称し、あらかじめ詠まれる順番が決められていたことです。そしてその句を詠むことは名誉であり、詠む人の順番を無視しても、特定の人に花の句を詠むことを譲るので、「花を持たせる」という言葉の語源ともなっています。ついでのことですが、最後の句（結句）を「挙句《あげく》」と言い、「挙句の果て」などと言って、連歌の言葉が今も使われています。

ここに載せたのは、『水無瀬三吟百韻』の冒頭部です。最初の句は「発句《ほっく》」と呼ばれ、句末は「や・かな・けり」などの切れ字で終わり、五七五の独立した句とすることになっていました。発句には、その時の目の前に見える季節の風景を、幽玄に詠むという約束事があるのですが、それは発句が時候の挨拶であると理解されたためです。後鳥羽上皇の御製「見渡せば山もと霞む水無瀬川夕べは秋と何思ひけむ」（『新古今和歌集』三六番歌）を踏まえているのはすぐにわかるでしょう。山の上には雪が残っていても、春の正月に催されていますから、春が立つ徴《しるし》である「霞」が詠まれているのです。

　第二句は「脇句」と呼ばれ、発句と同じ季節で、しかも発句を承けてその内容をさらに優雅に展開させ、体言止めにするという約束事がありました。発句の「山」という遠景に対して、「さと」（里）という近景と梅の香を詠み、ゆったりとした水や時間の流れ、さらには距離を感じさせます。

　第三句は、句末が「て」となる約束事がありました。それは発句から続いた季節から離れて、新しい展開になることを予感させています。同じ春の句ですが、梅の香の嗅覚から青柳の色の視覚に転じているところが見せ場です。五行思想に基づいて、春は五色《ごしき》の中では青色に象徴されていますから、青柳の色に春を感じ取り、しかも色ですから「見える」と表しているわけです。青は春を象徴する色という理解は、歌を詠む程の人なら誰もが知っている常識でした。「青春」という言葉にその名残を留めています。

　第四句では、一転して明け方が詠まれています。まだ薄暗く視覚が効きません。それで聴覚に転じて、「舟さす音」を詠んでいるのです。春の句が三句続きましたから、この句は季節のない「雑《ぞう》の句」です。無季の句を挟み込むことにより、春から他の季節に転じる「季移り」を予感させているのです。

　第五句では、月を詠む秋の句に転じます。王朝和歌では春霞に対応するものは秋霧と決まっていますから、月と霧がそろえば秋の句なのです。明け方に「月が残る」というのですから、霧に隠れて仄《ほの》かな明るさが漏れる程度なのでしょう。

　第六句では、空から野原へ、霧から霜へと転じています。本来ならば露が秋の代表的景物なのですが、霜が詠まれていますから晩秋の句で、秋の句が二句続きました。霧から霜に転じるところに、季節の移ろいが現れています。

　第七句では、往く秋を惜しんで「なく」虫の心など頓着せずに、草が枯れゆく景色を詠んでいます。古歌では「なく」は常に「鳴く」と「泣く」を掛けていました。また「かる」という古語は「枯る」という意味ですが、人と人との関係が疎遠になることを表す「離《か》る」をも意味し、寂寥感を増幅させています。これで秋の句が三句続きました。

　第八句では、垣根の草も枯れ、隠れていた道が見えるようになったことを詠んでいます。冬の句とも見えますが、次の句が冬ではないので、これは「雑の句」かもしれません。

　このように長連歌は、前の句の趣向を承けながら、次々に展開させることに妙味があるのですが、前句と付句との微妙な関係を「付合《つけあい》」と言います。要するに連歌では「変化と調和」が同時に重視されるのです。調和ばかりだと全体が平板な繰り返しになり、変化ばかりだと情趣が途切れてしまいます。その辺りのバランスが、連歌の醍醐味であると同時に、難しさでもあるのです。

新撰犬筑波集——しんせんいぬつくばしゅう

（主要テキスト：「新潮日本古典集成」『新撰犬筑波集』）

原文

①霞の衣すそはぬれけり　（春付句）
佐保姫《さおひめ》の春立ちながら尿《しと》をして

②花よりもだんごとたれか岩つゝじ　（春発句）

③あらぬところに火を点《とも》しけり　（夏付句）
いかにして蛍《ほたる》の尻《しり》は光るらむ

④折り〳〵人に抜かるゝは憂《う》し　（夏付句）
竹の子の隣の庭へ根をさして

⑤月日の下に我は寝にけり　（夏付句）
暦にて破れをつゞる古ぶすま

⑥寒くとも火になあたりそ雪仏　（冬発句）

現代語訳

①（春の女神の佐保姫の）霞の衣の裾《すそ》が濡れてしまった
佐保姫が春の立つ日に、立小便をしてしまったので

②「花を愛でるより、団子を喰う方がよい」と、「岩躑躅《いわつつじ》」の「いわ」ではないが、いったい誰が言ったのだろうか

③考えもつかない所に火を点《とも》したものだ
どうして蛍の尻は光るのだろう

④事ある度《たび》に人に追い抜かれてしまうのは、辛いことだ
竹の根が隣の庭まで延びて、筍《たけのこ》が抜かれてしまう

⑤月と日の下で、私は寝たことだ
古い暦を貼って繕《つくろ》った古い襖《ふすま》なので

⑥寒くても、火にあたってはいけないよ、雪達磨よ

⑦「ふぐり」（金玉）の辺りを、よくよく洗おう
昔から「玉は磨かなければ光り輝かない」と言うから

⑦ふぐりの辺《あた》りよくぞ洗はん
昔より玉磨かざれば光なし　（雑付句）

⑧切りたくもあり切りたくもなし
盗人《ぬすっと》を捕らへてみれば我が子なり　（雑付句）

⑨寂しくもあり寂しくもなし
世を背《そむ》く柴の庵に銭持ちて　（雑付句）

⑧切ってしまいたいけれど、切るわけにはいかない
盗人を捕まえてみたら、何と我が子ではないか

⑨寂しくもあるが、寂しくなくもある（頼もしくもある）
世捨人が草庵に住み、銭を沢山持っているのは

解説

『新撰犬筑波集《しんせんいぬつくばしゅう》』、通称『犬筑波集』は、山崎宗鑑《やまざきそうかん》（一四六五？〜一五五四？）の撰による俳諧連歌集です。成立時期は、宗鑑自身が何度も改編し、没後にも手を加えられたため、特定できません。「犬」というのは、「稗《ひえ》」に対する「犬稗」、「蓼《たで》」に対する「犬蓼」という呼称があるように、劣っていて有用ではないものを意味しています。ですから『新撰犬筑波集』は、『新撰菟玖波集』に対する自虐的な卑称と理解できます。句数は、江戸時代の版本に拠り、五・七・五の発句《ほっく》のみが四七句、七・七の付句《つけく》も揃っているのが三二二句としておきます。

そもそも「俳」も「諧」も戯《たわむ》れることを意味していますから、作風は卑俗滑稽を旨とし、卑猥《ひわい》な言葉も躊躇《ちゅうちょ》なく使われていて、室町文化の特徴の一つである庶民性がよく表れています。とは言うものの、有名な古歌を捩《もじ》ったものも多く、古歌の知識がないと理解できないものも少なくありません。

山崎宗鑑は、将軍足利義尚に仕えていましたが、後に宗鑑と称して連歌師となりました。しかし正統派の正風連歌が性に合わなかったと見えて、滑稽や機智を重視する庶民的で自由な連歌を詠み、俳諧連歌を文芸の一つとして確立しました。卑俗であることを批判されながらも、飄々《ひょうひょう》と受け流していたことは、破戒僧として自由奔放に生きた一休禅師の禅風を慕い、深く帰依していたこと無関係ではなさそうです。

①は、『犬菟玖波集』では最も有名な句でしょう。古歌では霞は春の立つ徴であり、和歌集の春の部の巻頭歌は、春霞を詠むのが常套でした。霞を春の女神佐保姫《さおひめ》の衣に見立てることは、『古今和歌集』にも詠まれていて、歌を詠む程の人なら誰でも知っていたことでした。「立」が立春と立小便に掛けられているのは、すぐにわかりますから、庶民の笑いを取れたわけです。因みに秋の女神は「竜田姫《たつたひめ》」です。

②は前句だけです。古歌では、つつじは必ず「いはつゝじ」（岩躑躅）と詠まれ、「いは」が「岩」と「言は」（言わないこと）を掛けるのが常套でした。ですから古歌の知識のある人なら、一瞬で意味を理解できました。花の風情よりも団子の方がよいと言うあたりが、俳諧的なのです。それより「花より団子」という諺が、少なくとも室町時代末期まで、遡って確認できることが興味深いものです。

③は説明の必要もないでしょう。そもそも正風連歌では、「尻」が詠まれることはないのです。

④は、人に追い抜かれる辛さを、筍《たけのこ》を抜いて盗まれる悔しさに転じています。敷地を越えて生えてきた筍が抜かれても、文句は言えません。

⑤は、前句で野宿でもしたのかと思わせておいて、暦に転じたところが見せ場です。国宝となっている如庵《じょあん》という茶室には、壁の下半分の腰の部分に、古暦が貼られているように、古暦を貼って綻《ほころ》びを繕うことは、よく行われていたのでしょう。

⑥の説明は不要でしょう。「雪仏」は雪達磨《ゆきだるま》のことで、雪達磨が室町時代にあったことの方が面白いかもしれません。

⑦の「ふぐり」とは男性性器の隠語で、いわゆる「金玉」のことですから、男達の笑いを誘ったことでしょう。因みにイヌノフグリという草がありますが、その種子の形がよく似ていることによる呼称です。「玉磨かざれば光なし」とは、もともとは『礼記』の「玉琢《みが》かざれば器を成さず」に拠る言葉で、平安時代の教育書である『実語教』にも、「玉磨かざれば光無し、光無きを石瓦とす」と記されています。

⑧は、現在では諺となってよく知られていますが、そのためかえって『犬菟玖波集』が出典であることは知られていません。諺としては、発生した問題の原因を探ったところ、身内に責任があったことがわかり、処置に困惑することを表しています。

⑨の「世を背く」とは、出家したり隠者になることですが、銭をこたま隠し持っていては「世を背く」のも形ばかり。しかし隠者といえども、銭が必要なこともあるでしょう。そもそも銭を詠むこと自体が、俳諧連歌というわけです。

閑吟集——かんぎんしゅう

（主要テキスト：「新日本古典文学大系」『閑吟集』）

原文

①人は嘘《うそ》にて暮《くら》す世に　なんぞよ燕子《えんし》が実相《じっそう》を談じ顔《がお》なる

②散らであれかし桜花　散れかし口と花心

③柳の陰に御待ちあれ　人問はゞなう　楊枝木《ようじぎ》切るとおしあれ

④何せうぞ　くすんで　一期《いちご》は夢よ　たゞ狂へ

⑤思へど思はぬ振りをしてしゃっとしておりやるこそ底は深けれ

⑥逢夜《おうよ》は人の手枕　来ぬ夜は己《おの》が袖枕　枕あまりに床《とこ》広し　寄れ枕　此方《こち》寄れ枕よ　枕さへ疎《うと》むか

⑦忍ぶ身の　心に隙《ひま》はなけれども　なほ知るものは涙かな

現代語訳

①人は皆　嘘にまみれて暮らす世に　梁《はり》の燕《つばめ》は悟りすまして

②散るを惜しむは桜花　散るを待つのは浮かれ花

③柳の陰で待っててね　誰を待つのと問われたら　楊枝にする枝切ってると　ねえ　そういうことにしておいて

④真面目くさって何になる　所詮は儚い夢なのさ　開き直って狂うだけ

⑤恋をしてても知らんぷり　しゃきっとすればする程にあなたの心は深いのよ

⑥来る夜はあなたの腕枕　来ぬ夜は己《おのれ》の袖枕　一人寝の床《とこ》広過ぎて　枕に此方《こちら》と誘っても　枕も私を袖にする

⑦忍ぶ恋する我が心　隙《すき》など見せぬと思うたが　涙は隙を見透かして　思わず知らず漏れてくる

なほ知るものは涙かな

⑧忍ばゞ目で締《し》めよ　言葉なかけそ　徒名《あだな》の立つに

⑨むらあやでこもひよこたま

⑩爰《ここ》はどこ　石原嵩《いしわらとうげ》の坂の下　足痛やなう　駄賃《だちん》馬に乗
たやなう

⑧忍ぶ恋なら眼《まなこ》で殺せ　言葉かければ浮き名立つ

⑨あの人は　来ないだろうよ　この夜も

⑩ここは何処《どこ》　石原峠の坂の下　私あんよが痛いのよ
お馬に乗せてよ　ねえあなた

解説

『閑吟集』は、室町時代の末期に成立した歌謡集で、仮名の序文により、永正十五年（一五一八）の成立であることを確認できます。編者について漢文の序文では、「一狂客」と自虐的に自称し、仮名の序文では、富士山の近くに住む「桑門《そうもん》（世捨て人・僧侶）」と記されていますが、誰だかわかりません。歌の数は三一一篇なのですが、序文には、中国漢代の『詩経』に収められた詩の、総数に倣ったためと記されています。書名については、琴や尺八を友として、過ぎ越した年月を振り返ると、懐旧の心が催されるので、様々な歌謡を思い出すままに、「閑居の座右に記《しる》し置く。是を吟じ移り行《ゆ》くうち、……閑吟集と銘す」と記されています。「閑吟」とは、「心静かに詩歌を吟じる」ことを意味しています。

歌謡の種類については、全体の四分の三を占めるのが室町時代に流行《はや》った小歌で、恋の恨みや愁いなど、享楽的で刹那的な短い歌が多いことが特徴です。同じ歌謡集である平安時代末期の『梁塵秘抄』には、仏教や神祇信仰の歌が多く、平安・鎌倉文化に比較して、相対的に宗教性が弱くなりつつある、室町文化の特徴を表しています。小歌の他には、大和や近江の猿楽能の謡《うたい》に起原を持つもの、同様に狂言や田楽能の謡を切り取ったものが六〇篇ほど、漢詩から採った吟詩句もあり、多様な歌謡集となっています。

①は、小面憎《こづらにく》く見えると、戯れに燕に当たっている場面で

す。「世」は「世間」という意味ですが、「男女の仲」という意味もあり、その様に理解すれば、「嘘」は恋の駆け引きを意味することになります。「嘘」と「実相」（仮の姿の奥にある真実の姿）は対になっていて、「梁の燕、実相を談ず」という言葉は、禅僧の語録にはしばしば見られますから、五山文学の影響でしょう。

②は、好きな相手の誠意のない言葉と浮《うわ》ついた心（花心）を、直ぐに散る桜の花と比較して嘆く場面で、全体が対句になっています。

③は、男と女が柳の木の下で逢うと約束し、待っているのを怪しまれた時の言い訳を、女が男に教えている場面です。

④は、人生を儚いものと諦観《ていかん》し、それならば狂ったように享楽的に生きるに如《し》かずと、開き直っている場面です。

⑤は、安っぽく本心を明かさない男に対して、じれったく思う女の気持ちを詠んでいるのでしょう。この歌には、次のような返歌があります。「思へど思はぬ振りをして なう（ねえ） 思ひ痩せに痩せ候」。素知らぬふりをしていたら、こんなに痩せてしまったよ、というのです。

⑥は、男が夜に忍んで通って来ない不満を、もの言わぬ枕を相手にはらそうとしている場面です。

⑦は、忍ぶ恋心を人に知られまいとして、心に隙はないつもりであったのに、不覚にも涙が流れて、知られてしまった場面です。「なほ知るものは涙かな」は、『古今和歌集』の「世の中に憂きもつらきも告げなくにまづ知るものは涙なりけり」（九四一番歌）、『新古今和歌集』の「忍ぶるに心の隙はなけれどもなほ洩るものは涙なりけり」（一〇三七番歌）などの歌を踏まえています。

⑧は、色っぽい視線で、相手を恋の虜《とりこ》にせよという意味。「徒名《あだな》」は「色事の噂」、「な……そ」は強い禁止を表します。

⑨は、恋人が来てくれることを願う一種の呪文で、逆さに読むと意味が通じます。

⑩は、徒歩で険しい峠道を越える夫婦の会話で、説明は不要でしょう。

御伽草子——おとぎぞうし

（主要テキスト：「日本古典文学大系」『御伽草子』）

原文

中頃のことなるに、津の国難波《なにわ》の里に、翁《おうじ》と姥《うば》と侍《はんべ》り。姥四十に及ぶまで、子のなきことを悲しみ、住吉《すみよし》に参り、なき子を祈り申すに、大明神《だいみょうじん》あはれと思《おぼ》し召して、四十一と申すに、たゞならずなりぬれば、翁喜び限りなし。やがて十月《とつき》と申すに、いつくしき男子《おのこ》をまうけゝり。

さりながら、生まれおちてより後、背《せい》一寸ありぬれば、やがてその名を、一寸法師《いっすんぼうし》とぞ名づけられたり。年月を経《ふ》る程に、はや十二、三になるまで育てぬれども背《せい》も人ならず。つく〴〵と思ひけるは、たゞ者にてはあらざれ、たゞ化物風情《ばけものふぜい》にてこそ候へ。我らいかなる罪の報《むくい》にて、かやうの者をば住吉より賜りたるぞや、浅ましさよと、見る目も不憫《ふびん》なり。

夫婦思ひけるやうは、「あの一寸法師めを、何方《いずかた》へもやらばやと思ひける」と申せば、やがて一寸法師この由《よし》承《うけたまわ》り、親にもかやうに思はるゝも、口惜《くちおし》しき次第かな。何方《いずかた》へも行かばやと思ひ、刀なくてはいかゞと思ひ、針を

現代語訳

それ程昔でもないのですが、摂津の国の難波という所に、お爺《じい》さんとお婆《ばあ》さんがいました。お婆さんは四〇歳になっても子がいないことを悲しみ、住吉大社にお詣《まい》りして、子を授かるようにお祈りしました。すると住吉大明神はしみじみと思うところがあり、お婆さんが四一歳の高齢であるのに身ごもったので、お爺さんは大層喜びました。そして「十月《とつき》」と言って（十カ月が過ぎて）、かわいらしい男の子をもうけたのでした。

しかし、生まれてから後も背丈が一寸（約三cm）なので、そのうちに一寸法師と名付けられました。そして年月が経ち、早くも十二、三歳になるまで育てたのですが、背丈は人並みになりません。それでお爺さんとお婆さんは、「これはただ者ではない、まるで化け物のようですよ。私達はどのような罪の報いで、このような子を住吉の神様から授かったのでしょう。何とも残念なことです」とつくづくと嘆くので、見ていても気の毒なことでした。

そして老夫婦が思うことには、「あの一寸法師めを、どこかにやってしまおうかと思うのだが」と話しているのを、やがて一寸法師は知ってしまい、「親にもそのように思わ

一つ姥に請ひ給へば、取り出《い》だし給《た》びにける。すなはち麦わらにて柄鞘《つかさや》をこしらへ、都へ上《のぼ》らばやと思ひしが、自然《しぜん》舟なくてはいかゞあるべきとて、また姥に、「御器《ごき》と箸《はし》と給《た》べ」と申しうけ、名残《なごり》惜しく止むれども、立ち出でにけり。住吉の浦より御器を舟としてうち乗りて、都へぞ上りける。

住みなれし難波《なにわ》の浦を立ち出でゝ都へいそぐ我が心かな

れているのは残念なことだ。それなら（何処《どこ》かにやられる前に）自分から何処《どこ》へなりとも行ってしまおう」と思いました。そして「刀がなくてはどうにもならない」と思って、お婆さんに針を一本くれるようお願いすると、取り出して与えてくれました。それで一寸法師は麦わらで針の刀の柄《つか》と鞘《さや》をこしらえて、都へ上ろうとしたのですが、おのずから舟がなくてはどうしたものかと思い、またお婆さんに「お椀（飯を盛る器）と箸《はし》を下さい」と言ってもらいました。（お爺さんとお婆さんはさすがに）名残惜しく引き留めたのですが、一寸法師は旅立っていきました。住吉の浜辺からお椀を舟にして乗り、都へと上って行ったのです。

（住吉の浦ではないが）長年住みよい所として住み慣れた住吉の浜から出発し、都へ上って行く私の心は、急《せ》かれることだ

解説

御伽草子《おとぎぞうし》とは、室町時代から江戸時代初期にかけて作られた、短編物語類の総称です。総数は四〇〇に及ぶとのことですが、類似するものの数え方にもより、確定できません。また多くの場合は作者がわかりません。主人公は貴族や武家や僧侶の他に、名もない庶民が数多く登場します。擬人化された動物や器物が主人公になるなど、子供に受け容れられやすい話もあります。

現在、いわゆる「御伽話《おとぎばなし》」と呼ばれる子供向きの絵本がありますが、これには明治中期に児童文学者の巖谷小波《いわやさざなみ》が、御伽草子や江戸時代以来の昔話を教育的に改作した、一連の『日本昔噺』によるものが多く、「御伽草子」は「御伽話」とは、話の内容が異なる場合があります。

ここに載せた『一寸法師』は、御伽草子としては比較的新しく、室町時代の成立かどうかは確証がないそうです。それ

でも一般に知られている「御伽話」との相違点が面白いので、この話を選びました。

　現代ならば四〇歳〜五〇歳はまだまだ働き盛りですが、古来、四〇歳から十年ごとに長寿の祝いをしていましたから、四〇歳ならば立派に老人でした。二人はせっかく授かった一寸法師を「化物風情」と嘆き、どこかに捨ててしまおうと相談します。それを知った一寸法師は、捨てられるくらいならと、自分から家出をしてしまうのです。

　その後、都の宰相に仕えた一寸法師は、十三歳になる姫を妻にしようと企みます。原文には「いかにもして案をめぐらし、わが女房にせばやと思ひ」（何としてでも計略をめぐらせて、私の妻にしてしまおうと思って）と記されていますから、見かけによらないしたたか者なのです。そして管理を任されている米を粉にして、寝ている姫の口に付け、自分は空《から》の袋を持って泣き真似をします。そして宰相に、私の米を姫が奪ったのだと嘘をつき、宰相が怒って追い出すように仕向け、法師は姫をまんまと連れ出します。そして流れ着いた島で鬼と戦い、鬼が忘れた打ち出の小槌を振るって大きくなるのですが、御伽話のように清水寺に参詣の途中の出来事ではありません。よく似た『小男の草子』という御伽草子には、清水寺に毎日通う場面がありますから、巖谷小波が参考にしたのでしょう。その後、子宝にも恵まれ、殿上人に出世して、年老いた両親も呼んで幸せに暮らしたということは同じです。そして最終的には、住吉社の霊験譚《れいげんたん》になっています。

　このように御伽草子の一寸法師は、現代人の感覚からはかなりの「問題児」です。現代の一寸法師は、乱世をしたたかに生きる逞《たくま》しさを失い、教育的配慮から「良い子」に作り変えられてしまいました。現代の幼児に話して聞かせるには、原作のままでは具合が悪いかもしれません。しかし室町時代の庶民の願望や逞しさに触れることも、大切な歴史の学びですから、状況に応じて、使い分けるのがよいのでしょう。

御文章——おふみ（ごぶんしょう）

（主要テキスト：「日本思想体系」『蓮如』）

原文

夫《それ》、人間の浮生《ふしょう》なる相《そう》をつら〳〵観《かん》ずるに、凡《おおよ》そはかなきものは、この世の始中終《しちゅうじゅう》、幻の如くなる一期《いちご》なり。されば、いまだ万歳《まんざい》の人身《にんじん》をうけたりといふ事を聞かず。一生過ぎやすし。今にいたりて誰か百年の形体《ぎょうたい》を保つべきや。我や先、人や先、今日とも知らず、明日とも知らず、後《おく》れ先立つ人は、元の雫《しずく》、末の露より繁しといへり。されば、朝《あした》には紅顔《こうがん》ありて、夕《ゆうべ》には白骨となれる身なり。すでに無常の風来たりぬれば、即ち二つの眼《まなこ》たちまちに閉《と》ぢ、一つの息ながく絶えぬれば、紅顔むなしく変じて、桃李《とうり》の装《よそお》ひを失ひぬるときは、六親眷属《ろくしんけんぞく》あつまりて歎《なげ》き悲しめども、更《さら》にその甲斐《かい》あるべからず。

さてしもあるべき事ならねばとて、野外に送りて夜半《よわ》の煙《けぶり》となし果てぬれば、たゞ白骨のみぞ残れり。哀れといふも、なか〳〵疎《おろ》かなり。されば、人間のはかなき事は、老少不定《ろうしょうふじょう》の境《さかい》なれば、誰の人も早く後生《ごしょう》の一大事を心にかけて、阿弥陀仏を深くたのみ参らせて、念仏申すべきも

現代語訳

そもそも、人の儚い一生の有様をよくよく見ますと、およそ何が儚いと言って、この世に生まれて死ぬまでの、幻のような人の一生ほど、儚いものはございませぬ。ですから、いまだに万年の寿命を享《う》けたという話など、聞いたことなどございませぬ。人の一生は、たちまちに過ぎ去るものでございます。今この世に、誰が百年もこの身を保つことができましょう。自分が先か、他人《ひと》が先か、今日かもしれず、明日かも知れず、人に死に後れたり、また先立って逝《ゆ》く人は、諺《ことわざ》に「元の雫《しずく》、末の露」と言うように（草木の根本の雫や葉末の露は、遅かれ早かれ置いては儚く消えるように）、数えきれない程多いと言えましょう。

それゆえに、若い時には美しい容貌でも、老いては白骨となる身の上でございます。すぐにでも無常の風が吹いてくれば、二つの眼はたちまちに閉じ、一つの呼吸も永く絶えてしまい、美しい容貌がむなしく衰え、桃や李《すもも》の花のような麗しさも失なわれてしまいますと、多くの親族が集まり嘆き悲しんだとて、もはやどうにもなりませぬ。

そうは言っても、そのままにしてはおけませぬからと、野辺送りをして荼毘《だび》に付し、夜更けの煙と成り果ててしま

のなり。あなかしこ〳〵。

えば、ただ白骨ばかりが残るのみ。哀れどころの話ではございませぬ。されば人の世は儚く、老人が先に死に、若者が後から死ぬとは限らない境界でございますから、誰もが速やかに後生《ごしょう》の一大事（極楽往生）を心にかけ、阿弥陀仏におすがり申し上げて、念仏を申さねばなりませぬ。ああ、何と畏れ多いことでございましょう。

解説

『御文《おふみ》』（『御文章《ごぶんしょう》』『御勧章《ごかんしょう》』、宗派により呼称が異なる）は、浄土真宗本願寺派第八世門主《もんす》となった蓮如《れんにょ》（一四一五～一四九九）が各地の門徒に書き送った書翰のことで、実際には漢字交じりの片仮名で書かれています。一般的には蓮如の孫である円如が編集したとされていますが、歴史学的には、円如が直接関わったことを示す確実な史料はありません。蓮如書簡の集積は、蓮如の加筆のあるものや、五番目の妻である蓮能尼の書写本も伝えられていますから、蓮如の在世中から「御文」と呼ばれ始めていました。そして第九世門主の実如の時には五帖（五冊）八〇通に編集された、いわゆる「五帖の御文」の存在が確認されています。

　蓮如が門主を嗣いだ頃は、東山にあった本願寺は著しく寂れていた上に、延暦寺により寺が破却《はきゃく》されてしまいました。その後転々と移り、文明三年（一四七一）に越前国吉崎に吉崎御坊《ごぼう》を建立すると、本願寺は以後急速に発展します。そして文明十五年（一四八三）には山科《やましな》に本願寺を再建。明応六年（一四九七）には大坂の石山（大坂城のある場所）に石山本願寺を建立します。この石山本願寺は後に織田信長と十一年に及ぶ抗争を続ける程の教勢を持つに至りました。ですから蓮如は、本願寺中興の祖と称されるわけです。

　蓮如の布教が成果を収めた一つの理由は、わかりやすく教義を説いた書翰を、各地の「講」と呼ばれる門徒の共同体に送ることでした。寛正二年（一四六一）、蓮如四七歳の時から始まり、没する前年の明応七年（一四九八）までの三八年間に、三〇〇通を越える御文が書き送られています。また蓮如は文明五年（一四七三）以後、門徒の寄合で、「正信念仏偈《しょうしんねんぶつげ》」（親鸞著『教行信証』に記された、浄土真宗教義の要点を詩的に表したもの）や「三帖和讃」（親鸞が著した、仏や高僧の徳をたたえた讃歌）を、僧や門徒が一体となって唱和することを始めています。独特のメロディーに乗せて唱和しますから、そこでは信仰的昂揚《こうよう》を味わうことができたことでしょう。

そしてそのような礼拝形体を背景として、第九代門主実如《じつにょ》の頃から、御文も拝読聴聞されるようになりました。語彙《ごい》が少なく、同じような文言が繰り返される文章は、論理的に長々と解説される文章よりはるかに力強く、門徒達はそれを互いに読み合っては、信仰の心を堅くしていたのでしょう。そしてそのような礼拝形体は宗風として定着し、現在まで連綿と受け継がれています。

そしてそれが広く行われるようになると、初めのうちは書写して各地の門徒に下付していたのですが、下付願が増えるにつれて、次第に書写では需要に追いつかず、第十代門主証如（一五一六～一五五四）の時から、木版印刷による版本となりました。

ここに載せたのは、第五帖の「白骨の章」と呼ばれるもので、現在でも信者の葬儀でよく唱和され、御文の中では最もよく知られています。末尾の「あなかしこ〳〵」は、蓮如書翰の末尾には必ず添えられるもので、「あな」は感動を表す感動詞。「かしこ」は畏れ多く慎むことを意味していて、「あなかしこ」は書翰の末尾に付けられる言葉です。「かしこ」は現在は専ら女性の手紙の末尾に用いられていますが、古くは男性も用いていました。

なお「朝には紅顔ありて、夕には白骨となれる身なり」は、『和漢朗詠集』にある藤原義孝の詩「朝に紅顔有りて世路に誇れども、暮《ゆうべ》に白骨となりて郊原に朽ちぬ」によっています。平安時代の貴族がその詩句を覚えているのは当然としても、室町時代の蓮如が知っていたというのは、「さすがは」と言わざるを得ません。

桃山時代

信長公記——しんちょうこうき

（主要テキスト：「角川文庫」『信長公記』）

原文

其の時、信長の御仕立、髪は茶筅《ちやせん》に遊ばし、萌黄《もえぎ》の平打にて、茶筅《ちやせん》の髪を巻立て、湯帷子《ゆかたびら》の袖をはづし、熨斗《のし》付の大刀、脇指、二つながら、長柄《ながつか》に三五縄《みご》にて巻かせ、太き苧《お》縄、腕抜きにさせられ、御腰のまはりには、猿遣《さるつかい》の様に、火燧《ひうち》袋、瓢箪《ひょうたん》七ツ八ツ付けさせられ、虎革豹《ひょう》革四ツがはりの半袴をめし、御伴衆七八百、甍《いらか》を並べ、健者《すくやかもの》先に走らかし、三間々中柄の朱鎗《やり》五百本計《ばかり》、弓鉄砲五百挺持たせられ、寄宿の寺へ御着にて、屏風引廻し、一、御櫛《みぐし》折曲《おりまげ》に一世の始《はじめ》に結《ゆ》わせられ、一、何《いつ》染置かれ候知人なき褐《かちん》の長袴めし、一、ちいさ刀、是も人に知らせず拵《こしらえ》をかせられ候をさゝせられ、御出立を御家中の衆見申

現代語訳

その時の信長公の出立《いでたち》は、髪を薄緑色の平紐《ひらひも》で茶筅《ちやせん》のように巻かれ、湯帷子《ゆかたびら》（本来は入浴用の単衣の衣）の肩を脱ぎ、金熨斗《のし》飾りの付いた大刀と脇差の長い柄《つか》を、二本とも藁縄で巻かれ、太い麻縄を（刀に結んで輪を作り腕を通して落とさないように）腕輪とされ、腰周りには猿廻しのように、火打袋、瓢箪《ひょうたん》を七八個さげられ、虎皮と豹皮を「四つかわり？」に染めた半袴（短めの袴）をお召しになっていた。そして御供の衆七、八〇〇人をずらりと整列させ、威勢のよい足軽を先頭に立て、三間半（六ｍ余）の長柄の朱槍五〇〇本、弓と鉄砲を五〇〇挺を持たせられていた。

会見場である正徳寺にお着きになると、屏風を引き廻し、生まれて初めて髪を折り曲げに結われ、いつ染めておいたのか誰も知らない褐色の長袴を召され、これまた人に知ら

し候て、去而《さて》は此比《このごろ》たわけを態《わざ》と御作り候よと、肝を消し、各《おのおの》次第〱に斟酌《しんしゃく》仕り候也。

　御堂へする〱と御出有りて、縁を御上り候の処に、春日丹後、堀田道空さし向け、「早く御出でなされ候へ」と申し候へども、知らぬ顔にて、諸侍居ながれたる前を、する〱御通り候て、縁の柱にもたれて御座候。暫《しばら》く候て、屏風を推しのけて道三出でられ候。又、是も知らぬ顔にて御座候を、堀田道空さしより、「是ぞ山城殿にて御座候」と申す時、「であるかと」仰せられ候て、敷居より内へ御入り候て、道三に御礼ありて、其のまゝ御座敷に御直り候ひし也。……

　廿町許《ばかり》御見送り候。其の時、美濃衆の鎗は短く、こなたの鎗は長く、扣立《ひかえたち》候て参らるゝを、道三見申し候て、興をさましたる有様にて、有無を申さず罷り帰り候。途中、あかなべと申す所にて、猪子兵介《いのこひょうすけ》、山城道三に申す様は、「何と見申し候ても、上総介《かずさのすけ》はたわけにて候」と申し候時、道三申す様に、「されば無念なる事に候。山城が子共《こども》、たわけが門外に馬を繋《つな》ぐべき事、案の内にて候」と計《ばかり》申し候。

せず拵えておいた短刀を差された。御家中の衆はこの出立《いでたち》を拝見し、「さては、この頃のたわけ（大馬鹿者）ぶりはわざとであったのか」と肝を冷やし、皆は次第に事情を了解した。

　そして信長公は御堂へするするとお出になると、縁の上り口に春日丹後守と堀田道空が出迎え、「早く御出でなさいませ」と申し上げたが、素知らぬ顔で、諸侍が居並ぶ前をするすると通り抜け、縁の柱にもたれておいでになつた。しばらくすると、斎藤道三が屏風を押しのけて出て来たが、やはり素知らぬ顔をしておいでになるので、堀田道空が近寄り「こちらが山城守道三殿でござります」と申し上げると、「であるか」と言われて敷居の内へ入られ、斎藤道三に挨拶して、そのまま座敷にお坐りになられた。……

　（散会後、道三は）二〇町（約二km）ばかり同行して見送った。その時、斎藤方の鎗は短く、織田方の鎗は長いので、槍を持って控え立っている姿を見て、斎藤道三は興醒《きょうざめ》した様子で、ものも言わずに帰った。途中、茜部《あかなべ》という所で、（家臣の）猪子兵介高就《ひょうすけたかなり》が道三に「どう見ても信長はたわけ者でございますな」と言うと、道三は、「だからこそ無念なのだ。この道三の息子どもは、必ずやあのたわけ者の門前に馬を繋ぐこと（家臣になること）になるであろう」とだけ言った。

『信長公記《しんちょうこうき》』は、織田信長（一五三四～一五八二）に仕えた太田牛一《おおたぎゅういち》（一五二七～？）が著した織田信長の伝記で、信長の幼少期から、本能寺の変で討たれるまでが叙述されています。太田牛一は弓衆として信長に仕えていましたが、文筆に優れていたため、右筆（書記）を務めていたのでしょう。叙述の姿勢は概して正直で客観的であり、側近にありがちな、主君を一方的に美化するようなことはありません。そのため歴史研究の史料として、高く評価されています。

　ここに載せたのは、「山城道三と信長御参会之事」という話です。織田信長と美濃国の戦国大名斎藤道三が、富田（現愛知県一宮市）の正徳寺（現在は聖徳寺跡）で初めて面会したのは、天文二二年（一五五三）のことでした。信長の父である信秀は、しばしば道三の美濃国に侵攻していたのですが、天文十七年（一五四八）に和議を結び、その証として、道三の娘である帰蝶《きちょう》と、信秀の嫡男である信長の婚約が成立していました。ただし実際に輿入れしたのは、翌年のことです。ですから正徳寺での面会は、義父と婿との初対面というわけです。

　道三は、「うつけ者」と嘲笑される信長を驚かせてやろうとしたのですが、信長の方が役者が上でした。鉄炮の数は誇張かもしれませんが、長槍の足軽隊は、道三の胆を冷やすのに十分な演出でした。そして道三は信長の器量と武力に驚嘆し、自分の息子が信長に屈服することを予感します。

　その後、道三は長子の義龍《よしたつ》に家督を譲って隠居するのですが、親子の仲が悪く、弘治二年（一五五六）に長良川の戦で義龍に討ち取られてしまいました。この戦いの前日、死を覚悟した道三は、美濃一国を信長に譲るという譲状を信長に送ったという趣旨の書翰を、息子の斎藤利治に書き、それが現存しています。それには「美濃国の地、終《つい》に織田上総介《かずさのすけ》存分に任すべきの条、譲状信長に対し贈り遣はし候事」と記されています。これが本物かどうか判断しかねるのですが、仮に偽文書であっても、道三が信長を高く評価していたことは事実でしょう。

　結局は義龍は永禄四年（一五六一）に病死し、永禄十年（一五六七）、信長は斎藤氏の稲葉山城を奪取して新たな居城としていますから、結局、道三の心配は的中してしまいました。

ESOPONO FABVLAS（イソップの寓話）――イソップのぐうわ

ローマ字原文

Xemito, aritono coto.

Aru fuyuno nacabani aridomo amata anayori gococuuo daite fini saraxi, cajeni fucasuruuo xemiga qite coreuo morŏta: arino yŭua: gofenua suguita natcu, aqiua nanigotouo itonamaretazo? xemino yŭua: natcuto, aqino aidaniua guinquiocuni torima guirete, sucoximo fimauo yenandani

yotte, nanitaru itonamimo xenandatoyŭ: ari guenigueni sonobun gia: natcu aqi vtai asobareta gotoqu, imamo fiqio cuuo tcucusarete yocarŏzutote, sanzanni azaqeri sucoxino xocuuo toraxete modoita.

※開音の発音記号が付けられているŏ・ŭがありますが、あまり気にせずに読み過ごして下さい。

国字原文

せみ（蝉）と あり（蟻）との こと（事）

ある ふゆ（冬）の なかば（半）に あり（蟻）ども あまた（数多） あな（穴）より ごこく（五穀）を だ（出）いて ひ（日）に さら（曝）し、かぜ（風）に ふ（吹）かするを せみ（蝉）が き（来）て これを もろ（貰）た。あり（蟻）の ゆ（言）うは、「ごへん（御辺）は す（過）ぎた なつ（夏）、あき（秋）は なにごと（何事）を いとな（営）まれたぞ？」せみ（蝉）の ゆ（言）うは、「なつ（夏）と、あき（秋）の あいだ（間）には ぎんきょく（吟曲）に とりま ぎれ（紛）て、すこ（少）しも ひま（暇）を え（得）なんだに よって、なに（何）たるいとなみ（営）も せなんだ」とゆ（言）う。あり（蟻）「げにげに そのぶん（分）じゃ。なつ（夏） あき（秋） うた（歌）い あそ（遊）ばれた ごと（如）く、いま（今）も ひきょく（秘曲）を つ（尽）くされて よからうず」とて、さんざん（散々）に あざけ（嘲）り すこ（少）

しの　しょく（食）を　と（取）らせて　もど（戻）いた。

『エソポのハブラス』（ESOPONO FABVLAS）は、現代日本語に直せば「イソップの寓話《ぐうわ》（教訓的譬え話）」という意味で、文禄二年（一五九三）、イエズス会宣教師により天草のコレジオ（聖職者養成神学校）で印刷されました。他にも多くの教義書・祈禱文や日本文芸がローマ字や国字で刊行され、「キリシタン版」「天草版」と呼ばれています。印刷には、天正遣欧使節がローマから持ち帰った活版印刷機が用いられました。

もともと部数は少なかったでしょうが、江戸時代末期のイギリス外交官アーネスト・サトーが本国に持ち帰ったので、大英図書館に世界でたった一冊だけ現存しています。口語が発音のままに、発音記号を伴ったローマ字で書き表されているのですから、当時の会話体や発音を知ることのできる史料として、極めて貴重なものです

わかりやすいところでは、今日のハ行が、当時はfa fi fu fe foと発音されていたことを確認できます。ここに載せた部分では、「冬」を「fuyu」、「日」を「fi」、「暇」を「fima」などの例があります。他に天草版の平家物語では、「平家物語」が「FEIQE MONOGATARI」、「日本」が「NIFON」と表記されているのはよく知られています。因みに奈良時代より前は、ハ行はp音で発音され、奈良時代にはf音、桃山から江戸時代にかけてh音に変わったとされています。

また当時のオの長音には、口を大きく開けてアウに近い発音をする開音「ǒ」と、口をすぼめてオウ・オーと発音する合音「ô」があり、キリシタン版では区別されています。開長音は十七世紀には使われなくなり、「o」に統合されました。オー・コー・ソーを、旧仮名遣いではアウ・カウ・サウなどとも表記するのは、開長音があった名残です。

キリシタン版の『エソポのハブラス』には七十の話が収められています。「犬が肉を含んだ事」「獅子と鼠の事」「孔雀《くじゃく》と鳥の事」「鳩と蟻の事」「童の羊を飼うた事」「蝉と蟻の事」などは、現在でもよく知られています。また江戸時代初期の慶長年間には、キリシタン版とは別系統の『伊曾保《いそほ》物語』が何種類も木活字で刊行されました。これは明らかに日本人のためのものです。十七世紀半ばに、挿画・振り仮名・増刷が容易な整版本の刊行が始まると、万治二年（一六五九）には、絵入りの『伊曾保物語』が出版され、その後は庶民的な読み物として流布しました。その中には「京といなかの

ねずみの事」「獅子王とねずみの事」「かはづが主君を望む事」「烏《からす》と孔雀《くじやく》の事」「蟻と蝉の事」「鳩と蟻の事」「ねずみども談合の事」などがあります。また明治五～八年（一八七二～一八七五）には、英訳本から翻訳し直され、西洋文芸の『伊蘇普《いそっぷ》物語』として出版されました。また「兎と亀の話」（童謡「うさぎとかめ」の本《もと》になった話）や「獅子《しし》と鼠《ねずみ》の事」などのように、小学校の教科書に採用された話もあり、広く流布しました。

ここに載せたのは「蝉と蟻」の話で、キリシタン版原文と、国字に直したものを載せました。この話は明治期の『伊蘇普《いそっぷ》物語』では、「蟻と蛬《きりぎりす》」に改変されています。これは蝉が生息しない北欧ではきりぎりすに改められ、その英語版が明治初期に日本に伝えられて翻訳されたからです。

原作の改変は、キリシタン版にもあります。そもそも『エソポのハブラス』は、宣教師の日本語習熟と、教化の方便とすることが目的でしたから、信仰的に相応しくない話を改作したり、低俗な話は収録されませんでした。原作では、冬の食べ物を欲しがる蝉に向かって、「冬も歌って過ごしたらよかろう」と、冷たく突き放すのですが、キリシタン版では、蟻は蝉を嘲《あざけ》って一度は突き放すものの、最後には少し食糧を分けてやることになっています。

万治二年の『伊曾保物語』では、「いやしき餌食を求て、何にかはし給ふべきとて、あなに入ぬ」となっており、また明治期の『伊蘇普物語』でも、蟻は「永の夏中踏歌《まいうた》ひて、徒《いたずら》に日を消《おく》りしものは、冬になりては飢《うう》べきはづなり。我は知らず」と素気なく、原作に近い筋書きになっています。現代の童話では教育的配慮から、食糧を分けてやる優しい蟻になっていることがありますが、賛否両論があることでしょう。

なおインターネットで「大英図書館蔵天草版『伊曽保物語』」と検索し、その四六五ページを開くと、写真版を見られます。

江戸時代

春鑑抄——しゅんかんしょう

（主要テキスト：「日本思想体系」『林羅山』）

原文

天は尊く地は卑し。天は高く地は低し。上下の差別ある如く、人にも又君は尊く、臣は卑しきぞ。その上下の次第を分て、礼義法度と云ふことは定めて、人の心を治められたぞ。……

礼と云《いう》ものは、「尊卑序有り」、「長幼序有り」ぞ。尊は位の高きを云ぞ。卑は位の低きを云ぞ。これには次第が無ふてはかなはぬぞ。君は尊く臣は卑しきほどに、その差別が無くば、国は治まるまひ。

君にも天子あり、諸侯あり。その差別が何につけてもあるぞ。車に乗れども、車の飾りやうが違ふぞ。臣下にも百官の位により、車や衣裳、何につけてもその差別あるぞ。

現代語訳

天は尊く、地は卑しい。天は高く、地は低い。（天地に）上下の秩序がある如く、人においても君は尊く、臣は卑しいものだぞ。そのように人を上下の順序に分け、礼儀作法や法度（法規）を定めて、（君は）人の心を治められたのだ。……

礼というものについては、「尊い者と卑しい者には、自ずから守るべき序列がある」といい、「年長者と年少者には、自ずから守るべき序列がある」というのだ。尊いというのは、位が高いということであり、卑しいというは、位が低いということなのだ。これは尊卑の序列がなければ、差し支えがあるということなのだ。君は尊く、臣下は卑しいものであるから、その差別がなかったなら、国が治まることはあるまい。

座敷に直《なお》れども、尊きは上座に居《い》、卑しきは下座にあるぞ。かやうなることが礼と云ものぞ。

「長幼序有り」と云も、老たる人と若き人に差別次第がありて、老たるは上《かみ》に居、若きは下《しも》に居るやうに、何につけてもその法度《はっと》あるを、礼と云ぞ。礼と云ことがなくて、君臣分《わか》ちも無くんば、臣下として君をないがしろにし、君も臣を使ふに礼義（儀）が無くんば、国は治まるまいぞ。必ず乱れんぞ。乱るれば滅ぶぞ。……朱文公が「礼の本は敬に在り」と云は、心について云ぞ。心に敬ふことが無くんば、君を尊び老たるを敬ふ差別もあるまひぞ。敬によりて、物に次第があるぞ。

君にも、天子もあれば、諸侯（諸大名）もある。そしてその差別は何についてもあるものぞ。車駕《しゃが》に乗っても、車の飾り具合が違うものだ。臣下にも多くの位があり、それに応じて乗り物や服装など、何についてもその差別があるものだ。座敷に坐るにも、尊い者は上座に坐り、卑しい者は下座に坐るものぞ。このようなことが礼というものなのだ。

「長幼には序列がある」と言われておるが、老いた者と若い者では差別や序列があり、老いた者は上座《かみ》に、若い者は下座《しも》にいるように、何につけてもその決まりがあるもので、それを礼と言うのだぞ。もし礼がなく、君と臣の区別もなければ、臣下が君をないがしろにするし、君が臣を使うにも、礼儀がなければ国は治まるまい。（そうなれば）国は必ず乱れるぞ。そして乱れれば国は滅んでしまうぞ。……

朱熹《しゅき》が「礼の本質は敬うということにある」と言っているが、それは心のあり方について言うのだ。敬うという心がなければ、主君を尊び、また老いた者を敬うという礼儀もあるまい。敬うという心により、物には秩序が保たれるのだぞ。

解説

『春鑑抄』は、江戸時代の朱子学の祖である林羅山《はやしらざん》（一五八三〜一六五七）が、朱子学の基本的な概念である

「五常」、つまり「仁・義・礼・智・信」について、『論語』『孟子』などに基づき、儒学者にしては珍しく口語で概説した解説書です。

朱子学とは、南宋の朱熹《しゅき》（一一三〇～一二〇〇）により大成された新しい儒学です。それまで儒学は、経典の訓釈が中心でしたが、朱子学は儒学を壮大な哲学的思想体系に構築したものです。日本には鎌倉時代に伝えられ、室町時代には五山の禅僧の教養の一つだったのですが、相国寺《しょうこくじ》の僧藤原惺窩《せいか》が、儒学として禅宗から独立させました。惺窩は徳川家康に仕えるように要請されましたが、高齢を理由に辞退し、代わりに弟子の林羅山（二三歳）を推挙します。そして林羅山は徳川家康・秀忠・家光・家綱の四代の将軍に仕え、仏教臭を排除した江戸時代独特の朱子学を確立しました。

そもそも朱子学とは、宇宙と人のあり方を「理」「気」「性」などの概念により、統一的に理解する思想です。まず宇宙には「理」という万物存在の根原となる原理・法則が存在し、万物はこの理のもとに存在している。そして万物を構成する物質、いわばエネルギーを持つ原子のような「気」が存在し、理に則して活動すると考えます。気が凝縮すれば物が生まれ、解体すれば消滅する。人の命も四季の移ろいも、あらゆる物は気と理の相互作用の結果として説明されます。また気が盛んに動く状態を「陽」、反対にあまり動かない状態を「陰」といい、陽と陰のあり方により、物質を形作る元素ともいうべき「木・火・土・金・水」の「五行」が生み出されると考えます。

草木も獣も人も万物は「気」の集合体であるが、天から生じているので、それぞれの内に天の「理」を宿している。わけても人は万物の霊長であるがゆえに、なおさら特別に天の理を具《そな》えている。そして理と気が結び付き、理の作用である「性」が形作られる。そのため人の性は、本来は天の理を映す理想的な「本然《ほんぜん》の性」であるはずだが、人の性は気により構成される身体に依存しているため、私欲に汚れた「気質の性」となってしまう。それでこの気質の性を、五常（仁・義・礼・智・信）の実践により純化して本然の性に近づけ、天の理にかなう存在になるように努めることが人の道である。気質の性が本然の性と等しくなれば、至高の人格である「聖人」となる、と説くわけです。

さらに天が高く地が低いことにより、宇宙の秩序が保たれるのであるから、地に住む人も、この天の理に背くことはできない。なぜなら人は理を宿しているからである。そして天地に秩序がある如く、人にも天の理を映して、君臣・親子・夫妻・兄弟などの秩序があり、その秩序を保つことにより、天の理が地上に行われると考えます。身分制度を基盤とした支配体制を維持したい江戸幕府にとり、これ程自己を正当化できる思想はありませんでした。

羅山が『春鑑抄』で説いている五常は、もちろん孔子も孟子も説いています。五常の徳目を実践することにより、五倫（父子・君臣・夫婦・長幼・朋友）の人間関係が理想的に整えられて行くというのです。しかし江戸時代に日本で説かれた朱子学は、儒教が本来目指していた倫理的なものが、政治的なものに変質してしまい、為政者に都合のよい思想になっているわけです。

ここに載せたのは「礼」について説いた部分で、礼は全ての存在を上下に分けて秩序付ける徳であり、この秩序がなければ国は治まらず、人間社会のあらゆる秩序が保てないと説いています。ただし礼とは下の者が上の者を敬う一方的なものではなく、相互性のあるものと理解され、上から下への礼も説いています。ですから武士には、社会の指導者としての自覚を持つことも要求されたのです。

またここには載せていませんが、「礼の本は敬に在り」とも説いています。「敬」は「うやまう」「つつしむ」とも読みますから、己《おのれ》を慎み、身分にかかわらず相手を敬う心が、表に形をとって表されたものが「礼」であるというわけです。ですから心に「敬」を伴わない「礼」は、今でも「虚礼」として退けられます。フォーマルな場面でのだらしない服装や無作法な食事マナーは、心に「敬」のないことの表われであり、周囲の人を不快にします。「尊卑」や「序列」を「立場」と言い換えれば、「礼」は現代日本人の思考や行動の規範として、今も受け継がれているのです。

鎖国論——さこくろん

原文

其国、檻《おり》の内に在りて、太平の沢《たく》を受て、異国の人と通商通交せざるを以て患《わずらい》とせず。如何《いかん》とならば、地勢有福にして、是等の事なくても堪《たう》るが故なり。さればまた我輩の異国と通商通交することを好めるは、偏《ひとえ》に人生切用（切要）のものを取来《とりきた》らんが為、またはかの切用のものをして好ならしめ、佳ならしめ、便ならしむることを致すものを、来《きた》し具《そな》ふるが為にして、兼ては又花奢《かしゃ》の風を止めんが為なれば、譏《そし》るべきにはあらず。……

然らば今爰《ここ》に一箇の国あり。造化《ぞうか》、これに処するに寛良の徳を以《もって》して、一切生命を扶《たす》け保つの諸用を具《そな》へ施して、然《しか》も其人の勤労によりて、国勢強大にして世界に著顕するに至るが如きは、若し其地勢の宜《よろ》しきに随《したが》て、国体を際界の内に維持すること、甚《はなはだ》難《かた》きにあらずして、且《かつ》又国人の勢力勇気、外国入寇の変にあたりて、よく其国の為に防護するに足りぬべくだにあらば、堪《たえ》てあるべき限は、異国の産物器械を用ずして、是によりて兼て彼等が不良軽忽《けいこつ》

現代語訳

その国（日本）は、（鎖国という）檻《おり》の中にあっても、太平の恩恵を受けているので、異国人と通商通交しないことを、憂うべきこととしない。なぜならば、その国土は裕福で、これらのことがなくても、自立できるからである。一方、我等西洋諸国が異国と通商通交を好んで行うのは、専ら生活に必要な物を入手するため、またさらに生活を快適で贅沢で便利にするのに必要な物を買うためであって、多すぎるものを売ることを兼ねているのであるから、誹《そし》るべきことではない。（傍線部は「買なり」、傍線部は「大過なるを出して売る也」という訳者志築忠雄の原註がある）……

それで今ここに一つの国がある。造物主（神）はこの国に対して広く豊かな心を以て、全ての命を扶《たす》け保つのに必要な物を供与し、しかもその国民の勤勉な労働により、国力の旺盛なことが世界に明らかになっている如きことは、もし国土の状態がよく、国の体制をその国境内で維持することがそれ程困難ではなく、かつまたその国民の威勢と勇気が、外国の侵攻という変事に対して、国を防衛するのに十分であるというならば、可能な限りは異国の産物や器械を用いることなく、彼等が（異国人の）悪徳・軽率・高慢

矜奢《きょうしゃ》の風、および詐譏《さき》戦争奸謀《かんぼう》の害を免《まぬか》れんこそ、唯に議（義）の当然たるのみにもあらず。また大に其国の利益たらんこと必定なり。斯《かか》る国いづこにかあると尋《たずぬ》るに、今に至りて世に知られたる日本にてぞありける。

の風潮や、欺瞞《ぎまん》・戦争・謀略の害を免れるのは当然であるというだけではない。またそれが大いにその国の益になることは確かである。このような国が何処《どこ》にあるのかと問われれば、今日世界に知れ渡っている、日本こそがその国なのである。

解説

『鎖国論《さこくろん》』は、ドイツ人エンゲルベルト・ケンペル（一六五一〜一七一六、Kämpfer）が著した日本に関する論文を、長崎通詞の志筑忠雄《しづきただお》（一七六〇〜一八〇六）が、享和元年（一八〇一）に訳述した書物です。ケンペルは元禄三年（一六九〇）に長崎のオランダ商館の医師として来日し、約二年間出島に滞在しました。その間二回江戸に参府し、将軍徳川綱吉に謁見しています。そして元禄五年（一六九二）に離日するまでの二年一カ月間に、日本に関する膨大な資料を収集し、一七一二年、アジア諸国についてラテン語で書物を出版しました。これは日本語では『廻国奇観』と呼ばれ、その中には後に『鎖国論』として翻訳される論文も含まれていました。その論文の原題を和訳すれば、「最良の見識により自国民の出国および外国人の入国・交易を禁じ、国を閉ざしている日本王国」という長いものです。

ケンペルはドイツに帰国後、『今日の日本』という書物の原稿を書いたのですが、出版しないうちに亡くなってしまいました。後にその原稿を遺族から買い取ったイギリス人貴族が、秘書に命じて英訳させ、『廻国奇観』に収められている日本に関する論文を付け加え、一七二七年に英文の『The History of Japan』という題で出版しました。その中に『鎖国論』の元となる論文も含まれていました。この書物は日本では『日本誌』と呼ばれ、高校の日本史の教科書にも載っています。そしてこれが評判となり、仏訳と蘭訳も出版されました。志筑忠雄はこのオランダ語訳から訳述したわけです。

『鎖国論』の内容は、まず第一章で、鎖国は天理に反するとしていますが、日本については例外的にこれを肯定しています。第二章では、日本は荒磯に取り囲まれ、外国船が近寄ることは極めて危険であること。人口が多く、都市が発達し、特に江戸と京が広大なこと。次いで対外的危機に際しては勇猛果敢に戦い、粗衣粗食や重労働にも堪える国民性であると説いています。また外寇が稀であり、征服されたことはなく、特にヨーロッパにも知られている「タタール」の襲来（元寇）

を撃退したことを強調しています。西欧人はタタール（モンゴル）の東欧侵攻を知っていますから、過大に評価されたことでしょう。第三章では、諸産物・資源が豊富であること。加工技術に優れていること。儒学が盛んで、キリスト教は定着せず、確固たる神信仰を持っていること。鍼灸《しんきゅう》の術に優れ、毎日入浴して清潔を保っていること。整った刑法により迅速な裁判が行われることなどが述べられています。第四章では、教皇的権威者である天皇とは別に、最高軍司令官としての太閤・将軍・皇帝がいること。その統一過程と統治、キリシタン迫害、外来文化への警戒から鎖国に至る過程、オランダとの貿易が詳細に述べられています。第五章では、綱吉の文治政治について述べ、敬神・法制・道徳・技術・産業・物産・豪胆な気性・太平等の点で、世界でも稀に見る優れた国であり、閉鎖状態に置かれていても、国民の幸福がこれ程に良く実現している時代を見いだせないと結論しています。

　志筑忠雄は巻末に訳者の註釈として、「曽《かつ》て異国人の為に風俗をそこなはれ、財宝を偸《ぬす》まる。これ其通交を断つ所以なり。然らば鎖国の一件、本よりこれ大に義あり、利あるの務《つとめ》なり。明君頻りに起り給ひて、この事決定成就し給ふに至る。是又皇国の皇国たる所以なるべし。検夫爾《けんぺる》が意、蓋《けだ》し此の如し」と述べて、ケンペルに賛同しています。

『鎖国論』は写本として流布し、横井小楠ら一部の学者や老中松平定信らの幕府中枢にも読まれていました。読みようによっては、幕末の尊皇攘夷論の根拠ともなります。実際、平田篤胤《あつたね》はその著書『古道大意』下巻の中程において、鎖国を肯定していることに言及し、日本は万国の頭となる国で、何一つ不足するものはない。交易するのは不足するものがあるからであると説き、自らの主張を補強しています。

　鎖国の評価については、古来肯定論と否定論が対立してきました。肯定論では、列強の植民地化回避、国内政治の長期安定、宗教的混乱の回避、国内産業・交通の発展、日本的文化の円熟などが主張されます。一方否定論では、近代化・産業革命の遅延、海外発展の頓挫、産業発展の阻害、海外情報の減少、世界的視野の欠如などが主張されます。しかし是か非かの二者択一で結論を出せる単純な問題ではありません。ただし明治期の近代化は、鎖国体制の廃止の結果もたらされたことは、事実として認めざるを得ません。

　ここに載せたのは第一章の核心部分です。ただ翻訳文に特徴的な長文やくどい言い回し、志築忠雄の造語、写本による文言の相違などのため、現代語訳は極めて困難でした。

農業全書——のうぎょうぜんしょ

（主要テキスト：「日本農書全集」『農業全書』）

原文

一、予、此《この》書を述《のぶ》る本意《ほい》は、平生《へいぜい》おもへらく、人此世《このよ》に生れて此世《このよ》に益《えき》なく、碌々《ろくろく》として一生草木《そうもく》と共に枯落《こらく》せんは、偏《ひとえ》に螻蟻《ろうぎ》に異ならざる事を恥《はず》。しかあれども、才《ざえ》なく徳なく又位《くらい》なければ、尺寸《せきすん》の功を以て天に仕《つか》へ、人を利すべき術《じゅつ》なし。唯《ただ》我土民《どみん》を友として農事に習ふ事年《とし》あり。又世の農民の其《その》術委《くわ》しからざるゆへ、力を尽し農業を営むといへども、其《その》功少なく、其利を得がたき事を知る。故《かるがゆえ》に此書を述《のべ》て民を道《みち》びき、農家万が一の助とならん事を思ひ、農政全書を始め、唐《もろこし》の農書を考へ、且《かつ》本草を窺《うかが》ひ、凡《およそ》中華の農法の我国に用ひて益あるべきを選びて、是《これ》をとれり。……

一、後来文才《こうらいもんさい》余り有て、且《かつ》農事に熟したる人あらば、猶《なお》此書を増補し、弥《いよいよ》民の益たらん事、予が微賤《びせん》に在て世を患《うれ》ひ、農をめぐむの素意《そい》にして、尤《もつとも》希《ねが》ふ所なり。抑《そもそも》此書は本邦農書の権輿《けんよ》なり。是偏《ひとえ》に愚翁《ぐおう》と楽軒子《らくけんし》が、老《おい》を忘れて世を憂へ、農を憐む誠《まこと》より出《いで》たり。然れば後代の君

現代語訳

一、私（宮崎安貞）がこの書物を著した本当の目的は、常々思うことであるが、人としてこの世に生まれ、世の役に立つことなく、平々凡々と草木の枯れる如く一生を終わるのでは、ただ螻《けら》や蟻《あり》（虫けら）と同じで、恥ずかしく思うからである。そうは言うものの、才能も徳もなく、また地位もないので、少しばかりの功績では、世の中に貢献し、人の為に役立つ術《すべ》がない。ただ私は農民を友として、長い間農業に習熟してきた。また世の農民は農業技術に疎いが故に、勤勉に農業を営んでいるとはいえ、（その割には）あまり成果がなく、利益を得るのが難しいことを知っている。そういうわけで、私はこの書物を著して農民を指導し、農家のもしもの時の一助にでもなればと思い、『農政全書』（明代末期、一六三九年）をはじめとする中国の農書を参考とし、また本草学（有用な動植鉱物を調べる学問）を調べ、総じて中国の農法で日本でも役立つであろうことを選んで採り入れた。……

一、将来、文才に溢《あふ》れ、しかも農業に熟達した人があれば、この書物をさらに補筆し、益々民の利益になることが、賤しい身でありながら世の中を心配し、農業の役に立とうと

子、必ず此志を賞し、二翁《におう》が労を長く来世《らいせい》に伝へて、其功を空《むな》しくせざらん事、是又仁者百行《じんしゃはくこう》の一ならんかし。

している私の予てからの思いであり、これこそ私が最も強く願っていることである。そもそもこの書物は、我国の最初の農書である。これは偏《ひとえ》に私と貝原楽軒翁《らくけんおう》とが、年甲斐もなく世の中を憂え、農業について心配する誠の心から出たものである。それゆえ、次世代の君子には、この志をよしとして、我々二人の老人の労作を長く後世に伝えていただき、この苦労が無駄ならないようにと願っている。そしてこれがまた、仁の徳が全ての行いの基となるということであろう。

解説

『農業全書《のうぎょうぜんしょ》』は、もと福岡藩士の宮崎安貞《みやざきやすさだ》（一六二三〜一六九七）が著した農書です。それ以前にも農書はあったのですが、体系的で、出版されたという点では、最初の本格的農書です。

安貞は福岡藩主の黒田家に仕えていましたが、三〇歳で辞職し、筑前国女原《みょうばる》村（現福岡市周船寺《すせんじ》）に住み、農業の実践的研究をしていました。そして四〇余年の経験に基づき、中国の農書である『農政全書』に倣《なら》い、『農業全書』を著しました。しかし自分には文才がないとして、福岡藩士の儒学者で、『農政全書』の存在を教えてくれた貝原益軒《えきけん》の協力を得ました。益軒は著名な儒学者でありながら、本草学にも詳しく、生物学や農学の百科事典とも言うべき『大和本草《やまとほんぞう》』や、野菜の栽培法を説いた『諸菜譜』を著す程、農業にも関心がありました。また子供の教育方法を説いた『和俗童子訓《わぞくどうじくん》』を著していることでもわかるように、学者でありながら、庶民生活的視点を具《そな》えていましたから、最善の協力者でした。

全十一巻のうち、第十一巻は貝原益軒の兄貝原楽軒著、益軒は序文を書き、全体を監修しています。原稿が完成したのが元禄八年（一六九五）。出版は元禄十年（一六九七）で、安貞はその年の七月には七五歳で亡くなっています。内心では出版まで生きていられるかと、はらはらしたことでしょう。安貞自身はもと武士とはいえ、無名の庶民に過ぎませんでしたから、貝原益軒の序文は、権威付けに大いに役立ったはずです。

また水戸の徳川光圀《みつくに》はその有益なことに驚き、家臣の佐々助三郎宗淳《そうじゅん》（「水戸黄門漫遊記」の助さんのモデル）に命じて、光圀の賛辞を益軒宛の手紙に書き送らせました。天明七年（一七八七）の復刻本には、それが筆跡もそのままに巻頭を飾っています。そこには「是《これ》、人の世に一日も之《これ》無かるべからざるの書也」（これは世の中に一日たりとも欠けてはならない書物である）と、光圀の賛辞がそのまま記されています。早い話が、徳川光圀のお墨付きまで得たわけですから、これも『農業全書』の権威付けには、大いに役立ったことでしょう。それらが効いたからなのでしょうか、本書の需要は大きく、天明・文化・文政年間に復刻され、明治時代になってもなお復刻され続けました。

内容は「農事総論」（耕作・種・土・除草・肥料・水利・土・収穫など）から始まり、五穀、野菜、四木（桑・楮・漆・茶）と三草（藍・紅花・麻）などの商品作物、果樹、樹木、鶏・家鴨・鯉などの動物、薬草など、約一五〇種類に及ぶ有用動植物に及び、その栽培・飼育方法について詳述しています。

狭い耕地で施肥や中耕により多くの収穫を上げる集約的農法を説いていることは、日本の土地事情に相応《ふさわ》しく、また手工業原材料となる商品作物を取り上げていることにも先見の明があり、江戸時代の農業の発展に大きく寄与しました。読者が農民であることを考慮したからなのか、漢字にはほぼ全てに読み仮名がふられ、極端な崩し字もなく、大変に読みやすく工夫されていて、著者の配慮を見てとることができます。私事で恐縮ですが、私が若い頃、古文書解読入門の独学教材としたのが本書でした。

ここに載せたのは「凡例《はんれい》」の一部ですが、執筆出版の経緯と、出版にかけた篤い志が溢れる名場面です。一般的には「歴史的名著」としてすぐに思い浮かぶことはないと思いますが、二〇〇年間も実用書としての価値を維持し続け、民生に寄与したということからすれば、江戸時代屈指の名著なのです。

広益国産考――こうえきこくさんこう

（主要テキスト：「日本農書全集」『広益国産考』）

原文

夫《それ》、国産の基《もとい》を発《おこ》さんとならば、其事に熟したる人をかゝへ入て、其者にすべての事を任《まか》し、耕し種《うう》るならば、二三反或《あるい》は四五反の田畑《でんばた》をあてがひ、心のまゝに仕立させ見給ひなば、農人おのづから見及びて、其作り方を感伏《かんぷく》せば、利に走《わし》る世の中なれば、我も〱と夫《それ》にならひて、仕付《しつけ》るやう成べし。

始《はじめ》より領主の威光を以て教令しては、却《かえ》りて用ひず、弘まりがたきもの也。此趣《このおもむ》きをもて取扱ひなば、終《つい》に一国に広まりて、農家の益となるに違ひなかるべし。是第一、民を賑《にぎ》はすの道理にあたり、然して其品の捌口《さばけくち》をよく調へ候やうに、専ら御世話あらせられなば、国産とも御益ともなるべし。始《はじめ》より領主の益となさんと、人数《にんじゅ》多くかゝりて行《おこなわ》せらるゝは、得《う》る所少なくして、費す処《ところ》多ければ、益となさんとてする事、却《かえり》て損となる事も有ゆゑに、只その部下に作らせて其締《しまり》をよくする時は、理に叶《かな》ひて其益また広大也。

現代語訳

そもそも国の産物の基盤を作ろうとするならば、その事に熟達した人を迎え入れ、その人に全てを任せ、それが農耕に関することであるならば、二、三反（約二〇～三〇a）、あるいは四、五反（四〇～五〇a）の耕地を預け、自由にやらせてみるべきである。農民達が自分でその様子を見て、そのやり方に感心すれば、誰もが利に走る世の中であるから、我も我もとそれを真似てやるようになるだろう。

最初から領主の力で強制しては、かえって受け容れられず、普及もしないものである。このことをよく弁《わきま》えて扱えば、ついには領国中に普及し、農家の益となることは間違いないであろう。これこそが民を豊かにする第一の心得である。そして（領主が）その生産物の販売・流通に心を配り、十分に処置をなさるならば、その領国の産物・産業とも、利益となるであろう。最初から領主の利益にしようと大人数で行えば、得るものは少なく、出費ばかりが増えて、利益を得ようとしたはずが、かえって損失となることもあるから、ただ下の者に生産させ、（領主は）管理だけをうまくやれば、理にかなって、その利益がますます大きくなるのである。

『広益国産考《こうえきこくさんこう》』は、江戸時代の三大農学者の一人とされる、大蔵永常《おおくらながつね》（一七六八～一八六〇）が著した農書です。彼は未刊のものも含めて、生涯で約八〇もの農書を著しました。よく知られているのは、副業を勧め、蝋燭《ろうそく》の原料である櫨《はぜ》の栽培について述べた『農家益《のうかえき》』を手始めに、農具について詳述した『農具便利論』、鯨油を用いて稲の害虫の退治することを説いた『除蝗録《じょこうろく》』、各地の綿花栽培について述べた『綿圃要務《めんぽようむ》』があります。そして弘化元年（一八四四）には、それまでの著作の集大成とも言うべき『広益国産考』を著しています。ただし出版されたのは、安政六年（一八五九）でした。書名の意味は、「広く利益を生む、地域の物産についての考察」といったところでしょう。

総合的な農書としては、既に十七世紀末に宮崎安貞が著した『農業全書』がありました。これは栽培百科全書であり、農作物の栽培法の視点から叙述されています。しかし大蔵永常の活躍した時代には、貨幣経済がいよいよ農村に浸透し、加えて凶作・飢饉が頻発し、農村は疲弊していました。大蔵永常は、困窮する農民を救済するためには、中心となる穀物の増産は言わずもがな、副業的な商品作物（工芸作物・換金作物）の栽培と加工により、多角的農業経営を行うことを説いたのです。そして単に農家に現金収入を得させるだけでなく、領主の管理・奨励により地方特産物が育成され、地域産業の活性化まで視野に入れるものでした。

具体的には「国産」として、油菜・紅花・藍・麻・煙草・藺草・綿・葛・蕨・芋（里芋）・蕃藷《ばんしょ》（薩摩芋）・蜜柑・柿・梨・梅・葡萄・杉・松・檜・桐・桑・漆・楮・三俣《みつまた》・櫨《はぜ》・茶・蜂蜜・砂糖などが取り上げられています。

このような発想については、永常の父が農民でありながら、蝋燭を作る職人でもあったことが大きく影響しているのではないかと思います。永常は十一人兄弟の次男で、父が農産物の加工により現金収入を得ていることが、どれ程子沢山の家計を助けてくれるかを、身を以て体験していたはずです。

ここに載せたのは、一之巻の総論の「国産の基《もとい》を発《はつ》するに損益の心得ある話」の一部です。農産物栽培は熟練者や農民にまかせ、領主は製品の販売や買い上げのお膳立てに専念すべきであると説いています。他にも総論には、「領主より買上場などを立給ひて取集め、都会に出して売捌《さば》き給はゞ、其時は御益にもなるものなり」とも記されていますから、藩の専売まで考えていたことがわかります。

日本永代蔵——にほんえいたいぐら

（主要テキスト：「日本古典文学大系」『西鶴集』）

原文

商《あきない》の道は有物《あるもの》。三井九郎右衛門といふ男、手金の光《ひかり》、むかし小判の駿河町と云ふ所に、面《おもて》九間の四十間に棟《むね》高く長屋作りして、新棚《しんたな》を出《いだ》し、万《よろず》現銀売にかけねなしと相定め、四十余人利発《りはつ》手代を追まはし、一人一色の役目、たとへば金襴《きんらん》類一人、日野・郡内絹類一人、羽二重《はぶたえ》一人、紗綾《さや》類一人、紅《もみ》類一人、麻袴《あさばかま》類一人、毛織類一人、此のごとく手わけをして、天鵞絨《びろうど》一寸四方、緞子毛貫袋《どんすけぬきぶくろ》になる程、緋繻子《ひしゅす》、鑓印長《やりじるしたけ》、龍門の袖覆輪《そでふくりん》かた〴〵にても物の自由に売渡しぬ。殊更俄目見《ことさらにわかめみえ》の熨斗目《のしめ》、いそぎの羽織などは、其使を待たせ数十人の手前細工人立ならび、即座に仕立これを渡しぬ。

さによって家栄え毎日金子百五十両づゝならしに商売しけるとなり。世の重宝是ぞかし。此亭主を見るに、目鼻手足あって、外《ほか》の人にかはった所もなく、家職《かしょく》にかはってかしこし。大商人《あきんど》の手本なるべし。

現代語訳

上手な商売の道があるものだ。三井九郎右衛門（実在する人物としては三井八郎右衛門）という男は、手持ち金の威光で、昔小判（慶長小判）に縁のある（家康が慶長小判を鋳造させた）駿河町という所に、間口九間（約一六m）、奥行四〇間（約七三m）で、棟の高い長屋造りの新店を出し、「全て現金売りで掛値なし（定価販売）」と定め、四〇人余の利発な手代を追い使い、一人が一種類の商品を担当させた。例えば、金襴《きんらん》類（金糸を織り込んだ高級織物）一人、（上野国の）日野・（甲斐国の）郡内絹類一人、羽二重《はぶたえ》（裏地用）一人、紗綾《さや》類一人、紅《もみ》（紅で染めた薄い絹織物）類一人、麻袴《あさばかま》類一人、毛織類一人というように分担し、天鵞絨《びろうど》（タオルのように立体的な高級織物）なら一寸四方、緞子《どんす》でも毛貫袋《けぬきぶくろ》になる程度、緋繻子《ひしゅす》を槍の柄に付ける標識の長さだけ、竜門（厚手の絹織物）を袖ぐるみ（袖口の擦り切れ防止のため裏地を表に返して縁とする）片方分だけでも、自由に売り渡した。殊に急に出仕することになった武士の礼服である熨斗目《のしめ》や、急ぎの羽織などは、使いの者を待たせておいて、数十人のお抱え仕立人が居並び、即座に仕立て上げてこれを渡した。

そのようだから店は繁盛し、毎日、平均して一五〇両も商ったという。世の重宝（至って便利なこと）とはこの店のことである。この店の主人を見ると、目鼻手足あって、他の人と変わった所もないのに、家業には人と違って賢い。大商人の手本であろう。

解説

『日本永代蔵《にほんえいたいぐら》』は、井原西鶴《いはらさいかく》（一六四二〜一六九三）が著した浮世草子（十八世紀に流行した娯楽的町民文芸小説）で、貞享五年（一六八八）に出版され、全六巻、各巻五話、合計三〇話から成っています。浮世草子には町人物・武家物・好色物がありますが、『日本永代蔵』は町民の経済活動を主題とする町民物を確立する作品となりました。「大福新長者教」という副題があり、「ただ銀《かね》が銀《かね》をためる世の中」（巻二、第三話）、「無うてはならぬ物は銀《かね》の世の中」（巻三、第一話）、「世に銭程面白き物はなし」（巻四、第三話）という文言があるように、金儲けに執着する庶民の悲喜劇を叙述した短篇経済小説集です。

ここに載せた越後屋の話は、巻一の第四話「昔は掛算今は当座銀」（昔は掛売《かけうり》だったが、今は現金売り）の部分です。一日平均「百五十両」の売り上げがあったと記されていますが、宝永四年（一七〇七）から天保十四年（一八四三）まで、一三七年間の各年の売上高（豊泉益三著『越後屋覚書』による）により計算すると、年平均売上高は約十四万両（最高二三万両、最低七万六〇〇〇両）、一日平均なら三八三両となります。

ここに記された越後屋の新商法は、まずは現金による店頭での定価販売で、「現銀（現金）掛値なし」「店前売《たなさきうり》」と言われました。今では当たり前のことですが、当時の高級呉服店では、訪問販売である屋敷売や、店頭で注文を聞いて自宅へ届ける見世物商《あきない》が行われ、支払いは盆と暮に精算する掛売・掛買が普通だったのです。また幅三六cm、長さ十二mもある反物を、切り売りすることもありました。「一寸四方」というのですから、端布《はぎれ》も売っていたということでしょう。店内には「裁場」があり、注文によりその場で仕立てることもありました。店員にはそれぞれ専門の商品を割り当て、天井から担当手代の名前を書いた紙が提げられていましたから、購入者の高度な要求にも対応できました。また末尾に「何によらず無いといふ物無し」と記されているように、品揃えも豊富でした。他には茶の接待や、当時としては極めて高価な傘（現在の価格で二万円くらい？）の貸し出しも行われました。傘には暖簾印《のれんじるし》と通し番号が大きく書かれ、傘を返しにまた来店することになりますから、これは大きな宣伝効果があったことでしょう。「呉服屋の繁盛を知るにわか雨」（『誹風柳多留』第五篇）、「越後屋の前まで傘へ入れてやり」（同）という川柳は、そのことを詠んでいます。また「番傘」という呼称も、これが起原だそうです。傘のことではありませんが、川柳ついでに、「駿河町畳の上の人通り」（同第一篇）という川柳は、買い物客で混雑する程に、越後屋が繁盛していることを詠んでいます。

　ただこれだけなら、新商法も真似されてしまいます。しかし越後屋にはもっと大掛かりな営業の仕組みがありました。大坂は「天下の台所」と呼ばれて全国から商品が集められ、幕府の直轄領からの諸物資の売却代金や運上金が、大坂の御用蔵に銀貨で集積されます。幕府はそれを御用金として江戸に運び、どこかで金貨に両替しなければなりません。一方、越後屋は商品を主に上方で仕入れるために、江戸での売却代金をどこかで銀貨に両替して、大坂や京の店に現金で送らなければなりません。つまり莫大な金貨と銀貨が江戸と大坂の間で交差するわけです。越後屋はここに目をつけました。大坂の店は、御用蔵から銀貨を受け取り、それで商品を仕入れます。そして江戸の店に商品と為替を送ると、江戸での利益の中から金貨で江戸の御用蔵に納めます。こうすれば、双方共に現金輸送と為替変動のリスクや、送金の費用負担を回避できますし、幕府は為替や両替の手数料も払わずにすみます。一方越後屋は、本来なら大坂から江戸へ送金するのに要する二〜三カ月間、幕府にいずれ納める御用金を無利子で運用し、利益を得られたのです。以上のような仕組みは、「大坂御金蔵銀御為替御用」と呼ばれ、越後屋が呉服商から両替商として発展する要因となりました。

笈の小文——おいのこぶみ

（主要テキスト：「日本古典文学大系」『芭蕉文集』）

原文

百骸九竅《ひゃくがいきゅうきょう》の中《うち》に物有《ものあり》。仮に名付て風羅坊《ふうらぼう》といふ。誠に薄物《うすもの》の風に破れやすからん事をいふにやあらむ。彼、狂句《きょうく》を好むこと久し。終《つい》に生涯のはかりごとゝなす。ある時は倦《うみ》て放擲《ほうてき》せん事を思ひ、ある時はすゝむで人に勝たむ事を誇り、是非胸中にたゝかふて、是が為に身安からず。しばらく身を立《たて》む事を願へども、これが為に障《さ》へられ、暫《しばら》く学《まなん》で愚《ぐ》を暁《さとら》ん事を思へども、是が為に破られ、遂《つい》に無能無芸にして、只此《ただこの》一筋に繋《つなが》る。

西行の和歌における、宗祇《そうぎ》の連歌における、雪舟の絵における、利休が茶における、其《その》貫道する物は一《いつ》なり。しかも風雅におけるもの、造化《ぞうか》にしたがひて四時《しいじ》を友とす。見る処、花にあらずといふ事なし。思ふ所、月にあらずといふ事なし。像《かたち》花にあらざる時は、夷狄《いてき》にひとし。心花にあらざる時は、鳥獣に類《るい》す。夷狄《いてき》を出《いで》、鳥獣を離れて、造化にしたがひ、造化にかへれとなり。

現代語訳

多くの骨と九つの穴のあるもの、つまり私の身体の中に、（曰く言い難い）ある「物」がある。それを仮に「風羅坊《ふうらぼう》」（風に吹かれる薄衣《うすぎぬ》をまとった坊主）という。まことに、薄い衣が風に吹かれてすぐに破れてしまう事を言うのだろうか。その男「風羅坊」は、長い間俳諧を好んでいた。そして生涯それと取り組むことになってしまった。ある時はもう嫌になって投げ出そうと思い、ある時は（俳諧の道で）自ら人に勝ち誇ろうとし、どうしたものか思い悩み、その俳諧好きのために気の休まることがなかった。ある時は（仕官して）立身出世を願うこともあったが、このために妨げられ、また少しは修行（学問？）をして自分の愚かさを悟ろうとも思ったが、このためにものにならなかった。そしてついに無能無芸のまま、ただ一筋に俳諧の道を歩み、今に至ることとはなった。

西行の歌の道において、宗祇の連歌の道において、雪舟の絵の道において、利休の茶の道において、それぞれの芸道を貫いているものは一つ（風雅）だけである。（そしてそれはその男の俳諧の道をも貫いている）。しかも、（歌・連歌・絵・茶も含めて）俳諧という風雅の道は、天地自然の営みのままに、四季の移ろいを友とすることである。（見る目さえあるならば）見るものすべてが花ではないことがなく、思う所すべてが月ではないことがない。目に映るものが花でないとしたら、それは「夷狄」（未開人）と同じであり、心に花（本来なら「月」のつもりか？）を思わないなら、それは鳥や獣と同類である。（風雅の道とは）「夷狄」や鳥獣の境地から抜け出し、天地自然の営みのままに、それと一体になるということなのである。

解説

『笈の小文』は、松尾芭蕉《まつおばしょう》（一六四四〜一六九四）の芸術論を含む紀行文です。四四歳の芭蕉は、貞享四年（一六八七）十月二五日に江戸を立ち、鳴海《なるみ》・熱田を経て渥美半島の伊良湖崎《いらこざき》へ、そして来た道を戻り、名古屋を経て伊賀上野へ帰郷して年を越し、翌年にはさらに伊勢神宮、伊賀上野、吉野、高野山、和歌浦、奈良、大坂、須磨、明石を経て、四月二三日に京都に着くまでの六カ月間、漂泊するような旅をしました。その後京都から信濃路を経て江戸へ戻る『更級紀行《さらしなきこう》』へと続きます。ただし『奥の細道』のように芭蕉自身が書いた紀行文ではなく、芭蕉の未定稿を預かっていた門人川井乙州《おとくに》が、芭蕉の没後に編集したものです。

まず芭蕉は自分自身を、風に吹かれるとすぐに破れる「風《ふう》羅坊《らぼう》」であると、自嘲的に自己表現をします。「羅《ら》」とは透けて見える程薄く目の粗い高級織物のことなのですが、芭蕉の葉からの連想でしょう。バショウという植物はバナナの木によく似ていて、その大きな葉は、強風に吹かれるとすぐ破れてしまいます。そして俳諧を「狂句」と自嘲的に表現しています。しかもその風羅坊は狂句を生涯の仕事にしてしまったと、これまた突き放したように自己表現をしています。

次に芭蕉は「狂句」一筋に生きるまでの、紆余曲折《うよきょくせつ》を語ります。若い頃には普通に野心もあったのか、伊勢国津藩の大名である藤堂家の有力家臣に仕官しています。また京都にいた貞門派の俳人で、歌人でもある北村季吟《きぎん》に入門し、本格的に和歌や俳諧を学びました。しかし年を重ねる程に人生の選択肢を削ぎ落とし、四〇歳くらいになって、ただ一筋の道を確信したわけです。『論語』にも、「四十にして惑はず、五十にして天命を知る」と記されています。ただし、当時の四〇歳は長寿の祝いを始める年齢ですから、現在の感覚ならば、六〇歳くらいでしょう。

　次いでいよいよ、風雅の道の芸術論が語られます。彼は和歌の西行、連歌の宗祇、水墨画の雪舟、侘茶の利休ら、異なる芸道の敬慕する先達をあげています。特に西行については、その五〇〇年忌であることを意識して奥羽に旅行したくらいですから、憧れの存在でした。

『幻住庵記《げんじゅうあんき》』（一六九〇年）という芭蕉の俳文の初稿には、「凡西行・宗祇の風雅にをける、雪舟の絵に置《おけ》る、利休が茶に置る、賢愚ひとしからざれども、其貫道するものは一ならむと……」と記されていて、『笈の小文』の記述とそっくりです。「賢」は四人の先達のこと、「愚」は芭蕉自身であることは文脈から明らかですから、現代語訳では、「そしてそれはその男の俳諧の道をも貫いている」と補いました。

　そして四人の先達と芭蕉に共通しているのは、自然の移ろいの中で、四季の風物を友として生きることだと言います。さらに四季の風物の代表として花と月を挙げていますが、芭蕉のいう「花」はflowerではなく、「月」もmoonその物ではありません。また花鳥風月を愛でつつ生きることを説いているわけでもありません。自然の流れの中で自然に還る時、見る物全てが美しい花に、清らかな月になるというのです。山の庵で世に背《そむ》いて生きるならば、常に美しい花や月その物を愛でることができます。しかし芭蕉は隠者ではありません。世俗の中で旅をしながら生活をしていますが、そのような中でも自然を友として生きる時、花ではないものに花を見出し、月ではないものに月を見出すことを説いています。「俳」にも「諧」にも「戯《たわむ》れ」という意味がありますから、もともと俳諧には、言葉の遊戯的な要素がありました。それを高尚な文芸に高めたことが、「正風俳諧」と呼ばれる所以なのです。

曾根崎心中――そねざきしんじゅう

（主要テキスト：「日本古典文学大系」『近松浄瑠璃集』）

原文

此《こ》の世の名残り、夜もなごり、死にゝ行く身をたとふれば、あだしが原の道の霜、一足づゝに消えて行く、夢の夢こそ哀れなれ。あれ数ふれば暁の、七つの時が六つ鳴りて、残る一つが今生《こんじよう》の、鐘《かね》の響《ひびき》の聞きをさめ、寂滅為楽《じやくめついらく》とひゞくなり。鐘《かね》ばかりかは草も木も、空も名残りと見上ぐれば、雲心なき水の音（水の面《おも》）、北斗《ほくと》は冴《さ》えて影映る、星の妹背《いもせ》の天の河。梅田の橋を鵲《かささぎ》の、橋と契りていつまでも、我とそなたは女夫星《めおとぼし》、必ず添ふと縋《すが》り寄り、二人が中に降る涙、川の水嵩《みかさ》も増《まさ》るべし。

向《むこ》ふの二階は何屋とも、おぼつか情最中《なさけさいちゆう》にて、まだ寐《ね》ぬ灯影《ほかげ》声高く、今年の心中よしあしの、言《こと》の葉草《はぐさ》や繁るらん。聞くに心もくれはどり、あやなや昨日今日までも、余所《よそ》に言ひしが明日よりは、我も噂《うわさ》の数に入り、世に謡《うた》はれん。うたはゞうたへ、うたふを聞けば、「どうで女房にゃ持ちゃさんすまい。いらぬものぢゃと思へども。……いつはさもあれ此《こ》の夜半《よわ》は、せめてしばしは長からで、

現代語訳

この世の名残の夜を惜しみ、死にに行く身は（古来、墓所とされていた）化野《あだしの》の、道に降りしく初霜か、踏まれるそばから消えてゆく。はかない夢の中で見る、そのまた夢の哀れさよ。あら数えれば暁を、告げる七つの鐘のうち、最早六つは鳴り終わり、残る一つが聞き納め。寂滅為楽（迷いの多いこの世界から離れたら、心安らかな悟りの嬉しい境地に至ることができる）と響きくる。鐘だけでなく草も木も、空も名残と見上げれば、雲は無心に流れゆき、水面に北斗の影映る。妹背の星の逢うという、天の川原になぞらえて、梅田の橋を鵲《かささぎ》の、橋に見立てて門渡《とわた》れば、我とそなたは夫婦星《めおと》、添い遂げようとすがり寄り、誓う二人の涙雨、川の水《み》かさも増すだろう。

川の向こうの二階家は、何屋なのかは知らないが、逢瀬《おうせ》を楽しむ最中か。明かり灯《とも》しておき明かし、近頃起きた心中の、噂話をするらしく、聞けば心は暗くなる。昨日今日まで心中は、他人《ひと》の話と思ったが、明日には話の種になり、歌に詠まれることだろう。歌わば歌え、それもよし。誰が歌うかよく聞けば、「どうせ私を女房に、する気なんかはないのでしょ。そんなあなたを慕うのは、無駄なこととは

心も夏の夜のならひ、命を追はゆる鶏《とり》の声。明けなば憂《う》しや天神の、森で死なんと手を引いて、梅田堤《づつみ》の小夜烏《さよがらす》、明日は我が身を餌食《えじき》ぞや。「誠に今年はこな様も、二十五歳の厄《やく》の年、私《わし》も十九の厄年とて、思ひ合うたる厄祟《やくたた》り、縁の深さの徴《しるし》かや。神や仏にかけおきし、現世《げんぜ》の願《がん》を今こゝで、未来へ回向《えこう》し後の世も、なほしも一つ蓮《はちす》ぞや」と、爪繰《つまぐ》る数珠《じゅず》の百八に、涙の玉の数添ひて、尽きせぬあはれ尽きる道、心も空に影暗く、風しん〳〵たる曾根崎《そねざき》の、森にぞ辿《たど》り着きにける。

思うけど。……

いつもは夜明けが待たれるが、せめて今夜は長かれと、思えど短い夏の夜、急《せ》き立てるように鶏《にわとり》の、夜明けを告げる声がする。夜が明けたら天神の、森で死のうと手を引けば、梅田堤の小夜烏《さよがらす》、明日は我らが餌食《えじき》とか。「今年あなたは二十五の、私も十九の厄年で、想い合わせた厄祟り、縁の深さの徴《しるし》かも。神や仏に願掛けた、夫婦《めおと》の誓いを今ここで、弥陀の来世に廻《まわ》し向け、あの世で同じ蓮池の、花の台《うてな》に上ろう」と、爪繰《つまぐ》る数珠の百八の、数に涙の玉添えて、尽きない哀れに尽きる道、心も暗く上の空、風染み渡る曾根崎の、天神森にたどり着く。

解説

『曾根崎心中《そねざきしんじゅう》』は、浄瑠璃《じょうるり》の脚本作家である近松門左衛門《ちかまつもんざえもん》（一六五三〜一七二四）の代表作です。人形浄瑠璃や歌舞伎には、その内容により、庶民を主人公として日常の事件などに取材した世話物《せわもの》と、武士や貴族を主人公として歴史的な事件に取材した時代物とがあるのですが、『曾根崎心中』はその世話物を確立する第一作となりました。

『曾根崎心中』が大評判になったのは、上演一月前に実際に曾根崎の露《つゆ》天神（後にお初天神）で起きた心中事件に取材し、話の筋もほぼ事件そのままだったからです。また義利と人情の相克は、江戸時代の庶民に共通する関心事でしたから、これも空前の大当たりの背景となりました。そのため、それに刺激された心中事件が続発し、将軍徳川吉宗は享保七年（一七二二）に心中を扱う芸能や出版物を禁止し、翌年には心中の処罰を規定した法度を制定しています。

『曽根崎心中』の粗筋は次の如くです。主人公は醤油《しょうゆ》屋の手代の徳兵衛で、働きぶりを認められ、店主である叔父の娘と結婚させる話が持ち上がりました。遊女のお初と恋仲の徳兵衛はそれを断るのですが、徳兵衛には無断で結婚話が進められ、叔父は徳兵衛の継母に結納金を渡してしまいます。徳兵衛が固辞すると、怒った叔父は徳兵衛を勘当《かんどう》し、買った服の代金を七日以内に返せと要求します。徳兵衛は何とか結納金を取り返したのですが、友人の九平次に懇願され、三日という約束で貸してしまいます。しかし後に九平次は借りた覚えはないとしらを切り、公衆の面前で徳兵衛が店の金を使い込んだと言いふらし、殴り合いが始まります。思い詰めた徳兵衛は、死んで身の潔白を証明しようと、こっそりお初に会いにきたのですが、折しも九平次が客としてお初のところにやって来ました。縁の下に隠れた徳兵衛は、自分に対する悪口を聞きながら、いよいよ覚悟を決めます。そして本気で死ぬ覚悟があるのか、お初が独り言と思わせて縁の下の徳兵衛に足で尋ねると、徳兵衛もお初の足首を手に取って、自分の喉を撫で、本気であることを伝えます。ちょうどお初にも身請け話があったのですが、遊女は自分の意志で勝手に結婚できません。それであの世で夫婦になるしかないと、お初も覚悟を決めたわけです。こうして二人は七つの鐘が鳴る午前四時頃、天神の森へ行き、脇差で自殺してしまいます。

ここに載せたのは、七五調のリズムが聞いていて耳に心地よく、「曾根崎心中の道行《みちゆき》」と称して、名文で知られています。浄瑠璃《じょうるり》は耳でも楽しむ文芸でしたから、どのように聞こえるかはとても重要な問題でした。ですから江戸庶民のつもりになって、一度は誰かに読んでもらって聞いてみて下さい。

徳川吉宗の事績を記録した『明君享保録』には、「心中」と書いて「忠」と読めるのは「不届きの詞《ことば》なり」として、「以来相対死《あいたいじに》と申し唱ふべし」と、町奉行の大岡越前守忠相《ただすけ》に命じたと記されています。また「不義（私通）にて相対死いたし候者」は、「畜生同然」であるから人間扱いをせずに、「丸裸にして」「野外に捨て」させることとし、弔いを禁止します。片方が存命の場合、事実上は死にきれずに生き残るのは男なのですが、「下手人」（殺人犯）として死罪。女が存命の場合は「三日晒《さらし》」の上で非人とする。双方が存命の場合は、「三日晒《さらし》」の上で非人とする。主人と下女が心中して主人が存命の場合は、非人とすると定められました。

翁問答——おきなもんどう

（主要テキスト：「岩波文庫」『翁問答』）

原文

師の曰く。……「孝徳の感通《かんつう》を手近く名付け言へば、愛敬《あいけい》の二字につゞまれり。愛は懇《ねんごろ》に親しむ意《こころ》なり。敬は上《かみ》をうやまひ、下《しも》を軽しめ侮《あなど》らざる義也。孝はたとへば明《あきら》なる鏡の如し。向ふ物の形と色によって、鏡の中《うち》の影は品々変れども、あきらかに映す鏡の体《たい》は同じ物也。其《そ》の如く、父子君臣の人倫に相交《まじわ》る事は、千々万《ちぢよろず》に品《しな》変はれども、愛敬《あいけい》の至徳《しいとく》は通ぜざるところなし。

あらまし大概を論ずるに、先《まず》五倫を以て言へば、親を愛敬するが感通の根本《こんぽん》なる故に、本分の名を改めず、孝行と名付く。扨《さて》それより感通の景象《けいしょう》によって、名を立て教《おしえ》を示し給ふ也。二心《ふたごころ》なく君を愛敬するを忠と名付く。礼儀正しく臣下を愛敬するを仁《じん》と名付く。能《よ》く教へて子を愛敬するを慈《じ》と名付く。和順《わじゅん》にして兄を敬愛するを悌《てい》と名付く。善をせめて弟を愛敬するを恵《けい》と名付く。正しき節を守りて夫を愛敬するを順《じゅん》と名付く。義を守りて妻を愛敬するを和と名付く。偽《いつわり》なく朋友《ほうゆう》を愛敬するを信《しん》と名付く」。

現代語訳

師が言うには、……「孝の徳の感通（孝の徳が人から天地神明にまで通ずること）ということを手短に言えば、愛と敬の二字に要約できる。愛とは心を込めて親しむという意味である。敬とは上の者を敬い、下の者を軽んじ侮らないという意味である。孝を喩《たと》えれば、よく映る鏡のようなものである。鏡に相対する物の形や色により、鏡に映る姿は様々に変わるが、よく映している鏡自体は同じ物である。そのように、父子・君臣の人との関わり方は様々であるが、愛と敬との至高の徳が通じないところはない。

大まかに言えば、五倫（親子・君臣・兄弟・夫婦・朋友の関係）については、親を愛敬するのが『感通』の根本であるから、本来の名前を変えずに孝行と名付ける。さて次に感通の形態により、（それぞれの人間関係に）名前を付けて、（古の聖人は）教えをお示しになったのである。家臣が二心なく主君に仕えて愛敬することを忠と名付ける。主君が礼儀正しく家臣を愛敬することを仁と名付ける。親が子を教え諭《さと》して愛敬することを慈《じ》と名付ける。弟が従順に兄を愛敬することを悌《てい》と名付ける。兄が弟に善行を勧めて愛敬することを恵《けい》と名付ける。妻が貞節を守って夫を愛敬するこ

体充《たいじゅう》の曰く。「今までは親を能く養ふを而已《のみ》を、孝行なりと存候。あまねく世俗さやうに心得へたると見えたり。今先生の教を承り候へば、孝と云へるものは、外もなき内もなき、無上の妙理なり。守り行ふべき術をくわしく承りたく候」。

とを順《じゅん》と名付ける。夫が道義を守り妻を愛敬することを和と名付ける。偽りなく朋友と交わり愛敬することを信と名付ける」と。

（弟子の）体充が言うには、「今までは親をよく養うことだけが孝行であると思っておりました。世間でも皆そのように思っているようでございますが、今、御師匠様の教えをうかがえば、孝というものは、心の外と内の区別もなく、この上もなく素晴しい道理でございます。それを遵《まも》り実行してゆく方法を、詳しく教えていただきたく存じます」と。

解説

『翁問答』は、陽明学者の中江藤樹《なかえとうじゅ》（一六〇八～一六四八）が、寛永十七年（一六四〇）から翌年に著した倫理的思想書です。書名は、心を象徴する師の「天君《てんくん》」と、身体を象徴する弟子の「体充《たいじゅう》」の問答を、傍らで聞いた人が書き留めたという形式で叙述されていることによります。

藤樹の思想の特徴は、「孝」の徳にありますが、その原点となる経験がありました。藤樹は近江国の農家に生まれましたが、九歳の時に請われて、伯耆《ほうき》国米子藩主の加藤家に仕えていた祖父の養子となりました。そして翌年には藩主の転封《てんぽう》に従って伊予国大洲《おおず》へ移り、十五歳の時に祖父が亡くなると、大洲藩士として仕官していました。ところが二七歳の時、健康上の理由と老母孝養のため、辞職を願い出るのですが許されず、ついに処罰を覚悟で脱藩してしまいます。しかし結局は黙認ということになりました。故郷の近江に帰った藤樹は、自宅を教場として私塾を開設し、それを「書院」と名付けました。そしてそこに藤の古木があったことから、学塾は「藤樹書院」と呼ばれ、彼自身も「藤樹先生」と呼ばれました。また人格的に大層優れていたことから、後に「近江聖人」と讃えられ、光格天皇から「徳本堂」という堂号を賜っています。

一般には、藤樹は陽明学者であると理解されています。しかし陽明学の原典である『陽明全書』を入手するのは、三七歳の時ですから、『翁問答』を著した時期には陽明学者ではなく、強いて言えば朱子学の立場です。しかし朱子学に疑問を懐いていたことも事実でした。門人が編纂した『藤樹先生年譜』の三七歳の記事には、『陽明全書』を読み、大いに得る所があったと記されていますから、長年の疑問が氷解したのでしょう。藤樹は日本の陽明学の祖であるというのは、あくまでも結果に過ぎません。藤樹にとり学問の目的とは、宇宙の絶対的真理である「孝」に基づく「人格的自己完成」で、藤樹の思想が実践的なのは、人格の完成を目的とすれば必然の結果でした。現在の教育基本法第一条には、「教育は、人格の完成を目指し」と宣言されていますが、藤樹はそれを先取りして、表看板に掲げていたのです。

ここに載せたのは、「上巻之本」の冒頭に近い部分です。「孝」は一般には親孝行の「孝」と理解されます。確かに「父母の恩は広大無類にして、恩の大根本なり」と説かれています。しかし続いて「然る故に、父母を愛敬するを本として、押し広めて、余の人倫を愛敬し、道を行ふを孝と云ふ」（「上巻之本」）と説かれているように、「孝」の徳はあらゆる人間関係に及ぶ道徳原理なのです。そしてそれは宇宙全体に及ぶ道徳原理であり、天では天の道、地では地の道、人では人の道となり、古の聖人により「孝」と名付けられたと説きます。そして「孝」は、「愛」（「懇ろに親しむ意《こころ》」）と「敬《けい》」（「上《かみ》をうやまひ、下《しも》を軽しめ侮らざる義」）という形で表されること。「孝」は余りにも広大であるために、古の聖人がわかりやすく、君臣・父子・夫婦・兄弟・朋友などの人間関係における「愛」と「敬」の相互作用を、それぞれ「忠・仁・慈・悌・恵・順・和・信」と名付けたのであって、それぞれの立場で実践されるべきものと説きました。ですから「孝」は、全ての人間関係を包含する至高の道徳原理なのです。「孝」は「愛」と「敬」に、さらには五倫に応じて忠・仁・慈・悌・恵・順・和・信に演繹され、またその反対に忠・仁・慈・悌・恵・順・和・信は、愛と敬に、さらには孝に帰納するというわけです。中江藤樹が親孝行を説いたことは事実です。しかしそこに留まることは、その思想を矮小化していることであり、また陽明学の思想に基づいて『翁問答』を叙述したという理解も、正確ではないことになります。

大学或問——だいがくわくもん

原文

十二　農兵の昔にかへるべき事……

答　諸大名在江戸三年に一度、五十日の古法に返し給ふとも、たゞに返し給はゞ、国々にて私の奢《おごり》生じ、東に減《へら》し西に生ずる如くならば、何の益もあるまじ。親の、子の所帯を下知する如く、公儀より下知せられれば、前に云《いう》所の仁政行はれ、事調《ととのい》て後、又余りて置所なき米穀を以て、農兵に返し給はん事易《やす》かるべし。……

　又士の心得にも、此後子々孫々、生死を共にする譜代の民なれば、民の為悪《あ》しからぬやうにたしなむべし。軍役は民を連れて出《いず》る事なれば、常に人を多くはかゝへ置《おか》ず、二つ成にても三つ成にても足《た》るべし。使番《つかいばん》もなく、公用の勤《つとめ》もなし。同村隣里の士と往来するにも、台所へ入て語るやうに成《なる》なれば、客に人使はるゝ事もなく、少づゝの手作《てづくり》すれば、菜園の草を取やうなる事、慰の養生に下人の手伝ひし、山野に猟し、川沢《せんたく》に漁し、風雨霜雪を厭はず、文武の芸を務め、君の干城《かんじょう》となるべき武夫《もののふ》ならん。

現代語訳

十二　農と兵が一体となっていた昔の制度に戻るべきであるということについて。……

　答え。諸大名が参勤交代で江戸にいるのは三年に一回、五〇日間とする古い制度に戻すとはいえ、ただ単に戻すだけでは、国元で勝手に贅沢《ぜいたく》をしてしまうだけであり、あちらで減ってもこちらで増えるならば、何の意味もないであろう。親が子の生活にあれこれ指図をするように、御公儀（幕府）から仰せられるならば、以前に説いたような憐れみ深い政治がゆき渡ってから、余っていて保管場所もない米を農民や武士に与えることは、たやすいことであろう。

……

　また武士の心構えとして、（農民は）将来にわたり生死を共にする代々の家人であるから、農民が困らないようにしてやらなければならない。戦に際しては農民を引き連れて出陣するのであるから、普段から使用人は多く抱え込まず、二人なり三人で事足りるであろう。使者の役目も公務もないのだから。近隣の武士と交わるにも、気軽に台所に上がり込んで話すようになるので、使用人を客の接待に追い使うこともなく、わずかばかり農作物を作れば、家庭菜園の草むしりくらいは、気分転換に下人を手伝い、野山に出て狩猟をしたり、川で漁をしたり、風雨や霜雪をも厭うことなく、学問と武芸に精を出し、主君をお守りする「もののふ」となるであろう。

解説

『大学或問《だいがくわくもん》』は、陽明学者の熊沢蕃山《くまさわばんざん》（一六一九～一六九一）が著した、政治改革意見書です。蕃山は十六歳で岡山藩主池田光政に仕え、二三～二四歳の時に八カ月という短い期間、中江藤樹に学び、二七歳の時に再び池田光政に招聘《しょうへい》されて仕えます。そして藩主の絶大な信頼を得て、藤樹に学んだことを藩政に活かすべく、三九歳で辞職するまで、治山・治水・民政など、実際的な「仁政」の実践に努めました。岡山藩は河川の氾濫に苦しんでいたのですが、蕃山は森林破壊による土壌流出と、その結果として川底が高くなる天井川が根本的な原因であることを見抜き、山林復興や河口の浚渫《しゅんせつ》、流路の整備などに尽力しています。『大学或問』第十条では、杉や檜《ひのき》と雑木の混交林育成を提言しています。それは土壌流出防止だけでなく、保水力を高めますから、現在も通用する卓見です。しかしこのような改革は、守旧派との対立を招き、辞職を余儀なくされました。その後各地を転々とし、豊後の岡藩に招聘されて、灌漑工事を指導したこともあります。

そして池田光政没後の貞享四年（一六八七）頃、六九歳の時に、意を決して『大学或問《だいがくわくもん》』を著して老中に上程します。蕃山の弟子には、幕閣級の大名が何人もいたからでしょう。書名は「或《ある》は問ふ」という問答体で叙述されていることによります。著述の動機は、大名から庶民に至るまでが疲弊している社会情勢において、その解決策を幕府に建言したいと考えたからで、副題の「治国平天下之別巻《ちこくへいてんかのべつかん》」が、蕃山の意気込みを表しています。蕃山が活躍した時期は、幕政は比較的安定していましたが、消費文化が盛んになるにつれ、幕府や諸藩の財政難が次第に表面化し始めていました。蕃山はそのような情勢の中で強い危機意識を持ち、『大学或問』において二二条に及ぶ打開策を、問答形式で提言しています。

　まず第一条では「人君の天職」を問い、「仁政を行ふを天職とす」と答えます。第二条では「人臣の天職」を問い、「君を助けて仁政を行はしむるを臣の天職とす」と答えます。第四条では、仁政を行うためには富有でなければならないとし、その具体策として、治山治水、貿易の振興、武士の農村土着化、参勤交代の緩和、教育の充実などを提言します。

藩の財政難や農民の疲弊の原因を、蕃山は武士階級が貨幣経済に巻き込まれたためと考えました。都市における消費的生活は奢侈《しゃし》を増大させ、物価が高騰します。武士は一方的な消費者であり、特に参勤交代で江戸に長期間在府することによる藩の支出は、国元にいるよりはるかに大きくなります。藩財政が逼迫すればそれを補うため、農民からの年貢収奪が厳しくなり、社会全体の困窮へとつながるというわけです。

この負の連鎖を断ち切るため、蕃山は参勤交代緩和を提唱します。三年一勤で在府期間を五〇日とし、江戸藩邸にいる大名の妻子も国元に帰らせます。そうすれば江戸の人口も減少し、江戸藩邸の経費が激減しますから、年貢米を江戸や大坂の蔵屋敷に送らせず、籾米の状態で藩に備蓄します。藩の負債は籾米で返済し、豊作凶作に応じて備蓄や放出をして米価を安定させ、飢饉には民を救済します。このように米を事実上の貨幣として国元で流通させるのですが、給与の扶持米を金銭に交換しなければ生活できない武士にとっては、米価が安定する米遣いの経済は、大きな利益になるものでした。さらに参勤交代緩和などで得られた余剰により、農民の借金を返済させたり、売却や質入によって失われた農地を回復させ、土地所有の均衡を回復することも考えていました。

もう一つの重要な解決法は、ここに載せた第十二条の「農兵の昔にかへるべきこと」、つまり武士の農村土着です。武士を知行地に居住させれば、武士の目が行き届き、農民と共に農耕して自給的生活が確立するというわけです。

そして蕃山を高く評価していた荻生徂徠《おぎゅうそらい》も、『政談』（一七二六年頃）を著し、参勤交代の緩和や武士の農村土着を説いています。しかし徂徠の弟子の太宰春台は『経済録』（一七二九年）を著し、貨幣経済発展に対応して藩営商業を主張し、経済政策は次第に蕃山の主張とは反対の方向に展開されてゆきます。

蕃山の提唱には、幕藩体制を根底から揺るがせる危険性がありました。そのため滞在していた下総国古河藩主松平忠之《ただゆき》のもとで、そのまま蟄居の処分となりました。しかし藩主に信頼され、領内の渡良瀬川治水事業などに活躍しています。そして四年後に七三歳で亡くなりました。その後『大学或問』は天明八年（一七八八）に出版されますが、程なく寛政の改革が始まり、翌年には「公儀法度之《これ》有り」との理由で、発禁処分となってしまいました。

蕃山は一般には陽明学者ということになっています。しかし蕃山が中江藤樹に学んでいた時には、藤樹自身も『陽明全書』すら読んでいませんでしたから、蕃山が陽明学者であるというのは結果に過ぎません。師の中江藤樹も弟子の熊沢蕃山も共に実践的なのは、陽明学を学んだからというよりは、もともとの資質であると理解した方がよいと思うのですが。

聖教要録——せいきょうようろく

（主要テキスト：「講談社学術文庫」『聖教要録』）

原文

門人等、其の説を輯《あつ》めて篇を為《な》し、先生に謁《えつ》し請《こい》て曰く、「此の書、以て秘すべく、以て崇《たつと》ぶべし。広く人に示すべからず。且つ漢唐宋明の諸儒を排斥す。是《これ》天下の学者に違《たが》ふ。見る者の嘲《あざけり》を献ぜんか」。

先生の曰く、「噫《ああ》、小子、謀《はか》るに足らず。夫《それ》、道は天下の道也。懐《ふところ》にして之を蔵《かく》すべからず。天下に充《み》ちて万世に行はしむべし。一夫《いっぷ》も亦《また》此の書に因《より》て其の志を起すは、則ち化育《かいく》を賛《たす》くる也。君子、身を殺し以て仁を成すこと有り。何ぞ吾が言を秘せんや。且《かつ》、道を説《とい》て人を謬《あやま》る者は、天下の大罪なり。漢唐の訓詁、宋明の理学、各《おのおの》利口《りこう》饒《じょう》舌《ぜつ》にして、惑《まどい》を弁ぜんと欲して惑《まどい》愈《いよいよ》深く、聖人をして塗炭《とたん》に坐せしむ。最も畏《おそ》るべき也。

道は日用共に由りて、当《まさ》に行ふべき所、条理有るの名也。天は能《よ》く運《めぐ》り、地は能く載《の》せ、人物は能く云為《うんい》す。各《おのおの》其の道ありて違《たが》ふべからず。

現代語訳

弟子達が師の説いたことを集めて編纂し、師にお目にかかり、願って言った。「この書物は隠しておくのがよろしいかと。素晴しいものではございますが。広く人々に見せるべきでございません。また漢唐・宋明の諸儒学者の説を退けるものであり、天下に行われている学者の説と異なっております。この書を読む者は嘲笑することでありましょう」と。

すると師が言った。「ああ、お前達とは話しても埒《らち》が明かぬ。そもそも道は、遍く天下に行われる道であり、心の内に隠し置くべきではない。広く天下にも、また後世までも行われるべきである。もしある者がこの書を読み、道を踏み行おうと志を立てるならば、その者が立派になることを助けることになる。君子は時に己《おのれ》を犠牲にしても、仁の道を行うことがある。どうして我が言葉を隠すのか。また人の道を説きながら人を謬《あやま》り導くのは、天下の大罪である。漢や唐に行われた経典の訓釈、宋の朱子学や明の陽明学は、それぞれ言葉ではいかにもうまいことを説いているが、人の心の迷いを明らかにしようとしても、さらに迷いが深くなるだけである。それは聖人を塗炭の苦しみにあ道は行ふ所有る也。日用以て由り行ふべからざれば、則ち道にあらず。聖人の道は人の道也。古今に通じ、上下に互《わた》り、以て由り行ふべし。若《も》し作為造設《さくいぞうせつ》に渉《わた》りて、我行ふべくも、彼行ふべからず、古《いにしえ》行ふべくも、今行ふべからざれば、則ち人の道に非ず。性に率《したが》ふの道に非ず。

わせることで、これこそ最も畏るべきことではないか」と。

道とは、日頃からそれに従い行われるべきものであり、道理を具えているので、そのように名付けられた。天はよく運行し、地はよく万物を載せ、人はよく働く。天地人にはそれぞれ固有の道があり、その道に違《たが》うことはできない。

道とは、実践するものである。日頃からそれに従い行うことができないならば、それは道ではない。聖人の道とは人の道である。それは昔も今も、身分の上下にもかかわりなく従い行うべきものである。もし道が人の作為や造作によるもので、自分は行えても他の人は行えないとか、古には行えたが今は行えないというのであれば、それは則ち人の道ではない。「性に率《したが》ふ、これを道という」（生まれつき備わっている性質である本性に従って行うことを道という）という『中庸』の言葉にも違《たが》っている。

解説

『聖教要録』は、古学の提唱者である山鹿素行《やまがそこう》（一六二二〜一六八五）が著した思想書で、寛文五年（一六六五）に出版されました。「聖教」とは、堯《ぎょう》・舜《しゅん》・禹《う》・殷《いん》の湯王《とうおう》・周の文王や孔子らの聖人が説いた人の道のことで、素行が聖教について門人に説いたことを集大成した、『山鹿語類』の一部を抜粋要約したため、『聖教要録』と名付けられました。内容は、儒学の基本的な二八の重要語句について、簡単に解説しています。

素行は会津の生まれで、幼少時から儒学を学び、八歳にして四書五経を習得。九歳で大学頭《だいがくのかみ》の林羅山に入門するのですが、満年齢なら七歳か八歳ですから、極端な比喩ですが、小学三年生が、大学教授か文科大臣に弟子入りしたようなものです。十一歳で松江藩主から仕官の誘いを受けて謝絶。十六歳で旗本達に『論語』『孟子』を講義する程の早熟の天才でした。しかし次第に、聖人よりも遥か後代の儒学者が、抽象的・観念的に解釈する朱子学や陽明学は、実生活からかけ離れ、役に立たないのではという疑問を持ちます。そして聖人の説いた聖教を直接に基準とすれば、日常生活を道徳的に充実できると確信するに至り、古学が提唱されたのです。

『聖教要録』の「読書」の項では、「聖人の言を本として、直に解すべし。後儒の意見は取り材《はか》る所なし」と述べて、朱子学や陽明学を排斥しています。素行自ら作った『年譜』には、「(寛文六年九月十一日) 今年夏、聖教要録、世に流布す。人以て誹謗を爲《な》す。且《かつ》保科肥後太守(保科政之《ほしなまさゆき》) 切《しきり》に之を怒ると」と記されています。保科正之は将軍徳川家光の弟で、会津藩主ですから、素行が会津出身であることが怒りを増幅させたのでしょう。案の定、「不届なる書物」として素行は大目付に呼び出され、切腹も覚悟し、遺書を懐に忍ばせて出頭するのですが(『配所残筆』による)、かつて三二歳の時に七カ月間滞在(仕官していたのは一六五二～一六六〇年)したことのある懐かしい赤穂藩に御預けという、緩い処分が下されました。そして赤穂藩主に厚遇され、寛文六年(一六六六)から延宝三年(一六七五)まで、九年間も過ごしています。なお伊藤仁斎も同時期に朱子学を批判していますが、仁斎の著書が出版されたのはその没後であったためか、処罰されませんでした。

山鹿素行の思想のもう一つの特徴は、武士道を説いたことです。『山鹿語類』において、「君恩の重きを思ふを以て臣道とするなり」(『山鹿語類』巻十三　臣体)、「凡そ士の職とは、その身を顧《おも》ふに、主人を得て奉公の忠を尽し」(同巻二一　立本)と、臣下としての道を説いています。後に主君の仇を討つことになる「赤穂浪士」達は、素行の弟子ではありませんが、何らかの感化を受けたかもしれません。

ただ素行の説く武士道は、江戸時代ならではの新しい武士道でした。武士は耕さず、物を作らず、商売もしないが、それは職分があるからである。その職分について、「朋輩に交はりて信を篤くし、身の独りを慎んで義を専らとするにあり。……農工商は其の職業に暇《いとま》あらざるを以て、常住相従って其の道を尽すを得ず。士は農工商の業をさし置いて此の道を専らつとめ、三民の間、苟《いやしく》も人倫をみだらん輩をば速に罰して、以て天下に人倫の正しきを待つ」(同巻二一　立本)と説いています。主君への忠義だけではなく、人倫の道を実現し、農工商の三民を教導する存在でなければならないというのです。しかしこのような「武士道」は、後に安藤昌益の『自然真営道』により、「不耕貪食の徒」と厳しく批判されることになります。

ここに載せたのは、前半が序文、後半が中巻の「道」の一部です。序文では、出版にかける素行の決意を読み取れます。

素行が著した本文ではないのですが、幕府から処罰される理由が述べられています。中巻の「道」では、聖人の道の日常

的実践が強調されていますが、それは観念的な思索になってしまった、朱子学に対する批判でもあります。

弁道——べんどう

原文

四、先王の道は、先王の造る所也。天地自然の道に非ざる也。蓋《けだし》、先王、聡明睿知《そうめいえいち》の徳を以て天命を受け、天下に王たり。其の心は、一《いつ》に天下を安んずるを以て務《つとめ》と為《な》す。是《ここ》を以て其の心力を尽くし、其の知巧を極め、是《この》道を作為《さくい》して、天下後世の人をして、是《これ》に由《よ》りて之を行はしむ。豈《あに》天地自然に之《これ》あらんや。……

十四、夫《それ》、先王孔子の道は、天下を安んずるの道也。天下を安んずるは、一人の能《よ》く為《な》す所に非ず。必ず衆力を得て以て之を成す。辟《たと》えば春夏秋冬備りて、而後歳功《しかるのちさいこう》成すべく、椎《つち》・鑿《のみ》・刀《はもの》・鋸《のこぎり》備りて、而後匠事《しかるのちしようじ》為《な》すべく、……爾《しか》らずんば、先王、天下を治むるに、其の材を用ふる所有ることなきなり。……

二十、近世、頗《すこぶ》る宋儒の非を言ふ者有り。而るに其の道徳と為《な》す所の者を顧《かえりみ》れば、則ち亦《また》言語講説の間、僅《わず》かに能《よ》く其の已甚《はなはだ》しき者を削り、而《しか》して稍《やや》傳《つ》くるに温柔の旨を以てするを云ふ爾《のみ》。吁《ああ》、終《つい》に未だ五十歩の誚《そし》りを免《まぬか》れざ

現代語訳

四、先王の道は、先王が創造したものである。天地の間にある自然のままの道ではない。思うに、先王は聡明で英知の徳を具《そな》えていたため天命を受け、天下の王となったのである。その意図するところは、偏《ひとえ》に天下を安泰にすることを以て、責務とすることであった。それにより心と力を尽くし、知恵を絞り、この道を作り上げ、天下の後世の人々が、それにより行動できるようにさせたのである。どうして道が（初めから）天地自然のままにあるということがあろうか。

十四、そもそも先王と孔子の道は、天下を安泰にする道である。天下を安泰にするのは、一人でできることではない。必ず大勢の協力により成ることである。たとえば春夏秋冬の四季がそろって、初めて一年の成果が成し遂げられるように、金槌《かなづち》・鑿《のみ》・小刀・鋸《のこぎり》がそろって大工仕事ができるようなものであり、……そうでなければ、先王が天下を治めるのに際して、その人材（才能）を活かすことができないのである。

二〇、最近、かなり朱子学の問題点を指摘する者（伊藤仁斎のこと）がいる。しかしその道徳（人として踏むべき道や

るかな。……
二十四、後世の人は古文辞を識《し》らず。故に今の言《げん》を以て古語を視る。聖人の道明らかならざるは、職《しょく》として是に由る。

徳）としていることをよく見ると、やはり言葉で講釈する範囲を出ず、わずかに（朱子学の）極端な議論を削除し、少し温和な趣旨を付け加えただけである。残念なことに、結局は五十歩百歩であるという批判を免れないのだ。
二四、後世の人は「古文辞」（古代の言葉）ということを知らないので、現在の言葉で古代の言葉を見ている。聖人の道が明らかにならないのは、主にこのためである。

解説

『弁道《べんどう》』は、古文辞学派の祖である荻生徂徠《おぎゅうそらい》（一六六六～一七二八）が著した思想書で、「弁」とは「物事を十分に理解する」という意味ですから、「道とは何か」ということが主題です。朱子学では、個人の修養により五常（仁義礼智信）の徳を実践し、聖人に近付こうとするのが人の道であると説かれました。つまり「道」を道徳的・観念的に理解しているのです。それに対して徂徠は、「先王」（尭《ぎょう》・舜《しゅん》・夏《か》王朝の禹《う》・殷王朝の湯《とう》・周王朝の文王と武王・周王朝の諸制度を調えた周公）が、民を安んじて国を治めるために整えた諸制度や文物こそが、「道」であると考えました。要するに「道」を政治的・社会制度的に、儒学を「経世済民《よをおさめたみをすくう》の学」と理解しているわけです。『弁道』にはそのことが、「道なるものは統名（総合的名称）也。……礼楽刑政《れいがくけいせい》（社会秩序維持に必要な諸制度）を離れて別に所謂《いわゆる》道なる者非ざる也」と記されています。そして孔子は先王の道を「六経《りくけい》」（易経《えききょう》・書経・詩経・礼記《らいき》・楽経《がくきょう》・春秋）などの経書として編纂し、先王の道を後世に残したので、先王と孔子を合わせて、「聖人」としました。因みに早くに失われた『楽経』を除いたものを「五経」と言います。

ですから「道」を理解するためには、宋の朱子学や明の陽明学の解釈ではなく、それらの経典から直に学ぶ必要があり、そのためにはそれらが成立した頃の古語を究明しなければならないと考えたのです。何しろ朱子学の成立よりも千数百年前の古語で書かれているのですから。そういうわけで、「古文辞」はあくまでも「先王の道」を正確に理解するための手段であって、目的ではありませんでした。徂徠の古代中国語へのこだわりは尋常ではなく、白文のままの語順で読み書き、理解できました。ただし発音については学ぶ機会が少なく、長崎の中国語通詞には及ばないと自覚していたようです。

また徂徠は、弟子の個性を尊重しました。それは先王の道を実践するには、特技を持った多くの人材が不可欠であると考えたからです。徂徠が農本主義的に武士の知行地在住を説いたにもかかわらず、弟子の太宰春台が『経済録』を著し、藩の専売まで説いたのは、師説に反するようですが、徂徠の弟子から経世済民を説く学者が出現するのは、師説を継承していることになるのでしょう。

徂徠は後に徳川吉宗の政治諮問に応え、『政談』を著したことは高校の日本史の授業で学習します。「聖人の道は天下を安んずるの道である」と説く徂徠が、政策提言の書として『政談』を捧呈することは、『弁道』で説いたことの実践に外なりませんでした。結果としてはその提言はあまり実現はしませんでしたが、幕藩体制の行き詰まりに伴って、経世済民の学がさらに提唱される動機となり、後世に大きな影響を与えます。また古語を研究して古意を明らかにする研究仕法は、対象は異なりますが、国学者に大きな影響を与えることになります。

後世の解釈を棄て、原典から直接学ぶという点では、徂徠の古文辞学と伊藤仁斎の古義学は似ています。しかし徂徠は仁斎に対して、朱子学を退けたことだけは評価しつつも、厳しく批判しています。仁斎は『論語』を「最上至極宇宙第一の書」と評し、人の道徳としての「仁愛」を重視しました。徂徠が仁斎を「温柔」と評価したように、確かに仁斎は人格者ではあったのでしょう。しかし徂徠が理想としたのは、個人の道徳的完成ではなく、「経世済民」（世を経《おさ》め民を済《すく》う）だったのです。

徂徠の学門は、後に「徂徠学」と称され、封建体制の危機を克服する教学として、藩政改革を推進する諸藩の藩校に取り入れられてゆきます。庄内藩の致道館は、そのよい例です。結局、徂徠の評価は、その思想自体よりも、その弟子や後世への影響の大きさによるのでしょう。

西洋紀聞——せいようきぶん

（主要テキスト：「日本思想体系」『新井白石』）

原文

天、既に寒くして、其《その》衣薄ければ、衣与へしに受《うけ》ず。その故は、其教戒に、その法を受ざる人の物、受《うく》ることなきによれり。……「いかで衣服の物まで給はりて、我《わが》禁戒にそむくべき。はじめ薩州の国主の給りし物身にまとゐぬれば、寒を防ぐに足れり。心をわづらはし給ふ事あるべからず」と、申切りたりし由也。

こゝに至て、彼《かの》人通事に向ひて、「某《それがし》こゝに来りし事は、我教《わがおしえ》を伝へまいらせて、いかにも此土の人をも利し、世をも済《すく》はむといふにあり。それに某が来りしより、人々をはじめて、多くの人を煩はし候事、誠に本意にあらず。此所《ここ》に来りし後、年既に暮むとし、天また寒く、雪も程なく来《きた》らむとす。これにありあふ御侍を初て、人々日夜の境もなく、某を守り居給ふを見るに忍びず。……昼はいかにも候へかし。夜《よ》る〳〵は手枷足枷《てかしあしかし》をも入られて、獄中につなぎ置《おか》れ、人々をば夜を心安くゐ寝られ候やうに、よきに申して給るべし」と言ふ。奉行の人々も其由《そのよし》を聞て、あは

現代語訳

既に気候が寒くなったのに、その衣が薄いので、（さらに）衣を与えたのに受け取らない。そのわけは、キリスト教を信じない人からは、施しを受けないという教戒による。「……どうして衣服のような物までいただいて、我が教えにそむくことができましょう。薩摩藩主よりいただいた服を着ておりますから、寒さを防ぐには十分でございます。どうかお心を煩わせることがございませぬように」と、きっぱりと申したとのことである。

この時になってシドッティが通訳に言うには、「私がここに参りましたのは、私の信ずる教えをお伝えして、何としてもこの国の人のために役立ち、また世をも救おうと思うからで御座います。それなのに私が参ってからというもの、皆様を初めとして、多くの人達を煩わせておりますことは、実に不本意なことで御座います。ここに参りましてから、もう年も暮れようとし、気候も寒く、程なく雪も降ることでございましょう。（それにもかかわらず）ここにおいでの御侍の方々を初めとして、皆様が昼となく夜となく、私を見守り下さるのは、見るに忍びないことで御座います。……昼はともかく、夜は手枷《てかせ》や足枷《あしかせ》を付けて獄につな

偽《いつわり》れと思ひし気色《けしき》ありしを、某「此者は思ふにも似ぬ、あるものかな」と言ひしを、大きに恨み思ひし気色にて、「すべて人の誠なき程の恥辱は候はず。まして妄語《もうご》の事に至ては、我法の大戒に候ものを。某、事の情をわきまへしより此かた、つゐに一言の偽《いつわり》申したる事は候はず。殿には、いかにかゝる事をば仰《おおせ》候ぞや」と申す。

「今汝の言ひし所は、年暮れ天も寒きに、こゝに候者の夜昼となく、汝を守り居るが、見るに堪がたさに、かくは申すか」と問ふ。「其事に候」と答ふ。「さればこそ、其申《そのもうす》所は偽にてあるなれ。彼等が汝を守るも、奉行の人々の命を重んじぬるが故也。又奉行の人々も、公《おおやけ》の仰《おおせ》を受けて、汝を守らせ給ひぬれば、汝がいかにも事故なからむ事を思ひ給ふが故に、衣薄く肌寒からむ事を憂へて、衣給らむとのたまふ事度々《たびたび》に及びぬ。もし今汝が申す所の誠ならむには、などか此人々の憂へ思ひ給ふ所を、安じまいらせざらむ。もし此人々の憂へ給ふ所をも、汝が法のために顧みざる所あらば、何条こゝに候者共の、法のために汝を守る事、顧み思ふには及ぶべき。されば汝の前《さき》に申せし所の誠ならむには、今申す所は偽れる也。今申す所の誠ならむには、前に申せし所は偽れる也。此事いかにも申披《もうしひら》く

ぎ置き、警護の方々が安心して眠れるようにするが宜しいかと存じます」と言う。奉行達もそのわけを聞き、感心なことと思った様子であったが、某《それがし》（白石）が「この者は思いのほかに偽り者であるぞ」と言うと、大層不満の様子で、「およそ人として誠実でないこと程、恥ずかしいことは御座いません。まして偽《いつわり》などはもっての外《ほか》、我が教えの大戒で御座います。私は物心ついてより、未《いま》だかつて一言の偽も言ったことは御座いません。殿はなぜこのようなことを仰せられるので御座いましょう」と申した。

そこで「今お前が言うには、年も暮れて寒くなり、ここにおる者達が昼夜お前を見守っていることに恐縮して、そのように申すのか」と問うと、「その通りで御座います」と答えた。「だからこそ、お前の申すことは偽なのである。この者達がお前を守るのは、奉行達の命令を重んじるが故のことである。また奉行達も御上の仰せを受けて、お前をお守りになるのだから、お前に何としても事故がないようにと案じて下さる故に、衣が薄くては肌寒いであろうと心配して、衣をつかわそうと再三言われたのである。もし今お前が申すことに誠があるというならば、なぜこの人達の思い煩いがなくなるように、してさしあげないのか。もしこの人達の思い煩いを、お前の信じる教えを理由に一顧だにしないならば、どうしてここにおる者達が仰せによりお前を守ることを、なぜお前が心配するのか。（するわけがないではないか）。そうであるから、お前が前に申したことが

べし」と言ひしかば、大きに恥思ひし気色にて、「今の仰《おおせ》を承り候へば、前に申せし事は、誠に誤り候き。さらばいかにも衣給りて、御奉行の心を安むじまいらすべきに候」と申す。

誠ならば、今申したことは偽である。今申したことが誠ならば、前に申したことは偽である。このこと（矛盾）についてどのように申し開きをするのか」と言ったところ、大層恥じ入った様子で、「今の仰せをうかがえば、前に私が申し上げたことは、誠に誤りで御座いました。では仰せの如く衣をいただき、御奉行様のお心を安んじて差し上げるべきと存じます」と申しました。

解説

『西洋紀聞《せいようきぶん》』は、将軍徳川家宣・家継のもとで政権を主導した新井白石（一六五七～一七二五）が、日本に潜入したイタリア人宣教師のヨハン・シドッティ（一六六八～一七一四）を尋問して得た情報などにより、世界情勢やキリスト教などについて叙述した書物です。キリスト教に関する叙述が多く、新井家に秘蔵されていたのですが、後に幕府に献上され、白石の自筆本が伝えられています。ですから明治十五年（一八八二）に出版されるまで、一般にはほとんど知られていませんでした。初稿の成立時期については、上巻末に「正徳五年（一七一五）乙未二月中澣《ちゅうかん》（中旬）」という日付があります。シドッティが四八歳で獄死したのはその前年の十月二一日ですから、その死に衝撃を受けたのか、何らかの影響があったものと思われます。

　シドッティが屋久島に上陸したのは、宝永五年（一七〇八）八月二九日のことでした。月代《さかやき》を剃り、腰には大小を差し、着物をまとっていても、身長六尺にわずかに足りないという大男で（江戸時代の日本人男性の平均身長は一五六cmとのこと）、しかも話がよく通じません。それで長崎奉行所に連行したのですが、日本人通詞のオランダ語は通じず、ラテン語を話すオランダ人を通して、渡来の意図など概略がわかっただけでした。結局は通事三人に伴われて、十一月一日に江戸に着き、十一月末から十二月初めにかけて、新井白石が四回尋問をしています。それは渡来してから一年三カ月後のことですから、シドッティの日本語もそれなりに上達していたようです。

　ここに載せたのは、上巻の尋問の場面です。シドッティは防寒用の衣を辞退するのですが、白石がその理由の論理的矛盾を鋭く衝くと、彼はそれを素直に認めて衣を受け取りました。それでも絹は遠慮して、木綿を希望しています。表面上は尋問者の高飛車な理屈の押し付けですが、そこには自らを厳しく律する態度や、命懸けで使命を果たそうとすることに感服した、白石なりの思いやりを見て取ることができます。

　実際白石は、シドッティの為人《ひととなり》について、高く評価していました。「五百年の間に一人ほど生れ出る如き人」、「凡そ其人、博覧強記にして、彼方多学の人と聞こえて、天文地理の事に至りては、企及ぶべしとも覚えず」と記しています。また自力では歩けず、両脇を抱えられてやっと椅子に坐る程に衰弱していても、「泥塑《でいそ》の如く」長時間微動だにせず、白石や奉行達が席を立つ時には、必ず自分も立って礼をすると記して、その立ち居振る舞いの謹厳かつ上品であることに感心しています。

　その後のシドッティの処置については、白石は尋問終了後、直ちに『羅馬《ろーま》人処置献議』を上程し、上策として「本国へ返さるゝ事」、中策として「囚となしてたすけ置るゝ事」、下策として「誅せらるゝ事」を提言しています。そして「其志の堅き有様を見るに、彼がために心を動かさゞる事あたはず。しかるを、我国法を守りてこれを誅せられん事は、其罪に非ざるに似て古先聖王の道に遠かるべし」と述べています。白石は表向きには儒教的視点から下策を退け、上策を推したようですが、個人的には感服していたからなのでしょう。結局は切支丹《きりしたん》屋敷に拘禁されることになりました。そして世話役の老夫婦があてがわれ、毎年二五両余が支給されることになりましたから、束縛は緩いものだったはずです。しかし正徳三年（一七一三）十一月、世話役の長助・はる夫婦が受洗したことを自首したため、翌年三月にはシドッティを地下牢に移し、長助とシドッティは同年十月に亡くなりました。平成二六年（二〇一四）、文京区小日向の切支丹屋敷跡を発掘調査したところ、三体の人骨が発見され、そのうち一体は日本人、もう一体はミトコンドリアDNA鑑定により、イタリア系中年男性であると判明し、シドッティの可能性がかなり高いということです。

折たく柴の記——おりたくしばのき

（主要テキスト：「日本古典文学大系」『折たく柴の記』）

原文

いずれの日にかありけん。……（将軍徳川綱吉が）近習《きんじゅ》の人々を召《めさ》れて、我此年比《このとしごろ》、生類いたはりし事ども、たとひ筋《すじ》なき事に候ふとも、此事に限りては、百歳の後も、我世にありし時の如くに、御沙汰あらんこそ、孝行におはすべけれ。こゝに侍《さぶら》ふ者共、よく承るべしと仰《おおせ》られたり。

……

此禁《このきん》除かれずしては、天下の憂苦《ゆうく》止《や》むことあるべからず。されど左程《さほど》までに仰置《おおせおか》れし事を、御代に至てその禁除かれん事もしかるべからず。只《ただ》如何にもして御遺誡《ごゆいかい》の如くならん事を思召されしかば、まづ吉保朝臣《よしやすあそん》を召て、思召《おぼしめし》よられし所を仰《おおせ》下されしに、此《この》朝臣も固《もと》より此事よしと思ふべきにもあらず。殊《こと》には前代の御覚こそ他にことなれ。此後の事計難《はかりがた》しと思ひしかば、仰下されし所、誠に御孝志の至《いたり》とこそ申すべけれと言ひしによりて、さらば輝貞《てるさだ》を始て、今迄此仰《このおおせ》を奉れる者共《ものども》に、此旨《このむね》伝ふべしと仰蒙《おおせこうぶ》り、吉保、人々に仰を伝ふ。皆異儀に及ぶ輩《やから》もあ

現代語訳

いつの頃だったろうか、……（将軍綱吉が）お側に仕える者達をお召しになり、「予が年来、生類を憐れんで来たことは、たとえ道理の通らないことであろうとも、この事に限っては百年後も、予が生きていた時の如くに命ずることが、孝行というものであろう。ここに控えおる者達も、よくよく承るように」と仰せられた。……

この禁令を廃止しなければ、世の中の憂え苦しみはなくならない。しかしあれ程までに言い遺されたことを、家宣様の御代となり、禁令を廃止するのもよろしくない。（新将軍家宣は）ただ何としても御遺言の如くにしようとお考えになられたので、まずは柳沢吉保《よしやす》をお召しになり、お考えを仰せられた。吉保ももとよりこの事を良いとは思っていたわけではなく、特に御先代（綱吉）の（吉保に対する）御信頼は他よりも優っていたものの、今後のことはどうなるかわからないと考えたので、「仰せられましたことは、まことに孝行の至りと申すべきと存じます」と言ったので、「それならば松平輝貞《てるさだ》をはじめとして、今迄この仰せに与《あずか》った者達に、この旨を伝えよ」との仰せをうけ、吉保が人々に仰せを伝えた。異議を申す者はなく、吉保がその事

らず。吉保其由《そのよし》を申す。

さらばとて、廿日《はつか》に御棺の前に参らせ給ひ、「はじめ仰を承りし事ども、我が身においては、長く仰に違《たが》ふ事あるべからず。天下人民の事に至りては、存ずる所候ふによりて、御許を蒙《こうぶ》るべきに候」と申させ給ひ、昔かの仰承りし人々を、御棺の前に召し出されて、ありし御事をも仰下され、その後此禁除かるゝ由をば仰下されたる也。いまだ御葬送の儀も行はれざるほどなれば、世には御遺誡《ごゆいかい》の事と思ひたる也。

を申し上げた。

それではというので、（宝永六年一月）二〇日に御棺の前においでになり、「前に仰せ付けられましたことは、私個人といたしましては、いつまでも背くことは御座いません。ただ天下人民のことになりますと、思うところが御座いますので、お許しをいただきたいと存じます」と申し上げられました。そして以前に仰せを承った者達を御棺の前に召し出され、それまでの経緯を説明され、その後にこの禁令を廃止する旨を仰せられたのである。まだ御葬儀も行われていないことであったから、世間では御先代（綱吉）の御遺言かと思ったのである。

解説

『折たく柴の記』は、第六・七代将軍徳川家宣《いえのぶ》・家継《いえつぐ》に仕えた新井白石（一六五七〜一七二五）が著した回想録的自叙伝です。自叙伝とはいえ、白石は政権の中枢を担っていましたから、勘定吟味役の設置、荻原重秀の罷免、元禄小判から正徳小判への貨幣改鋳、長崎貿易制限法である海舶互市新例などに関する当事者の記録として、政治的にも極めて重要な内容が含まれています。

享保元年（一七一六）、白石は第八代将軍の徳川吉宗により罷免されますが、その半年後から『折たく柴の記』の執筆を始めました。書名は『新古今和歌集』の後鳥羽上皇御製「思ひいづる折りたく柴の夕煙《けぶり》むせぶもうれし忘れ形見に」（八〇一番歌）から採られています。これは「夕方に亡き人を思い出すと、手折って焚く柴の煙にむせて涙が出るのも、亡き人の忘れ形見のようで嬉しいものである」という意味です。

白石の本領は学者であり、実に多くの業績を残しています。諸大名の家系図を整理した『藩翰譜《はんかんぷ》』、歴史叙述に始めて時代区分という概念を採り入れた『読史余論《とくしよろん》』、神話を合理的に解釈した『古史通《こしつう》』、イタリア人宣教師シドッティの尋問記録をもとにキリスト教などについて叙述した『西洋紀聞《せいようきぶん》』、同じく世界地理についての『采覧異言《さいらんいげん》』、語源辞典『東雅《とうが》』、そしてこの『折たく柴の記』などを著した、日本史上屈指の大学者です。

生類憐れみ令については、かつては戌《いぬ》年生まれの将軍綱吉に子がないため、綱吉生母の桂昌院《けいしょういん》が、帰依していた僧隆光の勧めにより犬を愛護したことに始まり、次第にエスカレートして、人々を苦しめる天下の悪法となったと理解されていました。しかし近年は、儒学の徳目による人心教化策であると再評価されています。著者の私蔵する古文書にも、「諸人仁愛の心これ有る様にと、常々思し召され候処、生類憐れみの儀度々仰せ出され候」と記されています。

ただし「生類憐れみ令」という単発の法令があるわけではなく、二〇余年の治世に一三五回も出された一連の動物愛護令の総称です。最初は貞享二年（一六八五）に発令され、将軍が出かける途中の道では、犬猫をつながなくてもよいというものでした。その後、病気の牛馬を捨てる事の禁止、田畑の害獣である猪や鹿などは鉄砲で威嚇して追い払ってもよい、鷹狩の禁止、動物に芸を仕込む見世物の禁止、魚釣の禁止、野犬を犬飼育場に収容することなど、広範なものでした。違反者には死罪をも含む厳罰が科された例があることは事実で、前掲の私蔵文書にも、犬を損なった橋本某を死罪としたと記されています。

それでも『折たく柴の記』に、「罪を蒙《こうぶ》れる者何十万人といふ数を知らず」と記されているのは、誇張に過ぎます。ただ判決が下る前に獄中死したため、遺体を塩漬けにして保存された者が九人いたという記述は、作り話ではないと思われます。結局、綱吉の死により禁令は解かれたのですが、家宣としては廃止するには、先代以来の近習の前で、それなりの手順を踏まざるを得なかったのでしょう。

ここに載せた部分は、巻中の冒頭「急三条封事」に記されています。

蘭学事始──らんがくことはじめ

（主要テキスト：「岩波文庫」『蘭学事始』）

原文

一、其翌朝、とく支度《したく》整ひ、彼所《かのところ》に至りしに、良沢参り合《あい》、其余《そのよ》の朋友《ほうゆう》も皆々参会し、出迎たり。時に良沢、一つの蘭書を懐中より出し、披《ひら》き示して曰《いわく》、「これは是、ターヘルアナトミアといふ和蘭解剖《おらんだかいぼう》の書なり。先年、長崎へ行きたりし時、求得《もとめえ》て帰り、家蔵せしものなり」といふ。これを見れば、即《すなわち》、翁が此頃《このごろ》手に入りし蘭書と同書同版なり。「是《これ》誠に奇遇なり」と、互に手をうちて感ぜり。扨《さて》、良沢、「長崎遊学の中、彼地《かのち》にて習得《ならいえ》、聞置《ききおき》し」とて、其書を開き、「これはロングとて肺《はい》なり。これはハルトとて心なり。マーグといふは胃なり。ミルトといふは脾《ひ》なり」と、指《さ》し教へたり。しかれども、漢説《かんせつ》の図には似るべきもあらざれば、誰も直《じか》に見ざる内は、心中に、いかにやと思ひしことにてありけり。

一、これより各《おのおの》打連立《うちつれだち》て、骨《こつ》ケ原の設け置し観臓《かんぞう》の場へ至れり。扨《さて》、腑分《ふわけ》の事は、穢多《えた》の虎松《とらまつ》といへる者、此事の功者《こうしゃ》の由にて、兼て約し置しよし。此日も其者《そのもの》に刀を下《おろ》

現代語訳

その翌朝、早く支度を整えてその場所に行くと、良沢がやって来て、その他の友人も来たので出迎えた。その時、良沢が一冊のオランダ語の書物を懐中から取り出し、開き見せながら、「この書物は、ターヘルアナトミアというオランダの解剖書である。去年（明和七年）、長崎に（オランダ語を学びに）行った時に買い求めて帰り、所蔵していたものである」と言う。これを見ると、私がその頃に手に入れたオランダの書物と、全く同じ版ではないか。それで「これは本当に思いもよらぬ巡り合わせだ」と、皆手を叩《たた》いて感嘆した。

さて良沢は、「長崎に遊学中、そこで習い聞いたことであるが」と言って、その書物を開き、「これはロングで肺のこと。これはハルトで心臓、マーグというのは胃のことである。ミルトというのは脾臓《ひぞう》である」と、指し示して教えてくれた。しかし漢方医学の図とは似てもいないので、誰もが直接に見るまでは、内心では本当にそうなのかと疑問に思っていたことであった。

そして皆連れだって、骨《こつ》ケ原（小塚原）に設けられた解剖見学の場に到着した。さて解剖については、穢多《えた》の虎松

さすべしと定めたるに、其日、其者俄《にわか》に病気のよしにて、其祖父なりといふ老屠《ろうと》、齢《よわい》九十歳なりといへる者、代りとして出たり。……

其日も、彼《かの》老屠が彼《か》れの此《こ》れのと指示《さししめ》し、心・肝・胆・胃の外《ほか》に、其名の無きものを指して、「名は知らねども、己《おの》れ若きより数人を手に懸《かけ》、解《と》き分けしに、何《いず》れの腹内を見ても、此所《ここ》にかよふ（かやう）の物あり、かしこに此物あり」と示し見せたり。……良沢と相倶《あいとも》に携行《たずさえゆき》し和蘭図《おらんだ》に照し合見《あいみ》しに、一として其図にいさゝか違《たが》ふことなき品々なり。……

扨《さて》、其日の解剖事終《ことおわ》り、迚《とて》もの事に骨骸《こつがい》の形をも見るべしと、刑場に野ざらしになりし骨共《ほねども》を拾ひ取りて、かず〱見しに、是亦旧説とは相違にして、たゞ和蘭図に差《たが》へる所なきに、皆人驚嘆せるのみなり。

という者が巧《たくみ》であるとのことで、予《かね》て約束していたとのことであった。その日もその者に執刀させると決めていたが、その日に急病ということで、その祖父という老人で九〇歳という者が、代わりに出て来た。……

その日も、その老人があれこれ指さし、心臓・肝臓・胆嚢《たんのう》・胃の外に、その名もわからないものを指し示して、「名前は存じませんが、私が若い頃から何人かを解剖してきて、どの腹の内部を見ても、ここにはこのようなもの、そこにはそれがございます」と指し示して見せてくれた。……良沢も持ってきたオランダの解剖図と照らし合わせて見ると、一つとしてその図と全く異ならないものばかりであった。……

さてその日の解剖が終わり、ついでに骸骨《がいこつ》の形も見てみようと、刑場に野晒しになっている骨などを拾い取り、色々と見比べると、旧来の説とは異なり、ただオランダ解剖書の図と異なるところがないので、皆驚嘆するばかりであった。

解説

『蘭学事始《らんがくことはじめ》』は、安永三年（一七七四）に『解体新書』を訳述出版した蘭学者の杉田玄白《すぎたげんぱく》（一七三三〜一八一七）が草稿を書き、翌年の文化十二年（一八一五）に弟子の大槻玄沢《げんたく》が校訂した、蘭学創始期の回想録です。そして「蘭、已《すで》に東せし（蘭学が東国の日本に伝わった）とやいふべき起原」（序文）いう意味で、玄沢が『蘭東事始』と名付けました。その後写本として広まっていたのですが、その価値を発見して世に送り出したのは、良沢と同じ中津藩出身の福沢諭吉です。たまたま福沢諭吉の友人が、『和蘭《おらんだ》事始』と題された写本を見つけ、諭吉に見せました。そこで彼はこれを書き写し、杉田玄白の子孫とも相談し、明治二年（一八六九）に『蘭学事始』と改題し、木版の和本で出版しました。ただし既に大槻玄沢著『蘭学梯航《ていこう》』に「蘭学事始」という言葉があり、諭吉がそこから採ったのか、偶然の一致なのかは不明です。

小浜藩医の杉田玄白が奉行所から、「明日腑分《ふわけ》（解剖）をするので、見たければ小塚原の刑場に来るように」との連絡を受けたのは、明和八年（一七七一）三月三日の夕方でした。彼は一人で見るのはもったいないと、同僚の中川淳庵《なかがわじゅんあん》に知らせ、あまり付き合いはなかったものの、中津藩医の前野良沢《まえのりょうたく》（一七二三〜一八〇三）にもその夜の内に、辻駕《つじかご》の男に頼んで手紙を届けています。そしてここに載せたのは、翌三月四日のことです。

日本の医師が初めて解剖を見たのは、宝暦四年（一七五四）のこと。山脇東洋《やまわきとうよう》が京の六角刑場で刑死体の解剖に立ち会い、宝暦九年（一七五九）に『蔵志《ぞうし》』（「臓誌」の意）を出版し、漢方の五臓六腑《ごぞうろっぷ》説と実際が異なることを報告していました。ただそこに附された原色の解剖図は稚拙なものでした。

玄白と良沢が持参した『ターヘル・アナトミア』は、もともとはドイツ人医師クルムスが著した解剖書で、一七二二年に出版され、その後オランダ語に翻訳されていました。『解体新書』の「凡例《はんれい》」には、「打係縷亜那都米」と音訳され、「ターヘルアナトミイ」と読み仮名が振られています。そしてさらに「亜那都米は解体と訳す。打係縷は譜（物事を系統的に書いた物）也」と記されていています。

玄白達は解剖図と実際を見比べ、いささかも異ならないことに驚きます。帰り道でのこと、玄白が飜訳を提案し、良沢も賛同して、その翌日の五日には築地の良沢の家に参集しています。そうは言うものの、「誠に艪舵《ろかじ》なき船の大海に乗出せしが如く、茫洋《ぼうよう》として寄べきかたなく、たゞあきれにあきれて居たるまでなり」と記されています。良沢は既に青木昆陽からオランダ語の初歩を学んでいました。また藩主から百日間の暇をもらい、明和六年（一七六九）から翌年にかけて、長崎の通詞に学んでいましたから、基本的な単語の意味程度は知っていたはずです。他には手許に蘭仏辞書があるだけです。

まず手始めに、身体表面全体図の各部分に付けられた符号と、解説文に付けられた同じ符号の文を照らし合わせ、各部分の名称を読み取ることから始めています。そして初めのうちは一日かけても一行もわからないこともあったのに、一カ月に六、七回の集まりを一年も続けるうちに、十行以上も苦労なく理解できるようになったと記されています。該当する日本語がないため、頭蓋骨《ずがいこつ》・軟骨・神経など、彼等が新たに造った医学用語もありました。

現在、東京都築地の前野良沢旧宅跡（中津藩中屋敷）のすぐ側には、命脈を受け継ぐかの如く、聖路加《ルカ》病院があります。

国意考——こくいこう

（主要テキスト：「日本思想体系」『前期国学』）

原文

或人《あるひと》、「此国《この》の古《いにし》へに、仁義礼智とふことなければ、さる和語もなし」とて、いといやしきこゝとせるは、まだしかりけり。先唐国《まずからくに》に此五《このいつつ》のことを立て、それに違《たが》ふを悪《わろ》しとしあへりけむ。

凡《およそ》天が下に此五つのものは、おのづから有《ある》こと、四時《しいじ》をなすが如し。天が下のいづこにか、さる心なからむや。されども、其《その》四時を行ふに、春も漸《ようやく》にして長閑《のどけ》き春となり、夏も漸にして暑き夏となれるが如く、天地の行《ゆく》は丸《まろ》く漸《ようやく》にして至るを、唐人《からひと》の言の如くならば、春立はすなはち暖かに、夏立は急に暑かるべし。

是唐《このから》の教《おしえ》は天地に背《そむき》て、急速に佶屈《きつくつ》也。よりて人の打聞《うちぎき》には、才角《さいかく》（才覚?）有て聞きやすく、理《ことわり》やすけれど、さは行はれざるものなり。天地のなす、春夏秋冬の漸なるに背《そむ》ける故也。天地の中の虫なる人、いかで天地の意《こころ》より、せまりていふ教を、行ふことを得むや。

凡《およそ》天が下のものには、かの四時のわかち有《ある》如く、いつ

現代語訳

ある人（儒学者の太宰春台）が、「昔からこの国（日本）には仁・義・礼・智という徳目がなかった。（その証拠に）それに相当する和訓がない」と言っては、（我が国が）劣っているとするが、未熟な議論である。まず中国では、この五つの徳目を立てて、それに反することは悪いことであるとしているからであろう。

そもそもこの世の中に、これらの五つの徳目が自然に具《そな》わっているのは、四季があるようなものである。世の中でこの五つの徳がない所などあるだろうか。しかし四季の移ろいは、春は緩やかに長閑《のどか》な春となり、夏も緩やかに暑い夏となるように、天地《あめつち》の営みというものは、丸やかで緩やかに移り変わってゆくものであるのに、もし中国人の説く如くであるというならば、春が立てばすぐにでも暖かに、夏が立てば急に暑くなるはずである。

中国の教え（儒教）は天地《あめつち》の営みに反していて、（理屈に過ぎて）堅苦しい。確かに少し耳にすると、わかりやすく理屈が通っていてるが、（実際には）そのように行われてはいない。天地の運行である春夏秋冬が、緩やかに移ろうということに反しているからである。天地のもとに虫と同

くしみも、いかりも、理《ことわり》も、さとりも、おのづから有こと、四時の有限りは絶《たえ》じ。それを人として、別に仁義礼智など名付る故に、とること狭《せば》きやうには成ぞかし。たゞさる名もなくて、天地の心のまゝなるこそよけれ。さる故に、此《この》国は久しく治るを知らずや。

様に生きる人というものが、天地の心ではなく、強制されるような儒教の教えに、どうして従うことができるだろうか。

　そもそも天の下の人の世には、四季の区別があるのと同様に、慈しみ、怒り、道理、悟りの心が自ずからあるのであって、四季が巡る限り絶えることがないであろう。それにもかかわらず殊更に仁・義・礼・智などと名付けるので、人の心はかえって狭くなってしまうのだ。そのような名前など不要であり、天地の心に従ってありのままであることが最もよいのである。だからこそこの国は（穏やかに）治まってきたことを知らないのであろうか。

解説

『国意考《こくいこう》』は、国学者である賀茂真淵《かものまぶち》（一六九七〜一七六九）が著した思想書で、儒学者の太宰春台《だざいしゅんだい》が『弁道書』を著し、古の日本に「道」などはなかったと主張したことに対する反論として書かれました。「国意」は「くにのこころ」と訓《よ》み、日本古来の精神である「古道」が、儒教や仏教より優れていると論証しているため、儒学者から厳しく批判され、処罰される可能性があったからでしょうか。出版は真淵没後の文化三年（一八〇六）まで遅れました。

　『国意考』は、儒学を批判する次のような問答から始まります。ある人が真淵に「世の中を治める儒学を志している」と言うと、真淵は笑って何も答えませんでした。後日その理由を尋ねられた真淵は、「中国で世の中が平和に治まったということがあったか」と反論します。その人は古代の聖人の堯《ぎょう》・舜《しゅん》・禹《う》などを挙げるのですが、その後が続きません。王朝の交替や戦乱の連続だからです。結局、真淵に昔話に過ぎないとあっさりと切って捨てられてしまいます。そうして真淵は日本古来の精神の優れていることを語っていくのです。

　日本に「儒道」が伝えられたため、壬申の乱が起き、奈良時代の政治制度が唐風になり、天皇が流罪になるなどした。仏教は人の心を愚かにするが、「大なるわざはひ（禍）」はない。また老子は「天地のまにまに」生きることを説いているから、「天が下の道には叶《かな》ひ侍る」と評価しています。

それならば真淵は、日本には「道」はあったと言うのでしょうか。彼はむしろ日本には、人為的に作り出された理屈っぽい「道」はなかった。あるとすれば「自《おの》づからの道」であり、人の心が素直であった時代は、それで十分に治まっていたといいます。しかしこの辺りになると、まだまだ真淵の説く「古道」は、思想としては儒教や仏教に対抗できません。「古の歌もて、古の心詞《ことば》を知るが上に、早う挙《あげ》たる文《ふみ》どもをよく見よかし」（『国意考』「古言を知り往古の直き有様を知ること」）、要するに「古歌を読めば、古の意《こころ》がわかる」と言うだけで、史料に基づく論証も体系化も手付かずのままです。

真淵の究極的な目的は「古道」の究明ですが、そのためにはまず「古語」「古意」（古の心）を明らかにし、その結果「古道」が明らかになるというのです。真淵の弟子の本居宣長はそのことを、『玉勝間《たまがつま》』二の巻に、「県居《あがたい》の大人《うし》（真淵）の御さとし言」として、次のように述べています。「我もゝとより神の御典《みふみ》をとかむと思ふ心ざしあるを、そはまづ漢意《からごころ》を清く離れて（きれいに洗い落とし）、古のまことの意《こころ》をたづねえずばあるべからず。然《しか》るにその古の意《こころ》を得むことは、古言を得たる上ならではあたはず。古言を得むことは、万葉をよく明らむるにこそあれ」というのです。ですからまず真淵は、『万葉集』により古語の究明に力を注ぎました。古意・古道は『古事記』に最もよく現れていることはわかっていたのですが、まず古語を明らかにするには、大和言葉の結晶である歌の方が取り組みやすいと考えたからでした。そして師真淵の古語の研究成果を土台にして、弟子の宣長がいよいよ古意・古道の本丸である、『古事記』を攻略してゆくのです。

真淵の業績は、「漢意《からごころ》を清く離れ」る必要を説き、古語を明らかにすることでした。そしてそれ以上のことは宣長に託されました。真淵が志したことは、次の『玉勝間』に宣長が述べている如く、真淵一代でできることではなかったのです。

ここに載せたのは、「古道は丸《まろ》く平らかに漸《ようやく》なること」という話です。儒教の理屈っぽいことと、古道が丸く穏やかであることを、四季の移ろいを例に上げて論証しています。季節の区分は、太陽高度により、夏至と冬至を基準に一年を四等分・八等分して決められます。よく立春（立秋）なのに寒い（暑い）と言って、暦は実際とずれていると批判されますが、気温により区分されたわけではなく、中国の気候に合わせて決められたわけでもありません。太陽高度により機械的に区分された四季を、徐々に変化する気温により批判する真淵の主張には無理がありますが、そこにはとらわれず、作為なくありのままに生きることを説いていると理解すればよいと思います。

玉勝間——たまがつま

（主要テキスト：「日本思想体系」『本居宣長』）

原文

おのれ古典《いにしえぶみ》を説くに、師の説と違《たが》へること多く、師の説のわろき事あるをば、わきまへ言ふことも多かるを、いとあるまじき事と思ふ人多かめれど、これすなはち我が師の心にて、常に教へられしは、「後によき考えの出来《いでき》たらむには、必ずしも師の説に違《たが》ふとて、なはゞかりそ」となむ、教へられし。此《こ》はいと貴《とうと》き教へにて、我が師の世にすぐれ給へる一つなり。

おほかた古《いにしえ》を考ふる事、さらに一人二人の力もて、こと〴〵く明《あき》らめ尽くすべくもあらず。またよき人の説ならむからに、多くの中には誤りもなどかなからむ。必ずわろきことも混じらではえあらず。その己《おの》が心には、「今は古の心こと〴〵く明らかなり。これをおきては、あるべくもあらず」と、思ひ定めたることも、思ひの外《ほか》に、又人の異なるよき考へも出来《いでく》るわざなり。あまたの手を経《ふ》るまに〳〵、先々の考えの上を、なほよく考へきはむるからに、次々に詳しくなりもてゆくわざなれば、師の説なりとて、

現代語訳

私が古典を説くに当たり、師（賀茂真淵）の説と違うことが多く、師の説に誤りがあるのを、見分けて言うことが多いのだが、（弟子として）とんでもないことだと思う人が多いようである。しかしこれは私の師の意図するところであり、いつも教えて下さったのは、「あとで良い考えが出て来た時には、必ずしも師の説と違うからといって、遠慮することはない」ということであった。これは大層尊い教えであり、私の師が学問の世で優れておられたことの一つである。

そもそも古《いにしえ》を研究することは、一人二人の力で、全てを明らかにし尽くせるものではない。また優れた学者の説でも、多くの説の中には、どうして誤りが無いと言えようか。いや、決して誤りが混じらないというわけにはいかないものである。その人自身の心には、「今はもう古の精神は、全て明らかである。自分の説の外《ほか》に、正しい説はあるはずもない」と思い込んでも、思いがけなく、他の人の違う良い考えが出てくるものである。（学問とは）多くの人の手を経ることにより、前の人々の考え以上のことを、さらによく考え究めるので、次第に詳しくなるのであるから、

必ずなづみ守るべきにもあらず。よきあしきを言はず、ひたぶるに古きを守るは、学問の道には、言ふかひなきわざなり。

又己《おの》が師などのわろきことを言ひ表すは、いとも畏《かしこ》くはあれど、それも言はざれば、世の学者その説に惑ひて、長くよきを知る期《ご》なし。師の説なりとて、わろきを知りながら、言はずつゝみ隠して、よさまに繕《つくろ》ひをらむは、たゞ師をのみを貴《とうと》みて、道をば思はざるなり。

宣長は道を貴《とうと》み古を思ひて、ひたぶるに道の明らかならむ事を思ひ、古の意《こころ》のあきらかならむことを主《むね》と思ふが故に、わたくしに師を貴《とうと》むことわりの欠けむことをば、えしも顧みざることあるを、猶《なお》わろしと、謗《そし》らむ人はそしりてよ。其《そ》はせむかたなし。我は人に謗られじ、よき人にならむとて、道を曲《ま》げ、古の意《こころ》をまげて、さてあるわざはえせずなむ。これすなはち我が師の心なれば、かへりては師を貴《とうと》むにもあるべくや。其《そ》は如何にもあれ。

師の説だからといって、必ずこだわり守らねばならないというわけではない。その説の良し悪しを問題にせず、ひたすら旧説を守るのは、学問の道では意味がない。

また自分の師の誤りをはっきりと言うのは、大層畏れ多いことではあるが、それを言わなければ、世の中の学者はその説に惑わされ、長い間良い説を知る時がない。師の説だからといって、誤りを知りながら言わずに包み隠し、体裁を取り繕うのは、ただ師を敬っているだけであって、学問の道を思っていないのである。

私、宣長は、学問の道を尊び、古を思い、ひたすらに古の意《こころ》が明らかになることを思い、古の精神が明らかになることを第一に考えているから、個人的には師を敬うという道理が欠けていることを、顧みていられないことがある。それを悪いことであると、非難する人はすればよろしい。それは仕方がないことである。私は人に非難されまい、良い人になろうとして、（かえって）学問の道を曲げ、古の意《こころ》を曲げてまで、そのままでいることは、とうていできないのである。これはとりもなおさず我が師の教えであるから、むしろ師を敬うことではないか。そんなことはどうでもよい。

解説

『玉勝間《たまがつま》』は、国学者である本居宣長《もとおりのりなが》（一七三〇～一八〇一）の随筆で、寛政七年（一七九五）から、宣長没後の文化九年（一八一二）の間に、順次出版されました。「かつま」とは編み目の細かい籠のことですが、『玉勝間』を宣長自身は「玉賀都万《たまがつま》」と訓《よ》んでいます。巻頭に「言草《ことくさ》のすゞろにたまる玉がつまつみてこゝろを野べのすさびに」という歌が記されています。「草稿がたまったので、摘んで籠に編もう。そして思うことを述べれば、野辺の楽しい遊びとなることだろう」という意味です。

ここに載せたのは、二の巻の「師の説になづまざること」という話です。宣長が師の真淵と会ったのは、宝暦十三年（一七六三）五月二五日の夜一回だけです。真淵が主君の田安宗武《たやすむねたけ》（松平定信の父）の命により、大和国の古跡調査の帰路、伊勢神宮に立ち寄る途中に宣長のいる松坂に宿泊したのですが、その時宣長は宿所を訪ねました。時に宣長三四歳、真淵六七歳でした。そして明和六年（一七六九）に賀茂真淵が亡くなるまで足かけ七年にわたり、数十通の手紙の往復による師弟の交流が続きました。

宣長が真淵の説を否定したことでよく知られているのは、真淵が『万葉集』を男性的でおおらかな歌風であるとして、それを「ますらをぶり」と称して高く評価し、平安時代の文芸を女性的で優美繊細であるとして、「たをやめぶり」と称して貶《おとし》めたのに対して、宣長は勅撰和歌集や『源氏物語』を高く評価したことです。そして宣長は、「見る物聞く事なすわざにふれて情《こころ》の深く感ずる事」（『石上私淑言《いそのかみささめごと》』、目に見、耳に聞いて自ずから生じるしみじみとした情趣）を「ものゝあはれ」と称し、平安時代以来の日本文芸の美的概念を提唱しました。また宣長が古今調・新古今調の歌を送って添削を求めると、技巧的な歌は賤しいとして、万葉調でない事に激怒し、『万葉集』について師説と異なる説を書き送ると、「向後（今後）小子に御問も無用の事也」と、絶縁ともとれる程に叱責する返事を送っています。

しかし破門寸前まで叱責されても、師弟の絆は切れませんでした。真淵がいろいろ書き込んだ『古事記』などを貸して欲しいという、宣長の虫のよい要求にも応えていますし、宣長の質問状に対して、余白に朱書して答えています。それに対して宣長も、江戸に住んでいた弟を通して、真淵に対して謝金や松坂の名物を贈って感謝しています。宣長の師に対する敬意がより勝《まさ》っていたのでしょう。真淵に出会ったことが契機となった『古事記』の研究は、三〇余年後に『古事記伝』として結実します。

なお『玉勝間』にはこの「師の説になづまざる事」に続き、「わがをしへ子にいましめおくやう」という話が記されています。そこには、「良い考えが浮かんだなら、たとえ師（宣長）説と違っていても、その良い考えを広めよ。私が教えるのは道を明らかにすることであって、師を敬うのは私の意図するところではない」と述べています。宣長は、師から学んだことを、身を以て弟子に伝えようとしているのです。

都鄙問答——とひもんどう

（主要テキスト：「岩波文庫」『都鄙問答』）

原文

或商人《あきびと》問ひて曰く。売買は常に我身の所作《しょさ》としながら、商人の道にかなふ所の意味、何とも心得がたし。如何なる所を主として、売買渡世を致し然るべく候や。

答。商人の其始を云はゞ、古《いにしえ》は其余あるものを以て、その足らざるものに易《か》へて、互に通用するを以て、本とするとかや。商人は勘定委《くわ》しくして、今日の渡世を致す者なれば、一銭軽しと云ふべきに非ず。是を重ねて富をなすは商人の道なり。

富の主《あるじ》は天下の人々なり。主の心も我が心と同じき故に、我《わが》一銭を惜む心を推《お》して、売物に念を入れ、少しも麁相《そそう》にせずして売渡さば、買ふ人の心も、初《はじめ》は金銀惜しと思へども、代物《しろもの》の能《よき》を以て、その惜む心自《おのずか》ら止《や》むべし。惜む心を止め、善に化《か》するの外《ほか》あらんや。且《そのうえ》、天下の財宝を通用して、万民の心をやすむるなれば、「天地四時流行し、万物育《やしな》はるゝ」と同じく相合《あいかな》はん。此《かく》の如くして富《とみ》山の如くに至るとも、欲心とはいふべからず。……

現代語訳

ある商人が尋ねて言います。物を売り買いすることは、いつもの私の仕事ではありますが、商人の道にかなうとはどのようなことなのか、よく理解できません。どのようなことを大切にして、商売の仕事をしていくべきでしょうか。

答、そもそも商人の起原というものは、昔は自分に余っている物を足りない物と交換し、互いに融通し合うことを根本としていたということです。商人は金銭を遣り繰りすることに長《た》けていて、それにより日々生活しているのですから、たかが銭一文くらいと言ってはなりません。それを積み重ねて富とするのが、商人の道なのです。

そもそも富の本となるのは、世の全ての人々です。その人々の心も私の心も同じ心なのですから、自分が銭一文を大切にする気持ちを推し広げ、入念に売買を行い、商品を粗末にすることなく売り渡すならば、それを買う人も初めは代金を惜しいと思っても、商品の品質がよければ、銭を惜しむ心は自然になくなるでしょう。惜しむ心がなくなり、（買う人が）善かったと喜んでもらうようにする外《ほか》はありません。また更に世に遍く財貨を流通させ、人々の心を安心させるのですから、「四季が移りゆくことにより、自ず此《かく》の如くならば、天下公の倹約にもかなひ、天命に合《かな》ふて福《さいわい》を得べし。福を得て万民の心を安んずるなれば、天下の百姓《おおんたから》といふものにて、常に天下太平を祈るに同じ。

から万物が養われる」という道理にもかなっています。このようにして富が山の如くに積まれたとしても、それは強欲の結果と言うことはできないのです。……

このような心で商売をするならば、御公儀（幕府）の倹約の方針にもかない、（商人の踏み行うべき）天命にもかなうものとなって、財福を得ることができるでしょう。その財福により天下の人々を満足させるのですから、その人は天下の宝物と言うべき存在であって、いつも天下が太平であるようにと祈っているのと同じなのです。

解説

『都鄙問答《とひもんどう》』は、石門心学《せきもんしんがく》の創始者である石田梅岩《ばいがん》（一六八五～一七四四）が、元文四年（一七三九）に出版した教育的思想書です。梅岩は京の商家に奉公する商人でしたが、儒学を中心に神・仏の思想をも学び、それらを取捨選択して、独自の倫理観を体得しました。梅岩は学問の目的について、「学問の至極といふは、心を尽し性を知り、性を知れば天を知る」（巻之二「或学者、商人の学問を譏《そしる》の段」）と述べています。この「性」とは、人の心の本来の性質という意味なのですが、心の本性を知ることが学問の目的であり、本性は天から与えられたものであるから、心の本性を知ることは、天を知ることに通じると説いています。そして天から与えられた「性」には、本来私心はないので、性を知ることにより、自ずから天の徳が心に具わってくるというわけです。

その天の徳の中でも、梅岩が最も尊んだのは、勤勉・倹約・正直などの徳でした。これらの徳はどれも実生活に根ざしたものですから、必然的に日常的な実践を伴うものであり、梅岩の存在自体が周囲に大きな感化を及ぼしました。

梅岩は享保十四年（一七二九）、四五歳の時に京の自宅を開放し、毎朝と隔夜、庶民を対象とした実践的道徳講座を開設しました。聴講料がなく、通りすがりの人や、女性や子供の出入りも自由。話はわかりやすかったため、初めのうちこそ聴講者がいないこともあったのですが、次第に聴衆が増えました。また弟子達を中心として、月三回の「月次会《つきなみえ》」も行われました。そこでは、提示されたテーマについて討論し合うという、現在の大学のゼミナールのようなもので、身分に関係なく、自由な雰囲気の中で討論が行われました。

そこで取り上げられたことを、弟子達と共に推敲編集したのが『都鄙問答』で、梅岩が五五歳の時に出版されました。書名は、「鄙《ひな》」（田舎）から上京した者が「都」の師に心の有り様を尋ね、それに師が答えるという、問答形式により叙述されていることによります。

梅岩の弟子の手島堵庵《とあん》は各地に心学講舎を設け、子供や女性専用の講座を開き、心学の普及に努めました。その弟子の中沢道二《どうに》は全国各地を遊説し、松平定信が設けた浮浪人や無宿者のための就労訓練施設である石川島人足寄場《にんそくよせば》に招かれ、教化に当たっています。ただ普及するにつれて初めの哲学的な性格は薄れ、平易で教訓的な教えに変容していきますが、近代日本人の倫理には大きな影響を及ぼしました。

ここに載せたのは、巻之一「商人《あきびと》の道を問ふの段」の冒頭部です。そこでは商人の職分とは、世の中に必要な物を流通させることであるとしています。またその勤勉の結果として、利潤を得ることを正当な行為として認めています。ただし聖人の道に違うような不義の金儲けは、これを厳しく諌めています。また「福を得て万民の心を安んずる」として、得られた富は天下の福利のために用いるべきであると説いています。事実、梅岩は、飢饉や災害が発生するたびに、率先して商人に協力を呼びかけ、困窮者の救済に活躍しました。

近代日本の最大の経済人である渋沢栄一は、『論語と算《そろ》盤《ばん》』を著し、論語に象徴される道徳に裏付けられた資本主義の利益追求を説いていますが、そこには明らかに石田梅岩の説いた「商人の道」との共通点が認められます。また二〇世紀の世界的経済学者であるピーター・F・ドラッカーは、事業の主役は顧客であり、顧客が需要を創出すると説いて、顧客を大切にすることや、利益を社会全体に還元することを説いていますが、「富の主《あるじ》は天下の人々なり」という梅岩の言葉は、それを先取りしたものでした。

自然真営道——しぜんしんえいどう

（主要テキスト：「日本思想体系」『安藤昌益』）

原文

中平土《ちゅうへいど》の人倫《じんりん》は、十穀盛んに耕し出《いだ》し、山里の人倫は薪材を取りて之《これ》を平土に出し、海浜《かいひん》の人倫は諸魚を取て之を平土に出し、薪材・十穀・諸魚、之を易《かえかえ》して、山里にも薪材・十穀・諸魚、之を食し、之を家作し、海辺の人倫も家を作り、穀食し、魚菜し、平土の人も相同ふして、平土に過余《かよ》も無く、山里に少《すこし》く不足も無く、海浜に過不足も無く、彼《かしこ》に富《とめる》も無く、此《ここ》に貧《まずしき》も無く、此に上《かみ》も無く、彼《かしこ》に下《しも》も無く……

上無《なけ》れば下を責め取る奢欲《しゃよく》も無し。下無《なけ》れば上に諂《へつら》ひ巧むことも無し。故に恨み争ふこと無し。故に乱軍の出《いず》ることも無く也。……上無れば法を立て下を刑罰することも無く、下無《なけ》れば上の法を犯し上の刑を受ると云患《いうわずら》ひも無く、……

各《おのおの》耕して子を育て、子壮《さか》んになり、能く耕して親を養ひ子を育て、一人之を為《な》すれば万万人之を為して、貪《むさぼ》り取る者無れば、貪らるゝ者も無く、転定《てんち》も人倫も別つこと

現代語訳

平地に住む人は盛んに耕して各種の穀物を生産し、山里に住む人は薪や木材を伐《き》り出して、これを平地の人に出荷し、海辺に住む人は各種の魚を獲《と》って、これを平地の人に提供する。そして薪材・穀物・魚などを互いに交易すれば、山里でも薪材・穀物・魚があり、これを食べたりこれで家を作る。海辺の人も家を作り、穀物や魚・野菜を食べ、平地の人も同じようにする。（そうすれば）平地で余り過ぎることなく、山里で不足することなく、海辺でも過不足することなく、一方に富む人がなければ、他方に貧しい人もいない。此所《ここ》には上の身分はなく、他所《よそ》には下の身分もない。……

上の人がいないので、下の人から責め取る欲もない。下の人がいないので、上の人に諂《へつら》い、企《たくら》むこともない。それ故恨み争うということがない。そのため戦乱が起きることもないのである。……上の人がいないので、法を作って下の人を処罰することもなく、下の人がいないので、上の人が作った法を犯して処罰されるという心配もない。……

各《おのおの》が耕して子を育て、その子が成人してよく耕し、親を養い子を育て、一人がこれを行えば（同様に）万人がこ

無く、転定《てんち》生ずれば人倫耕し、此の外《ほか》一点の私事無し。是れ自然の世の有様なり。

これを行い、奪い取る人がいないので、奪い取られる人もいない。天地と人とは一体となり、天地がものを生み出せば、人はそれを耕す。これ以外に何の隠し事もない。これがありのままの世の姿なのである。

解説

『自然真営道《しぜんしんえいどう》』は、陸奥国八戸《はちのへ》の町医者である安藤昌益《あんどうしょうえき》（一七〇三?〜一七六二）が著した社会思想書です。封建社会を痛烈に批判し、「万人直耕」の平等な理想的社会を説いていることが最大の特徴ですが、基本的には医学的な百科全書です。

『自然真営道』は長い間知られていませんでしたが、偶然と幸運により再び世に現れました。昌益流の医者で、東京の北千住の名士であった橋本律蔵という人が秘蔵していたものが、明治三二年（一八九九）に古本市場に姿を現し、それを第一高等学校校長の狩野亨吉《こうきち》が発見して買い取りました。しかし難解で、著者もわかりません。それで表紙裏の反故《ほご》を一枚一枚剥がすと、手紙の一部が発見され、安藤昌益という人物の著書であることがわかりました。そして最終的には、吉野作造の紹介により、東京帝国大学に買い上げられました。しかし九三冊もあったうち、たまたま貸し出されていた十二冊以外は、関東大震災ですべて燃えてしまったのです。これが稿本《こうほん》の『自然真営道』です。ところが昭和七年（一九三二）、宝暦三年（一七五三）に出版された三巻の刊本『自然真営道』が発見され、現存しています。ですから『自然真営道』には、稿本と刊本の二種類があるわけで、ここに載せたのは、稿本「第一私制字書巻一」の中程の部分です。

ところでこの「自然」という言葉ですが、本来は「自《おの》ずから然《しか》り」と読み、「おのずから」という意味に使われていました。現在ではnatureの意味に理解されていますが、それは明治期に新たに付与された意味であり、昌益の説く「自然」とは全く異なります。言葉に特別なこだわりを持つ昌益は、「自然」を「自《ひと》り然《す》る」と訓《よ》んでいます。「然《す》る」は、この場合はあらゆる動作の総称で、英語なら「do」という言葉に近いでしょう。ですから「然《す》る」の内容は、「自」が何であるかにより自ずから決まります。例えば動物なら弱肉強食であり、植物なら生長して結実することです。ここでは、「命あるものの自発的な活動」としておきましょう。

しかも「自り然る」は、もっと広い概念で、天地が「自り然《し》」て、人を初めとする万物が生み出されると考えます。ただし昌益は、天は常に転々と回転し、地は動かずに固定していることから、「天地」を「転定《てんち》」と表記しました。この転定が万物を生み出す作用を、昌益は「直耕《ちょっこう》」と呼びます。そして「転《てん》と人、一《ひとつ》の直耕し、一に和して」（「大序」）、つまり転が直耕すれば、人も一体となり、「自《ひと》り然《し》」て直耕するわけです。

その「直耕」については、昌益は「直《てずか》ら耕す」とも訓《よ》んでいますから、耕して土に生きるという意味もありますが、もっと広い意味で用いています。昌益は「直耕とは食衣の名也。食衣は直耕の名也。故に転定・人・物は食衣の一道に尽極す」（「大序」）と述べていますから、子を産み育て、食料を得るために耕し、穀物を調理して食べ、衣服を作る人の営み、つまり生産活動は全て人の「直耕」なのです。このように昌益の説く理想世界の「自然の世」は、作為のないありのままの状態が肯定され、天が万物を生み出すように、万人が手ずから働いて得たもので生活する状態と理解すればよいのでしょう。

昌益の説くこのような理想世界においては、身分の上下も、搾取も貧富の差もありません。利潤本意の商売もなく、国境や私有地という概念がないので、戦争もありません。昌益は「男女」という言葉に「ひと」とルビをふることもあるように、男女は補い合って初めて人であり、男女は平等です。「第一私制字書巻一」には、「転定《てんち》には上下無《なく》して一体なり。故に男女も上下無く一人也」と記されています。このように天地と人間が調和して一体となる自然の世を理想としたのです。

しかし現実には、人為的な「法の世」になってしまいました。それは「聖人」が、五常だの五倫だのと価値観や制度を押し付けたため、人の心が欲に汚れてしまったからであり、また権力者が聖人の教えを振りかざし、自分に都合のよい「法」を持ち込んだからであること。何も生産しない武士などいなくても、農民は自力で生活できるが、武士階級は農民がいなかったら、たちまち生活できなくなる、と説くのです。

もちろん昌益の説くことが机上の空論であることは、現代人なら誰もが理解できます。弥生時代には、既に昌益の理想社会ではなくなっていました。またマルクスやレーニンの説いた理想のはずの共産主義社会が、いかに悲惨で且つ残虐な結末となったかは、現代の世界史が証明しています。稿本の巻第二五「真道哲論巻」では、悪事をする者は、一度は飢餓の苦しみを経験させて反省させる。それでもなお更生しない者は、一族で殺さなければならない、と説いているのですが、これは運用次第で殺戮《さつりく》の連鎖となります。人間には様々な欲望があるということは、否定のしようもない事実であり、昌益の人間理解は余りにも楽観的過ぎます。

しかし問題はあるにせよ、無神論・無政府主義・農本主義・共産主義にも通じる思想が、マルクスやレーニンに一〇〇年も先立って生まれていたことは、実に驚くべきことなのです。

夢の代——ゆめのしろ

（主要テキスト：「日本思想体系」『山片蟠桃』）

原文

元来、人及び禽獣《きんじゆう》・魚虫・草木といへども、少しづゝのそれ〴〵の差異はあるべきなれども、天地陰陽の和合むし立て（仕立て?）により、生死熟枯《じゆくこ》するもの、みな理を同じくして、天地自然のもの也。山川水火といへども、みな陰陽の外《ほか》ならず。別に神なし。

又生熟するものは年数の短長はあれども、大ていそれ〴〵の持前ありて、死枯せざるはなし。生《しようず》れば智あり、神あり、血気あり、四支・心志・臓腑《ざうふ》みな働き、死すれば智なし、神なし、血気なく、四支・心志・臓腑みな働らくことなし。然れば何《いず》くんぞ鬼あらん。又神あらん。生《いき》て働く処、これを神とすべき也。……

考へてみれば、異類異形の物も生《うま》るべきに、人は人を生み、犬は犬を生み、烏《からす》はからすを生む。狐《きつね》が狸《たぬき》を生まず、鳩《はと》が雀《すずめ》も生まず、梅の木に牡丹《ぼたん》も咲《さか》ず、瓜《うり》のつるに茄子《なす》も出来ざる也。扨《さて》も奇妙なるやうなれども、みな一定の理ありて、その中に存すること、亦奇ならずや。しかれ

現代語訳

もともと人や動物・魚虫・植物であっても、それぞれに少しずつ違いはあるだろうが、天地にある陰陽二気の相互作用により、生まれては滅び、熟しては枯れるが、それはみな同じ道理であり、それが自然のことである。山や川、水や火なども、全ては陰陽の働きに外《ほか》ならず、別段に神秘な秘密があるわけではない。

また命あるものには年数の長短はあるが、それぞれ持ち前の寿命があり、滅びないものなど何もない。生きていればこそ「智」があり、「神」（神秘）があり、「血気」があり、手足も「心志」（頭脳・精神）も内臓もみな機能するが、死ねば「智」もなく、「神」もなく、「血気」もなく、手足も「心志」も内臓もみな機能しない。そういうわけであるから、どうして「鬼」（霊魂）などがあるだろうか。また「神」などがあるだろうか。生きて機能していること、これこそ「神」とするべきものなのである。……

考えてみれば、異類異形のものが生まれてもよいのに、人は人を生み、犬は犬を生み、烏《からす》は烏を生む。狐は狸を生まず、鳩は雀を生まず、梅の木に牡丹《ぼたん》は咲かず、瓜《うり》の蔓《つる》に茄子《なす》はならない。何とも奇妙のようであるが、みな同じ

ば則《すなわち》、このあらゆる道理の外《ほか》に、あに神あらんや、あに仏あらんや。唯この陰陽の徳を以て万物を生々し、奇々妙々なるやうにして、亦奇々妙々ならず。不思議なるやうにて、亦不思議ならず。

　自然と道理そなはりて、生を遂《とぐ》る処をさして、聖人これを神と名《なづ》く。この神の外に神なし。人の死したるを鬼と名づく。これ亦死したる後は性根《しょうね》なし、心志なし、この鬼の外に鬼なし。皆これこの理なり。この外《ほか》に何をか求め、何をか穿《うが》たん。


道理であり、その道理の中にあることは、また奇妙ではないか。そうであるから、（人や動植物を生成させる）あらゆる道理以外に、どうして「神」があろうか、どうして「仏」があろうか。ただこの陰陽の働きにより万物が生まれるのであるが、これは奇妙のようであるが、決して奇妙ではなく、不思議のようであるが、決して不思議ではない。

　（生きているものには）自然の道理が具《そな》わっていて、それにより生命が営まれることを指して、古の聖人はこれを「神」と名付けたのである。これ以外に「神」というものはない。人が死ねばそれを「鬼」と呼ぶ。これまた死んでしまえば「性根《しょうね》」もなく、「心志」もない。この「鬼」以外に、「鬼」など存在しないのである。全ての事は皆この道理に基づいている。これ以外に、いったい何を求め、追求しようというのか。（何もないではないか）。

解説

　『夢の代』は、大坂の升屋という米の仲買商の番頭である山片蟠桃《やまがたばんとう》（一七四八～一八二一）が、晩年に著した随筆的思想書です。「蟠桃《ばんとう》」とは、「神仙の世界にある曲がりくねった桃の木」のことですが、「番頭」を掛けたとされています。書き始めたのは五五歳の享和二年（一八〇二）で、視力がなくなった六〇歳の頃にはほぼ脱稿しました。しかしその後も口述筆記により、文政四年（一八二一）に七四歳で亡くなるまで改訂し続けました。

　蟠桃はその序文の中で、大坂町人が共同で設立した懐徳堂で、中井竹山とその弟である中井履軒《りけん》に学んだことを、眠気を堪《こら》えながら書いたので『夢の代』と名付けたと書いています。またここに載せた「無鬼論」にも、「この書、外人（外《ほか》の人）に知らしむるにあらず。唯昼寝の代りに書置きて子孫にのこし、吾《わが》曾孫をして異端に陥らしめざるの警戒とするのみ」と記していますから、公表するつもりはありませんでした。

具体的には、地動説・潮の干満・太陽暦採用・万有引力・西洋文字の能率性・世界地誌・地球上における日本の地理的位置・植民地主義批判・神代史批判・古代日中韓交流・源氏物語・土佐日記・太平記・刑罰と貨幣制度・冠婚葬祭・海外貿易・官位・度量衡・封建制と郡県制の優劣比較・農民の尊重・米価変動・備蓄米の必要性・四書五経・仏教批判・迷信排斥・健康法など、実に幅広い内容です。

彼は学者ではありません。本職はあくまでも商人であり、仙台藩への大名貸の大金が返済されず、潰れそうになった升屋の経営と、仙台藩の財政再建に活躍しています。そのような激務の傍らに、懐徳堂で学んでいたのです。蟠桃は天文学者・数学者である麻田剛立《ごうりゅう》にも学び、蘭学者の志筑忠雄が訳述した天文・物理学書の『暦象新書《れきしょうしんしょ》』も学んでいます。懐徳堂の学問はもちろん朱子学が中心であり、『夢の代』に記された全てを、懐徳堂で学んだというわけではありませんが、大坂商人共立学塾とも言うべき懐徳堂の、教育水準の高さは驚くべきものでした。

ここに載せたのは、『夢の代』の中の「無鬼論」の一部です。「無鬼論」は全十二巻中二巻にわたっていて、太陽系外の恒星もそれぞれに惑星を持っていることを推論した「太陽明界の説」と「無鬼論」について、蟠桃は序文の中で、「太陽明界の説、及び無鬼の論に至りては、余が発明なきにしもあらず」と記していますから、かなりの確信を持っていました。

「鬼」と言うと、いわゆる節分の鬼や地獄の獄吏《ごくり》を思い浮かべますが、蟠桃の言う「鬼」はdemonではありません。そもそも「鬼」とは、邪馬台国の卑弥呼が「鬼道に事《つか》へ」と記されているように、神秘的なことを表す言葉であり、また死者の霊魂を意味することもありました。「無鬼論」の「鬼」とは、「死」の概念を含んだ神秘的・霊的な概念の総称です。また「神」という言葉も盛んに使われていますが、信仰の対象となるgodではありません。それは人や動物を生成させる天地自然の道理、あるいはその神秘的な働きを指しています。ですから死んでしまえば「神なし」というわけです。前野良沢が『解体新書』を著す際に、あまりにも不可思議な働きを持つ故に訳しようがなく、「神経」と翻訳したのも、やはり「神」が神秘的なことを意味する言葉だったからです。要するに蟠桃は、自然を唯物論的、合理的に理解しているわけです。

蟠桃は『夢の代』の末尾に次の歌を遺しています。「地獄なし極楽もなし我もなしただ有る物は人と万物」、「神仏《かみほとけ》化物《ばけもの》もなし世の中に奇妙不思議の事は猶《なお》なし」。これこそ『夢の代』の結論であり、蟠桃が最も主張したかったことでした。蟠桃が人智を超越する神秘を徹底否定したことは、彼が実利を重視する商人であったことと無関係ではないでしょう。

海国兵談——かいこくへいだん

（主要テキスト：「岩波文庫」『海国兵談』）

原文

海国の武備は海辺にあり。海辺の兵法は水戦にあり。水戦の要《かなめ》は大銃《おおづつ》にあり。是《これ》海国自然の兵制也。……

当世の俗習にて、異国船の入津《にゅうしん》は長崎に限たる事にて、別の浦へ船を寄《よせ》る事は決して成《なら》ざる事と思《おもえ》り。実に太平に鼓腹《こふく》する人と云べし。既に古《いにしえ》は薩摩の坊の津、筑前の博多、肥前の平戸、摂州の兵庫、泉州《せんしゅう》の界《さかい》、越前の敦賀《つるが》等へ異国船入津《にゅうしん》して物を献じ、物を商ひたる事数多《あまた》あり。是、自序にも言し如く、海国なるゆへ何国の浦へも、心に任せて船を寄らるゝ事なれば、東国（島国？）なりとて曾《かつ》て油断は致されざる事也。是に因《より》て思へば、当世長崎の港口《みなと》に、石火矢台《いしびや》を設《もうけ》て備《そなえ》を張《はる》が如く、日本国中東西南北を論ぜず、悉《ことごと》く長崎の港の如くに備置度《そなえおきたき》事、海国武備の大主意なるべし……

竊《ひそか》に憶《おも》へば、当時長崎に厳重に石火矢《いしびや》の備《そなえ》有て、却《かえっ》て、安房・相模の海港に其《その》備なし。此事甚不審《はなはだいぶかし》。細かに思へば、江戸の日本橋より唐《から》・阿蘭陀《おらんだ》迄《まで》、境なしの水路也。

現代語訳

海国（島国）の武の備えは海辺にある。海辺での兵法は海戦である。海戦で重要なのは大砲である。これが海国に自ずから具わる兵制なのである。……

今の世の習わしで、外国船が入港するのは長崎に限られ、それ以外の海岸に来航することは、決してないと思い込んでいるが、これは太平に慣れきっている連中と言うべきである。既に昔から、薩摩の坊津《ぼうのつ》、筑前の博多、肥前の平戸、摂津の兵庫、和泉の堺、越前の敦賀《つるが》に外国船が来港し、財物を献上したり、交易をしたことがしばしばあった。これは序文にも書いたように、海国であるから、どこの海岸（港）にも思うままに来航できるので、東国（島国？）であるからといって、油断してはならないのである。こうしたことを考えると、現在は長崎港に砲台を設けて備えている如く、日本全国東西南北どこと言わず、全て長崎港の如く防備をすることが、海国武備の最も重要なことでなければならない。……

密かに思うところであるが、現在、長崎には厳重に大砲の備えがあるのに、かえって（江戸に近い）安房や相模の港にはその備えがないのは、はなはだ訝《いぶか》しい。よくよく然るを此《ここ》に備ずして、長崎にのみ備るは何ぞや。小子が見《けん》を以てせば、安房・相模の両国に諸侯を置《おき》て、入海《いりうみ》の瀬戸に厳重の備を設け度《たき》事也。日本の惣海岸に備る事は、先《まず》此港口《みなと》を以て始《はじめ》と為《なす》べし。是《これ》海国武備の中の又肝要なる所也。然《しかり》と云《いえ》ども忌諱《きい》を顧ずして有《あり》の侭《まま》に言ふは不敬也。言ざるは又不忠也。此故《これゆえ》に独夫、罪を憚《はばから》ずして以て書す。

考えてみれば、江戸の日本橋から中国・オランダまで、境界のない水路である。それなのにここに備えをせず、長崎だけに備えているというのは、いったいどういうことか。私見であるが、安房と相模の両国に大名（の兵力）を配置し、湾口に厳重な防備を設けたい。日本の全ての海岸線に備えることについては、まずはこの江戸湾の湾口から始めるべきで、これこそが海国武備の最も重要なことである。

そうは言うものの、（畏れ多いことを）憚《はばか》ることなくありのままに言うのは不敬である。しかし言わないのも不忠である。それ故、私は独り敢えて罪を犯すことを承知の上で、これを書くわけである。

解説

『海国兵談《かいこくへいだん》』は、元仙台藩士の林子平《はやししへい》（一七三八～一七九三）が著した兵法書で、その書名の如く、島国日本の海防の必要性を説いています。同じ仙台藩の江戸詰藩医である工藤平助《くどうへいすけ》の序文と自序に続き、水戦・陸戦・軍法・戦略・夜戦・兵粮・攻城・籠城・操練などについて叙述されています。具体的な兵器や戦術については、竹筒を船端に幾重にも取り付け、常時水を噴き上げて焼き討ちを防ぐ「竹束船」や、丸太に車輪を取り付け、先端に竹槍を何本も括《くく》り付け、数人で押して突撃するなど、実戦には全く通用しないものばかりです。このように具体的な戦術については、時代の必要に応えるものではないのですが、列強の外圧に対する危機感は、巻末の朱印に詠み込まれた歌（「伝へては我が日の本のつはものゝ法《のり》の花咲け五百年《いおとせ》の後」）によく現れていて、兵法書としてより、警世の書としての価値を高めています。

林子平は、仙台藩士である兄の家に厄介になる自由の身であったことから、江戸や長崎に遊学し、海外事情に明るい大槻玄沢や桂川甫周らの蘭学者と交遊し、広い視野と知識を得ました。そして列強、特にロシア南下の脅威の切迫していることを知ります。彼がそのことに危機感を持ったもう一つの理由は、極東のロシア事情を説いた『赤蝦夷風説考《あかえぞふうせつこう》』の著者である工藤平助との縁故でしょう。平助は子平以上に蘭学者との広い交遊があり、仙台という共通の因子もあり、子平は工藤平助から大きな影響を受けています。

蝦夷地に関心のある子平は、まず天明五年（一七八五）に『三国通覧図説』を著しました。「三国」とは朝鮮・琉球・蝦夷のことで、それらの風俗を述べ、正確ではありませんが、三国と小笠原諸島の地図が添えられています。外圧に備えるためには、地理を知っておく必要があるとの考えから、ロシアの脅威に備えて、アイヌについての叙述が多く、蝦夷地の地図も、ロシアとの地理的関係がわかるように描かれています。

そして安永六年（一七七七）に書き始めていた『海国兵談』は、天明六年（一七八六）には脱稿し、一〇〇〇部の発行を考えました。『海国兵談』は約七〇〇ページもある大著ですから、二〇〇余両の費用が必要だったそうです。現在の貨幣価値に直せば約二〇〇〇万円ですから、兄の脛をかじる子平には、自費出版は不可能でした。思い余った子平は、自分で版木を彫り始めたと説かれています。そして寛政三年（一七九一）までかかって、ようやく全巻を刊行しましたが、資金難のため、出版できたのはわずか三〇数部だけでした。しかし巻頭には「千部施行」という大きな朱印が押され、その大きな志を表しています。ただ寛政三年の版本を見ると、巻末近くには「林子平蔵版」と記され、版木の所有者は林子平となっているのはよいとして、「彫工」「筆者」の名前も記されています。もし全て自ら彫ったというなら、なぜ「彫工」名が記されているのか、私の手には負えませんので、ここでは問題の提起に留めておきましょう。

さて、時は寛政の改革の最中。案の定、寛政四年（一七九二）年五月、民間人が妄りに奇怪異説を取り交えて幕政に意見をしたとして、蟄居《ちっきょ》（兄の家で謹慎）と版木の没収という処罰を受けたのです。この時、子平は「親もなし妻なし子なし板木なし金もなければ死にたくもなし」と歌を詠み、「六無斎《ろくむさい》」と称しました。「無念の余りに死ぬにも死ねない」というのです。そしてその四カ月後の同年九月、予言が的中し、ロシア使節ラックスマンが根室に来航して通商を要求、十二月には幕府は諸藩に海防強化を命じ、翌寛政五年（一七九三）三月には、松平定信は伊豆・相模の沿岸警備を厳命するのです。子平の無念さは、察するに余りあります。そして同年六月に五六歳で病死してしまいました。

林子平の説く海防の具体策は、現実離れしていますが、海防の必要性を説くという点において、まさに先駆者でありました。版木は没収されましたが、彼は密かに自分で書き写した副本を用意していました。そのため海防が現実的問題として意識されるようになると、問題意識を持っている人達の間に写本として流布し、開国後はその必要性が認められ、安政三年（一八五六）に復刻されています。

ここに載せたのは、巻一「水戦」の冒頭部分です。

北槎聞略——ほくさぶんりゃく

（主要テキスト：「岩波文庫」『北槎聞略』）

原文

扨《さて》、五月に至り漸《ようや》く船よそほひも調《ととの》ひしよしにて、二十日の巳《み》の刻計《ばんり》にイルコッカを発足す。予《かね》て療病院より、庄蔵を磯吉が旅宿へ呼び寄せおきしが、わざと発足の事をば隠しおき、立《たち》ぎはに俄《にわか》に暇乞《いとまごい》をなしければ、庄蔵は只呆《あきれ》て物をも言はず、茫然としたる体也《ていなり》しが、光太夫《こうだゆう》立寄り手をとりて、「今別れて、再び会べきともおぼへず。死して別るゝも同じ道なれば、よく〳〵互《たがい》の面《おもて》をも見おくべし」と、懇《ねんごろ》に離情をのべ、いつまでも惜むとも尽きせぬ名残なれば、心弱くては叶《かな》はじと、彼邦《かのくに》のならひなれば、つと寄りて口を吸ひ、思ひきりて駆け出《いだ》せば、庄蔵は叶《かな》はぬ足にて、立あがりこけまろび、大声をあげ、小児の如く泣叫び、悶《もだ》へこがれける。

道のほど、暫《しばし》のうちは、その声耳に残りて、腸《はらわた》を断計《たつばか》りにおぼえける。同じ国土のうちにて、しばしの別れだにも生き別離《わかれ》ほど悲しきはなきならひなるに、まして此《この》年月の辛苦をしのぎ、生死《しょうじ》を共にとたのみしものゝ、しか

現代語訳

さて（一七九二年）五月になると、ようやく船の用意も調ったので、二〇日の午前十時頃、イルクーツクを出発することになった。前もって、磯吉が病院から庄蔵を宿舎に連れて来ていたが、（日本に向けて）出発することはわざと隠しておき、間際になって急に別れの挨拶をしたので、庄蔵はただ呆れるばかりで物も言わず、茫然とした様子であった。光太夫が近寄って手をとり、「今ここで別れたら、再び会えるとも思えない。死んで別れるのと同じことだから、よくよくお互いの顔を見ておかなければ」と、心を込めて別れを惜しむ気持ちを話した。しかしいつまで惜しんでも名残は尽きないので、弱気になってはいけないと（心を鬼にして別れようと）、ロシアの習慣に従い、つと近寄って接吻してから、思い切って走り出すと、庄蔵は不自由な足で立ち上がり、転んで倒れ、大声を上げて子供のように泣き叫んで悶えた。

道中暫くは、その声が耳に残り、断腸の思いであった。同じ国の中のしばしの別れでさえ、生き別れるように悲しいのが世の常であるのに、ましてこの長い年月の辛苦を耐え忍び、生死を共にして助け合って来たのに、しかも不自

も不具の身となりて、同行の者に別れ、異邦に残り留《とどま》る事なれば、さばかりの悲しみも理《ことわり》なり。

由な身体となって仲間と別れ、異国に残り留まるのであるから、その悲しみはいかばかりか、無理のないことである。

解説

『北槎聞略《ほくさぶんりゃく》』は、漂流してアリューシャン列島まで流れ着き、シベリアを横断してロシアの都まで行き、約十年後に帰国した、伊勢の船頭である大黒屋光太夫《だいこくやこうだゆう》（一七五一〜一八二八）の体験を、幕府の侍医であった桂川甫周《かつらがわほしゅう》が、将軍徳川家斉の命により聞き取って叙述した、ロシア帰還漂流民の記録です。「北槎」の「槎」とは筏《いかだ》のことですから、ここでは北方に漂流したことを意味しています。

尋問の席には、老中松平定信をはじめとする幕閣が居並び、盛んに質問をあびせました。尋問の様子を記録した『漂民御覧之記』には、髪を三つ編みにして背後に垂らし、ロシアの服をまとって床几《しょうぎ》にすわる光太夫は、「此の国の人とは見えず、紅毛人」の如くであり、「問を下すことに聊《いささか》虚談なし」と記されていて、光太夫の聡明で凜《りん》とした姿が描写されています。

本書は十一巻と付録一巻、地図十枚他から成り、とうてい漂流民からの聞き書きとは思えない程の、充実した内容です。巻一には、遭難船の大きさ、全ての乗員の名前・出身・年齢、及び途中で死亡した者については、その日付と場所。また送還船の大きさ、全ての乗員の名前、年齢、役職や階級が、詳細に記されています。巻二・三は、遭難や送還の経緯について記されていますが、地名、人名、距離、謁見の様子、下賜品、餞別の品々まで、まるで日記の如く詳細を極めています。巻四から巻十までは、ロシア滞在中の見聞情報で、ロシア博物誌とも言える詳しさです。巻十一には、一二六二のロシア語を片仮名で表記し、日本語訳をつけた辞書となっています。また地図には地球・ヨーロッパ・アジア・アメリカ・アフリカ・ロシア・日本の各全図などがあります。光太夫は毎日詳細な記録をとっていたのでしょう。これだけ詳細な情報を持ち帰った、光太夫の並外れた学力と強い意志の力を見ると、運も健康も必須ですが、生還できたのも納得できます。

大黒屋光太夫の船は、天明二年（一七八二）十二月十三日、乗員十七名で伊勢の白子《しろこ》浦を出帆しましたが、駿河灘で遭難しました。転覆を恐れた船頭の光太夫は、帆柱を切り倒し、流されるまま翌年七月二〇日にアリューシャン列島西端のアムチトカ島に漂着しました。実に七カ月も漂流したのですが、積荷の米などがあり、水には苦労しましたが、食料はなんとかなりました。彼等はここで、先住民や毛皮商のロシア人に助けられながら四年間生活し、難破船の材木を寄せ集め、一年がかりで作った船でカムチャツカに渡ります。そして寛政元年（一七八九)、バイカル湖に近いイルクーツクに到着します。しかしその間に仲間が何人も病死し、六名になっていました。

何としても帰国したい光太夫は、イルクーツクにあるシベリア総督府に帰国嘆願書を三回も提出しますが、何の音沙汰もありません。それで一七九一年、ついに皇帝に直訴するため、光太夫と磯吉と小市の三人は、首都ペテルブルグまで行きます。すると女帝エカテリーナ二世は喜んで、手ずから慰労の品々を下賜し、帰国を許可し援助を約束しました。そして翌一七九二年五月に、三人がイルクーツクを出立することになります。帰国が許可されたのは、日本人漂流民を教師とした日本語学校が、すでに開校されていたことでもわかるように、漂流民送還を口実に、皇帝の親書を持った使節を派遣し、日本との交易を始めたいという目的があったからです。

ここに載せたのは、凍傷で片足の膝下を切断し、また改宗して帰国を断念した庄蔵との離別の場面です。キリスト教徒になったからには、帰国できません。その後光太夫達はロシア使節のラックスマンと共に、寛政四年（一七九二）九月五日、蝦夷地の根室に到着しました。しかし小市は根室滞在中に亡くなり、残る二人が役人に預けられたのは翌年のことでした。その後光太夫は江戸に屋敷を与えられ、桂川甫周や大槻玄沢ら蘭学者と交流し、蘭学発展に寄与しました。

寛政六年閏十一月十一日は、西暦一七九五年元日に当たり、蘭学者の大槻玄沢邸では太陽暦の新年会が催されました。その様子は「芝蘭堂《しらんどう》新元会図」に描かれているのですが、そこには二八人の蘭学者に交じり、洋装で一人椅子に坐る光太夫が描かれています。

慎機論——しんきろん

原文

今、天下五大洲中、亜墨利加《あめりか》・亜弗利加《あふりか》・亜烏斯太羅利《あうすたらり》三洲は、既に欧羅巴《よーろっぱ》諸国の有《ゆう》と成《なる》。亜細亜《あじあ》洲と云へども、僅《わずか》に我国・唐山《とうざん》・百爾西亜《ぺるしあ》の三国のみ。其三国の中、西人と通信せざるものは、唯《ただ》我国存するのみ。万々恐多き事なれども、実に杞憂《きゆう》に堪《たえ》ず。論ずべきは、西人より一視せば、我国は途上の遺肉《いにく》の如し。餓虎《がこ》渇狼《かつろう》の顧《かえりみ》ざる事を得んや。……

凡政《およそまつりごと》は拠《よ》る処に立《たち》、禍《わざわい》は安《やすん》ずる所に生ず。今国家拠る所のものは海、安ずる所のものは外患。一旦恃《たの》むべきもの、恃むべからず。安ずべきもの、安ずべからず。然るに安堵して、徒《いたずら》に太平を唱ふるは、固《もと》より論なし。

……

今、我《わが》四周渺然《びょうぜん》の海、天下万国拠る所の界にして、我に在《あり》て世々不備の所多く、其来《そのきた》るも亦《また》一所に限る事能はず。一旦事ある時、全国の力を以てすといへども鞭《むち》の短くして、馬の腹に及ばざるを恐るゝ也。況や西洋膻腥《せんせい》の徒《と》、四方を

現代語訳

今日、世界の五大州の中で、アメリカ・アフリカ・アウスタラリ（オセアニア）の三州は、既にヨーロッパ諸国の所有となっている。（そうでないのは）アジア州といえども、我が国と中国とペルシアの三国だけであり、その三国の中で西洋と通交がないのは、ただ我が国だけである。はなはだ畏れ多いことであるが、実に心配でならない。問題なのは、西洋人から見れば、我が国は路上に遺棄された肉の如き物であるということである。餓えた虎や狼の如き西洋諸国が見過ごすはずがないではないか。……

およそ政治は、頼むべき拠り所の上に立つべきものであり、禍《わざわい》は安心して気の弛むところから生まれる。今、我が国が拠り所としているのは海であり、それにより外患がないと安心しきっている。しかしかつては頼むべきものであった海は、今は頼みにはならないので、かつては安心できていたが、今は安心できない。それなのに安堵して太平を謳歌しているなど、もとより論外である。……

今我が国の周囲は果てしない海で、世界の諸国が国境の拠り所としている。しかし我が国では以前から防備が不十分な所が多く、異国が侵入するとすれば、一カ所とは限ら

明らかにして万国を治め、世々擾乱《じょうらん》の驕徒《きょうと》、海船火技に長ずるを以て、我短にあたり、海運を妨げ、不備を脅かさば、逸を以て労を攻る。百事反戻《はんれい》して、手を措く所なかるべし。……

嗚呼《ああ》、今夫是《それこれ》を在上の大臣に責《せめ》んと欲すれども、固《もと》より紈袴《がんこ》の子弟、要路の諫臣《かんしん》を責んと欲すれども、賄賂《わいろ》の倖臣《こうしん》、唯是心有る者は儒臣、儒臣亦望浅ふして大を措《お》き、小を取り、一に皆不痛不癢《ふよう》の世界と成りし也。今夫《それ》此の如くなれば、束手《そくしゅ》して寇《こう》を待たむか。

ない。もし一旦危急のことがあれば、全国の兵力を結集しようとしても、鞭《むち》が短くて、馬の腹まで届かないのではと心配である。まして西洋人の奴等《やつら》は世界情勢に明るく、万国を支配し、以前から世界を乱し驕《おご》り高ぶる連中である。しかも航海術や砲術に長じているので、我が国の弱みに付け込み、海運を妨害し、海防の不備を脅《おびや》かせば、容易に我が国を疲弊させることができよう。そうなれば全ての事が意に反して、手が付けられなくなるであろう。……

ああ、今この事を都の朝臣に訴えたくても、彼等はもと貴族の子弟であり、君主を補佐する要人に訴えたくても、賄賂で成り上がった者ばかりである。ただ少し話がわかるのは儒学者であるが、その儒学者たるや志が浅く、大事を捨て置いて小事にこだわり、誰もがことなかれの世になってしまっている。今この現状において、ただ手をこまねいて、異国が侵攻するのを待つのだろうか。

解説

『慎機論《しんきろん》』は、三河国田原藩の家老で、蘭学者でもある渡辺崋山《わたなべかざん》（一七九三〜一八四一）が、モリソン号事件に関連して、幕府の外交政策を痛烈に批判した書物です。西洋諸国の植民地政策が既にアジアに及んでいることを明らかにし、海防が喫緊の課題であるとすると同時に、排他的対外政策を批判する、「開国的海防論」とでも言うべき主張です。『慎機論』という書名は、対外政策を慎重にせよという意味でしょうか。

天保八年（一八三七）、広東《カントン》にあるアメリカの貿易会社オリファント商会の商船モリソン号が、北米とルソン島に漂着した日本人漂流民七人の送還を、日本と交易する契機にしようと来航したのですが、異国船打払令が発令されていたため、浦賀沖と薩摩湾で砲撃され、退去せざるを得ませんでした。漂流民送還の意図は、もちろん日本側は知りません。

その時はそれで一件落着となったのですが、翌天保九年（一八三八）、オランダ風説書により、漂流民送還という来航事情のあったことがわかり、長崎奉行から漂流民送還の取扱いについて、幕府に伺い書が提出されました。これに対して老中水野忠邦は、評定所に対応を諮問し、評定所では今後も漂流民は受け取らず、モリソン号が再来航した場合は打ち払うという、答申案が決定されました。ところがこの機密情報が、尚歯会という知識人の私的な勉強会において、評定所の記録方（書記係）である芳賀市三郎が「評定所決議書」の写しを見せ、漏れてしまったのです。ただし最終的には、幕府はオランダ船による送還は、認めることにしています。

世界情勢をかなり正確に理解していた高野長英と渡辺崋山は、これを知って大層驚いたのですが、事実誤認がありました。モリソン号は既に撃退されていたのですが、これから来航して漂流民が送還されること、またモリソンとはイギリス人の名前であると理解していました。「モリソン」は、もともとはオリファントというアメリカ人が広東に設立したオリファント商会が、イギリスから招いた宣教師の名前で、彼に因んでモリソン号と名付けられた船がありました。ですから「モリソン」は人名でもあり、船名でもありました。もっとも長英が著した『鳥の鳴音』には、「モリソン」が人名であり船名でもあると記述されていますから、事実を承知で人名にしたのかもしれません。

高野長英はモリソン来航の情報を得ると、六日後には『戊《ぼ》戌《じゅつ》夢物語《ゆめものがたり》』を匿名で著しました。そこではイギリスが強国であるので、暗にイギリスと敵対すべきではないと説いています。ただし幕府批判は徹底せず、漂流民送還のために来航するのに、直ちに打ち払っては、「民を憐れまざる不仁の国」と思われてしまうではないかと、道義上の問題にすり替えてしまっています。尚歯会のメンバーには幕吏や藩士が多かったため、長英にしてみれば、外交政策を根底から批判することは、避けざるを得なかったのかもしれません。

一方の渡辺崋山が著した『慎機論』の存在を、長英は知っていたらしいのですが、草稿のまま秘匿《ひとく》されていました。しかし開明的な蘭学者を憎悪し、密かに捕縛する機会を狙っていた目付の鳥居耀蔵《とりいようぞう》（幕府の儒臣林述斎の三男）が、尚歯会に無人《ぶにん》島（小笠原島）渡航計画があるという口実で崋山らを捕縛し、幕吏が家宅捜索した際に、草稿が発見されてしまいました。なお尚歯会の一部が弾圧されたこの事件は、「蛮社の獄」と呼ばれていますが、「蛮社」とは「蛮学社中」の略語で、蘭学に批判的な者による尚歯会の蔑称です。

家宅捜索された際に、『慎機論』は夥しい反故の中から発見され、取り調べた奉行所の役人も、読むのに苦労したという未定稿でした。写本として密かに写しとられて流布したのですが、写本により文言に著しい相違があります。

二宮翁夜話——にのみやおうやわ

（主要テキスト：「日本思想体系」『二宮尊徳』）

原文

翁《おう》、床《とこ》の傍《かたわら》に不動仏の像を掛《かけ》らる。山内董正《ただまさ》曰く、「卿《けい》、不動を信ずるか」。翁曰く、「予、壮年、小田原侯の命を受て、野州物井《やしゅうものい》に来《きた》る。人民離散、土地荒蕪《こうぶ》、如何《いかん》ともすべからず。仍《より》て功の成否に関せず、生涯此処《ここ》を動かじと決定《けつじょう》す。仮令《たとい》事故出来《しゅったい》、背に火の燃付《もえつく》が如きに立到《たちいた》るとも、決して動かじと死を以て誓ふ。

然るに不動尊は、動かざれば尊しと訓《くん》ず。予其《その》名義と、猛火背を焚《やく》といへども、動《うごか》ざるの像形を信じ、此《この》像を掛けて、其《その》意を妻子に示す。不動仏、何等の功験《こうけん》あるを知らずといへども、予が今日に到るは、不動心の堅固《けんご》一つにあり。仍て今日も猶此《なおこの》像を掛て、妻子に其《その》意を示すなり」。

現代語訳

尊徳翁は、床の間の傍《かたわら》に不動明王の絵像を掛けておられた。そこで山内董正《ただまさ》（桜町陣屋に派遣された幕府の代官）が、「貴殿は不動明王を信じているのか」と尋ねた。すると尊徳翁が答えて言われるには、「私は若い頃（三六歳）、小田原侯（小田原藩主大久保忠真）より（村を復興せよとの）命を受けて、下野国桜町の物井《ものい》に来た。そこでは人々は村を捨てて離散し、農地は荒れ果て、手の施しようもなかった。そこで成功するか失敗するかにかかわらず、生涯ここを動くまいと決意した。たとえ難儀して背に火が燃え付くような事態となっても、決して動くまいと、命を掛けて誓ったのだ。

ところで不動尊という言葉は、『動かざれば尊し』と訓《よ》む。その仏の名前の意味と、猛火に背を焼かれても、決して微動だにしない不動明王像の姿を信じ、この絵像を掛けて、妻子にその決意の程を示しているのだ。不動明王にどの様な霊験があるかは知らぬが、私が今日までやってこられたのは、不動心一つを堅く持っていたからに外《ほか》ならない。それで今もなおこの絵像を掛け、妻子にその決意の程を示しているのである」と。

『二宮翁夜話《にのみやおうやわ》』は、二宮尊徳（一七八七～一八五六）の門人である福住正兄《ふくずみまさえ》（一八二四～一八九二）が、尊徳の言葉を書き留めた言行録です。尊徳と七年間行動を共にした福住正兄は、その間に書き留めたことを二三三のわかりやすい話にまとめ、明治十七～二〇年（一八八四～一八八七）に出版しました。

二宮尊徳は天明七年（一七八七）に小田原の栢山《かやま》村で生まれ、幼名を金次郎といいます。五歳の時、酒匂川《さこうがわ》が氾濫し、二宮家の耕地の大半が流出。十四歳の時には父が、二年後に母が亡くなります。そしてその年に再び洪水で耕地が流出したため、十三歳と四歳の弟を親戚に預け、自分自身は親族の万兵衛に引き取られました。金次郎は十六歳の時には、親もなく耕地もなく、兄弟は離散してしまったのです。

学問好きな金次郎は、夜に『論語』『大学』などを読んでいたのですが、万兵衛から「夜学の為に燈油を費す事、恩を知らざるもの也。汝、家もなく田圃《たんぼ》もなし。人の扶助を得て以て命を繋《つな》ぐ身の、学問して何の用を為《な》す。速《すみやか》に之を止《や》めよ」（『報徳記』巻一）と叱責されました。そこで菜種を空地《あきち》に植え、秋に収穫した種を油屋に持って行って燈油に代えてもらい、勉学を再開しました。また開墾地は三年間は年貢が課せられない、鍬下年季《くわしたねんき》の制度を活用し、二四歳となった文化七年（一八一〇）には、一町四反余（約一・四六ha）の耕地を所有するまでに回復したのです。

このような勤勉な尊徳の活躍に目を付けたのが、小田原藩家老服部十郎兵衛でした。尊徳は服部家の使用人となり、その財政再建を依頼されます。そして著しい成果を収めたことから、文政五年（一八二二）、三六歳の時、小田原藩主大久保忠真《ただざね》の分家の旗本宇津《うつ》家の領地である、下野国桜町の再興を命じられます。そして苦労の末に成果を収めると、各地の農村復興を依頼され、南は小田原藩領から北は東北の相馬中村藩領まで、その成果は約六〇〇村に及びました。

尊徳の農村復興手法は、合理的な根拠に基づいていました。まず農民の暮らしを徹底的に調査します。石高・家族・農具・馬の有無・備蓄食料・借金・病人の有無・便所など、民力を示すデータを正確に把握します。さらに過去の年貢高の平均値を割り出し、領主にはそれ以上の収奪をしないように約束させます。そして収入に見合った計画的支出を「分度」と称して守らせます。農民に対しては、収穫高から平均年貢高を差し引いた余剰を、再建のための費用として還元します。ただし農民にも「分度」を要求し、余剰を浪費することを厳に戒めます。尊徳は「分度を守るを我道《わがみち》の第一とす」（『二宮翁夜話』一六五）と説いています。また『二宮翁夜話』には、「小を積んで大を為《な》す」という趣旨の教訓が、言葉を替え例を替えて、繰り返し繰り返し説かれています。それは少年時代に菜種を植えて燈油に替え、捨て苗を空地に植えて稲を収穫し、ついには旧耕地を回復した体験に裏付けられたものでした。

桜町復興を命じられた翌年の文政六年（一八二三）、尊徳は田畑や家財を全て処分して退路を断ち、一家をあげて桜町に赴任しました。しかし農民は余所者《よそもの》から指図されることを快く思わず、小田原から派遣された役人も、農民と共に何かにつけて妨害してきました。そして文政十一年（一八二八）、洪水の被害を受け、さすがの尊徳も辞職を願い出るのですが、それも認められません。思い余った尊徳は、翌年正月早々、年始の挨拶のため江戸に出向いた帰路に、突然行方不明になります。

尊徳は絵像を掛けて信心していた、不動尊で知られる成田山新勝寺で、二一日間の断食をしていたのですが、ただならぬ雰囲気に恐れをなした宿の主人が、江戸の小田原藩邸に問い合わせ、藩邸からの情報でそれと知った農民が迎えに来たのが、満願の四月八日でした。そして簡単に粥を食べた後、すぐに桜町まで二〇里を歩いて帰りました。身長六尺（約一・八ｍ）、体重二五貫（九四kg）の大男ですが、長期の断食の直後ですから、さすがに気力だけで歩いたことでしょう。批判していた役人や農民は、いざ尊徳がいなくなると、その存在の大きさと覚悟の程を再認識しました。その後次第に村の協力体制が構築され、成果が目に見えて現れるようになったということです。この断食の逸話は、同じく門弟の尊徳言行録である『報徳記』巻一に詳しく記されています。

ここに載せたのは、巻之二の第五〇話、「不動尊の像に就《つき》ての説」です。なお桜町陣屋跡がある地域は、現在は尊徳の業績を記念し、真岡《もおか》市「二宮町」と称しています。

稽古談——けいこだん

（主要テキスト：「日本思想体系」『海保青陵』）

原文

古《いにしえ》より、「君臣は市道なり」と云也。臣へ知行をやりて働かす。臣は力を君へ売りて米をとる。君は臣を買ひ、臣は君へ売りて、売り買ひ也。売り買ひがよき也。売り買ひが悪しきことにてはなし。「凡そ売り買ひのことは、君子のすることでない」と云は、皆、孔子の利を厭《いと》ふことを丸呑《まるのみ》にして、呑みこみそこなふたる也。「君臣は売り買ひではない」と言ひたるより、喰《くい》つぶしと、骨折損と沢山あり。喰つぶしは君の損也。骨折損は臣の損也。甚《はなはだ》不算用なるもの也。天地の利（理？）に違《ちが》ふてをる也。

今の世は、隣国にも油断せられず。自国をも油断なふ養はねばならぬ時也。隣国にも油断ならぬと云は、乱世の攻伐の類に非ず。売買損徳（得）の事也。隣国に心付《こころづか》ず、うっかりとして居《お》れば、隣国にて此方の貨財を、あちらへ吸い込む計策をする故《ゆえ》に、油断ならぬと云也。自国をも油断なふ養はねばならぬと云は、隣国にて土の出の多くなる

現代語訳

昔から「主君と家臣は、売買《うりかい》の関係である」という。主君は家臣に知行地を与えて働かせ、家臣は労力を主君に売り、俸禄米を受け取る。つまり主君は家臣を買い、家臣は主君に売るから、売買の関係である。売買がよいのだ。売買は悪いことではない。そもそも「売買は君子のすることではない」などというのは、皆、孔子が利を得ることを嫌った教えを丸呑みに信じて、呑み損《そこ》なったものである。「君臣は売買の関係ではない」というので、喰潰《くいつぶし》（役立たずの家臣）と、骨折損《ほねおりぞん》（仕え甲斐のない主君）が沢山生じたのである。喰潰の家臣は主君の損である。骨折損の主君は、家臣の損である。共に甚だ割に合わないもので、天地の利（理？）から外《はず》れている。

今の世は、隣国（隣藩）にも油断できず、自国（自藩）をも油断なく経営しなければならない時である。隣国にも油断できないということは、乱世の攻伐の類ではない。売買における損得のことである。隣国のことに気付かず、うっかりしていると、隣国ではこちらの財貨をあちらに吸収する策略をするので、油断できないという意味である。自

よふにするに、此方の国にて工夫せねば、隣国は富て、此方の国は貧になる也。隣国富て此方貧なれば、金銀は富たる方へならでは流れぬもの也。故に此方の国をば富《とま》さねば、他国へ富は流れゆきてしもふ也。以ての外《ほか》の事にてはなきや。一向にうっかりとして居《お》るべき時に非ず。されども又箇様《かよう》の世故に、此方の国富めば、又隣国の金銀は、日夜に此方へ流れ込む也。今大坂の富、日々月々に倍すると云は、大坂には金銀多きゆへ也。大坂は富みて居るゆへ也。

国をも油断なく経営しなければならないというのは、隣国で土地の物産が多くなるようにする時に、こちらの国でも工夫しなければ、隣国は富み、こちらの国は貧しくなるということである。隣国が富み、こちらが貧しくなれば、金銀は富んでいる方へしか流れないものである。それ故こちらの国を富まさなければ、他国へ富は流れてしまうである。もっての外ではないか。全くうっかり油断している時ではない。しかしまたこのような世の中であるから、こちらの国が富めば、また隣国の金銀は、日夜こちらへ流れ込むのである。今、大坂の富が日々月々倍になるというのは、大坂には金銀が多いからである。大坂が富んでいるからである。

解説

『稽古談《けいこだん》』は、経世家（政治経済学者）の海保青陵《かいほせいりょう》（一七五五〜一八一七）が著した政治経済的思想書で、「稽古」とは「古を稽《かんが》える」と訓《よ》みます。彼は冒頭部で、「稽古とは、古と今とくらべ合せて見て、古のぬきんでゝよろしきことを、稽《かんが》へて用ゆること也（古と今を比較して、古の特によいところを考えて活用すること）」と説明しています。

　海保青陵は、丹後国宮津藩の家老の家に生まれました。仕官したことはありますが、生涯の大半を経世的視点を持って全国を遊歴したり、著述に費やしています。そして誰にも遠慮のない自由な立場から、藩の財政難の打開策として、武士が積極的に経済活動をすることにより、藩財政を豊かにすべきことを説きました。儒学者がありがたがる『論語』や『孟子』は、乱世でこそ価値があったのであって、泰平の時代には通用しない。それより泰平の時代に書かれた『周礼《しゅらい》』（周王朝の官制を叙述した書物）には、商工業者から運上（営業税）を徴収したり、庶民に米や銭を融資して利息を取るなどの経済政策が説かれていて、この方が参考になる、と説いています。しかし『周礼』は基本的な理念としては参考になっても、現実の具体的政策としては古過ぎます。彼の主張は、田沼意次政権の頃、財政の立て直しに成功していた諸藩の例や、大坂の経済的繁栄など、現実を見て学んだことなのでしょう。

『稽古談』の説くところは、「売り買い」の一語に集約できます。「物を売りて物を買ふは世界の理」であり、それにより国や民を富ませることが政治の目的である。そして売買される物は、商品に留まらず、社会の一切の関係も売買により成り立っているというのです。「田も山も海も金も米も、凡天地の間にある物は、皆代物《しろもの》（経済的財貨）也。代物は又代物を生むは理也」（巻の一）と説いています。そして領主は田畑という代物を領民に貸し与え、その利息として年貢を徴収する。そして利息を取ることは「天地の理」にかなう正しいことである。また主君と家臣の関係は、知行地と奉公を互いに売買する関係である。しかし利益を得るための商い行為を卑しむ武士の気風が、「天地の理」を妨げている。それで国（この場合は藩のこと）を富ませるためには、武士の積極的経済活動、具体的には藩営の商業、藩の専売、武士の内職を奨励しなければならない、と説くわけです。彼に言わせれば、「なぜ大坂が繁栄しているのか、その現実をよくよく見よ」ということなのでしょう。「阿蘭陀《おらんだ》は国王が商ひする」と記されているのですが、兄弟同然の親友であった桂川甫周（『解体新書』翻訳者の一人である蘭学者）に聞いた話かも知れません。

貨幣商品経済の発達が、幕府や藩の財政難の要因であることについては、早くも熊沢蕃山が指摘していていました。蕃山や荻生徂徠は、参勤交代を緩和し、武士が農村の知行地に住み、自ら生産に従事すれば、消費支出が削減され、武士の困窮や幕府・諸藩の財政を改善できると説きました。蕃山と徂徠の説は、いわば農本主義です。徂徠の弟子である太宰春台はさらに進め、貨幣経済の現実に対応して、藩の専売を説きました。そして荻生徂徠の孫弟子に当たる海保青陵は、武士だけでなく、領主と領民が一体となり、自分の藩の産物を増産し、それを隣接する藩に出して「貨財を吸ひ込む」ことが肝要と述べ、藩による積極的な産業の育成や藩営の商業を主張しているのです。これはいわば重商主義です。ただし海保青陵の場合は、あくまでも日本国内の藩のレベルに留まっています。それに対して、同じ世代の本多利明は、国際貿易による日本の国富増大を説いています。ですから海保青陵は国内的重商主義、本多利明は対外的重商主義を説いたわけで、今風に言えば、それぞれ地方自治体、或いは国主導による、積極的な生産増大策を説いているわけです。

ここに載せたのは、前半は巻の一の、君臣関係が売買の関係であることを説いた部分、後半が巻の四のほぼ冒頭にある富国策を説いた部分です。

経世秘策——けいせいひさく

（主要テキスト：「日本思想体系」『本多利明』）

原文

日本は海国なれば、渡海・運送・交易は、固《もと》より国君の天職最第一の国務なれば、万国へ船舶を遣《や》りて、国用の要用たる産物、及び金銀銅を抜き取て日本へ入れ、国力を厚くすべきは、海国具足《ぐそく》の仕方なり。自国の力を以《もつて》治《おさむ》る計《ばか》りにては、国力次第に弱《よわま》り、其弱り皆農民に当り、農民連年耗減《もうげん》するは自然の勢ひなり。此界《このかい》に至《いたり》て大切の政務なり。

近く論ずれば、是迄《これまで》の諸家の政務は、卑賤《ひせん》の者、其日暮しの渡世《とせい》に等し。領地の農民の稼穡《かしよく》を虐《しいた》げ、精膏《せいこう》を絞り取《とり》、其年限《かぎり》に遣《つか》ひ払ひ、不足なれば又其上を責虐《せめしいた》げ、翌年も亦其《またその》如くす。故に近来農民大に困窮して疲れ果たる上、天明癸卯《みずのとう》以来、凶歳饑饉《きようさいききん》の度々《たびたび》に、関東より奥羽に至るまで農民餓死して、良田畑を亡処《ぼうしよ》となしたる高《たか》、数百万石に及びたり。奥州一ヶ国の餓死人ばかりも、二百万人に及びたりといへり。領国の庶民は、天民にして預り者ならずや。一人にても大切の天民なれば、見殺《みごろし》にすべき道理ある

現代語訳

日本は海に囲まれた国であるから、海運により交易をすることは、本来君主の天職の中でも最重要な国務であり、世界各国に船を派遣して、我が国に必要な重要産物や金銀銅などを、抜き取って日本にもたらし、国力を豊かにすることは、海国にとり必然的な経営方法である。自国の力だけで治めるだけでは、国力は次第に衰弱し、その皺寄《しわよせ》はみな農民に及び、農民が年々疲弊するのは、当然の成り行きである。「此の界に至て」（意味不解）重要な政務である。

近年の事を考えれば、今日までの為政者の政治は、下賤の者がその日暮らしをしているのと同じである。領地の農民の生業を苦しめ、「精膏」（苦労して得た利益、年貢など）を搾《しぼ》り取ってその年の内に使いきり、それでも足りなければさらに搾取し、そして翌年もまた同じようにする。それ故近年は農民が大いに困窮し、疲弊しきっているところへ、天明三年（一七八三）以来、度々凶作飢饉となり、関東地方から東北地方に至るまで農民が餓死して、肥沃な田畑が荒廃地となってしまった石高は、数百万石に及んでしまった。陸奥一国の餓死者だけでも、二〇〇万人に及んだということである。領国の庶民は、（領主の私民ではなく）天の

べきや。是を撫育《ぶいく》するを守護職の国務にして、国君の家業ならずや。

民であり、天からの預かりものではないのか。一人だけでも大切な天の民なのだから、見殺しにしてよい道理があるはずがないではないか。これを恵み養うことこそ、君主たる者の国務であり、君主の家業ではないのか。

解説

『経世秘策《けいせいひさく》』は、経世家（政治経済学者）の本多利明《ほんだとしあき》（一七四三～一八二〇）が、寛政十年（一七九八）に出版した政治経済的思想書で、書名は「世を経《おさ》める秘策」、つまり「国を経営して富国とするための秘訣となる政策」と理解できます。

本多利明には、そのような著述をする動機となる経験がありました。それは天明の大飢饉（一七八二～一七八八）を、実際に陸奥国で目撃した衝撃です。彼は飢饉の真最中の天明七年（一七八七）に奥州を旅行し、餓死や「間引の悪俗」の現実を見せつけられます。その体験は、『経世秘策』と並ぶ著作で、写本として流布した『西域物語《せいいきものがたり》』に叙述されているのですが、余りの悲惨さに、ここでの引用も憚られる程です。さすがに餓死者陸奥一国で二〇〇万人は誇張ですが、疫病による死者も加えれば、十万人単位であったはずです。利明はこの惨状を目の当たりにして、「天民一人廃亡するは、皆国君の科《とが》なり」（『経世秘策』巻上）と考えました。

そして『経世秘策』のほぼ冒頭部において、日本を富国とするための最重要政策として、「四大急務」を提言します。その第一は黒色火薬の原料となる「焰硝《えんしょう》」（硝酸カリウム）です。天然に産出される場合は硝石《しょうせき》というのですが、日本では、動物の排泄物に含まれる尿素から精製されていました。これは火薬の原料ですから、もちろん武備に役立つのですが、そうではなくて、道路や運河や航路の開削に用い、新田開発・物産の輸送・洪水防止などに役立てようというのです。第二は「諸金」で、鉱山を開発し、貨幣となる金銀銅が「異国へ抜け行《ゆ》かぬ様に制度建立」すべきというのです。第三は「船舶」で、「天下の産物を官の船舶を用て渡海運送交易して、天下に有無を通じ、万民の饑寒《きかん》を救ふ」、官営による積極的海外貿易を説いています。第四は「属島の開業」ですが、『経世秘策』上巻末に、「此段憚《はばか》る事多ければ、別紙に書記して爰《ここ》に洩《もら》し畢《おわ》んぬ」と記しています。そして別に『経世秘策補遺』を著し、蝦夷地を中心とした日本周辺諸島を開発し、「日本の国力を増殖すべし」と説いています。ただし『補遺』は刊行されず、写本で流布しました。

ただ少々気になることがあります。「金銀銅を抜き取る」という言葉を好んで使うのです。これは自国の国力を増大させるために、国家が貿易を統制し、植民地の獲得と搾取により、貴金属やその他の資源を国内に蓄積させ、国富を増すことを目指す、国家レベルの重商主義に他なりません。また『交易論』という別の著書の冒頭には、「此書は、交易を用て他国の金銀銅を絞取《しぼりとり》、我国へ取込《とりこみ》て国力を厚くし、国家を永久に末広く、富と貴《き》とを並び遂《とげ》させせん仕方の筋道を、明白に説述《ときのべ》たる書なり」と記されています。「交易」とは「交互に易《かえ》る」という意味、つまり等価物々交換的な貿易なのですが、本多利明の説く「交易」や「抜き取る」とは、搾取に近いものであると言わざるを得ません。そのため侵略を肯定する思想であるとして、批判されることがあります。

それでも彼のために弁明するならば、ヨーロッパの列強が海洋に進出して植民地を拡大し、またロシアの南下が現実となって迫りつつあった時期ですから、それを現在の普遍的価値観で裁くことは、少々酷だと思います。それよりそのような問題点は認めながらも、「藩」の枠を越えて「国」のレベルで経済を考えるという主張や、中国に範を求めるのではなく、ヨーロッパ列強に求める発想が見られることは、新しい時代を先取りするものとして評価してよいでしょう。

以上のように、幕府の外交方針と相容れない内容でありながらも、処罰されることはありませんでした。それは出版されたのが寛政の改革を推進した松平定信の退任後だからであって、もう数年早ければ、林子平の『海国兵談』の様に、発禁処分になったかもしれません。

なお蛇足になりますが、日本文学を世界に発信し続けたドナルド・キーンの、ケンブリッジ大学における修士論文は本多利明に関するもので、『日本人の西洋発見』という著書に収録されています。

新論——しんろん

（主要テキスト：「日本思想体系」『水戸学』）

原文

　謹んで按《あん》ずるに、神州は太陽の出づる所、元気の始まる所にして、天日之嗣《てんじつのし》、世宸極《よよしんきょく》を御《ぎょ》し、終古易《かわ》らず。固《もと》より大地の元首にして、万国の綱紀《こうき》也。誠に宜しく宇内《うだい》に照臨し、皇化の曁《およ》ぶ所、遠邇《えんじ》有ること無かるべし。而《しか》るに今、西荒《せいこう》の蛮夷、脛足《けいそく》の賤《せん》を以て四海に奔走《ほんそう》し、諸国を蹂躙《じゅうりん》し、眇視跛履《びょうしはり》、敢へて上国《じょうこく》を凌駕《りょうが》せんと欲す。何ぞ其《そ》れ驕《おご》れるや。

　是《ここ》において諳厄利《いぎりす》、突然として来りて長崎を擾《みだ》し、浦賀に闌入《らんにゅう》し、常に洋中に往来渟泊《ていはく》す。夫《そ》れ鄂羅《ろしゃ》の禍心《かしん》を懐きて、百方窺伺《きし》すること、殆《ほとん》どまさに百年ならんとして、飇去《ひょうきょ》電滅し、影響を見ず。諳厄利《いぎりす》は、是より先《さき》其の来《きた》ること甚だ疎《そ》なりしが、しかも忽《たちま》ち鄂羅《ろしゃ》と相代り、人の側《かたわら》に偪《せま》り、人の懐《ふところ》を捜《さぐ》る。亦甚《はなは》だ怪しむべからざるや。

現代語訳

　謹んで考えるに、神国日本は太陽の昇る所、（万物の根源となる）「気」の生ずる所であり、天照大神の子孫である天皇が代々皇位を継がれ、永久に変わることがない。もともと全世界の元首であり、全ての国々を統括するものである。実に天皇の御威光は世界中に照り輝き、その徳化の及ばない所はないであろう。ところが今、西の涯《はて》の蛮国が、脛《ずね》や足に位置する賤しい国であるにもかかわらず、世界の海に乗り出して諸国を侵略し、身の程も知らず、わざわざ我が国を凌いで脅《おど》そうとしている。何と驕《おご》り高ぶったことではないか。

　ここに至って突然にイギリスが我が国に来て、長崎で騒擾を起こし、また浦賀にも侵入し、常に海上を往来しては停泊している。そもそもロシアは我が国に野心を懐き、隙を窺って百年にもなろうとしているが、旋風《つむじかぜ》の如くに来ては、稲妻の如く消え去り、暫《しばら》く音沙汰がない。しかしイギリスは、以前はたまにしか姿を見せなかったが、たちまちロシアに代わり、我が国の近く迫り来ては様子を探っている。実に怪しむべき事ではないか。

蝦夷の地は、世俗より之を視れば、之を得るも益なく、之を棄つるも損なきものゝ如し。然れども我棄つれば則《すなわ》ち彼取るは、必然の勢也。異日《いじつ》、虜《りよ》をして盤拠《ばんきよ》して以て巣窟《そうくつ》と為《な》し、以て松前に逼《せま》らしむれば、則ち奥羽必ず騒動せん。往来に沿岸を寇せば、則ち天下も亦騒動せん。故に我棄てゝ彼取らず、特《ひと》り以て棄地と為さば、則ちなほ未だ大害と為《な》さゞるも、虜をして之を有せしめば、則ち彼に大利ありて、我に大害あり。力を尽くして之を守らざるを得ざる所以《ゆえん》也。

蝦夷地は、世俗の人から見ればこれを得ても利益はなく、放棄しても損失がないようなものである。しかし我が国が放棄すれば、ロシアが取るのは必然の勢いである。いつか奴等《やつら》が占拠して巣窟とし、松前（北海道の最南端地域）にでも押し寄せてくれば、必ず奥羽地方は大騒ぎとなるであろう。往《ゆ》き来して我が国の沿岸に侵攻でもすれば、必ず全国も大騒ぎとなるであろう。そういうわけで、我が国が蝦夷地を放棄して、ロシアも放棄して、ただの放棄地とするならば、大きな害とはならないが、奴等の所有となれば、直ちにロシアには大きな利益であり、我が国には大きな損失である。これが力を尽くして蝦夷地を守らなければならない理由なのである。

解説

『新論《しんろん》』は、水戸藩の学者である会沢安《あいさわやすし》（一七八一～一八六三）が、文政八年（一八二五）に著した政治思想書です。内容は、建国の理念である忠孝、外寇への対応、民生安定などを論じた「国体」、欧米諸国の急激な国力伸張を論じた「形勢」、欧米諸国の東洋侵略を論じた「虜情」、和・戦の方策を論じた「守禦《しゅぎょ》」、国家の安全自立策を論じた「長計」の章から成っています。

　会沢安は下級の水戸藩士の子でしたが、十歳で水戸学の学者である藤田幽谷《ゆうこく》に学び、十八歳で江戸藩邸にある『大日本史』編纂所である彰考館《しょうこうかん》に勤務、二六歳で藩主の子斉昭《なりあき》の侍講となりました。後には藤田東湖（幽谷の子）と共に、徳川斉昭の藩政改革を補佐します。

　『新論』執筆の動機の一つは、異国船が水戸藩領沿岸にしばしば接近したことで、文政五年（一八二二）から文政八年（一八二五）までの三年間に、十数回もありました。中でも直接の契機となったのは、文政七年（一八二四）五月、水戸藩領の大津浜にイギリスの捕鯨船が近付き、水や食糧を求めて十二人がボートで上陸した大津浜事件でした。この時、彼は筆談役を命じられ、「此土をも彼が属地となさんとの云の意なるべし」（『諳夷《あんい》問答』、「諳」は諳厄利亜《アングリア》の略）と報告しています。また八月にはイギリスの捕鯨船が薩摩の宝島に上陸して牛を略奪する宝島事件が起きます。そしてこれらの事件が契機となり、翌年二月には幕府が異国船打払令を発令して、その翌月の三月には『新論』が書き上げられるのです。

彼はロシアの千島進出に危機感を抱き、ロシアの東方進出を論じた『千島異聞《いもん》』を著していたのですが、足下に「外夷」が現れて上陸したのですから、危機意識は一気に高まりました。水戸藩が尊王攘夷論の震源となったのは、海岸線が長く、しばしば列強が近接したことと無関係ではないでしょう。

『新論』は、水戸藩主である徳川斉脩《なりのぶ》（斉昭の兄）に捧呈されましたが、公刊は許されず、著者名を隠すように命じられました。そのため著者は「無名氏」と記され、写本の形で流布しました。それでも著者が会沢安であることは暗黙の了解であり、久留米藩の真木和泉《まきいずみ》や長州藩の吉田松陰は、水戸に遊学して会沢安に学んでいます。幕末の尊攘論者で、『新論』を読んだことのない者はいなかったことでしょう。そして安政四年（一八五七）に出版されると、さらに広く読まれるようになり、『新論』は尊王攘夷運動の指導理論書となりました。

ところが文久二年（一八六二）に『時務策』を著し、「今日に至ては、また古今時勢の変を達観せざることを得ざるものあり。……外国を尽《ことごと》く敵に引受けて、其間に孤立はなり難き勢なれば、寛永の時とは形勢一変して、今時外国と通好は已《や》むことを得ざる勢なるべし」と、一転して開国を主張します。これは激化する尊王攘夷論者にとっては、許し難い変節です。しかし彼にしてみれば、開国後の諸情勢の変化に対応したのでしょう。彼の説く攘夷論の究極目的は人心の国家的統合であって、単純な攘夷そのものではありませんでした。要するに『新論』が主張していることは、列強侵攻の危機である今こそ、天皇を中心とした日本独自の国のあり方である国体を再認識して人心を統合させ、併せて富国強兵により、内憂外患が山積する政治的危機を克服する、千載一遇の機会であるということなのです。

ここに載せた前部は序論の冒頭部で、『新論』では最もよく知られています。中部は「虜情」の章で、文化五年（一八〇八）にイギリス軍艦フェートン号が長崎港に侵入した事件と、文政元年（一八一八）にイギリス船ブラザース号が浦賀に来航して通商を求めたことに言及しています。後部は「守禦《しゅぎょ》」の章で、蝦夷地に対するロシアの脅威について述べています。会沢安はイギリスをロシアの属国と考えていて、イギリスの背後にはロシアがいると理解していました。そのイギリスが水戸藩領に上陸したのですから、ますます蝦夷地のことが心配になったわけです。それにしても、もし蝦夷地がロシア領となっていたら、近現代史は激変していたことでしょう。

誹風柳多留——はいふうやなぎだる

（主要テキスト：「新潮日本古典集成」『誹風柳多留』）

原文

①国の母生まれた文《ふみ》を抱きあるき　（第一篇）

②これ小判たった一晩居てくれろ　（第一篇）

③晦日《みそか》そば残ったかけはのびるなり　（第三二編）

④義貞の勢《ぜい》は浅蜊《あさり》を踏みつぶし　（第一篇）

⑤三人で一人魚《うお》食ふ秋の暮　（第二二篇）

⑥子が出来て川の字なりに寝る夫婦　（第一篇）

⑦孝行のしたい時分に親はなし　（第二二篇）

現代語訳

①故郷の母は、孫が産まれたという娘の手紙を、まるで赤ん坊を抱くように持って、嬉しそうに歩き回っている

②これ、小判よ、わずか一晩でよいから、ここの我が家にとどまっていておくれよ

③大晦日の夜に、売掛《うりかけ》の借金取りが来たので、拝み倒して延ばしてもらえたのはよいけれど、せっかくの年越しの掛蕎麦《かけそば》も伸びてしまった

④新田義貞の軍勢は稲村ヶ崎から鎌倉に侵入したから、海辺で浅蜊《あさり》を踏みつぶしたことだろう

⑤「秋の夕暮」を詠んだ三人の歌人の中で、二人は僧侶だから、魚を喰えるのは俗人の定家だけだ

⑥子が産まれると、夫婦は子を中に挟んで、川の字のようになって寝ることだ

⑦親孝行をしたいと思う頃には、もう親は亡くなっている。もっと早く孝行しておけばよかった

解説

『誹風柳多留《はいふうやなぎだる》』は、江戸時代の庶民文芸である前句付《まえくづけ》の秀句を集めて刊行された句集です。前句付は俳諧の一つで、課題として出された七七の前句に、気の利いた五七五の付句を付けて詠む文芸です。もとは俳諧の修練法の一つだったのですが、次第に前句は付句のヒントに過ぎなくなり、付句が文芸として独立したわけです。そして初めは小規模に楽しんでいたのですが、次第に点者が前句を公示し、市民が付句を投稿する形で普及しました。この様な興業は、「万句合《まんくあわせ》」と呼ばれました。

前句付の点者は何人もいたのですが、柄井川柳《からいせんりゅう》（一七一八〜一七九〇）の選ぶ句が人気を集めました。前句の面白さや、選ぶセンスの問題なのでしょう。選ばれた句は「勝句《かちく》」と呼ばれ、簡単な刷り物になったのですが、明和二年（一七六五）、柄井川柳の友人で俳諧作家の呉陵軒可有《ごりょうけんあるべし》（御了見あるべし）が、多くの秀作の中から、付句だけで意味がわかるものを集め、『誹風柳多留』と題した冊子として発売しました。投稿者には、自分の句が掲載されるかもしれないという新しい楽しみが増え、ますます前句付は庶民の文芸として広まってゆくことになったのです。そして現在では、点者の名前を取って、前句付は「川柳」と呼ばれています。ですから柄井川柳は、前句付（川柳）を普及させた功労者であり、呉陵軒可有は『誹風柳多留』の産みの親なのです。

『誹風柳多留』という書名については、本来は滑稽さを表す「俳」なのでしょうが、敢えて「そしり」を意味する「誹」としているのは、滑稽だけではなく、風刺を意図したからなのでしょうか。「柳多留」という呼称は、江戸時代の結納や婚姻の必需品である柳材製の酒樽《さかだる》を、縁起を担いで「家内喜多留《やなぎだる》」と表記していたことに、「川柳」の「柳」を掛けたものです。

『誹風柳多留』は初期にはほぼ毎年発行され、第二四編まで呉陵軒可有が選んでいます。一般的には呉陵軒可有が選句した第二四編までが高く評価されているのですが、江戸の庶民生活を知る史料としては、どれも一級の歴史史料です。しかしその後は選句の仕組みが曖昧になって発行数ばかりが増え、天保九年（一八三八）に廃刊となるまでに、合計一六七編も発行されました。

前句付の投稿は、次のような仕組みによっていました。江戸市中の風呂屋・茶屋・居酒屋など、人が多く集まる所に、「連」と呼ばれる取次所が設けられます。そこに興業者が、点者が示した題である前句と締め切り日を公示します。例えば、②の川柳の前句は、「あかぬ事かなあかぬ事かな」（うまくいかないことだ）、⑥の前句は、「はなれ（離れ）こそすれ、はなれこそすれ」というものです。すると付句を詠んだ市民が、一句につき十数文の「入花料《にゅうかりょう》」という投稿審査料を取次所に払って応募します。一文が現在のいくらになるかは、換算するものにより異なるのですが、二〇円〜三〇円と見ておけばよいでしょう。高い評価を得た「勝句《かちく》」は、まとめて簡単な刷り物にされ、そこそこの景品や現金を添えて投稿者に返されました。入選率は三％程度だそうです。最盛期の明和期には一度に二万の句が集まったこともありますから、「万句合」は大袈裟ではありません。百万人とされる江戸の人口から計算すれば、一％以上になります。現在でも川柳は盛んであり、新聞に投稿する人も多いことでしょうが、それを遥かに凌ぐ人気があったわけです。

膨大な数の川柳から数句選ぶことは難しく、「独断と偏見」で選んでみました。①は、初孫の産まれたことを喜ぶ、親の愛情を素直に詠んでいます。②はよく知られている句で、たまたま手に入った小判に、「宵越しの金は持たねえ」江戸っ子」が、ユーモアたっぷりに呼びかけている場面です。このおどけた表現こそが、川柳らしさと言えるでしょう。「居てほしい」では、面白くありません。③は、売掛と掛蕎麦の「かけ」をかけ、支払期限と蕎麦《そば》がのびたことを掛けています。また年越蕎麦の風習があったことがわかります。④は、新田義貞が鎌倉を攻略した時、海辺の稲村ヶ崎から侵入したことを踏まえています。⑤は、『新古今和歌集』に収められた、いわゆる「三夕《さんせき》の歌」（秋の夕暮の歌）を詠んだ寂蓮《じゃくれん》・西行・藤原定家の中で、僧侶でない俗人は定家一人であることを、「魚を喰える」かどうかで表しています。現代人なら、説明されないとわからないかもしれません。⑥⑦は諺にもなっていますから、今さら説明の必要はないでしょう。

雨月物語——うげつものがたり

（主要テキスト：「日本古典文学大系」『雨月物語』）

原文

時に峰谷ゆすり動きて、風、叢林《はやし》を僵《たお》すが如く、沙石《まさご》を空に巻上《まきあぐ》る。みる〱一段の陰火《いんか》、君が膝の下《もと》より燃上りて、山も谷も昼の如くあきらかなり。光の中につら〱御気色《みけしき》を見たてまつるに、朱《あけ》をそゝぎたる龍顔《みおもて》に、荊《おどろ》の髪、膝にかゝるまで乱れ、白眼《しろきまなこ》を吊《つり》あげ、熱き嘘《いき》を苦しげにつがせ給ふ。御衣《おんぞ》は柿色のいたう煤《すす》びたるに、手足の爪は獣の如く生《おい》のびて、さながら魔王の形、あさましくも恐ろし。

空に向ひて「相模〱」と叫《よば》せ給ふ。「あ」と答へて、鳶《とび》の如くの化鳥翔来《けちようかけ》り、前に伏て詔《みことのり》を待つ。院、かの化鳥に向ひ給ひ、「何ぞ早く重盛が命を奪《とり》て、雅仁《まさひと》・清盛を苦しめざる」。化鳥答へて言ふ、「上皇の幸福《さいわい》いまだ尽ず。重盛が忠信近付きがたし。今より支干《えと》一周《ひとめぐり》を待《また》ば、重盛が命数《よわい》既に尽なん。他《かれ》死せば一族の幸福此時《さいわいここ》に亡《ほろぶ》べし」。院、手を拍《うち》て怡《よろこ》ばせ給ひ、「かの讐敵《あたども》、こと〲く此の前の海に尽《つく》すべし」と、御声、谷峰に響て凄《すざま》しさ言ふべく

現代語訳

その時、峰も谷も揺れ動き、風が木々をなぎ倒すばかりに吹き、砂塵を空に巻き上げた。するとみるみるうちに一団の妖《あや》しげな鬼火が、崇徳院の膝下《ひざもと》から燃え上がり、山も谷も真昼の如く明るくなった。その光の中でまじまじとその御様子を拝すると、（怒りの余りに）朱《あけ》に染まった御顔には、荊《おどろ》の如き髪が膝に届く程に乱れ、白目をつり上げ、熱い息を苦しげに吐いておられる。御衣《みころも》は（修験者の衣の如く）柿色でひどく煤《すす》け、手足の爪は獣の如くに長く伸び、さながら魔王の如き形相は、凄まじく恐ろしい。

そして虚空に向かい、「相模、相模」とお喚《よ》びになると、「はっ」と答えて、鳶《とび》の如き怪鳥（天狗）が飛び来たって御前にひれ伏し、御言葉を待つ。崇徳院がその怪鳥に向かい、「何ゆえ速やかに平重盛の命を奪い取り、雅仁《まさひと》（後白河上皇）や平清盛らを苦しめぬのか」とお尋ねになると、怪鳥が、「後白河上皇の運命はいまだ尽きてはおりませぬ。重盛は忠義の心が篤く、今は近づけませぬが、今より干支が一巡（十二年）するのを待てば、重盛の命も尽きましょう。そして奴《やつ》が死ねば、平氏一門の栄華もその時に滅びましょう」と答えた。すると崇徳院は手を打ってお喜びにな

もあらず。

魔道の浅ましきありさまを見て、涙しのぶに堪《たえ》ず。復《ふたた》び一首の歌に随縁《ずいえん》の心をすゝめたてまつる。

「よしや君昔の玉の床《とこ》とてもかゝらん後《のち》は何にかはせん刹利《せつり》も須陀《しゅだ》もかはらぬものを」と、心余りて高らかに吟《うたい》ける。

此のことばを聞《きこ》しめして、感《めで》させ給ふやうなりしが、御面《みおもて》も和らぎ、陰火もやゝうすく消ゆくほどに、つひに龍体《みかたち》もかき消《けち》たる如く見えずなれば、化鳥も何方去《いずちゆき》けん跡もなく、十日余《あまり》の月は峰に隠れて、木《こ》のくれ闇のあやなきに、夢路にやすらふが如し。

り、「あの仇どもをことごとくこの前の海で沈めてくれようぞ」と仰せになる。その御声は谷や峰に響き、その凄まじさは言葉にすることもできない。

西行は魔道の凄まじい有様を見て、涙を抑《おさ》えられず、再び歌を詠み奉り、仏に縁を結ぶ心をおすすめ申し上げた。

「上皇様、たとえ昔は玉座におられたとしても、このようになられた後では、それが何になりましょう。王族（刹利《せつり》、古代インドの王族）も農民（須陀《すだ》、古代インドの農民）も、死んでしまえばみな同じではございませんか」と、感極まって高らかに吟じたことであった。

この言葉をお聞きになられた崇徳院は、感じ入るところがあられたのか、御顔も穏やかになられ、鬼火も少しずつ消えゆくうちに、いつの間にか御姿もかき消す如くに見えなくなり、怪鳥もどこかに失《う》せて、跡形もなく見えなくなった。

解説

『雨月物語《うげつものがたり》』は、読本作家である上田秋成《うえだあきなり》（一七三四～一八〇九）が、三五歳の明和五年（一七六八）に著し、安永五年（一七七六）に出版された短篇怪異小説集です。秋成は、四歳の時に紙や油を商う上田茂助の養子となりましたが、成長しても商才はありませんでした。しかし国学や漢学には励み、それは文章の格調の高さからも察しが付きます。『雨月物語』には、九篇の短篇が収められています。書名については、序文に「雨霽《は》れて月朦朧《もうろう》の夜、窓下《そうか》に編成す。……題して雨月物語と曰く」と記されていますが、怪談集には相応しい書名でしょう。

ここに載せたのは、第一話「白峯」の最後の場面です。崇徳上皇の後白河天皇に対する怨念は、実に複雑でした。永治元年（一一四一）、父帝の鳥羽上皇は崇徳天皇を欺《あざむ》き、異母弟でわずか満二歳五か月の近衛天皇に譲位させます。当時は院政が行われていましたが、近衛天皇は弟ですから、崇徳上皇が院政を行うことはできません。その近衛天皇が十七歳で崩御すると、次に即位したのは同母弟の後白河天皇で、またもや崇徳上皇の院政の途はなくなってしまいました。院政を行えるのは、天皇の父である上皇でなければならなかったからです。

問題をさらに複雑にしたのは、崇徳上皇は、鳥羽の祖父である白河天皇が、鳥羽の中宮藤原璋子《たまこ》と密通して産ませた子だという疑惑があり、鳥羽上皇は崇徳上皇を嫌悪していたことでした。この話は鎌倉時代の『古事談』にしか記述がなく、真偽は不明です。

讃岐における崇徳院の様子は、『保元物語』に詳しく記されています。巻之三「新院御経沈、附崩御の事」には、「悪心懺悔《ざんげ》のため」、五部の大乗経を三年がかりで写経し、しかるべき所に奉納してほしいと京に送ったのですが、後白河天皇から送り返されたと記されています。自らの血で写したとする異本もあります。そこで崇徳上皇は、「この経を魔道に廻向《えこう》して魔縁となりて遺恨を散ぜん」と、写経に誓状を添えて海に沈め、それ以後は髪を梳《くしけず》らず、爪を切らず、「生《いき》ながら天狗の姿にならせ給ひ」と記されています。こうして讃岐で九年を過ごした後、長寛二年（一一六四）に四六歳で崩御し、白峯という所に埋葬されたのですが、その後不吉な事件が相次ぎ、崇徳上皇の祟りであると恐れられました。

西行はもとは佐藤義清《のりきよ》という名で、鳥羽上皇の御所を警備する北面の武士でした。しかし和歌に優れた崇徳天皇（上皇）との絆が強く、西行の『山家集』には、崇徳上皇に関わる歌が十数首も収められていて、敬慕が篤いものであったことがわかります。特に保元の乱直後、剃髪して仁和寺に謹慎している崇徳上皇のもとに駆けつけていますが、そのような行動は、下手をすれば厳しく断罪されかねないことでした。しかしそれを承知で駆けつけています。ですから崇徳上皇の霊を慰めるのは、西行が最適であったのです。

仁安三年（一一六八）、西行が崇徳上皇の墓所を訪ねると、御陵はひどく荒廃し、西行は涙を拭いつつ崇徳上皇の御霊に語りかけ、歌を詠んで霊を慰めました。『雨月物語』の西行の歌はその時に詠まれたもので、その時「御墓三度まで震動するぞ怖しき」と記されている『保元物語』の異本もあります。上田秋成は、『保元物語』に伝えられた以上のような逸話を、怪異譚《かいいたん》に仕立て直したわけです。

ただ讃岐での実際の崇徳上皇は、怨念の権化のようなものではなかったでしょう。『風雅和歌集』には、「思ひやれ都はるかに沖つ波立ちへだてたる心ぼそさを」という、穏やかな御製が収められています。また西行もしばしば歌を贈って慰めています。ここには懐旧の悲しみはあっても、怨念は感じられません。なお崇徳上皇の白峯御陵は、現在は四国八八箇所第八一番の白峯寺（香川県坂出市）に隣接しています。

浮世風呂——うきよぶろ

（主要テキスト：「新日本古典文学大系」『浮世風呂』）

原文

熟《つらつら》監《がんがみ》るに、銭湯ほど捷径《ちかみち》の教諭《おしえ》なるはなし。其故《そのゆえ》如何《いかが》となれば、賢愚邪正《じゃしょう》貧福貴賤、湯を浴《あび》んとて裸形《らぎょう》になるは、天地自然の道理。釈迦も孔子も於三《おさん》も権助《ごんすけ》も、産れたまゝの姿《すがた》にて、惜《おし》い欲しいも西の海、さらりと無欲の形なり。欲垢《よくあか》と梵悩《ぼんのう》（煩悩）と洗《あらい》清めて浄湯《おかゆ》を浴びれば、旦那様も折助《おりすけ》も、孰《だれ》が孰やら一般《おなじ》裸身。……

惣《すべ》て銭湯に五常《ごじょう》の道あり。湯を以て身を温め、垢《あか》を落し、病を治《ぢ》し、草臥《くたびれ》を休むるたぐひ、則《すなわち》仁なり。「桶のお明《あき》はござりませぬか」と、他《ひと》の桶に手をかけず、留桶《とめおけ》を我儘《わがまま》に使はず、又は急《いそい》で明《あけ》て貸すたぐひ、則《すなわち》義也。「田舎者でござい」、「冷物《ひえもの》でござい」、「御免なさい」と言ひ、或は「お早い」、「お先へ」と演《の》べ、或は「お静に」、「お寛《ゆる》り」など言ふたぐひ、則礼なり。糠《ぬか》洗粉軽石糸瓜《へちま》皮にて垢を落し、石子《いしころ》で毛を切るたぐひ、則智也。あついと言へば水をうめ、ぬるいと言へば湯をうめる、お互に背後《せなか》をながし合ふたぐひ、則信也。

現代語訳

よくよく考えると、銭湯ほど身近な教訓はありません。なぜなら賢人も愚人も、悪人も善人も、貧人も金持ちも、貴人も賤人も、湯を浴びようと裸になるのは当然の道理だからです。お釈迦様も孔子様も、下女も下男も、みな産まれたままの姿になり、惜しいだの欲しいだのという心は、さらりと捨てた無欲の姿。欲の垢や煩悩を洗い清めて、きれいな上がり湯を浴びれば、主人も下男も、誰が誰やらみな同じ裸の身なのです。……

そもそも銭湯には、（人が踏み行うべき）仁・義・礼・智・信の五つの徳があります。湯で身体を温め、垢を落とし、病を癒して疲労した身体を労ることは、思いやりの心である仁の徳です。「空いている桶はありませんか」と言っては、他の人の桶を使わず、「留桶」（客が銭湯に置いている個人専用の桶）を勝手に使わず、使い終わったらすぐに戻すことは、道理を弁える義の徳です。「田舎者ですので、無礼があったらお許しを」、「身体が冷えているものですから」、「御免なさいね」、「お早いですね」、「じゃあお先に」とか、「お静かに」、「ごゆっくり」などと声をかけるのは、慎み深い心である礼の徳です。糠袋、洗い粉、軽四十余《あまり》の男、六つばかりの男の子の手をひき、猿廻《さるまわし》のやうに背中へ負《おい》しは、三つばかりの女の子。竹でこしらえたる持遊びの手桶と、焼物の亀子《かめのこ》を持たせて、生鈍《なまのろ》い口拍子。「よい〱〱よ、アそりゃ〱来たぞ。御湯《おぶう》はどこだ。兄さんヤ、転《ころ》びなさんなよ。能《よ》く下を見てお歩きよ。アよい〱〱よ。ア御湯《おぶう》はこゝだ。そりゃ〱穢物《ばばっちい》だ〱。飛《とん》だりとんだり。ヲヽ穢《きた》なや〱。コレ、兄さんはの、犬《わんわん》の穢物《ばばっちい》を踏《ふ》もうとしたよ。坊《ぼう》はお父《とっ》さんに御負《おんぶ》だから能《いい》の。背中の妹「坊おんぶ」。「ヲヽ、ヲヽ、坊は父《ちゃん》におんぶ、兄さんは歩行《あんよ》。サア下《おんり》しな。コリャ〱待《まっ》たり〱。転《ころ》ぶよ〱。サア、兄さんひとりで衣《べべ》を脱《ぬぎ》な。坊の衣《べべ》は父《ちゃん》が脱《ぬが》せる。ソリャ、手を抜《ぬい》たり」。兄「俺《おいら》はモウ衣《べべ》を脱《ぬい》だよ」。

石、糸瓜で擦って垢を落とし、小石で毛を切るようなことは、工夫を凝らす智の徳です。誰かが「熱い」と言えば水を足し、「温い」と言えば熱い湯を足して、背中を流し合うようなことは、お互い信頼し合う信の徳です。

四〇歳くらいの男が、六歳くらいの男の子の手を引き、猿廻しの猿のように背負っているのは、三歳くらいの女の子。竹でこしらえたおもちゃの手桶と、焼物の亀の子を持たせて、のんびりとした口調で、「よいよいよいよ、あ、そりゃそりゃ来たぞ。お風呂はどこだ。兄さんや、転びなさんなよ。よく下見てお歩きよ。あ、よいよいよいよ、あ、お風呂はここだ。そりやそりや、ばばっちい、ばばっちいだ。跳び越せ、跳び越せ。おお、汚《きたな》いきたない。これこれ、兄さんはね、ワンワンのうんこを踏みそうだったよ。おまえは父さんにおんぶしてるからいいの」。背中の妹「わたしは、おんぶ」。「ああ、そうそう、おまえは父さんにおんぶ。兄さんはあんよ。さあおんりしな。これこれ、待て待て、転ぶよ、転んじゃうよ。さあ、兄さんは一人で服を脱ぎなよ。おまえのは父さんが脱がせてやる。それ、手を抜いてごらん」。兄「おいらはもう服脱いじゃったよ」。

解説

『浮世風呂《うきよぶろ》』は、滑稽本の作家である式亭三馬《しきていさんば》（一七七六―一八二二）の代表作で、江戸庶民の社交場でもある銭湯

（湯屋）を舞台として、軽妙な会話により、庶民の日常生活を面白おかしく活写しています。文化六年（一八〇九）に出版された初編の「男湯之巻」が大好評となり、その後、第二編の「女湯之巻」を経て、文化十年（一八一三）には第四編の「男湯再編」まで続きました。

江戸の市民生活には、入浴は欠かすことができないものですが、防火には気を付けなければならず、内風呂は設備が大がかりですから、庶民の家に風呂を据えることなどできませんでした。しかも江戸っ子は熱湯好きですから、庭先の行水では満足できません。それで頻繁に銭湯に通うことになり、銭湯が市民の社交場となっていたのです。

『守貞謾稿《もりさだまんこう》』という江戸時代後期の風俗誌などによれば、天保の頃、江戸には「おおむね一町一戸」、五七〇の銭湯があったということです。休業日は月に一日、それ以外は朝六時頃から夜八時頃まで営業していました。入浴料は天保の頃には大人八文、子供六文、幼児四文が普通で、冬期の増銭はありませんでした。また「留湯《とめゆ》」と称して、一四八銭を払えば、月に何度でも入れました。二日に一回入れば元が取れるという計算です。一文は現在の二〇円〜三〇円くらいですから、当時としては妥当な料金でしょう。

ここに載せたのは、前半が巻頭の「浮世風呂大意」で、銭湯の徳を、朱子学の五常の徳である仁・義・礼・智・信に擬えて、わざと大真面目に説いているところが何とも滑稽です。後半は「男湯之巻」の「朝湯の光景《ありさま》」の一部で、父親と二人の子供が朝から銭湯に行く場面です。満年齢に直すなら、男の子は四〜五歳、女の子は一〜二歳ということになります。この場面は親子の会話ですから、幼児語がたくさんあります。お湯を「おぶ」、汚いことを「ばばっちい」（ばっちい）、犬を「わんわん」、服を「べべ」、背負うことを「おんぶ」、父親のことを「ちゃん」、歩くことを「あんよ」、降りることを「おんり」などは、現代でも普通に使われています。ここには載せていませんが、他にも「腹《ぽんぽん》」「小便《しい》」「ねんね」がありました。

また興味深いのは、女の子を「坊」と呼んでいることです。「坊や」と言う言葉は、現在では男の子に対する呼称ですが、女の子にも使われているのです。平安時代以来、赤子は生まれると七日目には頭の毛をみな剃ってしまいます。それは発熱した際に熱を冷ますためと理解されていました。山東京伝の『歴世女装考』には、「小児は熱を以て育つ事天性なれば、盛んなる熱を漏らさん為に」と記されています。

東海道中膝栗毛——とうかいどうちゅうひざくりげ（主要テキスト：「日本古典文学大系」『東海道中膝栗毛』）

原文

すぐに座敷へ通ると、女、柳行李《やなぎごうり》（柳の枝を編んで作った物入れ）、三度笠を持ち来たり、床の間に置く。
北「コレ〳〵、女中。煙草盆に火を入れて来てくんな」
弥「ヲヤ、手前《てめえ》もとんだ事をいふもんだ」
北「なぜ〳〵」
弥「煙草盆へ火を入れたら、焦げてしまハア。煙草盆の中にある火入れの内へ、火を入れて来いと言ふもんだ」
北「エヽ、御前《おめえ》も詞咎《ことばとがめ》をするもんだ。それじゃあ日の短い時にゃア、煙草も喫《の》まずに居にゃアならねへ」
弥「時に腹が北山《きたやま》（空腹）だ。今、飯《めし》を炊《た》く様子だ。埒《らち》のあかねへ（話にならない）」
北「コレ、弥次さん。おいらよりゃア御前《おめえ》、文盲なもんだ」
弥「なぜ」
北「飯を炊いたら粥《かゆ》になってしまうわな。米を炊くと言へばいゝに」
弥「馬鹿ぬかせ、ハヽヽヽ」
と、此内《そのうち》、女、煙草盆を持って来る。
北「もし、姉《あね》さん、湯が沸《わ》いたら這入《へえ》りやせう」
弥「そりゃ、人のことを言ふうぬ（お前）が、何にも知らねへな。湯が沸いたら、熱くて入られるものか。それも水が湯に沸いたら、這入《へえ》りやせうとぬかし居れ」
此内《そのうち》、また宿の女
女「もし、お湯が沸きました。お召しなさいませ」
弥「おい、水が沸いたか。どれ、入《はい》りやせう」

解説

『東海道中膝栗毛』は、黄表紙や滑稽本の作家である十返《じっぺん》舎一九《しゃいっく》（一七六五～一八三一）が著した大衆小説です。内容は弥次郎兵衛《やじろべえ》（五〇歳、以下「弥次郎」）と喜多八《きたはち》（北八、三〇歳）が江戸から伊勢神宮参詣に行く旅行記で、続編は木曽街道（中山道）を経由して江戸に帰着するまでが叙述されています。なお「栗毛」とは「栗毛色の馬」のことで、「膝栗毛」とは「自分の膝を馬の代わりにして徒歩で旅をする」ことを意味しています。

初編が出版されたのは享和二年（一八〇二）で、内容は江戸から箱根までだったので、書名も『浮世道中膝栗毛　完』となっていましたから、続編を書くつもりはなかったようです。ところが好評となったため、三年がかりで、伊勢から奈良・京都・大坂を巡り、ここまでが正編。しかし人気が衰えず、ついには讃岐の金比羅宮《こんぴらぐう》から安芸の宮嶋まで足を延ばし、木曽街道（中山道）の善光寺・草津温泉を経由して江戸に帰るまでが続編。文政五年（一八二二）に二一年がかりで漸く完結しました。ただし続編は「東海道」が取れて『続膝栗毛』に書名が替わります。

人気の理由は、「旅は恥のかき捨て」とばかりに醜態を繰り広げたり、馬鹿馬鹿しいできごとの連続や、ギャグの応酬が読者の笑いを誘ったことでした。さらに貸本屋が増えて、庶民が長編小説を自由に読めるようになったことや、伊勢参宮や札所巡りなど、庶民の旅行が盛んになったことなども、人気を得た背景となりました。宿場の具体的描写や随所に挟まれている挿図が、同じ道を歩いた経験のある人に、懐かしく思い起こさせるという効果もあったことでしょう。また当時よく知られていた歌舞伎や浄瑠璃に取材した内容を随所に採り入れているので、現代人には思い当たる節がなくても、当時の庶民にはその仕掛けがすぐにわかる面白さがありました。

一般的には「弥次喜多道中」と称して、ボケとツッコミが演じる漫才のように、滑稽で愉快なお笑い道中記と思われていますが、実際にはかなり深刻な場面があります。そもそも弥次郎と喜多八は男色関係でした。また欺された女が真相を知ってショック死してしまう程、あくどい結婚詐欺でまんまと手に入れた十五両の持参金で、験直《げんなお》しに伊勢参宮の旅に出るという設定です。しかも行く先々で、遊女や飯盛女だけでなく、たまたま出会った女性にまで手当たり次第に醜態を演じ、男の身勝手がまかり通る場面があります。こうなると教育的配慮から、とてもそのまま収録することができない場合があるのですが、部分的には単純に笑い転げられる場面も少なくはありませんから、そのような場面を適当に摘まみ食いしたり、きわどい場面は程々にやり過ごすことになるわけです。

ここに載せたのは、小田原宿の場面です。現代語訳は省略しましたが、それはこの頃の会話は、現代人が聞いてもほぼ理解できる程、現代語に近いということでもあります。

おらが春——おらがはる

（主要テキスト：「日本古典文学大系」『一茶集』）

原文

楽しみ極《きわま》りて愁《うれ》ひ起《おこ》るは、うき世のならひなれど、いまだ楽しびも半《なか》ばならざる、千代の小松の、二葉ばかりの笑ひ盛りなる緑子を、寝耳に水のおし来るごとき、あら〱しき痘《いも》の神に見込れつゝ、今、水膿《うみ》のさなかなれば、やをら咲ける初花の泥雨《でいう》にしほれたるに等しく、側《そば》に見る目さへ苦しげにぞありける。是も二三日経《へ》たれば、痘はかせぐちにて、雪解《ゆきげ》の峡土《かいつち》のほろ〱落《おつ》るやうに、瘡蓋《かさぶた》といふもの取《とれ》れば、祝ひはやして、桟俵法師《さんだらぼうし》といふを作りて、笹湯浴《ささゆあび》せる真似《まね》かたして、神は送り出《いだ》したれど、益々弱りて、昨日《きのう》より今日は頼み少なく、終《つい》に六月二十一日の蕣《あさがお》の花と共に、此世をしぼみぬ。母は死顔にすがりてよゝ〱と泣もむべなるかな。この期《ご》に及んでは、行水《ゆく》のふたゝび帰らず、散る花の梢《こずえ》にもどらぬくひごとなどゝ、あきらめ顔しても、思ひ切がたきは恩愛のきづな也けり。

露の世は露の世ながらさりながら　一茶

現代語訳

楽しみを尽くした後、何か愁いを感じるのは、定めなきうき世のならいとは言うものの、まだ楽しみが半ばにもなっていない、言わば千代の松がまだ芽生えたばかりの、可愛い盛りの幼子は、寝耳に水の如く突然に、荒々しい疱瘡《ほうそう》神に見込まれてしまった。今は膿《うみ》でただれている最中で、漸く咲き始めた初花が、泥混じりの雨に打たれて萎《しお》れてしまったのと同様に、側で見ているだけでも、実に苦しそうであった。このような状態も二三日すると水疱が乾き、雪解けの崖の土がはらはらと剥がれ落ちるように、瘡蓋《かさぶた》というものが取れてきたので、祝い事として桟俵《さんだら》（俵の両端にあてがう丸い蓋）法師というものを作り、笹湯を浴びせる真似事《まねごと》をして、疱瘡神を送り出したけれど、幼子はますます衰弱して、昨日よりは今日と、覚束《おぼつか》なくなり、終《つい》に六月二一日には、朝顔の花が萎《しぼ》むのと共に、この世を去ってしまった。母は死に顔にとり縋《すが》ってよよと泣いたが、それも無理はない。こうなったからには、流れ行く水が元に戻ることなく、散った花が元の梢に戻らないように、悔いの残ることだと諦め顔はしてみるものの、切るに切れないものは、恩愛の絆というものである。

この世が露のように儚《はかな》いことはわかっていても、それにしてもなぜ（娘がこれ程幼くして亡くなってしまうとは）

『おらが春』は、信濃国の俳人小林一茶《こばやしいっさ》（一七六三〜一八二七）の俳文集で、文政二年（一八一九）、五七歳の時にまとめられました。いずれ刊行するつもりだったのですが、実現せず、一茶の没後、稿本を収蔵していた門人により、嘉永五年（一八五二）に出版されました。書名は、その最初の句である「目出度さもちう位也おらが春」から採られています。

一茶の生涯は、悲しみと苦悩の連続でした。信濃国水内《みのち》郡柏原の中農の家に生まれましたが、三歳で母と死別しました。『おらが春』には、幼い頃を思い出しつつ、「我と来て遊べや親のない雀」という句が収められています。その後、八歳で迎えた義母や異母弟との折り合いが悪く、十五歳で江戸に奉公に出されました。そして江戸では二五歳で俳諧修業を始め、三〇歳代には俳人として身を立てるべく、西国へ足掛け七年も旅行しています。四〇歳代になると、俳諧師としてその名が全国的に知られるようになりました。俳諧師の生活の糧は、各地の俳諧愛好者の結社に師匠として迎えられ、歓待されたり、何がしかの報酬を得て成り立っていました。信濃に帰郷するに際しても、北信濃で前もって一茶社中の結成に奔走しています。

そして五〇歳で故郷に帰り、五二歳で漸く結婚しますが、妻は二八歳でした。しかし、三男一女はいずれも二歳未満で夭折してしまいます。六一歳の時にその妻も三七歳で亡くなり、翌年に再婚するのですが、半年で離婚します。そして六三歳で再々婚しますが、六五歳で一茶自身も亡くなってしまいます。三人目の妻との娘は成長しますが、生まれたのは一茶の没後のことでした。また父没後、義母・義弟との遺産相続争いが十三年間も続いていました。一茶の生涯は、親の愛情が薄く、家庭的な幸福とはおおよそ縁遠いものだったのです。一茶の句風は、方言を用いたり、弱者への優しい眼差しがあることが特徴で、わかりやすいことから、国語や歴史学習の教材として親しまれています。しかしそれがどのような境遇から生み出されたものであるかを知らなければ、本当の意味で一茶を理解することはできないでしょう。

それだけに娘の「さと」が生まれてしばらくの間は、家庭的には最も幸せな時期でした。『おらが春』には、「さと」が生まれた後の、可愛らしい仕草や育児が描写されています。「てうち《ちょうち》〱あはゝ、天窓《おつむ》てん〱」、「わん〱はどこにと言へば犬に指《ゆびさ》し、かあ〳〵はと問へば、烏に指さすさま、口もとより爪先迄《つまさき》、愛嬌こぼれてあいらしく、いはゞ春の初草に胡蝶の戯るゝよりも、やさしくなん覚え侍る」という具合で、目に入れても痛くない程の溺愛ぶりです。

ここに載せたのは、「さと」が疱瘡《ほうそう》（天然痘）で亡くなる場面です。晩年に漸く授かった娘を、わずか在世四〇〇日で失う悲しみは、想像を絶するものであったことでしょう。晩年に国司として赴任した土佐で、幼い娘に先立たれた紀貫之は、その悲しみを『土佐日記』に綴りました。同様に一茶は『おらが春』に綴ったのです。「笹湯」は、疱瘡が癒えた後、米のとぎ汁や酒を混ぜたお湯を浴びせたり、それを赤い手拭いに浸して身体を拭く、一種の呪《まじない》い的民間療法です。ただ、一般的には、源為朝・鍾馗《しょうき》・金太郎などの勇者を赤色で摺《す》った「赤絵」が、疱瘡神退散の護符として用いられていました。

最後に『おらが春』のよく知られた句や、いかにも一茶らしい句を、いくつか上げておきましょう。

目出度さもちう位也おらが春　（最初の句）
這《は》へ笑へ二つになるぞけさからは
雀の子そこのけ〳〵御馬が通る
大蛍ゆらり〳〵と通りけり
とべよ蚤《のみ》同じことなら蓮の上
悠然として山を見る蛙かな
我と来て遊べや親のない雀
蚤の迹《あと》数えながらに添乳《そえじ》かな
名月を取ってくれろと泣く子かな
ともかくもあなた任せの年の暮　（最後の句）

ペルリ提督日本遠征記——ぺるりていとくにほんえんせいき

（主要テキスト：「岩波文庫」『ペリー提督日本遠征記』）

日本語訳原文

提督《ていとく》（艦隊司令官のペリー）は今度の上陸も出来るだけ盛大にして、日本の肝玉《きもだま》を抜いてやらうと、遺憾なく用意した。夫《それ》は日本人のやうな儀式張った小細工的な人民は、外観で吃驚《びっくり》させるに限ると云《い》ふ事を発見したからである。其処《そこ》で提督は軍艦の執務に差支《さしつかえ》ないだけの人を残して、後《あと》の人は士官でも水兵でも、出来るだけ多く皆服装を改めて上陸するやうに、夫《それ》に楽隊も三組とも参加するやうにと命令した。而《そ》して士官の服装は制服、フロックコート、帽子に肩章《けんしょう》、夫《それ》に剣とピストルを携へる事、水兵は小銃《こじゅう》、剣、ピストルで身を固め、青色のジャケットに同じ色のズボン、夫《それ》に白の上衣《フロック》を着る事、次に音楽隊は各自ピストルと剣とを与へられ、其の他の一行に加はる程の人達は、悉《ことごと》く小銃《こじゅう》やピストルを携へる事との制定であった。

やがて十一時半になると、十分に武装した殆《ほとん》ど五百人の士官、水兵、水夫、其の他の参加者から成立った一行は、司令官ブッカナンの指揮の下《もと》に、二十七隻の短艇《ボート》に分乗し、一列を作って正々堂々と岸を指して漕寄せた。一行が上陸すると、水兵は通路を広く明《あ》けて両側に整列し、士官は波戸場《はとば》（船着き場）の所に一団をなして残って居た。提督がポーハタン号から大艇《だいてい》に乗込むを合図に、マセドニアン号より十七発の礼砲が発《はな》たれた。

士官連は提督の上陸を迎えて直《す》ぐ、其の後から一列になって扈従《こじゅう》（貴人に付き従うこと）した。其の時音楽隊は、嚠喨《りゅうりょう》（音がよく響くこと）と鳴り始め、白と青との制服を着た水兵の銃剣は、閃々《きらきら》と日光に輝いて、実に勇ましい盛な光景を呈した。提督は数多《あまた》の護衛と士官とを従へて、徐々《しずしず》とその間を通って行った。大旗小旗を持った立派な服装をした日本の警護兵は、応接館の入口の両側に塊《かたま》って居て、提督及び随行員がその間を進んで行くと、入口から日本の役人が沢山出て来て、館内に案内した。而《そ》して提督の入館を合図に、二十一発の皇礼砲（皇帝に対する礼砲）が沖の軍艦から鳴り轟《とどろ》き、続いて林大学頭《だいがくのかみ》に対して十七発の礼砲が発たれ、旗艦ポーハタンの檣頭《しょうとう》（マストの頂）高く、横線《おうせん》の入った日本の国旗が掲げられた。

解説

『ペルリ提督日本遠征記《ていとくにほんえんせいき》』は、一八五六年にアメリカ合衆国議会の命により発行された、一八五二～五四年のペリー提督（一七九四～一八五八）による中国及び日本海域への遠征記の一部を翻訳したものです。

アメリカが日本との外交関係樹立を要求して、ペリーを司令官とする数隻の軍艦を派遣してくることは、前年の嘉永五年（一八五二）に、長崎のオランダ商館長から報告されていました。ですから事情を知らない庶民はともかく、有名な狂歌に詠まれているように、幕府はある日突然「蒸気船により泰平の眠りからさまされた」わけではありません。

嘉永六年（一八五三）六月三日（太陽暦七月八日）、ペリーは四隻の軍艦を率いて浦賀沖に現れました。そのうち二隻は外輪を持つ蒸気帆船で、他の二隻は蒸気船ではない帆船だったのですが、「風があるにも係《かかわ》らず、蒸気船は総て帆を捲《ま》き上げて、八浬乃至《のつとないし》九浬の速力（時速十五～十六km）で、波を蹴《け》立てて進んで行った」ので、日本人は度肝を抜かれたことでしょう。もちろんこれは、日本人を驚かせようというペリーの演出です。

日本人通詞は、舟で最初に黒船に横付けした時に、英語で「I can speak Dutch」とまでは話せたのですが、その後は英語が続きません。ただオランダ語には驚く程堪能でした。またアメリカ側にはオランダ語と中国語の通訳がいましたから、意思疎通はオランダ語と中国語を介して行われました。結局幕府は、六月九日に使節が江戸湾口に面した久里浜《くりはま》に上陸することを認め、アメリカ大統領フィルモアの国書を受け取りました。もっともその時点では、アメリカ大統領はピアースになっていましたが。そして、翌年の再来航時に回答することを確認し、江戸湾を退去したのは六月十二日のことでした。その間、翌年に来航する艦隊のための適当な停泊地を探すという口実で、江戸から十マイル（約十六km）まで進入したり、短艇を下ろして沿岸測量をするなど、散々威嚇しています。

そして翌嘉永七年（一八五四）一月十六日、七隻からなる艦隊が再び浦賀沖現れ、後にさらに二隻が合流します。幕府は前回と同じく久里浜での交渉を要求しましたが、ペリーはこれを拒否し、結局、横浜で交渉することとなりました。そして交渉の準備期間中、ペリーは江戸市街が見える位置まで進入したり、横浜から一マイル（約一六〇〇m）以内の地点に艦隊を移動させ、単縦列に停泊するように命じました。こうすれば使用できる大砲の数が最多になり、対岸を数kmにわたって大砲の射程に収めることができるからです。

この協議で日本全権となったのは、大学頭《だいがくのかみ》の林復斎《ふくさい》です。大学頭とは幕府の文教政策の責任者で、現代ならば文科大臣といったところでしょうか。彼はペリーの恫喝《どうかつ》に屈せず、通商の要求を断固として拒否しています。代々幕府の儒官を勤めた林家の当主である朱子学者ですが、交渉は漢文で行われましたから、気骨のある交渉力を併せ持った適切な人選でした。結局、約一カ月にわたる協議の末、同年三月三日（太陽暦三月三一日）、日米和親条約が締結されました。

ここに載せたのは、明治四五年（一九一二）に出版された、鈴木周作訳、『ペルリ提督日本遠征記《ていとくにほんえんせいき》』の第六編「横浜の港二、二十一発の皇礼砲」の部分で、二月十日（太陽暦三月八日）、条約締結交渉のため、ペリーが横浜に上陸する場面です。

ペリーの入館と同時に二一発の礼砲が轟きましたが、その数は国家元首に対する礼砲の数として、その頃には欧米世界共通のものとなっていました。因みに先年の天皇即位礼に際した礼砲も二一発でした。ただしアメリカの国書は将軍のことを「Emperor of Japan」（日本の皇帝）と表記していますから、この場合は将軍に対する礼砲のつもりです。十七発の礼砲は日本全権の林大学頭《だいがくのかみ》に敬意を表するもので、特命全権大使に対する礼砲の数は、現在も十七発です。

ポーハタン号のマスト高く、日本の国旗が掲げられたと記されていますが、その頃、日本の正式な国旗があったわけではありません。しかし異国船がしばしば来航するようになっていたことから、幕府では、国籍を表す船舶用の旗である「日本国惣船印《そうふなじるし》」の必要性は認識されていました。そこで幕府が考えたのが、「大中黒《おおなかぐろ》」と呼ばれる意匠です。これは本来は新田氏の陣幕や家紋の意匠で、事実かどうかはともかく、徳川氏は新田氏の末裔であると信じられていたためでした。武家が戦陣で用いる陣幕は、古くから五枚の布を横長に縫い合わせて作られるのですが、源氏嫡流の源頼朝は、五幅とも白い布を縫い合わせた白色の陣幕を用いていました。源氏の支流の新田氏は嫡流に遠慮して、五枚の布のうち、最上と最下の二幅を白色、第二・三・四幅を黒色にした幕を使用し、「一引両《ひとつひきりょう》」とも呼ばれました。ですから幕府が考えた旗は、白地の中央部に幅の広い黒い帯が横切っている意匠でした。この時掲げられた「横線の入った日本の国旗」が、この大中黒の旗だったのです。日本国惣船印として日の丸が用いられるようになるのは、薩摩藩主島津斉彬《なりあきら》が発案し、幕府海防参与徳川斉昭《なりあき》らの進言により、嘉永七年（一八五四）七月、老中阿部正弘が布告して以後のことです。ですから日米和親条約締結時には大中黒だったのですが、安政五年（一八五八）の日米修好通商条約締結時には、日の丸が日本国惣船印となっていました。国号からすれば、外国使節も相応しいと思ったことでしょう。

明治時代

京都守護職始末——きょうとしゅごしょくしまつ

（主要テキスト：「東洋文庫」『京都守護職始末』）

原文

我公《わがこう》、曩《さき》に病を勉《つと》めて、凝華洞《ぎょうかどう》に宿衛せし以来、日夜神身を労する事多々なるに、七月十九日以降、或は徹宵《てっしょう》すること数夜、或は庭上に露営する等、頗《すこぶ》る労苦を極む。故を以て、事変鎮定するに及びて、病頓《と》みに重きを加ふ。

九月二日、殿下、家臣神保利孝《としたか》を召し、主上には容保《かたもり》の病気甚《はなは》だ叡慮《えいりょ》を掛けさせらる。天下多事の今日、一日も早く全快の事、望ませられ候。依りて極内々にて煎薬菓子を賜ふ。越えて六日、殿下、又家臣を召し、主上、内侍所《ないしどころ》に出御《しゅつぎょ》ありて、容保が疾病平癒《しっぺいへいゆ》を祈らせ賜ひ、其《その》洗米を下賜せらる。但此事《ただしこの》は極内々にすべしとなり。蓋《けだ》し此事、摂籙槐門《せつろくかいもん》に於てすら、古来稀有《けう》の殊恩たり。況んや武門に

現代語訳

我が主君（松平容保《かたもり》）は以前から病をおして、（宿舎の）凝華洞《ぎょうかどう》に宿営して以来、日夜心身を労することが多かった上に、（禁門の変のあった元治元年）七月十九日以降は、徹夜すること数夜、或いは庭で露営するなど、すこぶる辛苦を極められた。そのために禁門の変を鎮定して以来、病は急に重くなられた。

九月二日、関白殿下（二条斉敬《なりゆき》、徳川慶喜の従兄）が家臣の神保利孝《としたか》（会津藩家老）を召し出し、「主上（孝明天皇）は容保の病を殊の外《ほか》御心配になられ、天下の政情不安な今日、一日も早く全快するようにと望んでおいでになる。そのため極めて内々のことではあるが、煎薬と菓子を下賜された」と言われた。そしてさらに六日には、関白殿下が再び家臣を召し出され、「主上が内侍所《ないしどころ》（御神鏡を祀る宮中神

於てをや。真《まこと》に千古未曾有の恩遇なり。

五日、聖上、我公が七月十九日の戦功を叡感《えいかん》あり。左の勅賞を垂《た》れ、御剣一口、［赤銅鳩丸《はとのまる》、金桐御紋、鞘梨子地《なしじ》、鍔《つば》金御紋散らしし］を賜ふ。

「今度、長藩の士、暴挙に及び候処、速《すみやか》に出張し、凶徒を追ひ退け候段、叡感斜《えいかんななめ》ならず候。之に依り御剣一腰、之を賜り候」

別紙
「度々《たびたび》宿衛家来共《ども》にも、大儀に思《おぼ》し食《め》され候事」


殿）にお出ましになり、容保の病気平癒をお祈りになられ、（神饌の）洗米を賜った。ただしこの事は極秘にせよ」とのことであった。思うにこのような事は、摂政や大臣級の者に対してさえも、古来稀な特別の御恩寵である。まして武家に対してはなおさらのことであり、実に千年来、未だ嘗てない御恩寵である。

五日、主上におかれては、我が主君が禁門の変で戦功を立てられたことをお悦びになられ、次のようにお褒《ほ》めの御言葉と御剣を賜った。（その御剣には）赤銅の鳩の丸と、金の桐御紋があり、鞘《さや》は梨地《なしじ》の蒔絵で、鍔《つば》には金の御紋があしらわれている。

「この度《たび》は長州藩士が暴挙に及んだところ、速やかに出陣して凶徒を追い退けたことについて、主上はすこぶるお悦びになられた。これにより御剣一腰を賜る」。

また別紙には
「度々《たびたび》宿営し警備に当たる（容保の）家臣達に対しても、御苦労なことであると思し召されておられるとのこと」とある。

解説

『京都守護職始末《きょうとしゅごしょくしまつ》』は、会津藩主松平容保《かたもり》（一八三五～一八九三）に近侍した山川浩《ひろし》（一八四五～一八九八）が著したということになっている、松平容保の京都守護職在任中の詳細な記録です。

会津藩の藩祖は、第三代将軍徳川家光の弟保科正之《ほしなまさゆき》ですから、代々徳川将軍家を支えることをもって藩是《はんぜ》としてきました。ですから幕末に最後の最後まで、佐幕の立場を貫いたわけです。そして藩主松平容保が京都守護職に任命されると、過激な尊王攘夷派の横行する京都の治安回復のため、藩を挙げてその任務に当たりました。孝明天皇は強固な攘夷思想の持ち主ですが、倒幕の意志は全くなく、松平容保に対する信頼は絶大なものでした。容保は文字通り身命を磨り減らしてその信頼に応えるのですが、突然に孝明天皇が崩御してしまうと、政局は一気に尊王倒幕へと転換します。そして明治維新となり、孝明天皇に忠勤を励んだがために、戊辰戦争においては、理不尽にもかえって朝敵とされてしまいます。

　明治二三年（一八九〇）、武人としての功績により貴族院議員にまでなった山川浩は、九歳年下の弟の山川健次郎（一八五四～一九三一）と語り合うことがあり、京都守護職時代の諸事情を、ありのままに記録しておこうということになりました。兄の浩にしてみれば、主君松平容保が孝明天皇に忠勤を励んだために、朝敵とされてしまった事への無念、弟の健次郎にしてみれば、年齢が及ばないことから白虎隊員としては十分に活躍できず、会津若松城に籠城して生き延びたことへの呵責があり、山川兄弟の無念さは想像を絶するものでありました。明治四四年の初版本の凡例には、「明治三十年」と記されていますから、その頃までには脱稿されていたと思われます。

　しかし孝明天皇が松平容保に、古今例を見ない程絶大な信頼を寄せていたことが、宸翰《しんかん》（天皇直筆書翰）や御製《ぎょせい》という確かな根拠と共に公にされると、薩摩・長州藩を中心とした尊王倒幕運動は、孝明天皇の叡慮《えいりょ》（天皇の意志）に反したことになってしまいますから、藩閥政府にとっては看過できない、深刻な政治問題を引き起こす可能性がありました。何しろ文久三年（一八六三）の八月十八日の政変に際して、容保の尽力により長州藩を中心とした過激な尊王攘夷派を京都から退去させたことについて、「朕の存念貫徹の段、全く其の方の忠誠にて、深く感悦の余《あまり》、右一箱之《これ》を遣はすものなり」という天皇直筆の宸翰《しんかん》と、「たやすからざる世に武士《もののふ》の忠誠のこゝろをよろこびてよめる」という詞書に続けて、「和らぐも武《たけ》き心も相生《あいおい》の松の落葉のあらず栄へむ」、「武士《もののふ》と心あはして巌《いわお》をも貫きてまし世々の思出」という御製が、巻頭に墨痕鮮やかに写真で掲げられるのですから。政府は山県有朋を通して山川健次郎に圧力をかけ、経済的に困窮する松平家に三万円を下賜するという条件で、出版を断念させます。しかし元会津藩家老神保利孝の次男で、後に長崎市長となった北原雅長《まさなが》が著した『七年史』（明治三七年刊）により、宸翰と御製の存在が公になると、今さら秘匿に及ばずとばかり、健次郎は断然出版を決意します。ただ北原はこの出版を理由に、不敬罪で処罰されています。そして結局、明治四四年（一九一一）、著者は既に故人となっていた山川浩ということにして、会津藩有志に頒布という名目で上梓《じょうし》されました。

　執筆材料を提供し、ある程度草稿をまとめたのは兄の浩です。浩は容保が京都守護職であった時は、藩主の側近として仕え、後に家老となっていますから、手許には詳細な資料が保存されていました。最終的に完成させたのは謙次郎なのですが、故人を著者とすることにより、批判をかわすことができます。また藩主松平容保と辛苦を共にしたのは兄浩であるという、弟謙次郎の兄に対する敬意もあったでしょう。

ここに載せたのは、『京都守護職始末』下巻「聖上我公の平癒を祈らせ給ふ」の一部で、禁門の変後、孝明天皇が松平容保の容態を心配して、その平癒を神前に祈り、関白を通して御剣が下賜された場面です。一臣下の病気平癒について、天皇がこれ程まで親身になり心を砕いた例は稀なことです。

それが孝明天皇崩御により、朝敵にされてしまいます。維新後、松平容保は亡くなるまで、「御宸翰と御製」を肌身離さず持っていました。抗弁したいことは山程あったでしょうが、じっと堪えて全てを呑み込み、徳川宗家の祖である徳川家康を祀る日光東照宮の宮司として、明治二六年（一八九三）にその生涯を終えました。

この宸翰については、一つの秘話があります。絶対門外不出のはずでしたが、何と明治二二年（一八八九）、明治天皇の勅命により、松平容保から宮内省を通して、三〇日間、天皇の叡覧に供されていたというのです。宸翰の存在は、旧薩摩藩士が一時は同志であった旧会津藩士に、当時の資料の提供を求めたことから、その情報が漏れてしまったようです。もちろん薩長藩閥政府は、そのようなことを公表できません。その正当性が根底から崩れてしまいかねないからです。しかし明治天皇は、父帝孝明天皇の松平容保に対する絶大な信頼を、御存知だったことになります。容保、以て瞑すべし。

米欧回覧実記——べいおうかいらんじっき

（主要テキスト：「岩波文庫」『米欧回覧実記』）

原文

夜、外務宰相「ビスマルク」侯より招宴。……本日の享会《きょうかい》に於て、侯親《みずか》ら其幼時よりの実歴を話して言ふ。「方今世界の各国、みな親睦礼儀を以て相交るとはいへども、是《これ》全く表面の名義にて、其陰私《いんし》に於ては、強弱相凌《しの》ぎ、大小相侮《あなど》るの情形なり。予の幼時に於て、我普国《プロイセン》の貧弱なりしは、諸公も知る所なるべし。此時に当り、小国の情態を親《みずか》ら閲歴し、常に憤懣《ふんまん》を懐きしことは、今に耿耿《こうこう》として脳中を去らず。かの所謂《いわゆ》る公法は、列国の権利を保全する典常《てんじょう》とはいへども、大国の利を争ふや、己に利あれば、公法を執《と》らへて動かさず。若し不利なれば、翻《ひるがえ》すに兵威を以てす。固《もとよ》り常守あるなし。小国は孜孜《しし》として辞令と公理とを省顧し、敢て越えず。以て自主の権を保せんと勉《つと》むるも、其簸弄凌侮《そのはろうりょうぶ》の政略にあたれば、殆《ほとん》ど自主する能《あた》はざるに至ること、毎《つね》に之あり。

是を以て慷慨《こうがい》し、一度は国力を振興し、一国対当の権を以て、外交すべき国とならんと、愛国心を奮励する、数

現代語訳

夜、外相兼首相ビスマルク侯から、晩餐《ばんさん》会に招待される。……今日の饗宴において、侯は自ら幼少時からの実体験を以て語って言った。「現在、世界各国は、互いに親睦礼儀を以て相交わるとはいうが、これは全く表向きに過ぎず、裏は強弱の国が凌ぎ合い、大小の国が侮り合うのが実情である。私が幼少の頃、我がプロイセン国が弱小であったことは、諸公も御存知のはずである。その当時、弱小国の実情を身を以て知り、いつも憤懣《ふんまん》を懐いていたことは、今もはっきりと脳裏に残っている。あのいわゆる万国公法（国際法）は、列国の権利を保全する不変の道とは言うものの、大国が利害を争う場合は、自己の利になることであれば、万国公法に固執するが、もし不利になることであれば、反対に兵威を以てする。もともと万国公法を常に遵守する気などはないのだ。（これに対して）小国は真摯に外交辞令と道理を重んじ、万国公法に違うことがない。そうして自国の利権を保全しようと勉めるが、大国の横暴な政略に翫《もてあそ》ばれれば、ほとんど自主自立できないのが常である。

そのことを憤慨し、一度《ひとたび》は国力を盛んにし、一国で対等の力を以て外交のできる国になろうと、愛国心を奮い起こ

十年を積て、遂に近年に至り、纔《わずか》に其望みを達したるも、只各国自主の権を全くするの志願にすぎざるなり。然《しか》るに各国は、みな当国の兵を四境に用ひたる跡を以て、漫《みだり》に憎悪し、軍略を喜び、人の国権を掠《かす》むるものと、非議すると聞く。是全く我国の志に反せり。我国は、只《ただ》国権を重んずるにより、各国互に自主し、対当の交りをなし、相侵越せざる公正の域に住せんことを望むものなり。従来の戦ひも、皆日耳曼《ぜるまん》の国権のため、已むを得ざるに用ひたること、幸に世の識者は察する所なるべし。

聞く、英仏諸国は、海外に属地を貪り、物産を利し、其威力を擅《ほしいまま》にし、諸国みな其所為《しょい》を憂苦すと。欧洲親睦の交《まじわり》は、未だ信をおくに足らず。諸侯も必ず内顧自懼《ないこじく》の念を放つことはなかるならん。是、予が小国に生じ、其情態を親知せるにより、尤《もっと》も深く諒知《りょうち》する所なり。予が世議《せいぎ》を顧みずして国権を完にせる本心も、亦此に外ならず。故に当時日本に於て、親睦相交るの国多しといへども、国権自主を重んずる日耳曼《ゼルマン》の如きは、其親睦中の最も親睦なる国なるべし」と謂《い》へり。

交際の使臣、相宴会する際に、此語は甚だ意味あるものにて、此侯の辞令に嫻《なら》へると、政略に長ぜるとをよく識認

すこと数十年。ようやく近年に至り、少しはその望を達成したが、ただそれは、各国が自主の権を全うすることを願っているに過ぎない。しかしながら各国は、我が国が軍を国境近くに配備した形跡をむやみに警戒し、対抗する戦略を練り、他国の国権を侵すものであると非難しているという。しかしこれは全く我が国の意図に反している。我が国はただ国権を重んずる故に、各国が互いに自主の権を保ちつつ、対等に交わり、互いに侵越することのない、公正な域に住みたいと望んでいるだけである。これまでに行われた戦争も、ドイツの国権を保つため、やむを得ず武力を用いたのであって、そのことは幸いにも、世界の見識のある人なら、察するところである。

聞くところによれば、イギリスとフランスなどの諸国は、海外に植民地を獲得し、物産による利益を得て、恣《ほしいまま》に威圧するので、諸国はそのなすところに憂苦しているというではないか。ヨーロッパ諸国間の友好親善などは、まだ信用することなどできないのである。諸侯も内心では、そのような危惧を懐いていることであろう。これは私が小国に生まれ、その実情を熟知しているが故に、最もよく承知しているところである。私が世界の議論を顧みず、敢えて国権を全うしようとする本当の狙いも、実はここにあるのだ。それ故に現在日本には友好国は多いとはいえ、自主的に国権を重んずるドイツ（ゲルマン）の如き国こそ、友好国中の最も友好的な国なのである」と。

して、玩味《がんみ》すべき言と謂《いい》つべし。

使節団の者よ、この饗宴に於いて、この話は実に意味のあるものであり、このビスマルク侯が弁舌に習熟し、また政略に長《た》けていることを十分に認識し、よくよく玩味しなければならない言葉であると言うべきである。

解説

『米欧回覧実記《べいおうかいらんじっき》』（正式には『特命全権大使米欧回覧実記』）は、明治四年（一八七一）十一月から明治六年（一八七三）九月にかけて、アメリカからヨーロッパへ十二カ国を巡遊した、岩倉使節の報告書です。編纂の中心となったのは、使節団に随行した久米邦武《くめくにたけ》（一八三九～一九三一）で、明治十一年（一八七八）十月に出版されました。

使節団の構成は、右大臣の岩倉具視（四七歳）を全権大使として、副使には参議の木戸孝允（三九歳）・大蔵卿の大久保利通（四二歳）・工部大輔《たゆう》の伊藤博文（三一歳）・外務少輔の山口尚芳《なおよし》（三三歳）等総勢四六名の使節、書記官などの随行者十八名、留学生四三名、合計一〇七名という大所帯でした。留学生の中でも、中江兆民（二五歳）、金子堅太郎（十九歳）、団琢磨《たくま》（十四歳）、牧野伸顕《のぶあき》（十一歳、大久保利通の次男）、津田梅子（八歳、満年齢なら六歳）、山川捨松（十二歳）はよく知られています。（年齢は、一八七一－生年＋一で計算）

使節派遣の目的は、儀礼的には条約を締結した国の元首に国書を奉呈することでしたが、実質的には、不平等条約の改正予備交渉と、欧米諸国の文物の調査視察や留学生の派遣でした。結局は条約改正予備交渉は何も進展せず、事実上は視察旅行となりました。彼等の最大の関心事は、欧米諸国の国威と繁栄の秘密で、それを調べるために、実に精力的に視察したり資料を収集しています。

殖産興行的視点から、使節団が最も関心を持ったのはイギリスです。視察したものを目次から拾うだけでも、英吉利《イギリス》国総説・倫敦《ロンドン》府総説に続いて、博物館・水族室（水族館）・禽獣園（動物園）・バッキンガム宮殿・兵器工場・小学校・通信施設・郵便局・商人集会所・消防訓練・造船所・穀物倉庫・製鉄所・ガラス製造場・紡績工場・刑務所・裁判所・汽車製造・砂糖製造・毛織物製造場・炭坑・銅精錬場・鉛精錬場・鋼鉄製造場・ビール醸造場・時計製造場・鋼筆（ペン）製造場・貨幣製造会社・陶器製造場・塩製造場・海軍病院等々、他にも数え切れない程の施設や制度を視察しています。使節達はこれらの視察により、大英帝国の繁栄は、貿易と鉱工業と軍事力によっていることを、体験的に学んだことでしょう。

ここに載せたのは、明治六年（一八七三）三月十五日、ドイツの「鉄血宰相」と呼ばれたビスマルク主催の、晩餐会における彼の演説です。「普墺《ふおう》戦争」（対オーストリア、一八六六）、「普仏《ふふつ》戦争」（対フランス、一八七〇～一八七一）の勝利を経て、ドイツ帝国が樹立されましたが、その立役者がプロイセン王国の首相兼外相だったビスマルクです。ですからかつての弱小国が、英仏に対抗して対等な外交関係を持つことができるようになった経緯を語る彼の演説には、相当な説得力がありました。万国公法を遵守して、早く一人前の国家として認知されたいという、いじらしいまでの日本の外交方針に、冷水を浴びせるかの如き彼の演説は、不平等条約改正の予備交渉を断念した使節団首脳には、大きな衝撃を与えたことでしょう。

十九世紀前半まで、三〇〇もの小国が分立していたドイツ地域は、プロイセンを中心としてドイツ帝国に統一され、英仏に対抗できる大国に成長しつつありました。つい数年前まで、曲がりなりにも統一国家であったとはいえ、三〇〇諸侯の領地に分かれていた日本を、近代的中央集権国家としてまとめつつあった使節団首脳が、同じような状況にあったドイツに関心を示さないはずがありません。

殖産興業の手本はイギリスでしたが、使節団首脳は、富国強兵の手本はドイツであると考えました。大久保利通は帰国後、「日本のビスマルク」たらんとしてビスマルクを尊敬し、伊藤博文も後に「東洋のビスマルク」と呼ばれて悦に入っていました。伊藤博文が憲法起草の準備のためにドイツに学び、ドイツの法律顧問ロエスレルを招聘《しょうへい》したこと、初めはフランス式を導入していた日本陸軍を、ドイツ式に改編したことなどの要因は、もとをただせばこのビスマルクの演説にたどり着くのです。

学問のすゝめ——がくもんのすすめ

（主要テキスト：「岩波文庫」『学問のすゝめ』）

原文

「天は人の上に人を造らず、人の下に人を造らず」といへり。されば天より人を生ずるには、万人は万人皆同じ位にして、生れながら貴賤上下の差別なく、万物の霊たる身と心との働《はたらき》を以て、天地の間にあるよろづの物を資《と》り、以て衣食住の用を達し、自由自在、互に人の妨《さまたげ》をなさずして、各《おのおの》安楽に此世《このよ》を渡らしめ給ふの趣意なり。

　されども、今広く此《この》人間世界を見渡すに、かしこき人あり、おろかなる人あり、貧しきもあり、冨めるもあり、貴人もあり、下人もありて、其《その》有様雲と坭《どろ》（泥）との相違あるに似たるは何ぞや。其次第甚《はなは》だ明《あきらか》なり。『実語教』に、「人学ばざれば智なし。智なき者は愚人なり」とあり。されば賢人と愚人との別は、学ぶと学ばざるとに由《より》て出来るものなり。

　又世の中にむづかしき仕事もあり、やすき仕事もあり。其《その》むづかしき仕事をする者を身分重き人と名づけ、やすき仕事をする者を身分軽き人と云ふ。都《すべ》て心を用ひ、心配す

現代語訳

「天は人の上に人を造らず、人の下に人を造らず」と言われている。そうであるならば、天から人が生ずるには、全ての人は皆平等であり、生まれながらにして貴人と賤民、身分の上下の差別はなく、また万物の霊長としての身心の働きにより、この世界にある全ての物を活用し、衣食住に必要なものを満たし、互いに人の妨げとなることをせず、それぞれが安心して、この世を自由自在に過ごしていけるはずである。

　しかし今、この人間社会を広く見渡すと、賢人もいれば愚人もいる。貧人もいれば富人もいる。貴人（地位・身分の高い人）もいれば下人もいる。このように人の有様に雲泥の差があるように見えるのは、いったいどういうことなのだろうか。そのわけは実に明白である。『実語教』という書物に、「人は学ばなければ知恵がない。知恵がないのは愚人である」と書かれている。つまり賢人と愚人との違いは、学ぶか学ばないかにより生じるものなのである。

　また世の中には困難な仕事もあれば、簡単な仕事もある。その困難な仕事をする人を身分の高い人といい、簡単な仕事をする人を身分の低い人という。総じて頭を使い心を配

る仕事はむづかしくして、手足を用る力役《りきえき》はやすし。故に医者、学者、政府の役人、又は大なる商売をする町人、夥多《あまた》の奉公人を召使ふ大百姓などは、身分重くして貴き者と云ふべし。

身分重くして貴ければ、自《おのず》から其家も冨て、下々の者より見れば及ぶべからざるやうなれども、其本を尋れば、唯《ただ》其人に学問の力あるとなきとに由て、其相違も出来たるのみにて、天より定《さだめ》たる約束にあらず。諺《ことわざ》に云く、「天は冨貴《ふうき》を人に与《あた》へずして、これを其人の働《はたらき》に与るものなり」と。されば前にも云へる通り、人は生れながらにして貴賤貧富の別なし。唯学問を勤《つとめ》て物事をよく知る者は貴人となり、冨人となり、無学なる者は貧人となり、下人となるなり。

る仕事（頭脳労働）は困難であり、手足を使う力仕事（肉体労働）は簡単である。それ故、医者・学者・政府の役人、また大きな商売をする商人、多くの使用人をかかえる大農民などは、身分が高く貴い人と言えるだろう。

身分が高く貴いので、自ずからその家は豊かになり、下々の者から見れば、遠く及ばないようであるが、その大本をよくよく見れば、ただ学問の力があるかないかにより、そうした違いが生ずるだけで、天が生まれつきに定めた約束（運命）ではない。諺にも言うではないか。「天は富貴（財産や地位）を人に与えるのではなく、その人の働きに与えるものである」と。そうであるから、前にも述べたように、人には生まれながらにして貴賤・貧富の差別があるわけではない。ただよくよく学問に励み、物事をよく知る人は、貴人となり、富人となり、無学な人は貧人となり、下人となるのである。

解説

『学問のすゝめ《がくもんのすすめ》』は、啓蒙思想家・ジャーナリスト・教育者として活躍した、福沢諭吉（一八三五〜一九〇一）が著した啓蒙思想書で、明治五年（一八七二）二月の初編から明治九年（一八七六）の第十七編まで書き継がれました。初編は約二〇万部発行され、総計すれば約三〇〇万部とされています。初編が発行された明治五（一八七二）年の日本の総人口は、約三四八〇万人でしたから、人口比率で計算すれば、現代ならば一〇〇〇万部の大ベストセラーということになります。

ここに載せたのは初編の冒頭部で、万人の平等を説いていると誤解されることがあります。しかしよくよく読んでみると、本来は平等のはずであるのに、現実にはそうではないのは、学問の有無によるから、学問をせよというのであって、主題は「平等」ではなく、「学問のすすめ」そのものなのです。

それならどのような学問がよいというのでしょうか。諭吉は「人間普通日用に近き実学」、つまり日常的に役立つ実用的な学問を奨励しています。具体的には、手紙文・算盤《そろばん》から始まり、地理・究理（物理）・歴史・経済・修身（倫理・哲学）などを上げています。そして人は実学を学んでそれぞれの職分を尽くすならば、「身も独立し、家も独立し、天下国家も独立すべきなり」と説いています。福沢諭吉はこれを「独立自尊」と表現しました。これは他に依存せず、尊厳をもって自立することを意味しています。人は互いに助け合って生きてはいますが、自立心がなければ、他にとっては荷物になってしまいます。いつも誰かの援助を期待するばかりでは、その国も企業も組織も家庭も立ち行かなくなります。もちろん助けが必要な人を助けるのは当然ですが、独立自尊の気概のない所に、人にも家庭にも国家にも、真の自由はありません。

また肉体労働者には学問がないので身分が軽く、頭脳労働者には学問があるので身分が重いと説いているため、人を職業で差別していると非難されることがあります。しかし当時は、学制発布前で、自主的に高等教育を受けた人は極めて少なく、近代国家を支える人材として相応のポストに就いてもらわなければ、近代化が促進されないという社会状況がありました。ですから教育の機会均等が保証され、基本的人権が自明のことである、現代の物差しで評価するのは酷に過ぎます。

また諭吉の説いていることは、「機会」は平等であるが、学問の有無により、「結果」は不平等になり得る、と理解されることがあります。しかしまだ「国民皆学」を宣言した「学制」が発布されるより半年前で、教育の機会均等など全く実現されていません。第二編では「人は同等なること」と題して、「権理通義」においては、人はみな「一厘一毛の軽重あることなし」と説いているように、諭吉の説く「平等」は、あくまでも「権利」としての平等なのです。アメリカ独立宣言（一七七六年）には、「全ての人間は生まれながらにして平等であり、その創造主により、生命、自由、および幸福の追求を含む不可侵の権利を与えられている」と記され、その影響を受けたフランス人権宣言（一七八九年）第一条には、「人は自由及び権利において平等なものとして生まれ」と記されているように、どちらも「生まれながらの権利の平等」を宣言しています。同じ視点から見るならば、諭吉の説くことは、当時の世界の平等思想と同じです。

そもそも旧弊を打破し、人に先駆けて新しい主張をするには、過激なくらいのエネルギーが必要でした。また「身分重くして貴き者」という表現は、「社会的責任の大きい立場」と理解すれば、現代でも受け容れられるでしょう。

西国立志編（自助論）——さいごくりっしへん（じじょろん）

（主要テキスト：「新日本古典文学大系明治編」『教科書・啓蒙文集』）

英語原文

"Heaven helps those who help themselves," is a well-tried maxim, embodying in a small compass the results of vast human experience. The spirit of self-help is the root of all genuine growth in the individual; and, exhibited in the lives of many, it constitutes the true source of national vigor and strength. Help from without is often enfeebling in its effects, but help from within invariably invigorates. Whatever is done for men or classes, to a certain extent takes away the stimulus and necessity of doing for themselves; and where men are subjected to over-guidance and over-government, the inevitable tendency is to render them comparatively helpless.

日本語原文

天は自ら助くるものを助くと云へる諺《ことわざ》は、確然経験したる格言なり。僅《わずか》に一句の中に、歴《あまね》く人事成敗の実験を包蔵せり。自ら助くと云ことは、能《よ》く自主自立して、他人

現代語訳

「天は自らを助ける者（自分で努力する者）を助ける」という諺《ことわざ》は、確かな裏付けのある（原著者註「シカトタメシココロミ」られた、しっかりと試みられた）格言である。短い一句の中に、人の行いの実験（原著者註「タメシ」）がこめられている。「自ら助ける」ということは、自分の意志により自分の力で立ち、他人の力に依存しないことである。自助の精神とは、総じて人の才能や知恵を生み出す根原である。さらに言えば、自主自立する人民が多ければ、その国には必ず覇気《はき》が充満し、精神が頗《すこぶ》る盛んとなる。

他人から助けられて成し遂げることは、いずれ必ず衰えるものである。しかし自分の努力により行うことには、必ず自ずと発展成長し、抑えることのできない勢いがある。思うに、もし私が誰かを助け過ぎたりすれば、必ずやその人の自分で努力しようという意志を、弱めてしまうことになる。それ故に、師が子弟に対して過剰に指導すること（原著者註「カシヅキノキビシスギル」）は、反《かえ》ってその子弟の自立しようという志を妨げることになる。また政治や法律が人々を抑圧すると、人々は扶《たす》けを失い、自助自立の勢いを失わせることになる。

の力に倚《よら》ざることなり。自ら助くるの精神は、凡《およ》そ人たるものゝ才智の由《より》て生ずるところの根原なり。推《おし》てこれを言へば、自ら助くる人民多ければ、その邦国、必ず元気充実し、精神強盛なることなり。他人より助けを受て成就せるものは、その後、必ず衰ふることあり。しかるに、内、自ら助けて為《なす》ところの事は、必ず生長して、禦《ふせ》ぐべからざるの勢あり。蓋《けだ》し我、もし他人の為に助けを多く為《な》さんには、必ずその人をして、自己（の？）励《はげ》み勉《つと》むるの心を減ぜしむることなり。是故《このゆえ》に師伝の過厳なるものは、その子弟の自立の志を妨ぐることにして、政法の群下を圧抑《あつよく》するものは、人民をして扶助を失ひ、勢力に乏《とぼし》からしむることなり。

解説

『自助論《じじょろん》』は、もともとは一八五九年にイギリス人のサミュエル・スマイルズが著した『Self-Help』という書物の日本語名で、それを啓蒙思想家である中村正直《まさなお》（一八三二～一八九一）が訳述し、明治四年（一八七一）に『西国立志《さいごくりっし》編《へん》』と題して出版しました。内容は、自助の精神、新機器を発明創造する人、勤勉と忍耐、機会、学術の勉修、芸業の勉修、貴爵の家を起こす人、剛毅、職事を務める人、金銭の使い方、自ら修養すること、儀範（従うべき模範）、品行など多くの項目を掲げて論じ、その主題にそった個人の逸話をたくさん並べています。

例えば、「瓦徳《ワット》」「牛董《ニュートン》」「哥倫布《コロンブス》」「弗蘭克林《フランクリン》」「発拉第《ファラデー》」「倫賓斯敦《リビングストン》」（律賓斯敦）「阿克来《アークライト》」「士提反孫《スチブンソン》」「必答臥拉斯《ピタゴラス》」「日納爾《ジェンナー》」「話聖東《ワシントン》」「舌克斯畢《シェークスピア》」など、政治家・学者・軍人から職人に至るまで、多くの努力家・成功者たちの逸話が集められています。

また彼等の苦心談に交えて、多くの教訓が散りばめられています。例えば、「貧苦禍難は人の善師」、「金を借ることの危きこと」、「誘惑に抵抗すべきこと」、「心志あれば必ず便宜あり」、「苦労なければ希望なし」、「智識は失敗より学ぶ」など、少し説教臭くはありますが、時代を問わず万人に受け容れられる訓戒が、具体的な例を交えて語られています。

中村正直は、幕臣の子として江戸で生まれました。そして『解体新書』訳述に関わった桂川甫周《ほしゅう》からは蘭学を、幕府の昌平坂《しょうへいざか》学問所では儒学を学びました。また勝海舟から英華辞典を借りて筆写し、英語も自ら学んでいたことから、イギリス留学を志願し、慶応二年（一八六六）、幕府が英国に派遣する留学生の監督として同行します。しかし明治元年（一八六八）、幕府崩壊に伴い帰国せざるを得ませんでした。そして帰国に際し、イギリス人の友人「弗理蘭徳《フリーランド》」から餞別として『Self-Help』を贈られ、帰国する船中でこれを読み、「自助の精神」に大層感動します。自分を留学させてくれた幕府の崩壊に失望して帰国する船上で、幕臣であった彼自身が、この本によりどれ程希望を見出したことでしょう。その自己体験が、翻訳出版の原動力の一つになるのです。正直はそれを贈られたことが、余程に印象に残ったのでしょう。日本で改訂・改版を重ねても、正直が贈られた原本の巻首扉に、「Professor Nakamura」に贈ることを英文で書いた友人の筆跡模写が、必ずそのまま掲載されています。

その翻訳には多くの困難がありました。原文を大幅に省略したり、かなり意訳していますが、それは英語原文と比較すると、よくわかります。また既にヘボンが出版した『和英語林集成』という辞書はあったものの、学術語や抽象的概念については、英語に対応する日本語がまだ十分ではありません。また日本にまだない制度については訳しようがなく、school一つでも、「郷塾・郷学・学院・学校」などと、様々に訳しています。またgentlemanを「真正之君子」と訳していて、その苦心の程がうかがえますから、その他の苦心や工夫も、推して察しがつくでしょう。

『西国立志編』は時代の潮流に乗り、明治期を通して一〇〇万部も売れました。ベストセラーというよりは、ロングセラーと言った方がよいかも知れません。同じ頃に出版された『学問のすゝめ』は三〇〇万部売れたということです。しかしそれぞれが薄い小冊子ですから、分厚い『西国立志編』はそれに匹敵するものです。大正時代に活躍した政治学者の吉野作造は、「福沢が明治の青年に智の世界を見せたと云ひ得るなら、敬宇《けいう》（正直の号）は正に徳の世界を見せたもの」（『日本文学大事典』「西国立志編」の項）と評価しています。彼もまた若い頃に徳化を受けた一人だったのでしょう。

ここに載せたのは『西国立志編』の冒頭部で、ここで説かれている自助の精神は、全体を一貫している理念です。「天は自ら助くる者を助く」という、いかにも漢籍由来でありそうな諺がありますが、原著者の序文にある「Heaven helps those who help themselves」を、彼が和訳したものなのです。

明六雑誌――めいろくざっし

（主要テキスト：「明治文学全集」『明治啓蒙思想集』）

原文

曰く、利十ならざれば事を変ぜず、害百ならざれば法を更《あらた》めずと。今、洋字を以て和語を書す。其《その》利害得失、果して如何《いかん》。

曰く、此《この》法行はるれば本邦の語学立つ。其《その》利一なり。

童蒙の初学、先づ国語に通じ、既に一般事物の名と理とに通じ、次に各国の語に入るを得《う》。且《かつ》同じ洋字なれば、彼を見る、既に怪むに足らず。語種の別、語音の変等、既に国語に於て之《これ》に通ずれば、他語は唯《ただ》、記性を労する耳《のみ》。是《これ》入学の難易、固《もと》より判然たり。其利二なり。

言ふ所書く所と、其法を同うす。以て書くべし、以て言ふべし。即ちレキチュア、トーストより会議のスピーチ、法師の説法、皆書して誦《じゅ》すべく、読んで書すべし。其利三なり。

アベセ二十六字を知り、苟《いやしく》も綴字《つづりじ》の法と呼法《こほう》とを学べば、児女も亦男子の書を読み、鄙夫《ひふ》も君子の書を読み、且《かつ》自ら其《その》意見を書くを得べし。其利四なり。

現代語訳

「十の利がなければ、従来の事を変えない。百の害がなければ、その方法を改めることはない」と言われている。では洋字（アルファベット）を用いて日本語を書くことについて、その利害得失とは、果たしてどのようなものであろうか。

この方法（洋字による日本語表記）が行われたら、（発音を正確に表記できるので）我が国の国語学が確立する。これが一つめの利である。

子供がものを学ぶには、まずは国語から始めるが、さらに一般の事物の名前や理屈を理解し、次いで各国の言葉を学ぶことができる。この時同じ洋字であるから、外国語を見ても戸惑うことがない。品詞の区別、発音の変化などについては、既に（洋字による）国語学習で理解しているから、他の外国語については、記憶力が必要なだけで、学び始める際の難易度の違いは、もとより明白である。これが二つめの利である。

話し言葉と書き言葉が同じであるから、同じように書き、話せる。つまり講演、乾杯の挨拶から会議の演説、師匠の説法に至るまで、全て書くままに誦《よ》み、誦むままに書ける。

方今洋算法行はれ、人往々之《これ》を能《よ》くす。之と共に横行す其便知るべし。而《しかし》て大蔵陸軍等既にブウクキーピンクの法を施行す。之と共に横行字を用ゆ。直《ただち》に彼の法を取るのみ。其利五なり。

近日ヘボンの字書、又仏人ロニの日本語会あり。然《しかれ》ども直ちに今の俗用を記し、未だ其肯綮《こうけい》を得ず。今此法一たび立たば、此等亦一致すべし。其利六なり。

此法果して立たば、著述翻訳甚《はなはだ》便りを得ん。其利七なり。

此法果して立たば、印刷の便悉《ことごと》く彼の法に依り、其軽便言ふ斗《ばかり》なかるべし。彼国にてこの術に就《つき》て発明する所あれば、其儘《そのまま》にて之を用ふべし。その便八なり。

翻訳中、学術上の語の如きは、今の字音を用ふるが如く、訳せずして用ふべし。また器械名物等に至ては、強《しい》て訳字を下さず、原字にて用ふべし。是其《これその》利九なり。

此法果して立たば、凡そ欧洲の万事、悉《ことごと》く我の有となる。自国行ふ所の文字を廃し、他国の長を取る。是瑣々《ささ》服飾を変ふるの比にあらざれば、我が国人民の性質、善に従ふ流るゝが如きの美を以て世界に誇り、頗《すこぶる》彼の胆を寒《ひや》やすに足らん。是其《これその》利十なり。

これが三つめの利である。

（古文や漢文は、誰もが読み書きできるとは限らないが）ＡＢＣのアルファベット二六文字を覚え、文字の綴りと発音を学べば、女子供でも男の書いたものを読み、田舎者でも智者の書いたものを読み、また自分の考えを書くことができる。これが四つめの利である。

現在では西洋式の算術が行われ、よくこれを用いている人もいる。それに伴って横書きが行われているから、洋字で書く便利さがわかるだろう。それで大蔵省や陸軍では、既に簿記の記帳法が行われ、それに伴って横書きの表記が行われているから、（洋字を用いれば）すぐにでも（簿記の記帳法を）採用できる。これが五つめの利である。

最近ではヘボンが著した辞書（『和英語林集成』）や、フランス人ロニ（フランスで日本語のアルファベット表記を研究）の日本語会話書が出版されたが、それらは今の俗語がそのまま記されていて、（書き言葉の）要からはずれている。今この表記法が確立されれば、これらが一致するであろう（一致して役立つであろう）。これが六つめの利である。

もしこの表記法が確立されれば、著述や翻訳にすこぶる役立つことになるであろう。これが七つ目の利である。

もしこの表記法が確立されれば、印刷は全て西洋の方法によるので、その手軽で便利なことは言うまでもないであろう。西洋で印刷技術の新たな発明があれば、そのまますぐに採り容れることができる。これが八つめの利である。

此十利あり。而《しかし》て之を行ふ、亦何を窮して決行せざる。

翻訳する際に学術語については、現在、（漢字の）音を用いて表しているように、和訳しないで用いることができる。また器械や物の名前などについては、無理に翻訳せず、原語のまま用いることができる。これが九つめの利である。

もしこの表記法が確立されれば、およそヨーロッパの全てのことは、我等の知るところとなる。自国の文字を廃止し、他国の長所を採り容れることは、服飾を洋風化するというような些細なことではない。しかし我が国の国民性が、善いことを摂取すること、水の流れるが如くである美点を世界に誇ることになるから、すこぶる西洋人を驚かせるのに十分であろう。これが十個めの利である。

以上のように十も利があって実行するのだから、いったい何に臆して決断しないのであろうか。（躊躇《ちゅうちょ》する必要などないではないか）

解説

『明六雑誌《めいろくざつし》』は、明治六年（一八七三）に結成された啓蒙思想家の結社である明六社の機関誌です。発行が始まったのは翌明治七年（一八七四）で、明治八年（一八七五）の四三号まで続きました。大きさは日本古来の規格であるB六版で、二〇ページ前後、毎号社員の論説が収められています。発行部数は毎号三〇〇〇部くらいですが、その影響は大きく、啓蒙思想の普及に大きな役割を果たしました。ただ、社長の森有礼が後に初代文部大臣となり、社員の西周が軍人勅諭を起草し、加藤弘之が勅任貴族院議員や帝国大学総長になったように、政権寄りの立場の社員が多く、自由民権運動の活発化に伴う言論統制が厳しくなると、自ずとその活動も縮小し消滅しました。

ここに載せたのは、創刊号に載せられた西周の「洋字ヲ以テ国語ヲ書スルノ論」という論説です。西周は石見国津和野藩士の出身で、若い頃には荻生徂徠の儒学（徂徠学）を学びました。後に脱藩して中浜万次郎に英語を学び、幕命により津田真道や榎本武揚らと共にオランダに留学しています。明治初期には主に兵部省に出仕し、明六社結成以後は主に文筆活動で活躍しました。

洋字表記については、明六社の社長である森有礼も「日本語改良」と称して賛同し、さらに簡易化した英語の公用語化・国語化さえも考えていました。彼は決して浅薄な西洋かぶれでそのように考えたわけではありません。当時の日本語には、思考をするのに不可欠な、概念を表現する語彙《ごい》が欠如していて、「国家の法」を表現するには、日本語は貧弱すぎると考えていました。

確かに日本語の洋字表記が実現すれば、欧米語学習の障壁は低くなり、今頃は日本人がもっと国際的に活躍していたかもしれません。しかし日本人が日本の古典を読むことが困難になりますから、アイデンティティーにも関わる重大な問題です。かつてユダヤ人がイスラエルを建国した際に、聖書に用いられ、一部の宗教家にしか理解できなかったヘブライ語を、現代の国語として採用したため、イスラエル人は今でも紀元前に書かれた聖書を普通に理解できるということが、考えるヒントになるでしょう。

ただし西周は論説の末尾に、「右、聊《いささ》カ愚考ヲ陳シ（述べ）、諸先生ノ可否ヲ請フ。敢テ採用ヲ望ムニアラズト雖モ、諸先生、幸ニ電覧《でんらん》（拾い読み）ヲ賜ハゞ幸甚《こうじん》（幸いである）」と記されていますから、あくまでも試論であって、本気で採用を主張したわけではなさそうです。事実、西周は多くの欧米の学術用語を和製漢語に翻訳しました。philosophyを「フィロソフィー」と音訳することなく、「哲学」という言葉を創ったことはよく知られています。その造語の範囲は、広く人文・自然・社会科学に及び、三〇〇〇語以上あるそうです。

その中でも、現在普通に用いられている言葉を、思い付くままに片端から上げてみましょう。主観・客観・演繹・帰納・命題・定義・観念・弁証・理想・反証・断言・再現・義務・意識・観察・転換・衝動・還元・交換・先天・後天・現象・情緒・単元・概括・蓋然・感性・感受性・思考・積極・総合・体験・本能・能動・具体・抽象・極端・属性・肯定・否定・理性・実在・感覚・知覚・知識・真理・芸術・科学・取引・消費・習俗・技術・合成・細胞・脂質・焦点・子音・死語・硬質・心理・物理・植物学・動物学・音声学・鉱物学・非金属・法律学・習慣法・急進党・共和党・保守党・想像力・生活力・印刷術、等々きりがありません。森有礼が憂えた社会学的用語の欠如は、同じく洋字の使用を提唱した西周によってかなり改善されたというのは、何とも奇妙な話ではありませんか。「西君、貴殿はかつて『学術語の如きは、翻訳せずして用ふべし』と書いていたではないか」と、からかわれたことでしょう。

人権新説――じんけんしんせつ

（主要テキスト：「明治文学全集」『明治啓蒙思想集』）

原文

先づ邦国《ほうこく》の開否文野《ぶんや》、若《も》しくは其《その》民情風俗の異同等に由《より》て、進歩を謀《はか》るの術《すべ》も亦《また》異同なくんば有らざるなり。例《たと》へば英国が印度《いんど》及び濠太利《オーストラリア》等の藩属地《はんぞくち》に、本国と同《おな》じき法律を施行し、其人民（版によっては「土人」）に本国人と均《ひと》しき権利を許さゞるは、必ずしも其藩属人民を圧制するにあらず。本国と藩属とは開明に浅深《せんしん》あり、風俗に異同あり、教法に殊別ある等の為《た》めに、若《も》し本国の法律、本国民の権利を与ふるときは、其安全幸福を進むること能《あた》はざるのみならず、或は之を害することあるを以てなり。

東洋各国と欧洲各国とは、大に開否文野の等差、民情風習の殊別あれば、欧洲各国の安全幸福を進むるに足《た》るべき法律権利は、未だ以て東洋人民の安全幸福を進むるに適せざるなり。是《この》故に当路者若《も》しくは学士論者に至りては、決して此事《このこと》を軽忽《けいこつ》に看過すべからざるは勿論《もちろん》なり。

然るに彼《かの》妄想論者なる天賦人権者流は、只管《ひたすら》人民の権利の強大なるを天理に合するものと誤認するより、邦国の開

現代語訳

まず国家が開化されているか否か、文明が進んでいるか野蛮であるか、あるいはその国民生活の実情や風俗習慣などの相違により、近代化を進める方法も、また相違がないというわけにはゆかない。例えば、イギリスがインドやオーストラリアなどの植民地に、イギリス本国と同じ法律を施行せず、またその人民に本国人と同等の権利を認めないのは、必ずしもその植民地の人民を、抑圧しているということではない。本国と植民地との間には、開明の程度に大きな差があり、風俗習慣にも相違があり、教育の方法にも大きな相違があるなどのため、仮に本国と同じ法律や本国国民の権利を付与しても、植民地の人民の安全や幸福を向上させることができないばかりか、かえって妨げることがあるからである。

東洋諸国と欧州諸国とでは、その開化の程度や、文明・野蛮の程度、また人民の生活の実情や風俗習慣に大きな相違があるので、欧州諸国の安全や幸福を向上させるのには役立つ法律や権利であっても、東洋諸国の人民の安全や幸福を向上させるのに、必ずしも適するわけではない。このため、要職にある者や学者・言論人に至っては、決してこ

否文野、及び民情風習の如何《いかん》をも察せずして、只管《ひたすら》人民の権利の拡張をのみ謀らんと欲す。欧米人民が数十百の星霜《せいそう》を積み、漸次《ぜんじ》に得有《とくゆう》せる諸権利を、挙《あ》げて一朝にして之を東洋に移さんと欲するは、今日我邦の妄想論者が本旨とする所なり。

凡《およ》そ吾人《ごじん》も亦動植物と同く、全く漸々徐々《ぜんぜんじょじょ》の道を履《ふみ》て、次第に進歩するは、万物法の一大定規《じょうぎ》なれば、縦令《たとえ》人智を用ひて進歩を謀《はか》るも、纔《わずか》に之を促すに過ぎざるのみなるに、妄想論者は自然力に由《より》て数十百年を経て始て成るべきの事を以て、之を人力に因《より》て一朝にして成さんと欲す。実に万物法の定規《じょうぎ》を知らざるものと云はざる可《べか》らず。

の事を安易に看過してはならないのは当然である。

そうであるのに、天賦人権論を唱えるあの妄想論者の連中は、人民の権利が大きいことが、ただただ道理にかなっていると誤認し、我が国が開化されているか否か、文明が進んでいるか野蛮であるか、または生活の実情や風俗習慣などがどのようなものであるかを考察せず、どうにかして人民の権利を拡大しようとだけ謀《はか》っている。欧米諸国の人民が、数十年、数百年の歳月を積み重ね、漸く手に入れた多くの権利を、短期間で一挙に東洋諸国にも採り入れたいとすることは、現在、我が国の妄想論者の連中がねらっているところである。

そもそもこの私も動物や植物などと同じであり、徐々に段階を踏んで少しずつ進化するのは、万物進化の大法則であるから、たとえ人間の知恵を用いて（急速に）進歩させようとしても、ほんのわずか進むに過ぎないものであるのに、妄想論者の連中は、自然の力によるならば、数十年から数百年もかかって漸く実現するであろうことを、力尽くで一挙に実現したいと思っている。実に万物進化の法則を知らないと、言わざるを得ないではないか。

解説

『人権新説《じんけんしんせつ》』は、元明六社の社員であった加藤弘之《ひろゆき》（一八三六〜一九一六）が、明治十五年（一八八二）に著した政治思想書です。彼はもともとは民権思想普及の先駆者でした。明治三年（一八七〇）には、西洋諸国の立憲政体を紹介した『真政大意《しんせいたいい》』を著し、明治七年（一八七四）には天賦人権論を説いた『国体新論《こくたいしんろん》』を著していました。それには「人民は国家の主眼にして、君主政府は特に人民の為《た》めに存在する者なれば、人民は唯《ただ》君主政府の保護を受けて、其《その》安全を得るが故に、敢《あえ》てその保護を求むるの権利を有す」（第五章）とまで記されています。

しかし明治十四年（一八八一）に自らそれを絶版とし、内務省も『真政大意』と『国体新論』の販売を禁止します。そして翌年には天賦人権論を否定した『人権新説』を出版するのですが、この「変節」は民権派から激しく非難されました。彼の転向には、契機となった福沢諭吉との論争がありました。福沢諭吉は、人民を啓蒙すべき思想家が「皆官あるを知て私あるを知ら」ないので、開化の「由る可き標的を示す者」がなく、皆官と癒着していると批判しました（『学問のすゝめ』第四篇）。諭吉は民間人の立場から、下からの教育と啓蒙による精神的な近代化を推進しようとしたのです。

これに対して加藤弘之は、福沢の説く「リベラール」の度が過ぎれば国権が衰弱し、「国権遂に衰弱すれば、国家また決して立つ可らず」という事態に至ると主張しています（『明六雑誌』第二号）。加藤は、国家による上からの教育により近代化される、と考えたのです。この二人の主張の対比は、一方は私学の慶応義塾の創設者、在野のジャーナリストであり、他方は後に勅任貴族院議員、帝国大学第二代総長となることに象徴されています。

彼の転向については、もう一つ契機がありました。民撰議院設立建白書提出に対し、明六社社員の多くは国会開設の時期尚早を主張しますが、彼はその急先鋒でした。『東京日々新聞』紙上に反対論を掲載し、「日本の如き未開国では、凡そ人民智識未だ開けずして大に自由の権を得るときは、之を施行せるの正道を知らずして、之が為に却て自暴自棄に陥り、遂に国家の治安を傷害するの恐あり」と説いています。「自暴自棄」の例としては、フランス革命のギロチンに象徴される恐怖政治を思い浮かべていたようです。

彼が理想としたのは、同じ啓蒙主義でも、プロイセンのフリードリッヒ二世の専制啓蒙主義でした。転向後、彼は生存競争原理を社会進化に応用し、国際的な国家の生存競争を勝ち抜くため、強力な統一国家でなければならないと主張しました。それは彼が好んで揮毫し、原著の巻頭にも掲げられた、「優勝劣敗」という言葉によく表されています。

ここに載せたのは、第三章「権利の進歩を謀るに就て要すべき注意を論ず」第三一条の一部です（版により第三四条）。天賦人権論を「妄想」と非難してはいますが、人権そのものを根底から否定しているわけではありません。人権とは、国家が人民を保護するために上から与えるものである。そして徐々に国民の教育的開化が進めば、いずれ欧米諸国の様に日本国民の意識も近代化されるであろう、と考えていたのです。こうして加藤弘之の政治思想は、伊藤博文により継承され、プロシア流の明治憲法へと繋がってゆくことになります。

民約訳解——みんやくやくかい

（主要テキスト：「明治文学全集」『中江兆民集』）

原文

此《これ》に由《よ》りて之《これ》を観《み》れば、民約なるものは、人々相将《ひき》い（将《たす》け）、自《みずか》ら身を挙《あ》げ、以て衆に与《あた》ふるもの也。向《さき》に謂ふ所の、自ら身を挙げ、以て君に与ふるものに非ざる也。自ら挙《あ》げて衆に与ふと雖も、実は与ふる所、有ること無し。

　何を以て之を言ふ。夫れ、人々皆自ら挙げて衆に与へ、而して一人も自ら異ること無ければ、則ち是、一人衆に得る所無き者無き也。一人衆に得る所無き者無ければ、則ち是、一人自ら償する所無き者無き也。故に曰く、自ら挙げて衆に与ふといへども、実は与ふる所、有ること無き也。

　独り此己《これのみ》に非ず。人々自ら衆に与へ、而して衆、その全力を藉《か》して、以て之を擁護すれば、則ち是、人々の守《まもり》を為《な》すこと、其《そ》の自ら守を為すに比《くら》べ、更に大いに固《かた》からずや。是則ち、人々の民約に於て、失ふ所無く、而して得る所有り。

　是故《これゆえ》、民約なるものは、其の要を提して言へば、曰く「人々自ら其の身を其の力と挙げて、之を衆用に供し、之

現代語訳

　このことから見ると、民約とは、人々が誘い合って自分の身を差し出し、全員に与えるものである。既に述べたところの、自分の身を差し出して、君主に献げるものとは異なる。自分の身を差し出し、全員に与えると言っても、実は何かを与えるというわけではない。

　なぜそのように言えるのか。そもそも人々が全て自分を差し出して全員に与え、一人も異なることをしないならば、これはつまり、全員から利益を得ない者は、一人もいないということである。全員から利益を得ない者がいないということは、これはつまり、償うことがない者は一人もいないということである。それ故、自分を差し出して全員に与えると言っても、実は何かを与えるわけではないと言えるのである。

　ただそれだけではない。人々が自分の身を全員に与え、全員は全力によって（与えた）人々を保護するならば、すなわちこれは、人々の安全を守ることについては、自分で自分を守るより、さらに確かなものになるのではあるまいか。これはつまり、人々は民約に於て失うものがないどころか、（かえって）得るものがあるということなのである。

を率《ひき》ゐるに、衆意の同じく然りとする所を以てする」、是也。民約已《すで》に成らば、是に於て地は変じて邦と為《な》り、人は変じて民と為る。民なるものは、衆意の相結びて体を成すもの也。

それ故に民約というものについて、その要点を上げて言うならば、「人々が挙《こぞ》って自らその身と力を差し出し、これを全員のために役立て、民意の合意により人々を導く」ということなのである。（そのような）民約が成り立てば、則ちその土地は国に変わり、人々は人民に変わる。人民というものは、民意が結合して一体をなすものなのである。

解説

『民約訳解《みんやくやくかい》』は、中江兆民（一八四七〜一九〇一）がルソー（婁騒《ルソー》）の『社会契約論』（一七六二年）を翻訳し、さらに兆民の「解」（解説）を付け加えた政治思想書です。ただし、兆民独自の踏み込んだ意訳であり、翻訳というより訳述と言った方が正確でしょう。兆民の私塾であった仏学塾の雑誌『政理叢談《せいりそうだん》』の第二号（明治十五年）から第四六号（明治十六年）まで断続的に連載され、明治十五年（一八八二）に『民約訳解巻之一』として出版されました。

読もうとしても、その気力が失せる程に難解な漢文であり、とても気軽に読めるものではありません。多数の読者を得られないことは承知の上で、敢えて漢訳にした理由は不明ですが、兆民は漢訳をするためにわざわざ漢文の習得に励んだくらいで、漢文には相当の自信とこだわりを持っていました。洋書を翻訳する者が、適当な訳語のないことに苦慮して様々に造語を試みることを、翻訳者の漢学的素養がないからと切って棄てる程でした。そうは言うものの、西周が創作した和製漢語を無視することもできないと思うのですが……。兆民の弟子である幸徳秋水が書いた『兆民先生』には、兆民が「漢文の簡潔にして気力ある、其妙《そのみょう》世界に冠絶す」と言ったと記されています。また『民約訳解』冒頭部の「訳者緒言」には、「世の同嗜《どうし》者と共に之を玩誦《がんしょう》せんと欲す（音読し味わってほしい）」と記していますから、音吐朗々と声に出して読むには、漢文の方が適していると思ったのかもしれません。それにしても書き下すのは困難でした。

中江兆民は土佐藩の足軽出身で、藩校で外国語を学びました。そして駐日フランス公使ロッシュの通訳を務めていますから、留学前から相当にフランス語を理解できていました。そして明治四年（一八七一）、岩倉使節に随行してフランスへ留学します。明治七年（一八七四）には帰国し、仏蘭西《ふらんす》学舎（後に「仏学塾」と改称）を創設。フランスで学んだルソーらの政治思想を日本に紹介し、「東洋のルソー」とも呼ばれました。その後は明治十四年（一八八一）に、西園寺公望等と東洋自由新聞を刊行し、自由民権運動の理論的指導者となっていました。国会開設時には衆議院議員になるのですが、第一議会で予算案を巡り、立憲自由党の議員達が買収されて醜態を曝すと、義憤の余りに辞職してしまいます。その後は事業に失敗し、晩年は著作活動に専念していました。

「社会契約」（民約）という概念は、凡そ次のようなものです。ルソーは、原始的な自然状態では、人は孤立していると考えました。そして孤立する個人は、自分の欲求のためだけに行動します。しかしそうすると他者の生存を脅かすことになるので、自己の安全確保や欲求充足のために、個人間で協力関係（契約）を結び、小さな共同体を作ります。この契約関係が「社会契約」（民約）と呼ばれるものです。この社会契約が拡大され、各人が勝手に利己的な契約を結んでいる状態では、多くの人々による国レベルの契約関係は成立しません。そこで人々は財産や身体などの諸権利を全て一旦大きな共同体に譲渡し、単一な共通の意志を形成します。これは「一般意志」と呼ばれ、国家はこの一般意志に基づき法を定め、国がそれを執行します。個人の権利は譲渡により失われるように見えても、結果としては共同体の権利は誰にも犯されませんから、かえって個人の権利は保証されます。つまり「民約」により人民が共同体を形成するならば、人民は人民により擁護されるというわけです。

ここに載せたのは、第六章の「民約」の部分で、謂わば『民約論』のクライマックスであり、「人民は人民により擁護される」、あるいは「集団による個人の擁護」という、民約の利点を説いています。

民権自由論——みんけんじゆうろん

（主要テキスト：「明治文学全集」『植木枝盛集』）

原文

「ルーソウ」と云ふ人の説に、人の生るゝや自由なりとありて、人は自由の動物と申すべきものであります。されば人民の自由は、縦令《たとえ》社会の法律を以て之《これ》を全《まっと》ふし得るとは申せ、本《も》と天の賜《たまもの》にて、人たるものゝ必ずなくてならぬものでござろう。……

されば人の此世《このよ》に生れてよりわ《は》、最早《もはや》自由ほど尊《たっと》きものわ《は》なく、命があっても才力《さいりょく》があっても、自由がなければ皆無用の長物。況《ま》してや自由なくして、幸福安楽など云ふものがあらふ事か。自由なきの域《さかい》と、幸福安楽の境《さかい》とわ、千里も万里も隔てがある。なんと自由わ得なくちゃならぬものでわありませんか。畢竟《ひっきょう》、自由と申すものわ箇様《かよう》に尊《たっと》ひが故、十分万全に之《これ》を保ち、之を守り行かんと思ひ、仍《よっ》て国を建て、政府など云ふ会所《かいしょ》を置き、又法律を設け、役人を雇《やとう》て、愈《いよいよ》この人民の自由権利を護《まも》らしめ、仲間中《なかまじゅう》にて不公平の事あらば、之を正して公平に直し、その悪るき所業あるものわ之を罰し、その損失を蒙《こうむ》るものわ之《これ》を救ひ、以て幸福安楽を得る様にする訳《わけ》じゃ。……

なんでもまあ、人として此世に生れたからは、自由がなければつまらない。幸福も安楽も自由がなければ得られなゐ《い》。皆さん、卑屈することはない。自由は天から与へたのじゃ。どんと民権を張り、自由をお展《の》べなさいよ。若《も》し又自由が得られずとならば、寧《いっ》そ死んでおしまいなさい。自由がなければ、生きても詮《せん》はありません。

解説

『民権自由論《みんけんじゆうろん》』は、明治十二年（一八七九）に植木枝盛《うえきえもり》（一八五七〜一八九二）が著した自由民権思想の啓蒙書で、後書きには、わずか数日で書いたと記されています。「自由は」をわざわざ音のまま「自由わ」と書いているように、平易な俗語を多用し、口語文で叙述されていることが特徴で、民権思想を庶民にわかりやすく解説することを意図していました（ただし「わ」と「は」は混用されています）。

ここに載せた部分では、枝盛はルソーの自由論について述べていますが、後に植木枝盛の墓碑銘を書く中江兆民が、ルソーの『社会契約論』を訳述した『民約訳解』が、読む気力が失せる程に難解な漢文であることと比較すると、『民権自由論』のわかりやすさは際立っています。折しも翌年の明治十三年（一八八〇）三月～四月には、国会開設を要求する全国各地の政治結社の代表が大阪に集まり、自由民権運動を全国的に展開するために国会期成同盟が結成され、『民権自由論』は自由民権思想の全国的普及に大きく貢献しました。

口語文体の著作は、当時としては画期的なものでした。言文一致の文体で文芸史上画期的な、二葉亭四迷《ふたばていしめい》の『浮雲』が刊行されたのが明治二〇年（一八八七）ですから、それより八年も早いことになります。ですから口語文体の先駆的著作としても、『民権自由論』は重要な意義を持っています。

植木枝盛ははじめは福沢諭吉に学び、啓蒙団体である明六社に参加したり、キリスト教に関心を寄せたりしていますが、同郷の板垣退助の書生となり、土佐で立志社に参加し、各地の政談集会で演説したり、様々な執筆活動をしていました。『民権自由論』を著し、明治十四年の政変の結果、明治二三年の国会開設が勅諭により確約されると、その年に、革命権すら認める、最も急進的な『東洋大日本国国憲按』を起草します。

国会開設に当たっては、高知県から衆議院議員に当選し、立憲自由党に属していました。しかし民党が過半数を占める第一議会において、立憲自由党の土佐派二八名が買収され、僅差で予算案が成立したのですが、枝盛も買収された一人です。その後、脱党して全く名前を聞かなくなりますが、それは明治二五年（一八九二）の第二回衆議院議員選挙の直前に、三六歳で急逝してしまったためです。ですから植木枝盛は、民権政治家としては活躍できませんでした。それよりこの後で紹介する『民権田舎歌』や『民権数へ歌』も合わせ考えれば、枝盛の本領は、自由民権思想の普及にありました。

ここに載せたのは、『民権自由論』の「第二　人民自由の権を得ざるべからざる事」の一部です。彼は激しい言葉で演説をすることで知られていましたから、口語の文体は、枝盛にしてみれば演説の草稿のようなものだったのでしょう。『国会傍聴　議場の奇談』（一八九〇）という小冊子には、「怒り上戸《じょうご》の随一人は誰ぞ、二十二番議員、植木枝盛氏なり。氏は一言一語既に怒調を帯ぶるが上に、何かに附けて直《すぐ》に腹を立て、憤然として怒鳴り、激然として拳を打振り、以て他を嚇《おど》し去らんとする……」と記されていて、その姿が目に見えるようです。

『民権自由論』の末尾には、植木枝盛作詞の「民権田舎歌」という附録があるので、その一部を御紹介します。「自由にするのが我権利、自由の権利わ誰も持つ、権利張れよや国の人、自由わ天の賜《たまもの》じゃ、……人に才あり力もあれど、自由の権利がない時は、無用の長物益がなゐ、さらば人間と云ふものは、自由で生きてこそよけれ、自由が無ければ死んだも同じ、……人に貧富強弱あれど、天の人間を造るのは、天下万人皆同じ、人の上には人はなく、人の下にも人はない、こゝが人間の同権じゃ、権利張れよや国の人、政府は民の立たもの、法度は自由を護るため、……権利張れよや、自由を伸べよ　民選議院を早く立て、憲法《おきて》を確かに定めーよ、これは今日《きょうび》の急務じゃぞ、やれやれやれやれ国の人、立憲自由の政体で、自由の権利を張り伸し、学問修めて智恵磨き、職業務め働て、文明開化の人となり、三千五百が一致して、国の威光を輝かし、秀で栄えて行かしめよ」。これをここに載せた部分とを比較してみれば、『民権自由論』の要旨を上手に歌詞にしたものであることが明白です。また『学問のすゝめ』の影響も認められます。

『民権自由論』は口語文ですから、政治思想書としてはわかりやすいのですが、それでも難しいと思った当時の庶民には、この「民権田舎歌」は、民権思想を理解させるのに役立ったことでしょう。また枝盛作『民権数へ歌』も一部載せておきましょう。「一ツトセー、人の上には人ぞなき、権利にかはりがないからは、コノ人じゃもの、二ツトセー、二つとはない我が命、すてゝも自由のためならば、コノいとやせぬ、三ツトセー、民権自由の世の中に、まだ目のさめない人がある、コノあはれさよ……五ツトセー、五つにわかれし五大洲、中にも亜細亜《アジア》は半開化、コノ悲しさよ、六ツトセー、昔をおもへば亜米利加《アメリカ》の、独立したのもむしろ旗、コノいさましや、……九ツトセー、こゝらでもう目をさまさねば、朝寝はその身のためでない、コノ起きさんせ、……以下略」。ただし伝承されたため、資料により多少文言に異同があります。

蹇蹇録——けんけんろく

（主要テキスト：「岩波文庫」『蹇蹇録』）

原文

就中《なかんずく》、露国政府は、既《すで》に此《この》方面の諸港に碇泊《ていはく》する同国艦隊に対して、二十四時間に何時《いつ》にても出帆し得べき準備を為《な》し置くべき旨《むね》、内命を下せりとの一事は、頗《すこぶ》る其実《そのじつ》あるが如し。左《さ》れば此際《このさい》我政府の措置如何《いかん》は、実に国家の安危栄辱《あんきえいじょく》の上に重大なる関繋《かんけい》を有するを以て、固《もと》より暴《ぼう》虎馮河《こひょうが》の軽挙を戒むべきは勿論《もちろん》なれども……

第一策に就《つい》ては、当時我征清軍は全国の精鋭を悉《つく》して遼東半島に駐屯し、我強力の艦隊は悉《ことごと》く澎湖島《ほうことう》に派出し、内国海陸軍備は殆《ほとん》ど空虚なるのみならず、昨年来長日月の間、戦闘を継続したる我艦隊は固《もと》より、人員軍需《ぐんじゅ》共に既に疲労欠乏を告げたり。今日に於て三国連合の海軍に論なく、露国艦隊のみと抗戦するも、亦甚《はなは》だ覚束《おぼつか》なき次第なり。

故に今は第三国とは、到底和親を破るべからず。新に敵国を加ふるは、断じて得策に非《あら》ずと決定し、次に其第三策は意気寛大なるを示すに足《た》る如きも、余りに言ひ甲斐な

現代語訳

とりわけロシア政府が、この極東方面の多くの港に碇泊している同国艦隊に対して、（出撃命令が出されれば）二四時間以内にいつでも出航できるように準備をせよと、密かに命令を下しているということは、確かに事実のようである。そうであるからこの際、我が日本政府の対応次第では、国家の安寧と危機、栄光と屈辱に重大な影響があるので、もとより無謀な軽挙は、これを戒めなければならないのはもちろんであるが……。

（四月二四日の広島の御前会議で議論された）第一案についてであるが、当時、日本の清国遠征軍は、全国の精鋭を悉《ことごと》く遼東半島に駐屯させ、我が国の強力な艦隊は、悉く（台湾の近くの）澎湖《ほうこ》諸島辺りに派遣されていて、国内の陸海の軍備はほとんど空の状態であるばかりでなく、昨年来の長期間戦い続けてきた我が艦隊だけでなく、人員も軍需物資も共に疲労欠乏している。今日においては、露・仏・独三国連合海軍は言うまでもなく、ロシア艦隊だけでも、抗戦して勝てる見込みはないというわけである。

それゆえ現在は、（清国以外の）第三国との友好関係を害《そこ》なってはならない。新たに敵国を増やすことは、決して得《た》

き嫌《きらい》ありとし、遂に其第二策、即ち列国会議を招請して、本問題を処理すべしと、（四月二五日の広島における御前会議で）廟議粗々《あらあら》協定し、伊藤総理は即夜広島を発し、翌廿五日暁天《ぎょうてん》、余を舞子に訪《と》ひ、御前会議の結論を示し、尚《な》ほ余の意見あらば之を聴かむと云へり。……

然《しか》れども伊藤総理が御前会議の結論として齎《もた》らし来れる列国会議の説は、余の同意を表するに難《かた》しとしたる所たり。其理由は、今茲《ここ》に列国会議を招請せむとせば、対局者たる露独仏三国の外《ほか》、少《すくなく》とも尚《な》ほ二三大国を加へざるべからず。而して此《この》五六大国が所謂《いわゆる》列国会議に参列するを承諾するや否や。良《よ》しや、孰《いず》れもこれを承諾したりとするも、実地に其会議を開く迄には許多《あまた》の日月を要すべく、而して日清講和条約批准《ひじゅん》交換の期日は既に目前に迫り、久しく和戦未定の間に彷徨《ほうこう》するは、徒《いたずら》に事局の困難を増長すべく、又凡《およ》そ此種の問題にして、一度列国会議に附するに於ては、列国各々自己に適切なる利害を主張すべきは必至の勢《いきおい》にして、会議の問題果して遼東半島の一事に限り得べきや。或は其議論、枝葉より枝葉を傍生《ぼうしょう》し、各国互に種々の注文を持ち出し、遂《つい》に下之関《しものせき》条約の全体を破滅するに至るの恐なき能《あた》はず。是れ、我より好むで更に欧州大国の新干渉

策ではないと決定し、次に第三案（勧告受諾案）は、日本の寛大さ表すには十分ではあるが、余りに不甲斐ないと非難される恐れがあるので、遂に第二案、つまり列国会議を招請し、この問題を解決すべきであると、御前会議で大まかに決定し、伊藤総理はその夜のうちにすぐに広島を出発。翌二五日未明、舞子にいる私を訪ねて来られ、御前会議の結論を示し、なお私の意見があるなら聴こうと言われた。……

しかし伊藤総理が御前会議の結論としてもたらした列国会議招請案には、私はとうてい同意できないところである。その理由は、今ここで列国会議を開催しようとすれば、当事国であるロシア・ドイツ・フランス三国のほか、少なくともさらに二三の大国を加えないわけにはいかない。そうだとして、はたしてその五六カ国の大国が、いわゆる「列国会議」に参加することを承諾するだろうか。たとえいずれも承諾したとしても、実際に会議を開催するまでにはさらに長い時間が必要であろうし、日清講和条約批准書を交換する期限はもう目前に迫っていて、いつまでも講和とも戦争継続とも定まらずに迷う状態が続けば、情勢はますます厳しさを増すであろう。またおよそこのような外交問題については、一旦列国会議で議論すると、列国は必ずそれぞれ自国に都合のよい利益を主張するのは必至であるから、会議の議題が果たして遼東半島問題だけに限ることができるであろうか。あるいは枝葉末節な問題からさらに別

を導くに同じき非計なるべしと云ひたるに、伊藤総理、松方・野村両大臣も亦、余の説を然りと首肯《しゅこう》したり。……

　之を約言すれば、三国に対しては遂に全然譲歩せざるを得ざるに至るも、清国に対しては、一歩も譲らざるべしと決心し、一直線に其方針を追ふて進行すること、目下の急務なるべしとの結論に帰着し、野村内務大臣は即夜舞子を発し、広島に赴き、右決意の趣を聖聴に達し、尋《つい》で裁可を得たり。

な問題が派生し、各国がそれについていろいろな注文を付け、ついには（せっかく調印した）下関講和条約そのものが、台無しになってしまう恐れがある。このようなことは、わざわざ好き好んでヨーロッパの大国の新たな干渉を招くのと同じことで、得策ではないと言ったところ、伊藤総理も、松方正義蔵相・野村靖内相の両大臣も、私の主張をもっともであると納得してくれた。……

　これを要約すれば、三国に対しては遂に全て譲歩せざるを得ないことになっても、清国に対しては一歩も譲歩しないと決心し、ひたすらにその方針で進めることが、目下の急務であるとの結論に達し、野村内相はその（二五日の）夜のうちに舞子を発《た》って（大本営のある）広島に赴き、決意の趣旨を奏上し、次いで天皇の裁可を得たことであった。

解説

『蹇蹇録《けんけんろく》』は、第二次伊藤内閣の外務大臣であった陸奥《むつ》宗《むね》光《みつ》（一八四四〜一八九七）が、日清戦争終了後の明治二八年（一八九五）に執筆した、回想録的外交記録です。宗光は巻末にその叙述目的について、「去年、朝鮮の内乱以来、延《のべ》て征清の役に及び、竟《つい》に三国干渉の事あるに至るの間、紛糾複雑を極めたる外交の顛末《てんまつ》を概叙し、以て他年遺忘に備へむと欲するのみ」と記しています。彼は下関講和会議の時は既に肺を患って体調は最悪であり、三国干渉後は大磯で静養していたのですが、当事者として記録を残すことを人生最後の責務と思い、三カ月に満たない短期間で執筆し、大晦日に脱稿しています。書名の「蹇蹇《けんけん》」とは、「心身を労し全力を尽くして、君主に忠実に仕える」という意味です。

　下関講和条約が調印されたのは、明治二八年（一八九五）四月十七日のこと。日本全権は首相の伊藤博文と外相の陸奥宗光です。そして四月二〇日には広島にあった大本営において、明治天皇の裁可を得ました。ところが四月二三日、東京駐在のロシア・ドイツ・フランスの三国の公使が外務省を訪れ、舞子（現神戸市）で病気療養中の陸奥宗光外相に代わり、林《はやし》董《ただす》外務次官に対し、遼東還付を勧告する覚書を手渡します。

その頃ロシアの極東艦隊は、命令さえ下れば翌日には出撃し、ただちに日本沿岸を砲撃できる臨戦態勢にありました。そのような状況下、翌四月二四日、広島で御前会議が開かれ、①勧告拒絶、②列国会議招請、③勧告受諾の三案が検討されたのですが、最終的には列国会議案を方針とすることが承認されました。①案を採用すれば、ロシア極東艦隊は直ちに日本に攻撃を加えてくる可能性が高く、艦船がほぼ出払っている日本には勝ち目がありません。かといって③案では世論が納得しません。伊藤首相が消去法により、②案の他に選択肢はないと考えたのも無理はありません。

そしてその決定は翌二五日未明、伊藤首相によって舞子で療養中の陸奥宗光にもたらされました。夜行列車で取るものも取りあえず、駆けつけたのでしょう。御前会議の仮決定を聞き、宗光は清国が三国干渉の混乱を口実に条約批准を拒否し、条約自体が消滅してしまう危険を強調し、②案には猛烈に反対します。陸奥宗光も①案は絶対避けなければならないことは理解していましたから、残されたのは③案だけでした。イギリスにしてみれば、三国と対立してでも、日本に肩入れする利益はありませんから、当然のことです。日本が最もあてにしていたイギリスが後ろ盾になってくれなければ、仮に列国会議を開催できたとしても、進展がないことは明白です。案の定、四月二九日には、イギリス外相は駐英日本公使に対して、局外不干渉方針を伝えてきましたから、もう選択の余地はありませんでした。

結局、日本政府は五月四日に京都で閣議を開き、正式に遼東半島の放棄を決定します。そして天皇は既に二七日には広島から京都に遷っていましたから、伊藤首相が直ちに参内《さんだい》して明治天皇の裁可を受け、翌五日には三国の駐日本公使に通告します。そして五月八日、批准書が交換されました。そして『蹇蹇録』には、翌九日に「三国政府が我政府の回答に対し、満足する旨を宣言」したと記されています。

伊藤首相が京都にいた時、対外強硬策を主張する者達が三国干渉に憤慨して、談判に押しかけたことがありました。伊藤首相が、「今は諸君の名案卓説を聞くよりはむしろ、軍艦大砲を相手として熟議せざるべからず」と答えると、誰一人として抗弁できなかったと、『蹇蹇録』に記されています。

「戦争に於る勝利は、外交に於て失敗せり」と非難するのは簡単ですが、陸奥宗光は予想されるそのような非難に対して、「畢竟《ひっきょう》（つまるところ）我に在てはその進むべき地に進み、その止まらざるを得ざる所に止まりたるものなり。余は何人《なんぴと》を以てこの局に当らしむるも、また決して他策なかりしを信ぜむと欲す」と、結論のように巻末に記しています。

富岡日記——とみおかにっき

（主要テキスト：「ちくま文庫」『富岡日記』）

原文

さて私共一行は、皆一心に勉強（努力すること）して居りました。中に病気等で折々休む人もありましたが、まづ打揃《そろ》ふて精を出して居ります。何を申しましても、国元へ製糸工場が立ちますことになって居りますから、その目的なしに居る人々とは違ひます。その内に一等工女になる人があると大評判がありまして、西洋人が手帖を持って中廻りの書生（見回りの男工?）や工女と色々話して居ますから、中々心配でなりません。

その内に、ある夜取締の鈴木さんへ呼出されまして、段々（順に）申付けられます。私共は実に心配で、立ったり居たり致して居りますと、その内に呼出されました。「横田英　一等工女申付候事」と申されました時は、嬉しさが込上げまして涙がこぼれました。一行十五人（その以前坂西たき子は病気で帰国致されました）の内、たしか十三人まで申付けられましたやうに覚えます。呼出しの遅れました人は泣出しまして、依怙贔屓《えこひいき》だの顔の美しい人を一等にするのだのとさんざん申して、後から呼出しが来て申付けられました時は、先に申付けられた人々で大いぢめ大笑ひ、しかし一同天にも昇る如く喜びました。残った人は皆年の少い人で、中には未だ糸揚げをして居た人もありました。月給は、一等一円七十五銭、二等一円五十銭、三等一円、中廻り二円でありました。

一等工女になりますと、その頃は百五十釜でありまして、正門から西は残らず一等台になりました。私は西の二切目の北側に番が極《き》まりまして、参って見ますと、私の左釜が前に申述べました静岡県の今井おけいさんでありましたから、私の喜びは一通りではありません。また今井さんも非常に喜んで下さいました。その日から出るも帰るも手を引合ひまして、姉妹も及ばぬほど睦《むつま》しく致して居りました。

……

この台へ参りましてから、業も実に楽になりました。繭は一等でありますから大きく揃ったので、たち（質）も宜《よろ》しゅうありますから、毎朝繰場《くりば》へ参るのが楽しみで、夜の明けるのを待兼ねる位に思ひました。皆同じことだと存じます。

解説

『富岡日記《とみおかにっき》』は、富岡製糸場操業開始以来、伝習工女として勤務した横田英《えい》（結婚後は和田英、一八五七〜一九二九）の、一年三カ月にわたる富岡製糸場勤務の回想録です。これは明治四十年（一九〇七）から明治四二年（一九〇九）に、病気の母を慰めるために書かれました。『富岡日記』という書名は後に付けられたもので、原題は「明治六七年松代出身工女富岡入場中之略記」といいます。富岡を出てから三〇年後の記述ですから、多少の記憶違いはあるでしょうが、身内のために出版公表を意図せずに書いたものですから、信憑性《しんぴょうせい》の高い歴史史料です。

　富岡製糸場建設は、幕末以来、輸出品の第一位である生糸の品質向上を目的とした、国家的期待を背負った大工事でした。明治初年の総輸出額における生糸類の割合は、四割を維持していましたから（明治一〜五年五六・八%、六〜十年四五・六%、一一〜一五年四三・二%、『横浜市史』による）、明治時代の近代化は、生糸輸出の利益によって実現されたと言っても過言ではありません。富岡製糸場が完成したのは明治五年（一八七二）七月のこと。機械はフランスから輸入し、指導者もフランス人でした。

　工女たちは、初めは士族の子女が中心でした。それは工女を募集しても応募が少なく、政府が士族や華族に働きかけたからで、井上馨の姪も工女となっています。英は、士族の娘は「上品で意気な風」であると記しています。士族の矜持がそうさせたのでしょう。英と共に松代からやってきた工女は全部で十六人。一番若くて十三歳（異説あり）、最年長で二五歳、英は十七歳でした。

　英の実家の横田家は、信州松代藩十万石真田家に仕える中級武家でした。英は松代を発つ時に父から言われた言葉を、次のように記しています。「さてこの度《たび》国の為にその方を富岡製糸場へ遣はすについては、よく身を慎み、国の名、家の名を落さぬやうに心を用ふるやう、入場後は諸事心を尽して習ひ、他日この地に製糸場を出来《しゅったい》の節、差支《さしつか》へこれ無きやう覚え候やう、仮初《かりそめ》にも業を怠るやうのことなすまじく、一心に励みまするやう気を付くべく……」というのです。父は松代に製糸場を開設するつもりでしたから、指導的な立場になって帰って来ることを期待する、横田家の事情もあったでしょう。英も期待に応えて、目標を自覚しつつ勉励しています。また横田英らが退所する時には、初代場長の尾高惇忠《あつただ》

（渋沢栄一の従兄）が、これから英たちが働く新たな製糸場内に額装して飾るようにと、「繰婦勝兵隊」（繰婦は兵隊に勝《まさ》る）と大書した書き物を贈ったことに対して、英は「私共身に取りましては折紙（価値の高いことの証明）とも申すべき御書物《おんかきもの》を頂き」と喜んでいます。このように十代の乙女たちが、国家的使命を自覚する気概や矜持を持っていました。

英がそのような自覚を持っていたことについては、多分に横田家の教育的家風の影響がありそうです。家を出発するに際して、姉や下男が別れの和歌を詠んでくれたり、弟の横田秀雄が後に大審院長となったり、同じく弟の横田謙次郎（小松謙次郎）が後に貴族院議員や鉄道大臣になるなど、横田家の教育水準は大層高いものでした。秀雄の子の正俊は、後に最高裁判所長官にまでなります。

ここに載せたのは、横田英らが念願の一等工女を申し付けられた場面です。一等工女と認められるには、一日に四～五升の繭を糸に引かなければならないのですが、英はついには八升も取るほどに腕を上げたと書いています。

生糸の一本は、数個の繭から同時に取り出す数本の極微細な糸から成っています。ですから一度に糸を採る繭の数を増やせば、繭の使用量は増えるのですが、多すぎると生糸が太くなったり切れやすくなります。英によれば、生糸一本につき同時に四～五個の繭から糸を取るのがよいとしています。そして透けて中の蛹《さなぎ》が見える程に繭が薄くなると、蛹《さなぎ》が釜に落ないうちに新しい繭に付け替えます。また糸が切れると、つなぎ目がわからないようにつながなければなりません。工女一人は大枠を二～三個受け持ち、それぞれに小枠が四個ありますから、同時に十本前後の糸を取っています。糸を切らずに、また釜の湯の中に蛹を落として湯が汚れないようにするには、細心の注意が要求されました。

月給は一等工女で一円七五銭と記されています。明治四年（一八七一）制定の新貨条例により、一円金貨には金が一・五g含まれるものとされていました。現代の金の価格が仮に一gで八〇〇〇円とすると、月給一円七五銭は約二万一〇〇〇円程度のことです。社会状況が全く異なり、換算する物により異なりますから、単純な比較はできませんが、現代の感覚なら決して十分なものではありませんでした。しかし給与の低さに不平を漏らす場面は見当たりません。気の休まる暇もない大変な仕事であるにもかかわらず、文章の行間からはみ出すような、最先端の技術を習得する喜びの方が優っていました。もっとも指導するフランス人の首長であるブリューナの月給は六〇〇円（六〇〇〇〇ドル）、賄料月一五〇円という厚遇で、工女の給料とは雲と泥との差がありました。

明治の日本の近代化を陰で支えた製糸・紡績工女達の労働環境については、後の『女工哀史』や『あゝ野麦峠』に語られる、悲惨な実態がありましたが、最初はこのように工女達が勤労に矜持を持ち、かつ希望に胸を膨らませて励んでいた時期があったのです。

日本その日その日——にっぽんそのひそのひ

（主要テキスト：「明治文学全集」『ベルツ・モース……集』）

日本語原文（翻訳文）

（一八七七年）九月十二日、私は最初の講義をした。講義室は建物の二階にある。そこには大きな黒板一枚と、引出しがいくつかついている机と、それから私が講義を説明するのに使用する物を入れておく、大きな箱が一つある。張子《はりこ》製で、各種の動物の消化器官を示した標本のいくつ、及び神経中枢の模型、その他の道具は、この課目にうまく役立つだろう。私の学級は四十五人ずつの二組に分れているので、一つの講義を二度ずつしなくてはならず、これは多少疲労を感じさせる。

　私はもう学生達に惚《ほ》れ込んでしまった。これほど熱心に勉強しようとする、いい子供を教えるのは、実に愉快だ。彼等の注意、礼儀、並びに慇懃《いんぎん》な態度は、全く霊感的である。彼等の多くは合理主義者で、仏教信者もすこしはいるかも知れぬが、とにかく、かくの如き条件にあって、純然たるダーウィニズムを敍示《じょじ》することは愉快な体験であろうと、今から考えている。

横浜に上陸して数日後、初めて東京へ行った時、線路の切割に貝殻の堆積があるのを、通行中の汽車の窓から見て、私は即座にこれを本当のKjoekkenmoedding（貝墟《かいきょ》）だと認識した。私はメイン州の海岸で、貝塚を沢山研究したから、ここにある物の性質もすぐ認めた。私は数カ月間、誰かが私より先に、そこへ行きはしまいかということを絶えず恐れながら、この貝墟を訪れる機会を待っていた。……

　当日朝早く、私は松村氏及び特別学生二人と共に出発した。……我々は東京から六マイルの大森まで汽車に乗り、それから築堤までの半マイルは、線路を歩いて行った。途中私は学生達に向って、我々が古代の手製陶器、細工をした骨、それから恐らく、粗末な石器を僅《わず》か発見するであろうことを語り、次ぎにステーンストラップがバルティック沿岸で貝塚を発見したことや、ニューイングランド及びフロリダの貝塚に就いて、簡単に話して聞かせた。最後に現場に到達するや否や、我々は古代陶器の素晴しい破片を拾い始め、学生達は私が以前ここへ来たに違いないといい張った。私はうれしさの余り、まったく夢中になってしまったが、学生達も私の熱中に仲間入りした。我々は手で掘って、ころがり出した碎岩《さいがん》（砕けた石）を検査し、そして珍奇な形の陶器を沢山と、細工した骨片を三個と、不思議な焼いた粘土の小牌《しょうはい》一枚とを採集した。

解説

『日本その日その日』（原題はJapan Day by Day）は、大森貝塚の発見・発掘者として知られるエドワード・モース（一八三八〜一九二五）が著した、日本滞在記です。モースはアメリカで大学教育を受けてはいないのですが、貝類を中心とした研究により注目され、三一歳で大学教授となる程に、その学識と業績は高く評価されていました。

モースが来日したわけは、アメリカでは一種類しか見たことのない腕足貝類《わんそくがい》が、日本には多くの種類があることを知り、個人的に調査をしたかったからです。横浜に着いたのは、明治十年（一八七七）六月十八日、三九歳の誕生日でした。モースの来日を知った文部省は、動物学の教授として招聘しようとしたのですが、彼は自分の研究を優先し、講義は後日にということにしていました。ところが研究のため江ノ島に滞在している時、若い日本人が訪ねて来て、東京大学で学生を指導してほしいというのです。そして彼は驚くべきことを言いました。学生は皆英語がわかること。彼はミシガン大学でモースの講演を聴いて感銘を受けたこと。その夜、同じ家に宿泊して会ったことがあること。そして現在は政治経済学の教授であるというのです。その若者は後に東大総長・文部大臣となる外山正一《とやままさかず》でした。こうして来日後間もなく、九月からモースは動物学教授として教鞭を執ることになったのです。

モースは三回も来日していますが、その間、膨大な数のアメリカの学術図書を日本にもたらし、各地で考古学や進化論の講演、動物標本や日本の民具・陶器の収集、日本最初の学会である東京生物学会（現日本動物学会）の発足、学術論文を発行して海外の論文と交換する学術的国際交流の促進など、日本における生物学研究の基礎を整備する、多大な功績を残しました。また後に関東大震災で、東京帝国大学図書館が壊滅的被害を受けたことを知り、全蔵書を寄贈すると遺言し、その通りに実行されました。ダーウィンの進化論を本格的に講義をしたことも、大きな功績です。ただしモースよりも早く、ドイツ人の御雇外国人ヒルゲンドルフ（明治六〜九年滞在）が、東京医学校で進化論を講義しています。

あまり知られていませんが、日本美術の再評価で知られるフェノロサを日本に紹介したのも、モースの功績の一つです。外山正一との出会いから始まり、フェノロサが招聘される。その依頼により、狩野芳崖は傑作「悲母観音」を描く。また岡倉天心がフェノロサの助手となって法隆寺などを調査し、日本美術に開眼。天心は東京美術学校を創設し、横山大観・下村観山・菱田春草らの日本画家を育てる。この人と人の出会いの連鎖は、何と不思議なことでしょう。

モースが『日本その日その日』を執筆したのは、大正二年（一九一三）、七五歳の時です。幸いモースは詳細な日記を書いていたため、まるでその日に書き留めたかのように、生き生きと叙述されています。内容は横浜上陸に始まり、日光旅行、江ノ島での臨海研究、大学での講義、大森貝塚発掘、大久保利通暗殺事件、北海道旅行、年末年始風俗、神戸・長崎・鹿児島・瀬戸内旅行、陶器収集、そして明治十六年（一八八三）二月に離日するまでのことが叙述されています。原著の『Japan Day by Day』がアメリカで出版されたのは、大正六年（一九一七）のことです。

その人間観察は鋭く、外国人学者の見た明治初期の風俗的記録としても貴重です。モースのカルチャーショックをいくつか上げてみましょう。東京の死亡率がボストンより少ないことに驚き、糞尿が欧米のように直接川に流れ込まず、肥料として利用されていることが原因であろうとしています。鉋《かんな》や鋸《のこぎり》の力の入れ方が欧米と反対。日本語にはＬの発音がない。「婦人に対する謙譲と礼譲」が欠けている。劇場で場面が変わる時には幕を下ろさず、舞台が回転する。沢庵漬が閉口するほど臭い。子供が誤って障子に穴をあけると、桜の花の形に切った紙を貼る。「樹木をしつける」点では、日本の植木職人は世界一。年配者や女性が、モースでも持ち上げられない荷物を、軽々と遠くまで運ぶ。人力車がぶつかっても互いに詫びるだけで、アメリカのように喧嘩にならない。人は正直で、机の上に小銭を置いたままにしても盗まれない、などたくさんあります。特に日本人の倫理観について、「労働者達の正直・節倹・丁寧・清潔、その他我が国に於いてキリスト教的とも呼ばるべき道徳のすべてに関しては、一冊の本を書くことも出来る位である」と述べて驚嘆しています。

ここに載せたのは、前半は大学での講義の様子です。大学には付属の予備門で英語を学んでから入学することになっていましたから、大学の授業は英語で行われました。後半は大森貝塚の発掘について。モースには貝塚の発掘経験がありましたから、車窓からでも瞬時に状況を理解できました。貝類を専門とする動物学者が、貝塚の第一発見者となったことは、日本の考古学にとっては実に幸運なことでした。モースは出土品をただ収集するだけでなく、詳細な図を書き残し、各地で講演を行い、日本考古学の種を播いて歩いたのです。因みに「縄文土器」という呼称は、モースが英文報告書で「cord marked pottery」と表記した言葉を直訳したものです。

小学読本（巻之二）

——しょうがくどくほん（かんのに）

原本（英文）

LESSON I.

GIRL AND DOLL.

girl	left	would	ver'-y	tell
doll	nice	like	whip	play

The girl has a doll. Do you see it'? Do you see her lift it up'? Is it a nice doll'?

Ann', would you like a doll'? O yes\`, I would like one very much\`? Will you get one for me'?

Has the boy a doll too'? No\`; the boy has a whip. Can not you tell a whip from a doll'? Do you think the boy wants a doll to play with'?

I have a little doll;
I take care of her clothes;
She has soft flaxen hair,
And her name is Rose.

She has pretty blue eyes,
And a very small nose,
And a sweet little mouth—
And her name is Rose.

You must take good care of the doll, and good care of her clothes.

Can you make a hood' or a bonnet for her', and little shoes for her feet'?

Do you think she needs them to keep her warm'? Can you tell me why a doll can not be cold'?

原本（国文）

小學讀本巻之二

田中義廉 編輯
那珂通高 訂正

此《この》女児ハ、人形を持てり○汝も、人形を好むか（可）○我も甚《はなはだ》これ（連）を好めり○此男児も、人形を持てりや○否、男児ハ人形を持た（多）ず（須）して、

※（　）内は変体仮名

解説

明治五年（一八七二）八月に「学制」が発布され、学齢に達した全ての児童は、小学校に就学することになりました。現在の小学校の規模とは比較になりませんが、わずか数年で二万六〇〇〇もの小学校が設けられたのは、江戸時代に寺子屋教育が普及していたことも背景となっていたでしょう。教育課程は下等が四年間、上等が四年間、計八年間でした。

初めは統一的な教材・教科書はなく、工夫された掛図などを用いていました。そして文部省は学制発布の翌月には、「小学教則」を公布しておよその教育内容を示し、それに相応しい民間の出版物名が提示されました。それに基づいて自由に採択されたわけです。福沢諭吉の『世界国尽』『学問のすゝめ』などの啓蒙書も用いられましたが、低学年には難解すぎます。『学問のすゝめ』は「下等第六級読方読本標準教科書」とされていました。下等小学校では、半年毎に下級の八級から上級の一級まで四年間で終了することになっていましたから、「下等第六級」は現在の第二学年用になるのでしょうか。現在なら高校生でやっと読めるかどうかでしょう。あまりにも難解すぎるからか、単語図や連語図の掛図を冊子にした教科書や、翻訳教科書も盛んに出版されました。何をどのように教えてよいかわからず、取り敢えず欧米に倣っておけば間違いないであろうということなのでしょう。

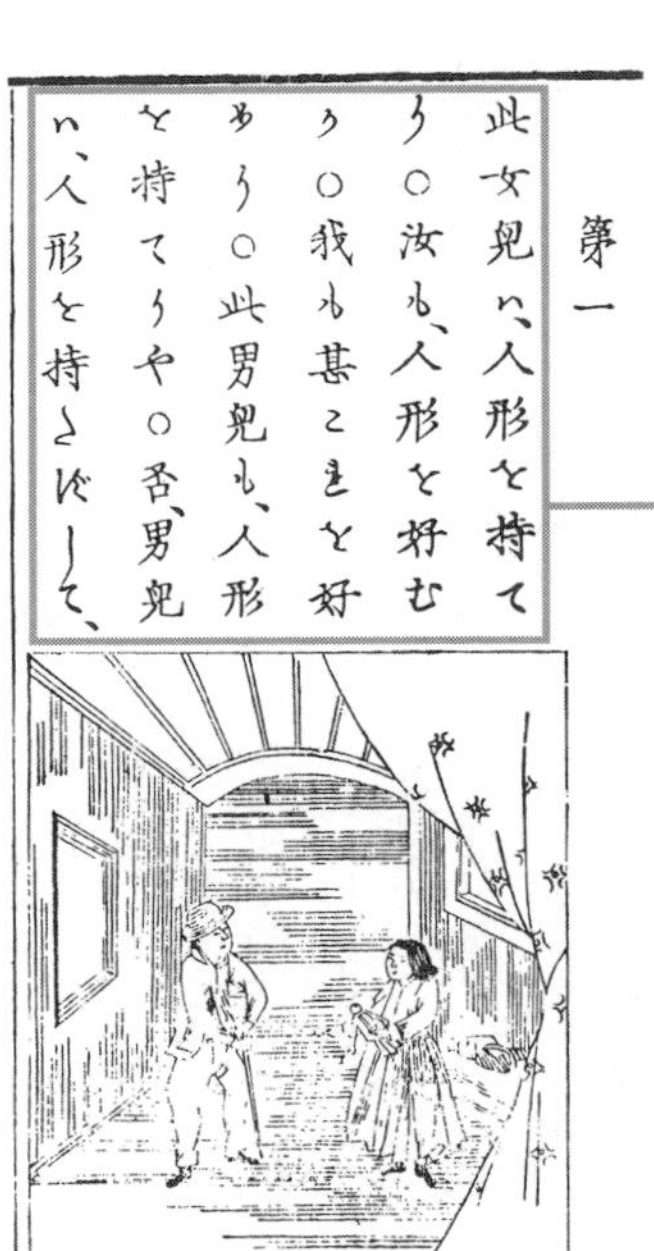

ここに載せたのは、明治七年（一八七四）に文部省が最初に発行した教科書である『小学読本』の巻之二の最初のページと、その元になったアメリカの読本の教科書である、通称「ウィルソン・リーダー」（一八六〇年）です。比較してみると挿図も洋風で、文はほとんどそのまま直訳されています。いわゆる「歴史的名著」ではありませんが、健気なまでに欧米文化に倣おうとする、文明開化の風潮がよく現れているので選んでみました。

なお教科書の自由採択制が検定制になったのは、明治十九年（一八八六）に森有礼が文部大臣となってからで、明治二一年（一八八八）までに約四〇〇種もの教科書が出版されたそうです。そして明治三五年（一九〇二）に採択をめぐって教科書疑獄事件が起こり、翌年の四月から、長い国定教科書の時代が始まることになります。

日本開化小史——にほんかいかしょうし

（主要テキスト：「明治文学全集」『田口鼎軒集』）

原文

社会の進歩は社会の理《ことわり》なりと雖も、其進歩に緩急遅速あるは、勢の免かれざる所なるべし。是れ則ち徳川氏の時、貞享・元禄と文化・文政との時に於て、最も隆盛を見る所以《ゆえん》ならん。然れども其全体の成跡《せいせき》を顧みれば、足利氏季世《きせい》の浅ましき有様よりして、徳川氏の燦爛《さんらん》たる開化を発せり。社会進歩の理、亦明かならずや。蓋《けだ》し此等の進歩は、嘗《かつ》て政府の保護に因らず、又嘗て外国開化の助を藉《か》らず、全く日本社会の内に於て自ら進みし者なり。……

凡そ開化の進歩するは、社会の性なることを知るべし。例へば王朝の時の如く、門地の貴賤を論ずるの弊《へい》甚しきときは、各地封建の勢を発して、以て自由を求め、足利氏の季世《きせい》の如く、封建戦国の禍乱に陥れば、終《つい》に集合して太平を致さんことを求め、既に太平を致すの後は、文学より技芸より凡百の事に至るまで皆進歩せしめて、以て人々の生涯を快楽ならしめんことを求む。社会の動く所、常に此の如し。英雄豪傑の為《な》す所、或は其勢を早め、或は之を遅延

現代語訳

社会が進歩するのは社会の道理とはいうものの、その進歩に遅速があるのは、時の勢いというもので、避けられないことである。このことは則ち、江戸時代の貞享（一六八四～一六八八）・元禄（一六八八～一七〇四）の頃と、文化（一八〇四～一八一八）・文政（一八一八～一八三〇）の頃に、最も文化が繁栄した理由であろう。しかし歴史全体の推移を見るならば、室町時代末期の嘆かわしい戦乱を経たからこそ、江戸時代の絢爛《けんらん》とした文化が発達したのである。社会が進歩する道理が、明らかではないか。思うにこれらの進歩は、政府（江戸幕府）の保護によったものではなく、また外国の啓蒙的援助によったものでもなく、全て日本の社会における自発的な進歩の結果であった。……

およそ開化が進展するのは、社会の自ずからなる性格であることがわかるであろう。例えば平安時代のように、家柄の貴賤を論ずる弊害が甚だしい時には、各地に地方有力者が勢力を拡大し、（貴賤を論ずる弊害からの）自由を求め、室町時代末期の如き戦乱の世となれば、遂に統一して太平の世と成ることを求め、（江戸時代の）太平の世と成ってからは、文学や工芸を初めとして、諸々のことに至るまで進

せしむるに過ぎざるなり。嗚呼《ああ》、此《この》理を推して将来を察せば、我国前途の事、また預知することを得べきなり。

歩発展して、人々の生活が快適になることを求める。社会の変化とは常にこのようなものである。英雄や豪傑が活躍したといっても、それは社会の変化をある時は早め、ある時は遅らせることがあるという程度に過ぎない。ああ、この道理を推し広げて将来を推察すれば、我が国の前途を予測することができるであろう。

解説

『日本開化小史《にほんかいかしょうし》』は、田口卯吉《たぐちうきち》（一八五五〜一九〇五）が、まだ二二歳の明治十年（一八七七）から、明治十五年（一八八二）にかけ出版した日本通史です。彼は若い時には大蔵省の官僚で、『日本開化小史』の執筆を始めて間もなく辞職します。その後、「東京経済雑誌」発行、東京府会議員、衆議院議員、両毛鉄道敷設、小田原電鉄（後に箱根登山鉄道）経営、秋田花岡鉱山試掘、『大日本人名辞典』『国史大系』『群書類従』編纂出版、久米邦武の「神道は祭天の古俗」という論文を掲載して有名になった史学雑誌「史海」の発刊など、八面六臂の活躍をしました。

『日本開化小史』が対象としているのは、神代から江戸時代末期までで、その間の政治史と社会文化史の変遷が叙述されています。一般的には「啓蒙主義的文明史論に基づく日本通史」とか、「日本の歴史を社会進化の観点から叙述」などと説明されています。しかしこれだけの説明では、読んだことのない人には、何のことやらさっぱりわかりません。

従来の歴史書は、編年体的な記述が普通でした。また物語風の歴史書もありましたが、英雄豪傑の活躍が主題でした。そして戦乱や事件など、政治的な事象に偏る傾向がありました。もちろん事実の客観的・編年的記述は、歴史研究の素材として重要であり、それを抜きにして、歴史研究はできませんから、否定されるべきものではありません。

それに対して田口卯吉は、歴史研究としての歴史書は、歴史的事象を個別の事象としてではなく、相互に関連あるものとして理解し、それらの因果関係や相互作用を究明しようとする、史論的な記述によらなければならないと考えました。田口卯吉はそのあたりのことを、『日本開化小史』の序文で、「史家の苦辛は歴代許多《あまた》の状態を蒐集《しゅうしゅう》するに在らず。而して其の状態の本とする所を究尽するに在るのみ」と述べています。そのような歴史書としては、『愚管抄』『神皇正統記』『読史余論』などの先例がありますが、極めて少数でした。実際に卯吉は、特に『神皇正統記』と『読史余論』を高く評価しています。

『日本開化小史』の特徴の一つは、「社会」の歴史を重視したことです。田口卯吉は、第一章の冒頭の近くで、「凡そ人心の文野《ぶんや》（文明か野蛮か）は、貨財を得るの難易と相俟て離れざるものならん。貨財に富みて人心野《や》なるの地なく、人心文にして貨財に乏きの国なし。其《その》割合常に平均を保てる事、蓋《けだ》し文運の総ての有様を渉《わた》りて異例なかるべし」と述べています。「人心」、つまり精神や文化は、「財貨」（物や経済）と密接な関係がある。貨財が十分にあれば、人心が粗野であることはなく、逆に人心が豊かであれば、貨財が不足していることはない、というわけです。このように物質の豊かさと人心の開明を究極的な目的として、歴史は変遷してきたと理解しています。ですから歴史の研究者は、「人心」と「貨財」という視点から、歴史的事象の相互関係を究明しなければならないということになるのです。具体的には、生産技術・宗教・学問・芸術・風俗などあらゆる歴史的事象を、物質と精神の両面から説明し、日本社会の「開化」の法則を解明しようとしたのです。

『日本開化小史』では、「開化」という言葉がキーワードとなっていますが、明治八年（一八七五）に出版された福沢諭吉の『文明論之概略』でも、「開化」が論じられています。しかし両者の「開化」の理解には、大きな相異があります。福沢は封建時代を批判した上で、欧米文化の摂取により今後どのように開化を進めてゆくかを論じていますが、田口は、「日本社会の内に於て自ら進」んで獲得してきた開化の過程を論じています。ですからそこには、封建時代への批判はありません。この点で『日本開化小史』に問題がないわけではありません。しかし歴史を人民による文明発展の営みとしてとらえ、統一的法則により理解しようとしたことは、日本史学史上、画期的なことだったのです。高等教育機関には歴史学科もない頃、歴史学に特化した学者ではない、弱冠二〇代前半の若者が、五年をかけて自費で著述出版したということに、現代人はもっと驚いてよいでしょう。なおここに載せたのは、第十二章の末尾に近い部分です。

日本之下層社会——にほんのかそうしゃかい

（主要テキスト：「岩波文庫」『日本の下層社会』）

原文

先づ貧民多数の稼業に於て、最も余輩（我）の注意を惹《ひ》くは、万○町、山□町、神△町、松◎町に住める屑拾《くずひろい》、是なり。紙屑と言ふも種々あり。之を分てば、ボロ屑あり、紙屑あり、紙屑に西洋紙屑あり、日本紙屑あり、硝子《がらす》屑あり、陶器屑あり、ランプの壊れあり、石炭のカケあり。古下駄あり、古草鞋《わらじ》あり、古縄あり、明俵（空俵）あり、汚れ褌《ふんどし》あり、破れ足袋《たび》の片た足あり、簪《かんざし》の足あり、鑵《かん》（缶）の曲めるがあり。世に器具物品に千種万別あると共に、天下に有らゆる廃物汚物は、屑拾の籠《かご》に集まりて、物事の運命を示す。……而して屑拾が一日拾ふ所、二貫目（七・五kg）に出づるは稀にして、大抵一貫五百目（匁）内外、之を代価にして日本紙屑襤褸《ぼろ》屑を合せ、十四五銭内外、是れ屑拾が一日の収入なりと知るべし。

余輩は貧民窟に入り、貧民に接する毎に、渠等《それら》は生活上の不如意《ふにょい》者なると共に、思想の欠陥者なる事を感せ（ぜ？）ずんばあらず。然《し》かも路上を見れば、貧乏人の子沢山、世間の児童は学校に出で、文字を習ひ居《お》るに拘《かか》はらず、貧民の児童は偶々《たまたま》家に在れば、喧嘩《けんか》を好める父母の下に叱責せられ、鞭撻《べんたつ》せられ、日中常に外に出でゝ、或は菓子屋の前に羨《うらや》ましげに立ち、或は群を為《な》して路上に戯れ狂ふ。斯《か》くの如くにして生長し、斯くの如くにして或は掏児《すり》窃盗の群に入り、或者は乞食と為り、然らざるまでも、親しく一つの職業に身を置くは少なく、父母より得たる自然の侭《まま》の、然《し》かも汚濁《おだく》なる空気、食物、発達の不健全なる体力を用ひて、力役に従事し、辛うじて一生を送るのみ。其の間、何等教育を加へらるゝことなく、思想を養ふことなきなり。

『日本之下層社会《にほんのかそうしゃかい》』は、ジャーナリストの横山源之助《よこやまげんのすけ》（一八七一～一九一五）が、明治三一年（一八九八）に著した社会調査報告書で、東京の貧民、職人、手工業労働者、工場労働者、小作人などの下層階級の実態が叙述されています。

横山源之助は富山県魚津町出身で、英吉利《いぎりす》法律学校（現中央大学）に学び、毎日新聞（横浜毎日新聞の後身、現在の毎日新聞とは無関係）の記者となりました。そして各地の下層社会に実際に潜入して調査し、毎日新聞社長で衆議院議員でもある島田三郎の援助を受けて、『日本之下層社会』を著しました。彼は序文で、横山源之助を次のように紹介しています。「意を社会問題に注ぎて、貧民下層の状態を探り、之を世に紹介するを以て自ら任ず。労働社会の生計、貧民窟宅《かたく》の状態、氏の筆に載《の》せ文に入る者、一も耳聞の空言《そらごと》にあらず。悉《ことごと》く目撃の事なり」。

内容は、東京の貧民窟、職人社会、桐生・足利地方の織物工場、阪神地方の燐寸《まっち》工場、製糸工場、紡績工場、鉄工場、小作人の生活、社会運動概説などに及び、いずれも詳細な数的データを伴なっています。明治三六年（一九〇三）に農商務省から発行された『職工事情』が、政府発行の文書でありながら極めて客観的な調査に基づいているのは、『日本之下層社会』の実績を評価された横山源之助が、嘱託の一人として関わった影響があるのでしょう。

横山源之助は「貧民問題勃興」の項で、「貧民と為《な》りたる因由」として、①「所得に比較して家族が多く、生活が不如意」、②「親を失ひ、夫を失ひたるが為」、③「身体の不具」、④「酒食」を上げ、さらに最も多い因由として、⑤「偶然の事情の為に不幸を来たし、負債を生じ、不義理を生じ、終に貧民の境遇より身を脱するを得ざる」ことを上げています。④の酒については、「貧民と飲食」の項で、「十人中七八人は酒を飲む。……生活に究（窮）する、多くは酒の為にして、夫婦喧嘩起るも、亦近因酒より来る」と記しています。そして「労働の需要なきより」、つまり失業に起因する貧困は「極めて尠《すくな》し」と記しています。

以上のような分析に基づき、彼は貧困問題解決策として、貧困者を対象とした適正な融資金融機関の設置と、授業料免除の「貧民学校」の設置を提言しています。個々には様々なやむを得ない事情があるでしょうが、総じて、教育を受けていないことに因る思索（「思想」）や自立心の欠如が要因であると考えているのです。貧民の子供達を観察した結果、貧困の連鎖を断ち切るには、子供の教育が必要と実感したのでしょう。

『日本之下層社会』の中には、社会主義的視点は稀薄です。それは横山源之助個人の問題ではなく、多分に時代・時期の問題でした。「我国には未だ工業戦争が孕み出だす貧民なきなり」(「貧民問題の勃興」)という状況だったのです。労働運動・社会運動が本格的に始まるのは、アメリカで労働組合を学んだ高野房太郎が、明治三〇年(一八九七)に労使協調主義の職工義友会を結成したあたりからです。同年には片山潜らよる社会主義的労働組合運も始まってはいますが、社会主義運動が活発になるのは明治三三年(一九〇〇)の治安警察法以後のことでした。しかし横山源之助は同時に「既に工業社会は年々発達を示し、労働者を収むる事大なると共に、劣敗者を出すことも多く」(「貧民問題の勃興」)と述べて、資本主義の矛盾、資本家の搾取に因る下層階級の増加を予想しています。

ここに載せたのは、前半が「第一編　第五　くづひろひ」の部分です。「第九　貧民と飲食」には、残飯の価格が載せられていて、それによれば残飯(上等)四碗で一銭、焦飯五碗で一銭、残菜一人前で一厘、残汁一人前二厘と記されています。参考までに、他のデータも載せておきましょう。社会主義的統計学者の高野岩三郎が明治二七年(一八九四)に発表した、「East London in Tokyo」(「東京におけるイーストロンドン」)という英文の東京貧民地域調査には、東京の三大貧民地域(下谷・四谷・芝)には三〇〇〇戸以上、一万人以上が住んでいること。収入は一日三〜十銭が普通で、残飯屋では残飯四杯が一銭、焦飯六杯が一銭、漬物は一〜二厘。住居は長屋造りで、各戸は間口九尺・奥行き十二尺で、およそ六畳の広さ。家賃は月に三〇〜九〇銭で日払いであること。家賃を含めても一日三銭以下で生活しているなど、数字を挙げて報告されています。

後半は巻末に近い「貧民学校を起すべし」の部分です。源之助は一般の小学校ではなく、敢えて「貧民学校」にこだわっています。それはたとえ授業料を全廃しても、「筆墨紙」などの学用品代がかかり、入学が困難になること。「富家の児と貧民の児童とを混合して教育を施すとするも、其間に偏頗《へんぱ》の処置出《い》で、不公平の待遇を加へて、終に貧家の児を除外するの事」が予想されるからと述べています。

田中正造の天皇直訴状

——たなかしょうぞうのてんのうじきそじょう

（主要テキスト：布川了著『田中正造と天皇直訴事件』）

原文

伏シテ惟《おもんみ》ルニ、政府当局ヲシテ能《よ》ク其責《そのせき》ヲ竭《つく》サシメ、以テ

陛下ノ赤子《せきし》ヲシテ日月ノ恩ニ光被《こうひ》セシムルノ途《みち》他ナシ。渡良瀬河ノ水源ヲ清ムル、其《その》一ナリ。河身ヲ修築シテ其天然ノ旧ニ復スル、其二ナリ。激甚《げきじん》ノ毒土ヲ除去スル、其三ナリ。沿岸無量ノ天産ヲ復活スル、其四ナリ。多数町村ノ頽廃《たいはい》（破戒）セルモノヲ恢復《かいふく》スル、其五ナリ。**加毒ノ鉱業ヲ止メ**、毒水毒屑《どくせつ》ノ流出ヲ根絶スル、其六ナリ。如此《かくのごとく》ニシテ数十万生霊《せいれい》ノ死命ヲ（ヲ塗炭ニ）救ヒ、**居住相続ノ基《もと》ヘヲ回復シ**、其人口ノ減耗《げんこう》ヲ防遏《ぼうあつ》シ、且ツ我日本帝国憲法及ビ法律ヲ正当ニ実行シテ、各其権利ヲ保持セシメ、更ニ将来国家（**富強**）ノ基礎タル無量ノ勢力、及ビ富財ノ損失ヲ断絶（予防）スルヲ得ベケンナリ。若《も》シ然ラズシテ長ク毒水ノ横流ニ任セバ、臣ハ恐ル、其禍《わざわい》ノ及ブ所、将《ま》サニ測ル可《べか》ラザルモノアランコトヲ。

臣年六十一、而シテ老病日ニ迫ル。念《おも》フニ余命幾《いくば》クモ

現代語訳

謹んで思いめぐらしますと、政府の担当局にその責務を十分に尽くさせ、それにより陛下の臣民を、その御恩沢に浴させるより他に、解決の途はございません。まず渡良瀬川の水源を清めることが第一策。河川を改修して自然の本の姿に戻すことが第二策。著しい害毒のある堆積物（毒土）を除去することが第三策。渡良瀬川沿岸の豊富な自然の物産を復活させることが第四策。多くの町や村を荒廃から復興させることが第五策。鉱毒を排出する銅山経営を中止し、有毒の排水や廃棄鉱石の流出を根絶することが第六策。以上の如くに行えば、数十万人の住民の命が救われ、世帯が続く基盤が回復され、人口減少を食い止め、同時に我が日本帝国憲法や法律を正しく実行して（人民の）権利を保全し、さらにまた将来国家の基礎となる測り知れない力や富が失なわれることを、断絶できることでございましょう。もしそのようにせず、いつまでも有毒水が恣《ほしいまま》に流れるままになるならば、臣、正造は、その災難が予測できない範囲にまで広がることを恐れるものでございます。

私は六一歳となり、老いと病が切迫しております。思うに、余命はいくらもございません。ただお聞き届け下さる

ナシ。唯万一ノ報効ヲ期シテ、敢テ一身ヲ以テ利害ヲ計ラズ。故ニ斧鉞《ふえつ》ノ誅《ちゅう》ヲ冒《おか》シテ以テ聞ス。情切《じょうせつ》ニ事急ニシテ、涕泣《ていきゅう》言フ所ヲ知ラズ。伏テ望ムラクハ聖明矜察《きょうさつ》ヲ垂レ給ハンコトヲ。臣痛絶呼号ノ至リニ任《た》フルナシ。

※下線部は田中正造がそれに続く（　）内の原文を修正。ゴチック体は田中正造の加筆。（　）内のゴチック体は田中正造が原文より削除。

ことに微かな望みを抱くだけで、我が身の利害などは全く考えておりません。それゆえ重罪となることを承知の上で申し上げます。心は痛み、事態は切迫し、涙なくして語ることはできません。伏して庶幾《こいねが》いますことは、陛下が御憐れみを垂れて下さることでございます。（そうすれば）私は感極まり、号泣を耐えることはできないでありましょう。

解説

田中正造《たなかしょうぞう》（一八四一～一九一三）の天皇直訴文は、もと衆議院議員の田中正造が、足尾鉱毒問題を明治天皇に直訴するため、名文家として知られた幸徳秋水《こうとくしゅうすい》（一八七一～一九一一）に依頼して起草してもらった文書です。

明治二三年（一八九〇）に国会が開設されると、田中正造は立憲改進党に所属する衆議院議員となり、翌年の第二議会で、鉱毒問題について質問しています。因みに答弁した農商務相は陸奥宗光でした。また明治三三年（一九〇〇）にも、議会で質問をしています。その質問書の題は、「亡国に至るを知らざれば之れ即ち亡国の儀に付質問」というものです。それに対する山県有朋首相の答弁書は、「質問の旨趣其要領を得ず、依て答弁せず。右及答弁候也」という素っ気ないものでした。質問全文を読んでみると、山県首相の言うように要領を得たものではなく、質問は単刀直入ではありません。しかし「亡国」という言葉に、正造の切羽詰まった心を見ることができます。

そして明治三四年（一九〇一）十月には議員を辞職し、十二月十日に直訴を決行することになるのです。

直訴当日の十一時過ぎ、正造は黒の紋服、黒の袴に足袋の正装で、国会議事堂を出た明治天皇の馬車を待ち構えます。そして通り過ぎようとする瞬間、「お願いでございます」と叫びながら、直訴状を掲げて馬車に駆け寄ろうとしました。

しかし無情にも馬車は通り過ぎ、抜剣（槍説もある）した騎兵が遮ろうと飛び出します。その時正造は足がもつれて転んだのですが、近衛の騎兵も急に馬の向きを変えたため、馬諸共に倒れてしまいます。そこへ巡査が駆けつけ、捕縛されてしまいました。もし騎兵が落馬しなかったら、騎兵は正造を斬ることを躊躇しなかったでしょう。それが近衛兵の職務だからです。

政府はこの「大事件」に困惑します。鉱毒問題は既に新聞などで報道され、田中正造の名前と共に国民には知れ渡っています。また直訴の動機は、それなりに国民の共感を喚《よ》ぶものでしたから、結局は狂人が馬車の前でよろめいたということにして不問に付し、即日釈放せざるを得ませんでした。

ここに載せたのは直訴文の末尾で、一般的には直訴決行前日に書かれたかと説明されていました。しかし渡良瀬川研究会（令和四年〔二〇二二〕に解散）代表幹事の布川了氏の詳細な調査により、実際の直訴状は前もって書かれていたことが判明しました。秋水自筆の年譜には、十一月十二日に直訴状を書いたと記されているそうです。秋水の元妻である師岡千代子の回想録『風々雨々』には、直訴前日の十二月九日に正造が秋水宅を訪ね、妻が秋水に頼まれて高級和紙の奉書を買って来ると、正造が「ご苦労様」と言ったと記されています。つまり決行前日にも、秋水は直訴文を書いているわけですが、佐野市郷土博物館に残されている直訴状は、奉書ではなく、六枚の半紙に書かれ、三五カ所も推敲の跡があり、正造の実印が捺されて訂正されています。しかも日付は「十二月」であり、「九日」とは書かれていないのです。ですから正造が直訴に用いた直訴状は、十一月十二日に書いたもので、十二月九日に書いたものが別にあったことになります。

これらの事実はどのように説明されるのでしょうか。布川了氏の『田中正造と天皇直訴事件』によれば、正造が直訴時に殺され、直訴状も取り上げられてしまう可能性があり、秋水が新聞発表用に奉書の控えを持っていた。十一月十二日に書いた直訴状には「十二月」までしか書かれていないのは、その時点では議会開院式が何日か未定であったためである、ということです。

正造が直訴状の訂正をした部分には、見過ごせない記述があります。それは「加毒ノ鉱業ヲ止メ、毒水毒屑《どくせつ》ノ流出ヲ根絶スル、其六ナリ」の文言です。「加毒ノ鉱業ヲ止メ」は正造の加筆で、秋水の原案には、足尾銅山の操業停止までは言及されず、鉱毒流出の根絶で止まっています。しかし正造はそれでは不十分と考えたのでしょう。操業停止にまで踏み込んでいます。ここには、操業を停止しなければ根本的解決にはならないという、田中正造の強い決意が表れているのです。

実際、正造は死を覚悟していたことでしょう。幸か不幸か近衛兵が落馬し、直訴現場で殺されなかったのですが、大逆罪となれば、死刑以外の選択肢はないのですから。

安愚楽鍋——あぐらなべ

（主要テキスト：「明治文学全集」『明治開化期文学集（一）』）

原文

をい、愚助さん、君の処の賢児（御子息）はいくつになるね。悴《せがれ》はさ。むゝ、もう九つかね。それじゃあ従来の弊《へい》を追って遊ばせておいちゃあいけねへよ。僕が処《とこ》の豚児《とんじ》（愚息）もさゐ、何、うゝ、豚児《とんじ》じゃあわかるめへ。支那風《しなふう》で言ふから解《かい》さねへのもむべなり〱。我家《うち》の孩児《がき》さ。これも今年八つになるから、去年くり〱坊主《ぼうず》にしておいた白雲頭《はくうんとう》（男児の坊主頭）。俗にしらくもあたまが、今年はざんぎりになったから、僕がかねての卓見で、いろはにほへとなぞはぐっと廃《はい》して、渾沌未分《こんとんみぶん》から英学、さては西洋学もなまじ漢学・史記・章句（大学章句）・論語・見の段十二万三千四百五十六石なんぞをちっとばかりやらせると、支那の因循が伝染して、おほきに害になりやす。君の処《とこ》の息《そく》もはやく洋学を学ばせなせへ。方今《ほうこん》の形勢では、洋学でなけりゃあ夜はあけねへよ。

はてさ、何に成《なろ》ふとも、覚へさせてをきゃあ、商人は商人、工人は工人だけの開化だはね。まづ目今《もっこん》御新政の有り難いことにゃあ、四民同一自主自立《じりゅう》の権を給はり、苗字帯剣袴でも洋服でも馬でも馬車でも勝手次第。たとへ空乏《くうぼう》困迫《こんぱく》の吾輩《わがはい》たりとも、往時《いにしえ》の吾輩にあらず。こゝが則《すなわ》ち自主自立《じりゅう》の権だ。……静岡の中村先生が訳した自由の理《り》を訳解《とい》てきかして、世の曚昧《もうまい》を醒《さま》したい者《もの》だて。まづ一盃《いっぱい》。

解説

『安愚楽鍋《あぐらなべ》』は、戯作《げさく》作家の仮名垣魯文《かながきろぶん》（一八二九〜一八九四）が、明治四〜五年（一八七一〜一八七二）に著した短篇小説集で、会話を主体として庶民生活を面白おかしく描写した、江戸時代の滑稽本の流れを汲む戯作《げさく》文芸です。牛鍋屋を舞台に色々な職業の庶民が、西洋かぶれを風刺したり自慢する筋立てで、田舎士族、職人、芸者、文人、役者、人力車夫、医者、落語家など、各種の職業の人々が登場する二〇の話から成っています。会話の内容や牛鍋には明治らしさはあるものの、江戸時代以来の戯作的作風とのアンバランスが、いかにも明治維新の文芸らしいところです。

肉食にまだ抵抗があった明治三年（一八七〇）、福沢諭吉は牛肉を売る半官半民の食品会社である築地の「牛馬会社」の依頼で、『肉食の説』という小冊子を著しました。牛肉や牛乳には栄養があり、養生に適していることを説いています。豚や牛は大きいから殺すのに忍びないと言うが、もっと大きい鯨を殺しているではないか。生き物を殺すのは残酷であると言うが、鰻の背開きや泥亀《すっぽん》の首を切り落とすのは残酷ではないのか。牛肉や牛乳を穢《きたな》いと言うが、牛や羊は五穀草木を喰い水を飲むだけであるから、その肉が清潔なることは論を待たない。春の青菜は香りがよいと言うが、一昨日にかけた下肥《しもごえ》がその葉に染み込んでいるかもしれないのに、牛肉や牛乳に臭気があると言うのだろうかと、なかなか面白い論法です。それでも明治五年（一八七二）に明治天皇が初めて牛肉を食べると、「お上も召し上がるのだから」というわけで、以後牛肉の消費は一気に広まりました。

特に裕福というわけでもなさそうな庶民が食べていますから、価格はそれ程高価ではないでしょう。夏目漱石の『三四郎』には、貧乏学生が牛鍋を食べる場面があり、明治時代末期には現在の牛丼のような感覚で食べられていたのかもしれません。調理法については、味噌・醤油・味醂《みりん》を用い、葱《ねぎ》を入れていたことを確認できますから、現代の訪日外国人が日本料理の代表と思っている、すき焼きと似たような味だったのでしょう。初編には「士農工商老若男女，賢愚貧福おしなべて、牛鍋食はねば開化不進奴《ひらけぬやつ》」と威勢のよい宣言がありますが、洋風とは言うものの、和洋折衷のようです。

ここに載せたのは三編巻之下の「新聞好《しんぶんずき》の生鍋《なまなべ》」の部分で、西洋かぶれの男が新聞を読みながら、文明開化を講釈する場面です。男の身なりは流行のざん切り頭、「ふらんす仕立てのまんてる（マント）にいぎりすのチョッキ」を着ています。当時の新聞には冊子状のものもあり、片手で持って読むことができました。表紙に「新聞」という表記を確認できます。「見の段……」は江戸時代の算術のテキストである『塵劫記《じんこうき》』の割り算の問題の一部で、江戸時代に寺子屋で学んだ人なら、誰もが『塵劫記』であることを知っていました。

この男の台詞には、随所に旧来の風習を痛罵《つうば》する表現があります。「いろはにほへとなぞハグット廃して」は「good-bye」を掛けています。論語に象徴される支那風は「因循《いんじゅん》」であり、髷《まげ》の男は「愚助《ぐすけ》」さん。啓蒙思想家である中村正直が訳述した『自由之理』を説いて「世の曚昧《もうまい》を醒《さま》させ」、自分もいっぱしの啓蒙家の気分になっています。

現在、牛丼を食べても、誰も「文明開化」を感じませんが、よくよく考えてみれば、現在日常生活で普通に使っている「洋服」「洋食」「洋館」「洋風」という言葉は、その起源は文明開化にあるわけです。

浮雲——うきぐも

（主要テキスト：「明治文学全集」『二葉亭四迷集』）

原文

「どうしたものだろう」ト文三再び我と我に相談を懸けた。

「寧《いっ》そ叔母の意見に就《つ》いて、廉耻も良心も棄ててしまッて、課長の所へ往《い》ッて見ようかしらん。依頼さえして置けば、仮令《たと》えば今が今どうならんと云ッても、叔母の気が安まる。そうすれば、お勢さえ心変りがしなければまず大丈夫と云うものだ。かつ慈母《おっか》さんもこの頃じゃア茶断《ちゃだち》して心配してお出でなさるところだから、こればかりで犠牲《ヴィクチーム》に成ッたと云ッても敢て小胆とは言われまい。コリャ寧《いっ》そ叔母の意見に……」

　が猛然として省思すれば、叔母の意見に就こうとすれば厭《いや》でも昇に親まなければならぬ。昇とあのままにして置いて独り課長に而已《のみ》取入ろうとすれば、渠奴《きゃつ》（あいつ）必ず邪魔を入れるに相違ない。からして厭でも昇に親まなければならぬ。老母の為お勢の為めなら、或は良心を傷《きずつ》けて自重の気を拉《とりひし》いで課長の鼻息を窺《うかが》い得るかも知れぬが、如何に窮したればと云ッて苦しいと云ッて、昇に、面と向ッて図大柄《ずおおへい》に「痩我慢《やせがまん》なら大抵にしろ」ト云ッた昇に、昨夜も昨夜とて小児の如くに人を愚弄して、陽《あらわ》に負けて陰《ひそか》に復《かえ》り討に逢わした昇に、不倶戴天《ふぐたいてん》の讎敵《あだ》、生ながらその肉を啖《くら》わなければこの熱腸が冷されぬと怨みに思ッている昇に、今更手を杖《つ》いて一着《いっちゃく》を輸《ゆ》する事は、文三には死しても出来ぬ。課長に取入るも昇に上手を遣《つか》うも、その趣きは同じかろうが同じく有るまいが、そんな事に頓着《とんじゃく》はない。唯是もなく非もなく、利もなく害もなく、昇に一着を輸する事は文三には死しても出来ぬ。

　ト決心して見れば叔母の意見に負《そむ》かなければならず、叔母の意見に負くまいとすれば昇に一着を輸さなければならぬ。それも厭なりこれも厭なりで、二時間ばかりと云うものは黙坐して腕を拱《く》んで、沈吟《ちんぎん》して嘆息して、千思万考、審念熟慮して屈托《くったく》して見たが、詮《せん》ずる所は旧《もと》の木阿弥《もくあみ》。

「ハテどうしたものだろう」

『浮雲《うきぐも》』は、小説家の二葉亭四迷《ふたばていしめい》（一八六四～一九〇九）が明治二〇～二三年（一八八七～一八九〇）に発表した、日本最初の近代写実主義の小説です。写実主義文芸とは、社会の現実や物事を理想化や美化せず、主観を抑制してありのままに描写する作風の文芸で、最初に坪内逍遥《つぼうちしょうよう》により提唱されました。彼は『小説神髄《しょうせつしんずい》』（明治十八～十九）を著し、「小説の主脳は人情なり」と述べて、「人情」（心理）を「模写」（写実）することこそ小説の神髄であると説いています。そしてその理論を実践して『当世書生気質《とうせいしょせいかたぎ》』を著すのですが、できあがった小説は江戸時代の戯作文学に近いものでした。逍遥が勧善懲悪的であるとして批判した『南総里見八犬伝《なんそうさとみはっけんでん》』には、ヒーローが悪を懲らしめても、そこには登場人物の深い心理描写はなく、読者を惹き付けたのは、壮大なスケールで劇的に展開する物語のストーリーなのです。

逆に『浮雲』は手に汗握る場面はなく、日常生活しか描かれていません。主な登場人物は、東京の叔母の家に下宿する要領の悪い内海文三《うつみぶんぞう》、叔母のお政と娘のお勢、文三の同僚で世渡りの上手《うま》い本田昇の四人だけです。刻苦勉励して官職に就いた文三は、英語を教えてくれるお勢に密かに心を寄せ、お政も二人の仲を黙認していました。しかし上司のご機嫌をとるのが下手《へた》な文三は、免職になってしまいます。その家に出入りしていた昇は、文三の要領の悪さをあざ笑うのですが、文三が復職できるように働きかけてやると、恩着せがましくお政とお勢に話したところ、日頃から昇を快く思っていなかった文三は、言葉の行き違いから絶交を言い渡してしまいます。そしてそれを契機に、お政は文三に冷たく接するようになります。それでもお勢との関係に希望を持っていた文三は、問い詰めたお勢の口から「ハイ本田さんは私の気に入りました……それがどうしました」という言葉を聞いて愕然とします。お政は昇とお勢を結婚させようとするのですが、お勢は今一つはっきりせず、そのうち何があったのか、昇に対して余所余所《よそよそ》しくなります。それを察した文三は、またかすかな望みを抱くようになるのです。

話はここで未完のまま終わってしまいますので、最後まで、クライマックスはありません。作者自身が第三編の冒頭で、「固《も》と此小説はつまらぬ事を種に作ったものゆえ、人物も事実も皆つまらぬもののみでしょうが、それは作者も承知の事です。……心理の上から観みれば、智愚の別なく人咸《ことごと》く面白味は有る。内海文三の心状を観れば、それは解ろう」と述べている如く、苦悩する登場人物達の心理描写こそが『浮雲』の面白さなのです。

『浮雲』の写実性を際立たせているのは、心理描写だけではなく、「言文一致体」と呼ばれた文体でした。伝統的な日本の文芸は、話し言葉と書き言葉が区別して叙述されていました。またその書き言葉は、漢文か漢文調の和文が普通でしたから、それを十分に理解するためには、ある程度の文語の修練が必要でした。ですから文芸が広く国民のものになるには、口語による文芸の出現を待たなければならなかったのです。『浮雲』は現代人の感性からすれば、完全な口語とは言えませんが、全てが口語に近い文体で書かれています。これは当時としては画期的なことでした。

ただし口語と言っても、現代人には読み仮名がないとそうとは読めない漢字語がたくさんあります。それでも、「傷心恨事」（かなしいこと）・「慈母」（おふくろ）・「僕」（あたし）・「我他彼此」（がたびし）・「服飾」（こしらえ）・「金鍍金」（メッキ）・「慄然」（ぶるぶる）・「摺附木」（まっち）「洋燈」（ランプ）などのように、読み仮名なしでは読めそうもない独特の漢字表記の言葉が散りばめられていて、読み仮名の付け方の面白さを味わう楽しみもあります。またお勢が英語を習っているという設定からか、随所に混じる英語は、当時の社会に欧米文化に対する憧れがあったことの影響でしょう。

ここに載せたのは、「第十一回　取付く島」の部分で、昇と言い争った文三が、叔母の言うことに従い、課長に取り入って復職を頼むために昇に謝罪するかどうか、お勢との関係も絡んで煩悶する場面です。人物の動きとしては、文三が腕組みをしながら二時間も溜息をついているだけですから、登場人物の外的動作は何一つなく、絵になる面白さはありません。ただ心理描写だけで読者を惹き付ける、写実小説らしい場面です。なお「浮雲」という言葉は、不安定なことの比喩ですから、揺れ動く文三の心の象徴として、題名に選ばれたのでしょう。

五重塔──ごじゅうのとう

（主要テキスト：「明治文学全集」『幸田露伴集』）

原文

「さあ十兵衛、今度は是非に来よ。四の五のは云はせぬ。上人《しようにん》様の御召ぢやぞ」と、七蔵爺《じじ》いきりきって門口から我鳴《がな》れば、十兵衛聞くより身を起して、「なにあの、上人様の御召なさるとか。七蔵殿、それは真実《まこと》でござりまするか。嗚呼《ああ》なさけ無い。何程風の強ければとて、頼みきった上人様までが、此《この》十兵衛の一心かけて建てたものを、脆《もろ》くも破壊《こわ》るゝ歟《か》のやうに思《おぼ》し召されたか、口惜《くや》しい。世界に我を慈悲の眼で見て下さるゝ唯一つの神とも仏ともおもふて居た上人様にも、真底からは我が手腕《うで》たしかと思はれざりし歟《か》。つくぐ〳〵頼母《たのも》しげ無き世間、もう十兵衛の生き甲斐無し。たま〳〵当時に双《ならび》なき尊き智識（高徳の僧）に知られしを、是《こ》れ一生の面目とおもふて空《あだ》に悦びしも、真に果敢無き少時《しばし》の夢。嵐の風のそよと吹けば、丹精凝らせし彼《かの》塔も倒れやせむと疑はるゝとは。ゑゝ腹の立つ。……ゑゝ口惜《くや》しい、腹の立つ。お浪《なみ》、それほど我《おれ》が鄙《さも》しからうか。嗚呼《ああ》ゝゝ、生命《いのち》も既《もう》いらぬ、我《わ》が身体《からだ》にも愛想《あいそ》の尽きた。此世の中から見放された十兵衛は、生きて居るだけ恥辱《はじ》をかく、苦悩《くるしみ》を受ける。ゑゝいっその事塔も倒れよ、暴風雨《あらし》も此上《このうえ》烈しくなれ。少しなりとも彼《あの》塔に損じの出来《でき》て呉《く》れよかし。空吹く風も地打《つち》つ雨も、人間《ひと》ほど我には情《つれ》無《な》からねば、塔破壊《こわ》されても倒されても、悦《よろこ》びこそせめ、恨《うらみ》はせじ。板一枚の吹きめくられ、釘《くぎ》一本の抜かるゝとも、味気無《あじきな》き世に未練はもたねば、物の見事《みごと》に死んで退《の》けて、十兵衛といふ愚魯漢《ばかもの》は、自己《おのれ》が業《わざ》の粗漏《てぬかり》より恥辱《はじ》を受けても、生命《いのち》惜しさに生存《いきながら》へて居るやうな鄙劣《けち》な奴《やつ》では無かりしか、如是《かかる》心を有《も》って居しかと、責《せ》めては後《あと》にて吊《とむら》はれむ。一度はどうせ捨つる身の、捨処《すてどころ》よし捨時《すてどき》よし。仏寺を汚《けが》すは恐れあれど、我が建てしもの壊《こわ》れしならば、其《その》場を一歩立去り得べきや。諸仏菩薩《ぼさつ》も御許しあれ。生雲塔《しょううんとう》の頂上《てっぺん》より、直ちに飛んで身を捨てむ。投ぐる五尺の皮嚢《かわぶくろ》は潰《やぶ》れて醜《みにく》かるべきも、きたなきものを盛《も》っては居《お》らず。あはれ男児《おとこ》の醇粋《いっぽんぎ》、清浄《しょうじょう》の血を流さむなれば愍然《ふびん》ともこそ照覧《しょうらん》あれと、おもひし事やら思はざりしや。十兵衛自身も半分知らで、夢路を何時《いつ》の間にか辿《たど》りし、七藏にさへ何処《どこ》でか分れて、此所《ここ》は、おゝ、それ、その塔なり。

上《のぼ》りつめたる第五層の戸を押明《おしあ》けて、今しもぬっと十兵衛半身あらはせば、礫《こいし》を投ぐるが如き暴雨の、眼も明けさせず面《おもて》を打ち、一ツ残りし耳までも扯断《ちぎ》らむばかりに、猛風の呼吸《いき》さへ為《さ》せず吹きかくるに、思はず一足退きしが、屈せず奮《ふる》って立出でつ。欄《らん》を握《つか》むで屹《きっ》と睥《にら》めば、天《そら》は五月《さつき》の闇より黒く、たゞ轟《ごう》々たる風の音のみ宇宙に充《みち》て物騒がしく、さしも堅固の塔なれど、虚空《こくう》に高く聳《そび》えたれば、どう〳〵どっと風の来る度《たび》ゆらめき動きて、荒浪の上に揉《も》まるゝ棚無《たなな》し小舟《おぶね》の、あはや傾覆《くつがえ》らむ風情。流石《さすが》覚悟を極《きわ》めたりしも、又今更におもはれて、一期《いちご》の大事死生の岐路《ちまた》と、八万四千の身の毛竪《よだ》たせ牙咬《かみし》定めて眼《まなこ》を睜《みは》り、いざ其時《そのとき》はと手にして来し六分鑿《ろくぶのみ》の、柄《え》忘るゝばかり引握《ひっつか》むでぞ、天命を静かに待つとも知るや知らずや。風雨いとはず塔の周囲《めぐり》を幾度《いくたび》となく徘徊《はいかい》する、怪しの男一人ありけり。

解説

『五重塔《ごじゅうのとう》』は、明治二四年（一八九一）十一月から翌年にかけて新聞「國會」に連載された、幸田露伴（一八六七～一九四七）の中編小説です。露伴の文章は力強く、声に出して読むと心地よいリズム感があります。同時代の尾崎紅葉が、恋愛小説や女性の心理描写を得意としていたことと対照的に、理想主義的な力強い男性像の描写に優れていたため、「紅露《こうろ》時代」と称されました。『五重塔』はそのような幸田露伴の作品の中でも、如何にも露伴らしい代表作です。会話は口語、地の文は露伴独特の文語で、口語と文語が入り交じる文体を雅俗折衷体といい、「紅露時代」の相方である尾崎紅葉の小説にも、特徴的に用いられています。

主人公の十兵衛は、大工の腕前だけは抜群に優れているのですが、人付き合いが悪く、動作も緩慢なため、「のっそり十兵衛」と呼ばれていました。江戸の谷中《やなか》の感応寺に五重塔が建てられることになり、棟梁の源太が請け負うのですが、十兵衛は一生一度の大仕事を、自分にやらせてほしいと住職に頼み込みます。度量の寛《ひろ》い源太は二人で協同でと言うのですが、十兵衛は独りでやると言い張り、結局源太が引き下がり、十兵衛が頭《かしら》となって建築が始まりました。途中、源太の弟子たちに襲われ、片耳を切られてしまうのですが、十兵衛は仕事を休むことなく、五重塔は立派に竣工します。そして落成式の前夜、大暴風雨が襲ってくるのです。

ここに載せた前半は、大暴風雨の真最中、心配した感応寺の世話役の七蔵が、住職の使いと偽って十兵衛を呼び出そうとしたのですが、十兵衛の技量に絶対の信頼を寄せてくれていたはずの住職に疑念を持たれたと、自暴自棄になる場面です。自分の仕事に自信のある十兵衛は、塔がよもや倒れるとは思わないのですが、「上人様」の要請とあっては断れず、悲壮な覚悟で塔を見に行くのです。

後半は、「塔の倒れる時が自分の死ぬ時」と心に決めた十兵衛が、泰然自若と塔の最上階に突っ立っている場面です。時を同じくして、十兵衛を寛い心で受け容れてくれた棟梁の源太が、心配の余り、塔の周囲を「怪しの男」となって徘徊していました。そして夜が明けると、江戸の各地で甚大な被害が明らかになるのですが、十兵衛の建てた五重塔は無傷で聳《そび》えていたのです。

この「五重塔」には実際のモデルがあります。寛永二一年（一六四四）、谷中の感応寺に五重塔が竣工したのですが、明和九年（一七七二）、江戸三大大火の一つであるの目黒行人坂《ぎょうにんざか》の火事で焼けてしまいました。そして寛政三年（一七九一）に棟梁の八田清兵衛により再建されました。この棟梁が十兵衛のモデルです。感応寺はその後天保四年（一八三三）に天王寺と改称されます。露伴は短期間ですが、この五重塔のある谷中天王寺町に住んでいたことがあり、朝に夕に仰ぎ見ていたわけです。ところが昭和三二年（一九五七）に放火心中事件により焼失し、現在は東京谷中霊園内に礎石だけが残っています。

実際、五重塔は、地震や暴風に対しては倒壊しにくい構造になっているそうです。五重塔は独立した層が五層が積み重ねられているだけの構造で、中心を貫く心柱は最上層でのみ他の構造物と連結しています。そして地震などの大きな力が加わると、各層が連結されていないため、衝撃を吸収する様に動きます。心柱は重量のある振り子と同じで、各層が横揺れしすぎない様に働くそうです。

坊つちゃん――ぼっちゃん

（主要テキスト：「明治文学全集」『夏目漱石集』）

原文

（宿直室の床で）あゝ愉快だと足をうんと延ばすと、何だか両足へ飛び付いた。ざら〳〵して蚤《のみ》の様でもないからこいつあと驚ろいて、足を二三度毛布《けつと》の中で振ってみた。するとざら〳〵と当ったものが、急に殖《ふ》え出して臑《すね》が五六カ所、股《もも》が二三カ所、尻の下でぐちゃりと踏み潰《つぶ》したのが一つ、臍《へそ》の所迄《まで》飛び上がったのが一つ愈々《いよいよ》驚ろいた。早速起き上って、毛布《けつと》をぱっと後ろへ抛《ほう》ると、蒲団《ふとん》の中から、バッタが五六十飛び出した。正体の知れない時は多少気味が悪るかったが、バッタと相場が極《き》まってみたら急に腹が立った。……

おれは早速寄宿生を三人ばかり総代に呼び出した。すると六人出て来た。六人だらうが十人だらうが構ふものか。寝巻の儘《まま》腕まくりをして談判を始めた。

「なんでバッタなんか、おれの床の中へ入れた」

「バッタた何ぞな」と真先《まつさき》の一人がいった。やに落ち付いて居やがる。此《この》学校ぢゃ校長ばかりぢゃない、生徒迄《まで》曲りくねった言葉を使ふんだらう。

「バッタを知らないのか、知らなけりゃ見せてやらう」と云ったが、生憎《あいにく》掃き出して仕舞って一匹も居ない。又小使を呼んで、「さっきのバッタを持ってこい」と云ったら、「もう掃溜《はきだめ》へ棄てゝしまひましたが、拾って参りませうか」と聞いた。「うんすぐ拾って来い」と云ふと、小使は急いで馳《か》け出したが、やがて半紙の上へ十四許《ばか》り載せて来て、「どうも御気の毒ですが、生憎《あいにく》夜で是丈《これだけ》しか見当りません。あしたになりましたらもっと拾って参ります」と云ふ。小使迄《まで》馬鹿だ。おれはバッタの一つを生徒に見せて「バッタた是だ、大きなずう体をして、バッタを知らないた、何の事だ」と云ふと、一番左の方に居た顔の丸い奴が、「そりゃイナゴぞな、もし」と生意気におれを遣り込めた。「箆棒《べらぼう》め、イナゴもバッタも同じもんだ。第一先生を捕《つら》まへて、なもした何だ。菜飯は田楽の時より外《ほか》に食ふもんぢゃない」とあべこべに遣り込めてやったら「なもしと菜飯とは違ふぞな、もし」と云った。いつ迄行ってもなもしを使ふ奴だ。

「イナゴでもバッタでも、何でおれの床の中へ入れたんだ。おれがいつ、バッタを入れて呉れと頼んだ」

「誰も入れやせんがな」

「入れないものが、どうして床の中に居るんだ」

「イナゴは温《ぬく》い所が好きぢゃけれ、大方《おおかた》一人で御這入りたのぢゃあろ」

「馬鹿あ云へ。バッタが一人で御這入りになるなんて――バッタに御這入りになられてたまるもんか――さあなぜこんないたづらをしたか、云へ」

「云へてゝ、入れんものを説明しやうがないがな」

解説

『坊つちゃん』は、夏目漱石《なつめそうせき》（一八六七～一九一六）が『吾輩は猫である』で作家としてデビューした翌年の明治三九年（一九〇六）、俳句雑誌『ホトトギス』の附録として発表した小説です。「坊つちゃん」は東京の物理学校を卒業直後の新米教師で、曲がったことが大嫌いな江戸っ子です。四国の松山中学校に数学の教師として赴任するのですが、田舎の松山ののんびりした気風が性に合いません。そして生徒達や一部の同僚との関係がぎくしゃくし、結局は教師を辞めて東京に戻るという筋書きです。

登場人物はみな個性的な性格の持ち主で、それ故に個性が衝突して様々な問題が引き起こされます。その登場人物達の個性を、歯切れのよい江戸弁で滑稽に描写し分けていることや、「坊つちゃん」の爽快な生き様が大衆の共感を呼び、漱石の作品の中で今もなお多くの人に愛読されています。

漱石は明治二六年（一八九三）に帝国大学（後に東京帝国大学）を卒業。明治二八年（一八九五）に愛媛県尋常中学校（松山東高校の前身）に赴任し、一年間という短い間、英語の教師として教壇に立ちました。『坊つちゃん』は、その時の経験を下敷きにして書かれています。

ここに載せたのは、「坊つちゃん」が宿直をした夜に起きた、バッタ事件の場面です。校内には、県内の遠隔地から入学している生徒のための寄宿舎があり、教員には順次宿直業務が廻ってきました。生徒達は新任教師をからかってやろうと相談し、隙を見て数十匹のイナゴを布団の中に忍ばせます。犯人は生徒達以外に考えられず、呼びつけて訊問するのですが、要領を得ません。悪戯《いたずら》を正直に認めず、のらりくらりと方言でかわす生徒達と、卑怯なことが大嫌いで、江戸弁でまくし立てる「坊つちゃん」との噛み合わないやりとりが、滑稽な見せ場になっています。実際、漱石自身も江戸生まれの東京育ちですから、江戸言葉や江戸っ子気質は身に付いていました。

近藤英雄著『坊っちゃん秘話』（一九八三年）によれば、これと同じような「バッタ事件」が、漱石が勤務した中学校であったとのことですが、漱石が被害者ではありません。イナゴを捕ってきた生徒が後日漱石に、実際には十五、六匹入れたのに、『坊つちゃん』の中では「五、六十匹」となっていることを尋ねたところ、「あれは小説だから」と笑っていたそうです。

一般には漱石は小説家と理解されていますが、本来は英語教師・英文学者でした。明治三六年（一九〇三）漱石は東京帝国大学文科大学英文科の学生を相手に「英文学概説」の講義を始めます。漱石の前任者は小泉八雲で、離任に際して留任運動が起きた程、学生からの人気がありました。漱石はその後任ですから、新米教師の「坊つちゃん」を迎えた尋常中学校の生徒達と同じく、どのような授業をするのかと、学生達は待ち構えていたのでしょう。実際に受講し、後に自分自身も英文学者となった、金子健二の日記や回想録によれば、学生たちは、欠伸《あくび》をしたり、頬杖《ほおづえ》をついたり、居眠りをしたり、受講を拒否したりという具合で、散々な滑り出しだったそうです。「何等の聞くべきものなし」とか、「無価値没趣味の講義」とまで、散々に酷評されています。漱石の授業では、発音の誤りを厳しく訂正することがあったらしく、生徒は本場の英国仕込みに感心はしながらも、その厳しさと英国帰りの気障《きざ》っぽい風貌や仕草に、反発していたのかもしれません。

しかしシェークスピアの講義になると、「大入繁昌札止め景気であった。文科大学は夏目先生たゞ一人で持って居らるゝやうに感じた」とさえ記されています。シェークスピアに対する関心が深かったのは、「ハムレット」や「ヴェニスの商人」などの劇が、しばしば上演されていたことが背景にあるのですが、漱石の真価を認めざるを得なかったのでしょう。「坊つちゃん」は、生徒と良好な関係を作れないうちに辞職してしまいますが、それは東京帝大で学生の態度に手こずった、自分の体験を下敷きにしたのかもしれません。

なお大根の葉を炊き込んだ「菜飯」は、豆腐味噌田楽とセットで供される、江戸時代以来の精進料理です。

歌よみに与ふる書——うたよみにあたふるしょ

（主要テキスト：「岩波文庫」『歌よみに与ふる書』）

原文

仰《あおせ》の如く、近来和歌は一向に振ひ申さず候。正直に申し候へば、万葉以来、実朝以来、一向に振ひ申さず候。実朝といふ人は三十にも足《た》らで、いざ是《これ》からといふ処にて、あへなき最期を遂げられ、誠に残念致《いたし》候。あの人をして今十年も活《い》かして置いたなら、どんなに名歌を沢山残したも知れ申さず候。兎《と》に角《かく》に第一流の歌人と存じ候。強《あなが》ち人丸《ひとまろ》（柿本人麻呂）・赤人《あかひと》（山部赤人）の余唾《よだ》を舐《ねぶ》るでも無く、固《もと》より貫之・定家の糟粕《そうはく》（残った粕、命のない外形）をしゃぶるでも無く、自己の本領屹然《きつぜん》（そびえること）として、山嶽と高きを争ひ、日月と光を競ふ処、実に畏るべく尊むべく、覚えず（思わず）膝を屈するの思ひ之有《これあ》り候。古来凡庸の人と評し来りしは、必ず誤《あやまり》なるべく、北条氏を憚《はばか》りて韜晦《とうかい》（才能を包み隠すこと）せし人か、さらずば大器晩成の人なりしかと覚《おぼ》え候。

　人の上に立つ人にて、文学技芸に達したらん者は、人間として下等の地に居るが通例なれども、実朝は全く例外の人に相違これ無く候。何故と申すに、実朝の歌は只《ただ》器用といふのでは無く、力量あり、見識あり、威勢あり、時流に染まず、世間に媚《こ》びざる処、例の物数奇《ものすき》連中や、死に歌よみの公卿達と、迚《とて》も同日には論じ難《がた》く、人間として立派な見識のある人間ならでは、実朝の歌の如き力ある歌は詠みいでられまじく候。真淵《まぶち》（賀茂真淵）は力を極みて実朝をほめた人なれども、真淵のほめ方はまだ足らぬやうに存じ候。真淵は実朝の歌の妙味の半面を知りて、他の半面を知らざりし故にこれ有るべく候。

　貫之《つらゆき》は下手《へた》な歌よみにて、古今集はくだらぬ集に之有候。其《その》貫之や古今集を崇拝するは、誠に気の知れぬことなどゝ申すものゝ、実は斯《か》く申す生《せい》（私）も、数年前迄《まで》は古今集崇拝の一人にして候ひしかば、今日世人《せじん》が古今集を崇拝する気味合《きみあい》は、能《よ》く存じ申し候。崇拝して居る間は、誠に歌といふものは優美にて、古今集は殊に其粋《そのすい》を抜きたる者とのみ存じ候ひしも、三年の恋一朝にさめて見れば、あんな意気地《いくじ》の無い女に今迄ばかされて居った事かと、くやしくも腹立たしく相成り候。

先づ古今集といふ書を取りて第一枚を開くと、直ちに「去年《こぞ》とやいはん今年とやいはん」といふ歌が出て来る。実に呆《あき》れ返った無趣味の歌にこれ有り候。日本人と外国人との合《あい》の子を、日本人とや申さん、外国人とや申さんとしゃれたると同じ事にて、しゃれにもならぬつまらぬ歌に候。この外《ほか》の歌とても大同小異にて、駄洒落《だじゃれ》か理窟《りくつ》っぽい者のみにこれ有り候。

解説

『歌よみに与《あた》ふる書』は、俳人の正岡子規《まさおかしき》（一八六七〜一九〇二）が明治三一年（一八九八）の二月から三月にかけて、新聞「日本」に連載した歌論です。明治三〇年には俳句雑誌『ほとゝぎす』（後に『ホトヽギス』）を創刊し、俳句の革新運動を始めていましたが、短歌の革新運動にも乗りだします。その契機となったのが、一連の『歌よみに与ふる書』なのです。余りに過激な論調に、読者からの質問や批判が殺到し、子規はそれに応える形で、十回まで連載をしました。

子規は紀貫之と『古今和歌集』を批判していますが、最後までよく読めば、子規が最も厳しく批判しているのは、『古今和歌集』を十年一日の如く漫然と崇拝している歌人達であることがわかります。また子規の短歌・俳句論は、一般には主観を退け客観的な「写生」を重視したと説かれることがありますが、彼は『六たび歌よみに与ふる書』において、「生《せい》（私）が排斥するは主観中の理窟の部分にして、感情の部分にはこれ無く候」と述べています。子規が非難しているのはあくまで理屈をこねた短歌や俳句であって、自ずから湧いてくる主観まで退けているわけではありません。ただし「されば生は客観に重きを置く者にてもこれなく候。但し和歌俳句の如き短き者には、主観的佳句よりも客観的佳句多しと信じをり候」とは述べています。

子規の言葉は大層力強いのですが、現実の生活では、明治三〇年（一八九七）から脊椎《せきつい》カリエスという病で、寝たきりの状態が続いています。溢れ出る膿《うみ》を拭うのにも、激痛のため絶叫する程の闘病が続いていました。そして明治三五年（一九〇二）には三五歳で亡くなります。短歌や俳句の革新を迫る激しい言葉は、そのような病床から呻きと共に絞り出されました。子規は『歌よみに与ふる書』を連載した年に、「神の我に歌をよめとぞのたまひし病に死なじ歌に死ぬとも」と詠んでいます。これは「歌に死ぬなら本望である」という決意表明でしょうが、実際の事でもあったのです。

ここに載せたのは、前半は連載一回目の『歌よみに与ふる書』の冒頭部分で、源実朝を極めて高く評価しています。実朝は藤原定家から『万葉集』を贈られ、よく学んでいましたから、その影響を受けたことは確かです。ですから『万葉集』の研究に生涯を捧げた賀茂真淵は、実朝を高く評価していました。しかし実朝の『金槐和歌集』には、『万葉集』だけでなく、『古今和歌集』や『新古今和歌集』などから本歌取りした歌が極めて多く、真淵や子規の評価は少々過大かもしれません。

後半は連載二回目の『再び歌よみに与ふる書』の冒頭部分です。批判されている歌は『古今和歌集』の巻頭の、「年の内に春は来にけり一年《ひととせ》を去年《こぞ》とや言はむ今年とや言はむ」という歌で、十二月中に新年の立春となることのおかしさを詠んでいます。これは年内立春といい、旧暦では二〜三年に一度位の割で起きることで、珍しくはありません。子規が最も排撃したのは、まさにこの様な理屈っぽい歌でした。

歴史上で革新的な業績を残した人の言動には、得てして過激なことが多いものです。抵抗が大きいだけに、それを打破するためには、激し過ぎるくらいのエネルギーが必要だからです。しかし行き過ぎがあったとしても、いずれ「歴史」と言う時間が、それを揺り戻してくれます。

子規はさんざん紀貫之を貶《けな》していますが、最後に子規が褒めた貫之の歌を一首上げておきましょう。「思ひかね妹がり行けば冬の夜の河風寒み千鳥鳴くなり」（『拾遺和歌集』）。「恋しい思いに耐え兼ねて、愛する人のもとへ出かけて行くと、冬の夜の川風が寒いので、千鳥が鳴く声が聞こえる」という意味です。子規は『再び歌詠みに与ふる書』において、「此歌ばかりは趣味ある面白き歌に候。併し外にはこれ位のもの一首もあるまじく候」と述べています。

武士道——ぶしどう

（主要テキスト：「岩波文庫」『武士道』）

原文

About ten years ago, while spending a few days under the hospitable roof of the distinguished Belgian jurist, the lamented M. de Laveleye, our conversation turned, during one of our rambles, to the subject of religion. "Do you mean to say," asked the venerable professor, "that you have no religious instruction in your schools?" On my replying in the negative he suddenly halted in astonishment, and in a voice which I shall not easily forget, he repeated "No religion! How do you impart moral education?"

The question stunned me at the time. I could give no ready answer, for the moral precepts I learned in my childhood days, were not given in schools; and not until I began to analyze the different elements that formed my notions of right and wrong, did I find that it was Bushido that breathed them into my nostrils.

The direct inception of this little book is due to the

現代語訳

およそ十年前のこと、私はベルギーの法学の権威である故ド・ラヴレー氏邸で歓待され、数日滞在したことがあった。ある日のこと、共に散策しつつ宗教の話題になった時、尊敬すべき老教授は、「あなたの説くところによれば、日本の学校では宗教教育はないとでも言われるのか」と問うたのである。私が「ございません」と答えるや否や、氏は愕然として立ち止まり、到底忘れることのできない声で、「何と、宗教がないですと。それならばいったいどの様にして道徳教育を授けるのか」と、繰り返し嘆息した。

その時、私は呆然としてその質問に答えられず、言葉に詰まってしまった。私が幼少の頃学んだ道徳教訓は、学校で学んだものではなかったからである。そして私の正義・邪悪の観念を形成している色々な要素を分析するに至り、この概念を私（の鼻）に吹き込んだのは、実に「武士道」であることを見出したのであった。

この小著を叙述するに至った直接の契機は、我が妻が、「日本で遍く行われているあれこれの思想や風習は、如何なる理由によるものか」と、しばしば問うたことであった。そしてド・ラヴレー氏や我が妻に対して、納得させられる

frequent queries put by my wife as to the reasons why such and such ideas and customs prevail in Japan. In my attempts to give satisfactory replies to M. de Laveleye and to my wife, I found that without understanding Feudalism and Bushido, the moral ideas of present Japan are a sealed volume.

答を与えようと試みた。そして私ははたと気付いたのであった。封建制度と武士道というものが何であるかを理解しなかったら、現在の日本の道徳観念は、封印された秘本同然であるということを。

解説

『武士道《ぶしどう》』は、明治三一年（一八九八）、新渡戸稲造《にとべいなぞう》（一八六二〜一九三三）がアメリカで著した『Bushido: The Soul of Japan』の日本語訳です。日本人の道徳の核心が武士の倫理観によっていることを、欧米の宗教・思想と対比しつつ、欧米人に理解できるように英語で解説したもので、彼は日本人の倫理観を、「武士道」と表現したわけです。執筆の動機は二六歳の時にドイツで出会った老法学教授との会話や、三〇歳の時に結婚した米国人の妻メアリー・エルキントン（日本名は万里）との家庭における会話でした。『武士道』を執筆していたのは三六〜三七歳の頃ですから、老教授から示された宿題を、妻と語りながら十年間も答を探して温めていたのでしょう

内容は、武士道を義・勇・仁・礼・誠・名誉・忠義などの徳目に分けて解説し、合わせて切腹に見る生死観、女性観、大和魂から、武士道の継承や未来にまで及んでいます。書名は『武士道』ですが、武士道そのものを賛美することが目的ではなく、武士道の問題点を指摘しつつも、日本人の倫理観を叙述することが目的でした。

「武士道」と言う言葉は、現代の倫理観にはそぐわない印象を与えます。しかし熱烈なキリスト教徒である著者が、日本を含めて世界の思想・哲学・宗教・歴史の事象や名言を自在に繰り出す論証は、「武士道」にたいする偏狭な先入観を取り除き、『武士道』に今もなお普遍的な価値を持たせているのです。ヨーロッパの騎士道と対比させたことも、欧米で受け容れられた理由の一つでしょう。台湾に今も台湾製糖業の父として胸像が据《す》えられていることでもわかるように、彼の専門は農業経済学ですから、どれも皆専門外のことばかりです。彼は「武士道は知識のための知識を軽視する。知識は本来、目的ではなく、知恵を得る手段である」と述べていますが、その幅広い知識と見識は、まさに「知識が知恵を得る

手段」であることを証明しています。
『武士道』は、世界各国語にも翻訳され、米国大統領のセオドア・ルーズベルトやジョン・ケネディーも、愛読していたことはよく知られています。日露戦争勃発後、いずれ米国の仲介を予想した日本政府は、大学でルーズベルトと同窓であった金子堅太郎を派遣します。そして金子と駐米公使高平小五郎が大統領の昼食会に招かれた際に、この『武士道』が話題となりました。後日贈呈された大統領はこれを読んで感銘を受け、何十冊も買って家族や友人たちに配ったということです。彼が後に国際連盟事務次長に推挙されたことについて、当時の日本人にはピンとこなかったかもしれません。農政学者・教育者としては知られていても、なぜ国際連盟なのかがわからなかったのでしょう。しかし欧米では『Bushido: The Soul of Japan』によってその広い見識と高潔な人格が、国際的に高く評価されていたからなのです。

昭和初期、日本と米国の関係が次第に緊張してゆく中で、日本の進路を憂えつつ、日米の関係改善に尽力しました。彼は若い時に「太平洋の架け橋になりたい」と誓願を立て、自費で米国に留学しましたが、晩年にも太平洋の架け橋たらんとして、国際的に活躍しました。日本が国際連盟脱退を表明した年の秋、カナダで開かれた太平洋問題調査会の第五回「太平洋会議」に、日本代表として出席したのですが、会議終了後に倒れて入院し、そのまま亡くなりました。稲造の肖像を描いた旧五千円紙幣には、太平洋を挟んで日本と米国が向かい合っている地図が描かれているのは、故あることなのです。

現在、日本の義務教育課程では、「特別の教科」として道徳教育が行われています。もちろん武士道的教育ではありませんが、思いやりや労《いたわ》り心は「仁」に、困難を乗り越えて実行する力は「義」や「勇」に、それを見える形で表現することは「礼」に、嘘やごまかしを退けることは「誠」や「信」に通じます。「武士道」という言葉は用いられなくても、長い時間をかけて発酵熟成されてきた日本人の倫理は、確実に継承されているのです。

謀叛論——むほんろん

（主要テキスト：「明治文学全集」『徳冨蘆花集』）

原文

諸君、幸徳君らは時の政府に謀叛人と見做されて殺された。諸君、謀叛を恐れてはならぬ。謀叛人を恐れてはならぬ。自ら謀叛人となるを恐れてはならぬ。新しいものは常に謀叛である。「身を殺して魂を殺す能わざる者を恐るるなかれ」。肉体の死は何でもない。恐るべきは霊魂の死である。人が教えらえたる信条のままに執着し、言わせらるるごとく言い、させらるるごとくふるまい、型から鋳出した人形のごとく形式的に生活の安を偸《ぬす》んで、一切の自立自信、自化自発を失う時、すなわちこれ霊魂の死である。我らは生きねばならぬ。生きるために謀叛しなければならぬ。古人はいうた、いかなる真理にも停滞するな、停滞すれば墓となると。……繰り返して曰う、諸君、我々は生きねばならぬ、生きるために常に謀叛しなければならぬ、自己に対して、また周囲に対して。

諸君、幸徳君らは乱臣賊子となって絞台の露と消えた。その行動について不満があるとしても、誰か志士としてその動機を疑い得る。諸君、西郷も逆賊であった。しかし今日となって見れば、逆賊でないこと西郷のごとき者があるか。幸徳らも誤って乱臣賊子となった。しかし百年の公論は必ずその事を惜しんで、その志を悲しむであろう。要するに人格の問題である。諸君、我々は人格を研くことを怠ってはならぬ。

解説

『謀叛論』は、明治四三年（一九一〇）、幸徳秋水等の社会主義者が明治天皇暗殺計画を企てたとして、翌年に処刑された大逆事件に際し、小説家の徳冨蘆花《とくとみろか》（一八六八～一九二七）が第一高等学校（後に現在の東京大学教養学部）で行った講演の草稿です。

幸徳秋水は高知県出身で、平民新聞の創刊、日本最初の社会主義政党である社会民主党の結成など、社会主義運動家として活躍しました。そして後には過激な直接行動論や無政府主義を唱えたので、政府からは要注意人物として、常に監視される対象となっていました。秋水は名文家としても知られていて、足尾鉱毒事件で田中正造が天皇に直訴した際に持っていた直訴文も、正造に依頼されて書いています。

明治四三年（一九一〇）五月二五日、長野県の社会主義者宮下太吉ら四名が、明治天皇爆殺を計画したとして逮捕される事件が起きると、幸徳秋水は直接の関係はなかったのですが、主謀者に仕立て上げられてしまいます。政府はこの際、無政府主義者の根絶を企て、著名な社会主義者や無政府主義者を一斉に捕縛して、二六名を起訴しました。そして翌年一月二四と二五日に、幸徳秋水を含む十二名を処刑してしまったのです。

徳冨蘆花は、桂太郎首相と親交のあった兄の徳富蘇峰を通して、桂首相へ減刑嘆願を試みました。しかし死刑が執行されてしまいます。その頃、幸徳秋水に心酔していた第一高等学校弁論部の河上丈太郎《かわかみじょうたろう》（戦後に日本社会党委員長）と森戸辰男《もりとたつお》（戦後に文部大臣）が、徳冨蘆花に講演を依頼します。そして二月一日、蘆花の講演会が第一高等学校で開かれました。「蘆花来たる」ということで、会場は講壇上まで立錐の余地もなく満杯となったのですが、大逆事件の直後ですから、演題の「謀叛論」は直前まで極秘にされ、開演直前に文字通り幕を切って落とし、その場で劇的に発表されました。

演題を知って息を呑む学生達を前に、幸徳秋水らを悼むかの如き黒紋付姿の蘆花は、静かな口調で語り始めます。ここに載せたのはその最後の場面です。蘆花は政府首脳を激しい言葉で非難しています。しかし蘆花はキリスト教に親近感を持つヒューマニストですから、「謀叛」を題材として、停滞する自己に対する謀叛による、人格研鑽の大切さを訴えたのです。

小説家の永井荷風は、大逆事件に際して沈黙しました。そして『花火』の中で、「わたしは自ら文学者たる事について甚だしき羞恥を感じた。以来わたしは自分の芸術の品位を江戸戯作者のなした程度まで引下げるに如《し》くはないと思案した」と書いています。当時、大逆事件の判決を公然と批判した著名人は、徳冨蘆花しかいませんでした。そして講演は問題視され、校長の新渡戸稲造は譴責処分を受けています。

なお『謀叛論』には推敲の跡のあるいくつかの草稿があり、定本を確定することはできません。

後世への最大遺物——こうせいへのさいだいいぶつ

（主要テキスト：「明治文学全集」『内村鑑三集』）

原文

然しながら私に爰に一つの希望がある。此世の中をずっと通り過ぎて安らかに天国に往《ゆ》き、私の預（予）備学校を卒業して、天国なる大学校に這入《はい》って仕舞《しま》ったならば、それで沢山《たくさん》かと己《おの》れの心に問ふて見ると、其《その》時に私の心に清い欲《よく》が一つ起て来る。即《すなわ》ち私に五十年の命を呉《く》れた此《この》美しい地球、此美しい国、此楽しい社会、此我々を育てゝ呉《く》れた山河、是等《これら》に私が何も遺《のこ》さずには死んで仕舞《しま》ひたくないとの希望が起って来る。どうぞ私は死んでから啻《ただ》に天国に往《ゆ》くばかりでなく、私は茲《ここ》に一《ひとつ》の何かを遺《のこ》して往きたい。……

茲《ここ》に至って斯《こ》う云ふ問題が出て来る。文学者にもなれず、学校の先生にもなれなかったならば、夫《それ》ならば私は後世に何をものこす事は出来ないかといふ問題が出て来る。何か外《ほか》に事業は無いか、私も度々《たびたび》夫《それ》が為に失望に陥ることがある。然《しか》らば私には何にも遺すものはない。事業家にもなれず、金を溜《ため》ることも出来ず、本を書くことも出来ず、物を教へることも出来ない。さうすれば私は無用の人間として、平凡の人間として消えて仕舞はなければならぬか。……

然《しか》れども私は夫《それ》よりもっと大きい、今度は前の三つと違ひまして、誰にも遺す事の出来る最大遺物があると思ふ。夫《それ》は実に最大遺物であります。金も実に一つの遺物でありますけれども、私は之《これ》を最大遺物と名づける事は出来ない。事業も実に大遺物たるには相違ない。殆《ほとん》ど最大遺物と云ふても宜《よろし》うございますけれども、未だ之《これ》を本当の最大遺物と云ふ事は出来ない。文学も先刻お話した通り実に貴いものであって、我が思想を書いた物は、実に後世への価値ある遺物と思ひますけれども、私が之を以て最大遺物といふ事は出来ない。最大遺物といふ事の出来ない訳は、一つは誰にも遺す事の出来る遺物でないから、最大遺物といふことは出来ないのでは無いかと思ふ。夫《そ》ればかりで無く、其《その》結果は必ずしも害のないものではない。……

それならば最大遺物とは何であるか。私が考へて見ますに、人間が後世にのこす事の出来る、さうして是は誰にも遺す事の出来るところの遺物で、利益ばかりあって害のない遺物がある。夫《それ》は何であるかならば、勇ましい高尚なる生涯であると思ひます。是が本当の遺物ではないかと思ふ。他の遺物は誰にものこす事の出来る遺物ではないと思ひます。

解説

『後世《こうせい》への最大遺物《さいだいいぶつ》』は、内村鑑三（一八六一～一九三〇）が明治二七年（一八九四）七月、青年キリスト教徒のために箱根で催された、「基督《きりすと》教徒第六夏期学校」において行った講演記録です。内村鑑三は札幌農学校の二期生で、キリスト教に触れ、後に思想家・宗教家として社会に大きな影響を与えました。

彼は『後世への最大遺物』において、次のように告白します。若い頃には、歴史に名を遺《のこ》す人になりたいと思った。しかしキリスト教に触れてからというもの、神の前で清く立派に生涯を終え、天国に救われたいと思うようになった。しかし次第に考えが変わり、良い意味で歴史に名を遺すということは、キリスト教徒も持つべき考えであると思い直すようになった、といいます。鑑三は、賞賛や名誉のためではなく、「私がどれ程此地球を愛し、どれ丈《だけ》此世界を愛し、どれ丈同胞を思ったかと云ふ記念物を此世に置いて往きたい」と考えて、それを「後世への遺物」と名付けたのです。

それなら何を遺せばよいのでしょうか。まず初めに上げられたのは「金《かね》」です。彼は、「億万の富を日本に遺して、日本を救って遣《や》りたいと云ふ考を有《も》って居りました」と言っています。しかし「遺しやうが悪いと随分害を為《な》す」とも説いています。要は使い方が問題だというわけです。

二つ目には「事業」を上げ、「金」を良い目的で使う「事業」の方が、「金」より良い遺物であると説いています。ちょうど箱根で開催されたことから、十七世紀に箱根の山にトンネルを開削して、芦ノ湖の水を深良《ふから》村に導いた箱根用水を例に上げています。ひたすら人力で火山を一二八〇ｍも掘り抜く難工事の結果、多くの水田が潤されました。しかしこのような事業は、誰にでもできるとは限りません。

そこで三つ目には「思想」を上げています。金にも事業にも縁がないなら、文学者や教育者となって、思想という種を播いておけば、いずれ芽生えてその思想を実行する人が現れることを信じ、思想を遺すというのです。その実例として、十七世紀のイギリスの哲学者ジョン・ロックを上げています。彼は、政府は人々の委任により政治を行うが、国民は政府が契約目的に反する時には、政権担当者を更迭できると説きました。この政治思想は後にイギリスの名誉革命を正当化する理論となり、アメリカ独立宣言やフランス人権宣言にも大きな影響を与えました。

また鑑三は身近なところでは、札幌農学校の「クラーク先生」を上げています。クラークは植物学者としてはともかく、「植物学といふ学問のInterestを起す力を持った人でありました」と述べています。ただし鑑三が入学した時には、クラークは既に米国に戻っていました。三つ目の遺物とは、形には残らなくても、良き感化を人の心の中に遺す事なのです。

これら三つを順に並べてみると、同じようなことを説いていた、後藤新平という大正・昭和前期の政治家を連想します。彼は板垣退助が岐阜で暴漢に刺された時、診察した医者なのですが、後に内務省衛生局長、台湾の民生局長となり、台湾の近代化を推進しました。また関東大震災後には、復興院総裁・東京市長として東京の復興に尽力します。余りにも桁外れの復興計画は縮小されましたが、その功績は今もなお残っていて、東京の昭和通りはその良い例です。その後藤新平は、「財を遺すは下、事業を遺すは中、人を遺すは上なり。されど財無くんば事業保ち難く、事業無くんば人育ち難し」と人に語ったそうです。

しかし鑑三は、これらの三つの遺物は誰もが遺せるものではなく、また使いようによっては害ともなるので、「最大遺物」ではないと言います。事実、特に思想は金や事業どころではなく、政治・思想的弾圧により桁外れの犠牲者を出してきたことは、世界史・現代史を見れば明らかです。

そして鑑三は、「勇ましい高尚なる生涯」こそ、「後世への最大遺物」であると結論しています。その例として、十九世紀のイギリスの歴史家トーマス・カーライルを上げています。彼は生涯の仕事としてフランス革命の『革命史』という書物を書くのですが、完成した原稿を友人にせがまれて一晩だけ貸しました。ところが何も知らない友人の使用人が、翌朝、ストーブの焚き付けに全て燃やしてしまったのです。一旦は呆然として希望を失うのですが、猛然と自らを励まして再び書き直し、出版することができたのでした。

これは思想を遺すことではないかと思われるかもしれませんが、鑑三の見方は違います。「或《あるい》は其本《そのもと》が残って居らずとも、彼は実に後世への非常の遺物をのこしたのであります」と説いて、結果としての『革命史』という書物よりも、絶望の中から再び立ち上がって書き直そうとしたことの方が、はるかに価値があるというのです。

明治時代の社会や教育や文化において、内村鑑三のように直接に宗教的活動はしなくても、信仰に裏付けられた堅い信念により「後世への最大遺物」を遺した人は、枚挙に暇《いとま》がありません。『後世への最大遺物』は、そのような人達のエネルギー源がどのようなものであったか、理解する手掛かりになることでしょう。なお内村鑑三自身が何回か部分的に改訂しているため、テキストにより文言に相違があります。

後書き

定年退職後、非常勤講師となってからは、教材研究に専念でき、かつてはほんの一部しか読んだことのなかった歴史的書物を、じっくりと読めるようになりました。それもできるだけ原本を読みたいと、可能な限りは国会図書館や各地の大学図書館に収蔵されている貴重本を、公開されている写真版で読んでいます。本書に収録した書物の中でも、農業全書・広益国産考・海国兵談・北槎聞略・自然真営道・稽古談・東海道中膝栗毛・西国立志編・学問のすゝめ・米欧回覧実記・人権新説等々、わくわくしながら読みました。

そもそも歴史的書物の原文を読み通すという経験をしたのは、大学四年生の時でした。卒業論文で古代の水産物をテーマにしたのですが、『延喜式』という分厚い書物を丁寧に読みました。読むというより探すと言うのが相応しかったのですが、それでもやり遂げた充実感に、満足したものでした。

教職に就いてまだ間もない頃、『万葉集』の中に梅の花の香を読んだ歌がいくつあるかを調べる必要に迫られ、斜め読みですが、全首を読み通したことがありました。結果は意外にもたった一首なのですが、浜辺の砂の中から、金貨を探し出したような感動を覚えたものです。今ならインターネットですぐにわかるのでしょうが、貴重な経験でした。

また金・土曜日になると、埼玉県の浦和市から東京神田の古書会館に通い、古本の山の中から掘り出し物を探したものでした。最近のことは知りませんが、信じられないような出会いがありました。入手した和本や初版本の中には、古事記・日本書紀・続日本紀・出雲風土記・万葉集・古今和歌集・新古今和歌集・御成敗式目・吾妻鏡・喫茶養生記・太平記・農業全書・折たく柴の記・好色一代男・東海道中膝栗毛・誹風柳多留・南総里見八犬伝・発微算法・庭訓往来・新論・三国通覧図説・海国兵談・鎖国論・除蝗録・解体新書・学問のすゝめ・西洋事情・西国立志編・明六雑誌・蹇蹇録・日本之下層社会・職工事情・日本改造法案大綱・国体の本義などがあり、ほとんどは千円単位で買えました。多くが江戸時代の版本か写本の端本でしたが、買った以上は読まなければと、長い時間はかかりましたが、ほぼ読み通しました。

授業で触れる書物についても、現代の版本でもよいからと、可能な限り原文を読みました。今振り返れば、若い頃から原文・原本を読んだ時の感動が原点だったと思います。しかし時間が足りず、能力が及ばず、読めたのはほんの一部に過ぎませんでした。それでも自己満足かも知れませんが、原文を読んだ感動と矜持が、私を授業に駆り立ててくれました。

今年度で教職から引退しようと思っている私は、今、半世紀近い体験的教材研究を振り返り、同時に専門の研究者の論文と見比べ、不十分であったこと、勘違いをしていたことばかりが目について、溜息が漏れることがあります。たぶん本書においても、そのようなことが少なくないと思います。

しかし最後の最後に、とても嬉しいことがありました。現在講師をしている某女子高校での保護者会で、私が指導しているある生徒の母親が、高校時代に私の授業を受講していた証拠となるプリントの束を持参し、三十数年ぶりに再会したのです。しかも他県の高校の日本史の教員となって、二十余年も続けているというではありませんか。周囲にいる他の生徒達は、「どうして、○○さんのお母さんが先生の手を握って泣いているの？」と驚いていましたが、それさえも気にならない感動的な再会でした。不十分なことはありながらも、少しはよき感化を及ぼすことができたようです。

本書に触れることによって、若い世代の先生達や歴史好きの方々が、歴史的書物の原文を読む楽しさを体験する契機となるならば、著者としてこの上ない喜びとなることでしょう。

二〇二三年七月二五日　　阿部　泉

阿部　泉（あべ　いずみ）　略歴
1950年（昭和25）、山形県鶴岡市に生まれる。1975年、国学院大学大学院日本文学研究科修士課程修了。1978年以降、埼玉県立高等学校教諭を勤め、2010年定年退職。その間、主に日本史の実物教材の収集、活用、普及活動に尽力。現在は主に和歌の歳時記や伝統的年中行事について研究。著書（共著も含む）に、『文学作品で学ぶ日本史』『日本史こぼれ話』（以上、山川出版社）、『日本史モノ教材』『複製　解体新書・序図』『イギリスの新聞に載った薩英戦争と下関戦争』（以上、地歴社）、『京都名所図絵』『和歌の自然歳時記』（以上、つくばね舎）、『日本の歴史　写真解説』『日本史　歴史レプリカ』（1・2集）『謎トキ　日本史　写真・絵画が語る歴史』『日本史授業で使いたい教材資料』『話したくなる　世界の国旗』『明日話したくなる　元号・改元』『明日話したくなる　お金の歴史』『史料が語る年中行事の起原』（以上、清水書院）など多数。

歴史的書物《れきしてきしょもつ》の名場面《めいばめん》
現代語訳《げんだいごやく》・解説付《かいせつつき》で読《よ》む日本史教科書掲載《にほんしきょうかしょけいさい》の113の名著《めいちょ》

定価はカバーに表示

2023年 9 月 20 日　　初　版　第 1 刷発行

監修者　阿部《あべ》　泉《いずみ》
発行者　野村　久一郎
印刷所　法規書籍印刷株式会社
発行所　株式会社　**清水書院**
〒102－0072
東京都千代田区飯田橋3－11－6
電話　03－5213－7151㈹
FAX　03－5213－7160
https://www.shimizushoin.co.jp

乱丁・落丁本はお取り替えします。　ISBN978－4－389－43066－5